왕초보 **처음** 토익

최 신 개 정 판

입문편

LC

저자 **이수용**
영국 University of East Angila 영문학 박사
영국 University of York 영문학 석사

〈저서〉
맨처음 토익 LC
바로바로 병원 영어회화
동사로 유창해지는 영어회화
기적의 영어회화 트레이닝 180
비즈니스 영어회화 핵심패턴
비즈니스 E-mail 트레이닝
IELTS 급상승 Reading
IELTS 급상승 Listening
IELTS 급상승 Speaking
Smart 여행영어
Nice 기초 영문법 완전정복

맨처음 토익 LC 입문편

지은이 이수용
펴낸이 정규도
펴낸곳 ㈜다락원

개정2판 1쇄 인쇄 2022년 12월 1일
개정2판 1쇄 발행 2022년 12월 1일

책임 편집 홍인표
디자인 윤지영, 윤현주

다락원 경기도 파주시 문발로 211
내용 문의 (02)736-2031 내선 551
구입 문의 (02)736-2031 내선 250~252
Fax (02)732-2037
출판 등록 1977년 9월 16일 제406-2008-000007호

사진 출처 셔터스톡

Copyright ⓒ 2022 이수용

저자 및 출판사의 허락 없이 이 책의 일부 또는 전부를 무단 복제·
전재·발췌할 수 없습니다. 구입 후 철회는 회사 내규에 부합하는 경우에
가능하므로 구입 문의처에 문의하시기 바랍니다. 분실·파손 등에 따른
소비자 피해에 대해서는 공정거래위원회에서 고시한 소비자 분쟁 해결
기준에 따라 보상 가능합니다. 잘못된 책은 바꿔 드립니다.

값 18,000원 (본책 + 해설집 + MP3 파일 무료 다운로드)
ISBN 978-89-277-8042-7 14740
ISBN 978-89-277-0977-8 14740 (set)

http://www.darakwon.co.kr
다락원 홈페이지를 방문하시면 상세한 출판 정보와 함께 MP3 자료 등의
다양한 어학 정보를 얻으실 수 있습니다.

맨처음 토익

이수용 지음

최신개정판

입문편

LC

다락원

Well begun is half done.

이 책은 TOEIC을 처음 시작하는 초급자를 위한 교재이다. 또한 지금까지 시간과 노력을 투자해도 초급 단계를 벗어나지 못하는 학습자들에게도 이 책은 적절한 교재가 될 것이다.

본 교재와 함께 학습을 시작하기에 앞서 학습자들에게 한 가지 당부하고 싶은 것은 TOEIC이 여러분들이 지금까지 공부해온 일반 영어와 특별히 다른 분야가 아니라는 점이다. 달리 말하자면, TOEIC에서 사용되는 문법 사항이나 문장의 유형들은 여러분들의 고교시절, 심지어는 초등학교와 중학교 시절에 배웠던 영어와 크게 다르지 않다는 것이다.

물론 TOEIC이 갖는 특징은 있다. 그 특징은 첫째, 형식상으로 TOEIC 특유의 문제 유형이 있으며, 둘째, 내용상으로 일상 생활과 business sector에서 사용되는 실용적인 언어를 다루는 만큼 이 분야에서 선호하는 어휘와 문장 구조가 있다는 점이다. 따라서 이와 같은 문제 유형에 익숙해지고, 출제 빈도가 높은 어휘와 문장 구조를 익히는 것은 TOEIC을 대비하는 학습 과정에서 중요한 부분을 차지한다.

이를 위해 본 교재는 TOEIC의 최신 경향을 분석하고 출제 빈도와 출제 선호도가 높은 어휘와 문장들을 재구성하여 문제의 유형에 따라 체계적으로 분류했다. 또한 다양한 예문을 수록하고, 상세한 설명과 함께 각 파트 별 핵심 공략법을 제시했다. 이를 통해 학습자들은 TOEIC의 문장과 문제 유형을 보다 더 쉽게 이해할 수 있으며, 보다 더 효율적으로 학습 능력을 향상시킬 수 있게 될 것이다.

〈맨 처음 토익 LC 입문편〉은 2011년 초판 발행 이후, 2016년 1차 개정을 거쳤다. 그 이후 토익의 경향이 지속적으로 변화함에 따라 신경향에 맞는 새로운 내용의 추가가 불가피하게 되었다. 본 교재는 이러한 필요성에 부응하기 위해 내용의 상당 부분을 개편한 2차 개정본 이다. 따라서 교재에 수록된 문장 및 문제 유형들은 최신 경향에 가장 근접한 것들로 구성 되었다.

그러나 출제 경향에 따른 문제 풀이에 치중하여 단순히 수치상의 점수를 올리는 것만이 이 교재의 주된 목적은 아니다. 교재의 각 파트에 걸쳐 정리된 문장 패턴, 어휘, 그리고 지문을 통해 학습자들은 어휘력, 문장 이해력, 청취력을 함께 증진시키는 결과를 얻게 될 것이다.

어휘력과 문장 이해력은 영어 학습에 있어서 가장 기본적이고 필수적인 요소이다. 이는 학 습자의 주 관심 분야가 무엇이든, 어떤 분야를 공부하든 예외 없이 모든 이들에게 공통적으 로 적용되는 사항이다. 어휘력과 문장력 없이, 단순히 점수를 올리기 위해 문제를 푸는 기 법을 익히는 데만 관심을 갖는다면 실력 향상에는 한계가 있을 수밖에 없다.

그러므로 본 교재는 보다 더 기본적이고 장기적인 안목에서 TOEIC에 대한 그리고 더 나아 가 본질적으로 영어에 대한 진정한 능력을 갖추기를 원하는 학습자들을 위한 교재임을 밝 힌다. 본 교재를 선택한 학습자들에게 감사를 표하며 이 교재가 TOEIC 여정을 시작하는 여 러분들의 즐거운 동반자가 될 수 있을 것이라 믿는다. 마지막으로 이 책이 나올 수 있도록 도움을 주신 다락원 출판사와 다락원 영어출판부의 모든 직원분들께도 감사를 드린다.

이 수 용

목 차

PART 1   사진 묘사

PART 2   질의-응답

PART 3   대화문

PART 4   담화문

별 책   정답 및 해설

PART 1 사진 묘사

Overview

PART 1의 문제 유형에 따른 학습 포인트가 간략하게 설명되어 있습니다. 예제 풀이와 기본기 체크업을 통해 해당 유닛에서 학습하게 될 문제 유형을 파악할 수 있습니다.

문제 유형 분석

해당 유닛에서 학습하는 문제 유형 분석과 함께 유형의 공략법이 제시되어 있습니다.

문제 유형 연습

8문항의 문제를 풀면서 '문제 유형 분석'에서 학습한 내용을 확인할 수 있습니다.

실전 적응 연습

12문항의 연습 문제를 풀면서 학습한 내용을 확인하고 실전에 대비할 수 있습니다.

PART 2 질의 – 응답

Overview

PART 2의 문제 유형에 따른 학습포인트가 정리되어
있습니다. 예제를 통해 학습하게 될 유형을 파악할 수
있습니다.

질문 패턴 분석

각 유닛에서 학습하게 될 문제 유형에
출제되는 질문 패턴이 정리되어 있습니
다. 질문 패턴에 따른 청취 포인트가
제공됩니다.

질문 패턴 연습

학습한 질문 패턴을 문제를 풀면서
익힐 수 있습니다. '연습 A'의 문제
들을 응용한 '연습 B'를 풀면서 청취
훈련을 반복할 수 있습니다.

실전 적응 연습

실전 문제보다 선택지가 1개
적은 10개의 문제를 풀면서
학습한 내용을 확인하고 실전
에 대비할 수 있습니다.

토익 실전 연습

실전과 똑 같은 15개의 문제를 풀면서
실전 감각을 키울 수 있습니다.

Overview

PART 3과 PART 4의 문제 유형에 따른 학습포인트
가 정리되어 있습니다. 예제를 통해 각각의 유닛에서
학습하게 될 유형을 파악할 수 있습니다.

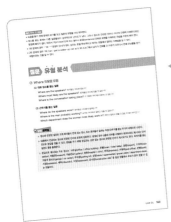

질문 유형 분석

해당 유형에서 출제되는 질문 유형
이 정리되어 있습니다. 각각의 유형
에 대한 효율적인 공략법이 제시되
어 있습니다.

질문 유형 연습

짧고 쉬운 문제들을 풀면서 '질문
유형 분석'에서 학습한 내용을 익힐
수 있습니다.

실전 적응 연습

'질문 유형 연습'보다 조금 더 길고 어려
운 지문을 듣고 문제를 풀면서 학습한
내용을 익힐 수 있습니다. 지문을 다시
한 번 듣고 빈칸을 채우는 'Dictation'
연습을 할 수 있습니다.

토익 실전 연습

실전 난이도의 문제들을 풀면서 학습한 내용을 마지막
으로 정리할 수 있습니다. 문제가 어렵게 느껴질 수도
있지만 실전에 대비한다는 자세로 학습하도록 합니다.

토익(TOEIC)은 Test of English for International Communication의 약자로서, 영어를 모국어로 사용하지 않는 사람이 국제 환경에서 생활을 하거나 업무를 수행할 때 필요한 실용 영어 능력을 평가하는 시험입니다. 현재 한국과 일본은 물론 전 세계 약 60개 국가에서 연간 4백만 명 이상의 수험생들이 토익에 응시하고 있으며, 수험 결과는 채용 및 승진, 해외 파견 근무자 선발 등 다양한 분야에서 활용되고 있습니다.

시험 구성

구성	PART	내용		문항 수	시간	배점
Listening Comprehension	1	사진 묘사		6	45분	495점
	2	질의–응답		25		
	3	대화문		39	100문제	
	4	담화문		30		
Reading Comprehension	5	단문 공란 채우기		30	75분	495점
	6	장문 공란 채우기		16		
	7	독해	단일 지문	29	100문제	
			복수 지문	25		
Total				200문제	120분	990점

출제 분야

토익의 목적은 일상 생활과 업무 수행에 필요한 영어 능력을 평가하는 것이기 때문에 출제 분야도 이를 벗어나지 않습니다. 비즈니스와 관련된 주제를 다루는 경우라도 전문적인 지식을 요구하지는 않으며, 아울러 특정 국가나 문화에 대한 이해도 요구하지 않습니다. 구체적인 출제 분야는 아래와 같습니다.

일반적인 비즈니스 (General Business)	계약, 협상, 마케팅, 영업, 기획, 회의 관련
사무 (Office)	사내 규정, 일정 관리, 사무 기기 및 사무 가구 관련
인사 (Personnel)	구직, 채용, 승진, 퇴직, 급여, 포상 관련
재무 (Finance and Budgeting)	투자, 세금, 회계, 은행 업무 관련
생산 (Manufacturing)	제조, 플랜트 운영, 품질 관리 관련
개발 (Corporate Development)	연구 조사, 실험, 신제품 개발 관련
구매 (Purchasing)	쇼핑, 주문, 선적, 결제 관련
외식 (Dining Out)	오찬, 만찬, 회식, 리셉션 관련
건강 (Health)	병원 예약, 진찰, 의료 보험 업무 관련
여행 (Travel)	교통 수단, 숙박, 항공권 예약 및 취소 관련
엔터테인먼트 (Entertainment)	영화 및 연극 관람, 공연 관람, 전시회 관람 관련
주택 / 법인 재산 (Housing / Corporate Property)	부동산 매매 및 임대, 전기 및 가스 서비스 관련

응시 방법

시험 접수는 한국 TOEIC 위원회 웹사이트(www.toeic.co.kr)에서 온라인으로 할 수 있습니다.
접수 일정 및 연간 시험 일정 등의 정보 또한 이곳에서 확인이 가능합니다.

시험 당일 일정

수험생들은 신분증과 필기구(연필 및 지우개)를 지참하고 고사장에 입실해야 합니다. 입실 시간은 오전 시험의 경우
9시 20분, 오후 시험의 경우 2시 20분까지입니다.

	시간	
오전	9:30 – 9:45	**오리엔테이션** 답안지에 이름, 수험 번호 등을 표시하고 직업이나 응시 횟수 등을 묻는 설문에
오후	2:30 – 2:45	응합니다.
오전	9:45 – 9:50	**휴식** 5분간의 휴식 시간 동안 화장실을 이용할 수 있습니다.
오후	2:45 – 2:50	
오전	9:50	**입실 마감** 50분부터 출입을 통제하므로 늦어도 45분까지는 고사장에 도착하는 것이 좋습니다.
오후	2:50	
오전	9:50 – 10:05	**신분증 검사** LC 시험 시작 전에 감독관이 신분증을 검사하고 답안지에 확인 서명을 합니다.
오후	2:50 – 3:05	RC 시험 시간에는 감독관이 돌아다니면서 다시 한 번 신분증을 검사하고 확인 서명을 합니다.
오전	10:05 – 10:10	**파본 검사** 받은 문제지가 파본이 아닌지 확인한 후 문제지에 수험 번호를 적고 답안지에
오후	3:05 – 3:10	문제지 번호를 적습니다. 파본이 확인되더라도 시험이 시작되면 문제지를 교체해 주지 않으므로 이때 문제지를 빨리, 제대로 확인하는 것이 중요합니다.
오전	10:10 – 10:55	**LC 문제 풀이** 45분 동안 LC 문제를 풉니다.
오후	3:10 – 3:55	
오전	10:55 – 12:10	**RC 문제 풀이** 75분 동안 RC 문제를 풉니다.
오후	3:55 – 5:10	

성적 확인

TOEIC 홈페이지에 안내된 성적 발표일에 인터넷 홈페이지와 어플리케이션을 통해 성적을 확인할 수 있습니다. 성적표
발급은 시험 접수 시에 선택한 방법으로, 즉 우편이나 온라인으로 이루어집니다.

〈맨처음 토익 LC 입문편〉은 토익 LC의 기초를 빠르고 효과적으로 다질 수 있도록 LC의 핵심 내용을 20일 동안 학습할 수 있는 분량으로 구성하였습니다. 아래에 제시된 플랜에 따라 학습을 마치고 나면 자신의 실력이 향상된 것을 확인하실 수 있을 것입니다.

추천 학습 플랜

1일	2일	3일	4일	5일
PART 1 Unit 01 학습 포인트 ~ Unit 01 필수 어휘	Unit 01 실전 적응 연습 ~ Unit 02 문제 유형 분석	Unit 02 필수 어휘 ~ Unit 02 토익 실전 연습	PART 2 Unit 01 전체	Unit 02 전체
6일	7일	8일	9일	10일
Unit 03 전체	Unit 04 전체	Unit 05 전체	Unit 06 전체	Unit 07 전체
11일	12일	13일	14일	15일
PART 3 Unit 01 학습 포인트 ~ Unit 01 실전 적응 연습	Unit 01 토익 실전 연습 ~ Unit 02 필수 어휘	Unit 02 실전 적응 연습 ~ Unit 03 질문 유형 연습	Unit 03 질문 유형 연습 ~ Unit 04 질문 유형 분석	Unit 04 질문 유형 연습 ~ Unit 04 토익 실전 연습
16일	17일	18일	19일	20일
PART 4 Unit 01 학습 포인트 ~ Unit 01 실전 적응 연습	Unit 01 토익 실전 연습 ~ Unit 02 필수 어휘	Unit 02 실전 적응 연습 ~ Unit 03 질문 유형 연습	Unit 03 질문 유형 연습 ~ Unit 04 질문 유형 분석	Unit 04 질문 유형 연습 ~ Unit 04 토익 실전 연습

<맨처음 토익 LC 입문편>을 마치고…

● 〈맨처음 토익 LC 입문편〉을 며칠 만에 학습했나요?

> 시작일
> -------------------------------------

> 완료일
> -------------------------------------

● 학습 플랜대로, 또는 본인이 세운 학습 진도표에 맞춰 학습을 끝내지 못했다면 문제점은 무엇인가요?
   또한, 문제점은 어떻게 해결할 것인가요?

> 문제점
> ---

> 해결 방안
> ---

My Study Plan

실제 자신의 학습 진도를 매일매일 기록하고, 보다 효과적인 토익 학습 일정을 계획해 보세요.
가능한 한 30일 이내에 이 책을 끝내는 것을 목표로 하세요. 학습 기간이 길어지면 도중에
포기해 버리기 쉽기 때문에, 학습 일수는 최대한 40일을 넘기지 않도록 하세요.

1일	2일	3일	4일	5일
시작	시작	시작	시작	시작
끝	끝	끝	끝	끝

6일	7일	8일	9일	10일
시작	시작	시작	시작	시작
끝	끝	끝	끝	끝

11일	12일	13일	14일	15일
시작	시작	시작	시작	시작
끝	끝	끝	끝	끝

16일	17일	18일	19일	20일
시작	시작	시작	시작	시작
끝	끝	끝	끝	끝

21일	22일	23일	24일	25일
시작	시작	시작	시작	시작
끝	끝	끝	끝	끝

26일	27일	28일	29일	30일
시작	시작	시작	시작	시작
끝	끝	끝	끝	끝

31일	32일	33일	34일	35일
시작	시작	시작	시작	시작
끝	끝	끝	끝	끝

36일	37일	38일	39일	40일
시작	시작	시작	시작	시작
끝	끝	끝	끝	끝

PART 1

사진 묘사

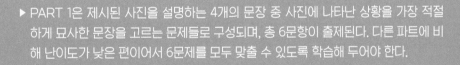

▶ PART 1은 제시된 사진을 설명하는 4개의 문장 중 사진에 나타난 상황을 가장 적절하게 묘사한 문장을 고르는 문제들로 구성되며, 총 6문항이 출제된다. 다른 파트에 비해 난이도가 낮은 편이어서 6문제를 모두 맞출 수 있도록 학습해 두어야 한다.

▶ PART 1은 초보자들이 청취 연습을 하기에 적합한 내용들로 이루어져 있다. 즉 문장표현이 짧고 간결하기 때문에 PART 1을 공부하면 어려움이나 지루함을 느끼지 않고 지속적인 듣기 연습을 할 수 있다. 또한 사진과 연관된 여러 유형의 문장들을 듣고 이해하는 연습을 통해 기초적인 청취 능력을 향상시킬 수 있으므로, PART 1에 대한 학습은 다른 파트를 공부하는 데에도 많은 도움이 된다.

인물 묘사

- 인물 묘사 사진 유형은 사진 속 인물이 한 사람인 「1인 사진」과 두 사람 이상인 「2인 이상 사진」으로 구분할 수 있다.
- 1인 사진의 경우 인물의 동작, 겉모습, 상태 등을 묘사한 표현이 정답이 된다.
- 2인 이상 사진의 경우 인물들의 공통된 동작 및 상태 등을 묘사하거나 개별 인물의 행동이나 겉모습을 묘사한 표현이 정답이 된다.
- 사진의 두드러진 특징을 가장 객관적이고 사실적으로 묘사한 문장을 찾도록 한다.

◀) 1-001

예제 ① 다음 사진을 가장 잘 묘사한 것을 고르세요.

(A) She is painting a picture.
그녀는 그림을 그리고 있다.

(B) She is sitting on a bench.
그녀는 벤치에 앉아 있다.

(C) She is crossing the street.
그녀는 길을 건너고 있다.

(D) She is looking at a painting on the wall.
그녀는 벽에 있는 그림을 보고 있다.

- 1인 사진으로서, 중심 인물의 두드러진 동작이나 겉모습을 묘사한 문장이 정답일 가능성이 높다. 보도에 앉아서 바닥에 그림을 그리고 있는 인물의 행위를 묘사한 (A)가 정답이다.
- 인물의 동작이나 겉모습과 관련 있는 동사나 명사를 이용한 오답이 제시되어 있다. (B)는 '앉아 있는' 인물의 상태는 맞지만 위치 표현이 잘못되었고, (C)는 인물이 앉아 있는 '거리'를 이용한 오답이다. (D)는 on the wall이라는 위치 표현이 잘못되었다.

◀) 1-002

예제 ② 다음 사진을 가장 잘 묘사한 것을 고르세요.

(A) People are looking at fish.
사람들은 물고기를 보고 있다.

(B) People are fishing.
사람들은 낚시를 하고 있다.

(C) People are diving.
사람들은 다이빙을 하고 있다.

(D) People are washing their cars.
사람들은 세차를 하고 있다.

- 2인 이상 사진으로서, 인물들의 공통된 동작 또는 겉모습을 묘사한 문장이 주로 정답이 된다.
- 수족관의 물고기를 관람하고 있는 인물들의 공통된 동작을 묘사한 (A)가 정답이다.
- (B)는 fish를 동사로 사용한 문장인데, 여기에서 fish는 '낚시하다'라는 의미이다.
- (C)는 사진의 배경인 수족관으로부터 떠올릴 수 있는 단어인 diving을 이용한 함정이다.
- (D)는 watching과 발음이 비슷한 washing을 이용한 함정이다.

정답으로 사용되는 문장 패턴 ◆ ◆ ◆

인물을 묘사하는 사진 문제의 정답에는 5가지 문장 패턴이 주로 사용된다.
이 대표적인 5가지 문장 패턴들을 익혀 사진의 내용을 정확히 파악하는 연습을 하자.

패턴 1 **주어 + is[are] + V-ing + 목적어(사진 속 사물)** 주어는 ~을 …하고 있다.

사진 속 인물의 행위 또는 옷차림을 묘사할 때 가장 많이 쓰이는 패턴이다. 문장을 들을 때 현재진행형 동사를 주의해서 듣고, 동사 뒤에 이어지는 목적어가 사진과 일치하는지를 파악해야 한다.

패턴 2 **주어 + is[are] + V-ing + 전치사구(장소, 위치, 상태, 도구)**

주어는 ~에서 …하고 있다. / 주어는 ~한 상태로 …하고 있다.

동사 뒤에 '장소, 위치, 방향, 상태' 등을 나타내는 전치사구가 이어진다. 이 전치사구는 인물의 동작이나 상태를 세부적으로 묘사하는 역할을 한다. 따라서 동사뿐만 아니라 전치사구까지 모두 정확하게 청취해야 한다.

패턴 3 **주어 + is[are] + 장소[위치, 상태]를 나타내는 표현** 주어는 ~한 상태에 있다. / 주어는 ~에 있다.

be동사 뒤에 '장소, 위치, 상태'를 나타내는 전치사구 또는 부사 어휘가 곧바로 이어진다. 정답 문장으로 등장하는 빈도는 많지 않다. 다른 문장 패턴과는 달리 동작 또는 상태를 나타내는 동사가 없으므로, 전치사구 또는 부사가 주어의 위치나 상태를 정확하게 묘사하고 있는지 파악해야 한다.

패턴 4 **주어 + is[are] + being + 과거분사(진행형 수동태)** 주어는 ~되고 있다.

사진의 초점이 사람에게 맞춰져 있어도 선택지의 주어가 사물로 시작할 수도 있다. 이때 사물 주어 다음에 'be 동사 + being + p.p.' 형태의 진행형 수동태가 이어지면 사람의 동작을 표현한다. 따라서 사진에는 행위를 하고 있는 사람이 반드시 있어야 한다. 사람이 없고 사물만 있는 사진에서 진행형 수동태 문장이 정답이 될 가능성은 거의 없다.

패턴 5 **주어 + is[are] + 과거분사[형용사]** 주어는 ~한 상태에 있다.

문장 구조는 수동태이지만 **패턴 3** 과 동일하게 해석하면 된다.

◆ 다음을 듣고 사진을 알맞게 묘사한 것을 고르세요.

1

(A) She is reading a book.

(B) She is holding a map.

hold 들다, 가지고 있다
map 지도

2

(A) A man is taking a picture.

(B) A man is in an art gallery.

take a picture 사진을 찍다
art gallery 미술관 해설

3

(A) A cell phone is being used.

(B) A woman is typing on her desktop.

cell phone 휴대폰

4

(A) The woman is filling out some papers.

(B) The woman is standing at a copier.

fill out 작성하다
copier 복사기

5

(A) The women are looking at each other.

(B) The women are seated side by side.

each other 서로를
seat 착석시키다
side by side 나란히

정답 및 해설

1 **(A)**

(A) 그녀는 책을 읽고 있다.   (B) 그녀는 지도를 들고 있다.

▶ 정답이 「주어 + is + V-ing + 목적어」로 이루어진 문장이다. 사진을 묘사하는 올바른 목적어는 book이다.

2 **(B)**

(A) 남자는 사진을 찍고 있다.   (B) 남자는 미술관에 있다.

▶ 정답이 「주어 + is + 장소를 나타내는 표현」으로 이루어진 문장이다.

3 **(A)**

(A) 휴대폰이 사용되고 있다.   (B) 여자는 컴퓨터로 타이핑을 하고 있다.

▶ 정답이 「주어 + is + being + 과거분사(진행형 수동태)」로 이루어진 문장이다.

4 **(B)**

(A) 여자는 서류를 작성하고 있다.   (B) 여자는 복사기 앞에 서 있다.

▶ 정답이 「주어 + is + V-ing + 전치사구」로 이루어진 문장이다.

5 **(B)**

(A) 여자들은 서로 마주 보고 있다.   (B) 여자들은 나란히 앉아 있다.

▶ 정답이 「주어 + are + 과거분사[형용사]」로 이루어진 문장이다.

유형 1 　1인 묘사 : **사진 속 등장 인물이 한 명인 경우**

⏹ 1-004

(A) Some books are stacked on the floor.
(B) The man is reading a book.
(C) All of the chairs are occupied.
(D) Some people are sitting on a bench.

(A) 책 몇 권이 바닥에 쌓여 있다.
(B) 남자는 책을 읽고 있다.
(C) 모든 의자에 사람들이 앉아 있다.
(D) 몇몇 사람들이 벤치에 앉아 있다.

- 선택지의 문장들은 주어가 사람인 경우와 사물인 경우로 나누어진다.
- 선택지의 주어가 사람인 경우에는 동사와 그 다음에 이어지는 표현을 정확하게 듣는 것이 중요하다.
- 사진 속 인물의 행동과 상태를 묘사한 선택지가 정답이 되는 경우가 많지만, 때로는 인물 주변의 사물을 묘사한 선택지가 정답이 되는 경우도 있다. 그러므로 사진 속 인물의 동작뿐만 아니라 주변 사물과 배경도 자세히 살펴야 한다.

🔆 유형 공략법

▶ 인물 묘사의 핵심은 동사이다. 동사에 관한 어휘력을 늘리고 이를 정확하게 듣는 연습을 하자.

▶ 인물의 외모와 복장도 잘 살펴야 한다. 인물의 동작 외에도, 인물이 입고 있는 옷, 인물이 착용하고 있는 액세서리를 묘사한 선택지가 정답인 경우도 있다. 따라서 인물의 동작을 먼저 확인한 후, 동작 이외의 다른 부분들까지 살펴보는 것이 중요하다.

▶ 인물 주위의 사물들도 눈여겨보도록 한다. 인물에 초점이 맞춰진 사진이 등장하더라도 사진 속 사물이나 배경을 묘사한 선택지가 정답이 되는 경우도 있다.

1-005

(A) The intersection is full of cars.

(B) The people are crossing the street.

(C) They are walking into the building.

(D) Lines are being painted on the road.

(A) 교차로는 자동차로 가득 차 있다.

(B) 사람들이 길을 건너고 있다.

(C) 사람들이 건물로 걸어 들어가고 있다.

(D) 길 위에 선을 칠하고 있다.

● 선택지가 사람들의 공통적인 동작이나 상태를 묘사할 수도 있고, 개별 인물에만 초점을 맞출 수도 있다.

● 사람들의 공통된 동작이나 상태를 묘사할 때 선택지의 주어는 「They, The people, Some people」 등이, 개별 인물을 묘사할 때에는 「A man[woman], One man[woman]」 등이 주어로 사용된다.

● 또한 선택지를 들을 때에는 주어와 동사가 사진 속 인물의 동작과 연관되어 있는지에 유의해야 한다. 때때로 주요 사물이 주어로 쓰인 선택지가 제시될 수도 있으므로 인물들의 동작뿐만 아니라 주변 사물이나 배경도 잘 파악해야 한다.

유형 공략법

▶ 여러 사람들 중에서 두드러지는 개별 인물의 동작과 겉모습도 잘 살펴야 한다. 문제의 포인트가 여러 사람의 공통된 동작이 아니라 눈에 띄는 한 사람의 동작이나 겉모습에 맞춰지기도 한다.

▶ 복수의 사람들이 등장하는 경우에는 그들의 공통된 동작이 무엇인지 살펴야 한다. 공통된 동작을 묘사하는 동사뿐 아니라 장소, 위치, 상태, 배경을 나타내는 전치사구도 정확하게 청취해야 한다.

▶ 사진에서 가장 두드러지게 보이는 인물이나 사물을 이용한 오답 선택지에 유의한다.

▶ 지나친 상상력은 금물이다. 인물의 행위나 상황을 추측하여 사진을 묘사한 문장들은 항상 조심해야 한다.

◆ 다음 선택지를 들으며 사진을 가장 잘 묘사한 문장을 고르세요.

1

(A) A man is watering flowers.

(B) A man is washing his vehicle.

(C) A man is digging in the ground.

2

(A) Some people are walking on the path.

(B) A few people are riding their bicycles uphill.

(C) Bicycles are parked along the path.

3

(A) Vegetables are being placed on the table.

(B) Some food is in her shopping cart.

(C) She is shopping for some produce.

4

(A) They are taking the elevator down.

(B) They are going down the escalator.

(C) They are walking down the steps.

어휘

1 water 물을 주다　vehicle 차량, 탈것　dig 파다　**2** path 보도, (작은) 길　bicycle 자전거　uphill 올라가는, 오르막의　park 주차하다　along ~을 따라　**3** vegetable 채소　place 두다, 놓다, 배열하다　produce 농산물　**4** elevator 엘리베이터　go down 내려가다　escalator 에스컬레이터　walk down ~을 걸어 내려가다　steps 계단

🔊 1-006

5

(A) The man is getting out of the vehicle.

(B) The man is standing beside the car.

(C) The man is parking his car.

6

(A) They are moving in a line.

(B) They are sitting on the ground.

(C) They are climbing over a wall.

7

(A) A truck is moving down the street.

(B) The street is filled with cars.

(C) The street is crowded with people.

8

(A) A man is painting the fence.

(B) A man is working on the roof.

(C) A man is standing on the ladder.

어휘

5 get out of ~에서 나오다[내리다] vehicle 차, 탈것 beside ~ 옆에 park 주차하다 **6** move 이동하다, 움직이다 in a line 일렬로, 정렬하여 ground 땅(바닥) climb over ~ 위를 타고 넘다 wall 벽 **7** be filled with ~으로 가득 차다 **8** roof 지붕 ladder 사다리

◆ 주어진 어휘와 표현을 들은 다음, 문장을 들으면서 빈칸을 채우세요.

동사 ❶

🔊 1-007

look at ~을 보다, 유심히 살피다	sit 앉다
look in ~의 안을 들여다 보다	work 일하다, 작업하다
look out ~의 밖을 보다	wear (옷이나 모자 등을) 입다, 쓰다
look through ~을 통해서 보다, (서류, 잡지를) 훑어보다	play (악기를) 연주하다, (놀이, 운동 등을) 하다

? ✔ ! Check-Up 1

1 The man is _____ the computer screen. 남자는 컴퓨터 화면을 보고 있다.

2 The woman is _____ a drawer. 여자는 서랍안을 보고 있다.

3 They are _____ the window. 그들은 창밖을 보고 있다.

4 The man is _____ a telescope. 남자는 망원경을 통해 보고 있다.

5 The woman is _____ alone by the water. 여자는 물가에 혼자 앉아 있다.

6 The man is _____ on a bicycle. 남자는 자전거를 수리하고 있다.

7 She is _____ glasses. 그녀는 안경을 쓰고 있다.

8 He is _____ the piano. 그는 피아노를 연주하고 있다.

동사 ❷

🔊 1-008

carry 지니다, 나르다, (가방을) 매다	handle (손으로) 들다, 옮기다	talk 말하다, 이야기하다
cross 건너다, 가로지르다	pack (짐을) 싸다, 꾸리다	walk 걷다, (동물을) 산책시키다
examine 조사하다, 검사하다, 진찰하다	reach for ~을 향해 손을 뻗다	paint 그림을 그리다, 칠하다

? ✔ ! Check-Up 2

1 They are _____ bags on their shoulders. 그들은 어깨에 가방을 메고 있다.

2 People are _____ the street. 사람들이 길을 건너고 있다.

3 The man is _____ a patient. 남자는 환자를 진찰하고 있다.

4 They are _____ a box. 그들은 상자를 옮기고 있다.

5 The woman is _____ a suitcase. 여자는 여행가방을 꾸리고 있다.

6 She is _____ a book. 그녀는 책을 향해 손을 뻗고 있다.

7 They are _____ to each other. 그들은 서로 이야기하고 있다.

동사 ❸

🔊 1-009

change 바꾸다, 변경하다
clean 청소하다, 닦다
cook 요리하다

do ~을 행하다
enter 들어가다, 입장하다
fish 낚시하다

focus 집중하다
gather 모이다, 모으다
gaze at ~을 바라보다, 응시하다

❓✔! Check-Up 3

1 The man is _____ a light bulb. 남자는 전구를 교체하고 있다.

2 The woman is _____ the window. 여자는 창문을 닦고 있다.

3 The man is _____ some food. 남자는 음식을 요리하고 있다.

4 A group of people are _____ construction work. 한 무리의 사람들이 공사 작업을 하고 있다.

5 They are _____ a building. 그들은 건물 안으로 들어가고 있다.

6 The man is _____ from a boat. 남자는 보트에서 낚시를 하고 있다.

7 The audience is _____ on a large screen display. 청중들은 대형 디스플레이 화면에 집중하고 있다.

8 Some people are _____ for an outdoor event. 사람들이 야외 행사를 위해 모여 있다.

9 The woman is _____ a painting on the wall. 여자는 벽에 걸린 그림을 응시하고 있다.

동사 ❹

🔊 1-010

get out of ~에서 내리다, 빠져나오다
go up 위로 올라가다
greet 인사하다, 맞이하다
lay (바닥에) 놓다, 깔다, 설치하다

lean 기대다, 숙이다
lift 들어 올리다
light 불을 켜다, 불을 붙이다
sign 서명하다

❓✔! Check-Up 4

1 A passenger is _____ a car. 한 승객이 차에서 내리고 있다.

2 They are _____ the stairs. 그들은 계단을 오르고 있다.

3 The men are _____ each other. 남자들이 서로 인사하고 있다.

4 The man is _____ bricks. 남자가 벽돌을 쌓고 있다.

5 They are _____ against the railing. 그들은 난간에 기대고 있다.

6 The woman is _____ a candle with a match. 여자는 성냥으로 초에 불을 붙이고 있다.

7 The man is _____ a chair off the floor. 남자는 바닥에서 의자를 들어 올리고 있다.

8 The man is _____ a document. 남자는 서류에 서명하고 있다.

동사 ⑤

operate 운전하다, 조종하다   **pour** (음료를) 따르다, 붓다   **rest** 쉬다, 기대다, 받치다
pass 건네다, 지나가다   **put** 두다, 놓다   **review** 검토하다
point 가리키다   **repair** 수리하다

☑ Check-Up 5

1 The man is _____ heavy machinery. 남자는 중장비를 운전하고 있다.

2 A woman is _____ a cup to another woman. 한 여자가 다른 여자에게 컵을 건네고 있다.

3 The man is _____ at something on a piece of paper. 남자가 종이 위에 무언가를 가리키고 있다.

4 The woman is _____ water into a glass. 여자가 컵에 물을 따르고 있다.

5 The woman is _____ something into a bag. 여자가 가방에 무엇인가를 넣고 있다.

6 The man is _____ a bicycle. 남자가 자전거를 고치고 있다.

7 The women are _____ on a bench. 여자들이 벤치에서 쉬고 있다.

8 The men are _____ some documents. 남자들이 서류를 검토하고 있다.

동사 ⑥

run 뛰다, 달리다   **wash** 씻다, 세척하다
trim 다듬다, 손질하다   **water** (화초 등에) 물을 주다
type 타이핑하다, 자판을 두드리다   **wheel** (바퀴 달린 것을) 밀다, 끌다
unload 짐을 내리다   **wipe** (먼지나 오물 등을) 닦다, 훔치다

☑ Check-Up 6

1 Boys are _____ on the street. 소년들이 거리를 달리고 있다.

2 The gardener is _____ some bushes. 정원사가 관목을 다듬고 있다.

3 The woman is _____ on a keyboard. 여자가 키보드를 치고 있다.

4 The men are _____ some packages. 남자들이 물건을 내리고 있다.

5 The woman is _____ some dishes. 여자는 설거지를 하고 있다.

6 The man is _____ flowers in the garden. 남자는 정원의 꽃에 물을 주고 있다.

7 The man is _____ a cart. 남자는 손수레를 밀고 있다.

8 The man is _____ a table. 남자는 테이블을 닦고 있다.

동사 ❼

🔊 1-013

adjust 조정하다, 조절하다
cut 베다, 자르다
deliver 배달하다
drive (차를) 운전하다, 몰다

fill 채우다
fix 고치다, 수리하다, 고정시키다
pick up 들어 올리다
rearrange 재배열하다, 위치를 바꾸다

❓✔! Check-Up 7

1 The man is ＿＿＿＿＿＿ some equipment. 남자는 장비를 조정하고 있다.

2 The woman is ＿＿＿＿＿＿ the grass. 여자는 잔디를 깎고 있다.

3 The postman is ＿＿＿＿＿＿ a parcel. 우편배달부는 소포를 배달하고 있다.

4 The man is ＿＿＿＿＿＿ a truck. 남자는 트럭을 운전하고 있다.

5 The woman is ＿＿＿＿＿＿ her car with fuel. 여자는 그녀의 차에 연료를 주입하고 있다.

6 The man is ＿＿＿＿＿＿ a broken chair. 남자는 부서진 의자를 고치고 있다.

7 The woman is ＿＿＿＿＿＿ up a book from the floor. 여자는 바닥에 있는 책을 집어 들고 있다.

8 The men are ＿＿＿＿＿＿ some furniture. 남자들이 가구의 위치를 바꾸고 있다.

동사 ❽

🔊 1-014

ride (차, 자전거, 말 등을) 타다
shake 흔들다, 악수하다
shop (물건을) 사다, 쇼핑하다
view 보다, 관찰하다

wait 기다리다
watch 주시하다, 지켜보다
write (글자, 숫자를) 쓰다

❓✔! Check-Up 8

1 The man is ＿＿＿＿＿＿ a bicycle by the riverside. 남자가 강가에서 자전거를 타고 있다.

2 The men are ＿＿＿＿＿＿ hands. 남자들이 악수를 하고 있다.

3 The woman is ＿＿＿＿＿＿ for groceries. 여자는 식료품을 사고 있다.

4 They are ＿＿＿＿＿＿ some artwork in the gallery. 그들은 미술관에서 미술작품을 관람하고 있다.

5 People are ＿＿＿＿＿＿ for the train on the platform. 사람들이 승강장에서 기차를 기다리고 있다

6 The audience is ＿＿＿＿＿＿ a performance. 관중들이 공연을 보고 있다.

7 The girl is ＿＿＿＿＿＿ something on a piece of paper. 소녀는 종이 위에 무언가를 쓰고 있다.

◆ 다음을 듣고 사진의 내용을 가장 잘 묘사한 것을 고른 다음, 다시 한 번 듣고 빈칸을 채우세요.

1

(A) She is _____ the stairs.

(B) She _____ on the handrail.

(C) She is _____ the stairs.

handrail 난간

2

(A) She _____ a _____ .

(B) She _____ a _____ from the shelf.

(C) She _____ a _____ at a library.

shelf 책장, 선반

3

(A) A _____ is _____ on the screen.

(B) A man is _____ the screen.

(C) Some people are _____ their _____ .

screen 화면

4

(A) The man .... a suitcase.

(B) The man .... a suit.

(C) The man .... the sofa.

> suitcase 여행용 가방
> suit 수트, 정장

5

(A) They .... just .... the finish line.

(B) The bikers .... helmets.

(C) The bicycles .... on the front.

> finish line 결승선
> biker 자전거를 타는 사람
> helmet 헬멧
> front 앞

6

(A) The man is .... the lawn.

(B) The man is .... some ....

(C) The man is ....

> lawn 잔디

7

(A) A woman ⸺⸺⸺⸺⸺⸺⸺ the floor.

(B) A woman ⸺⸺⸺⸺⸺⸺⸺ the floor.

(C) A woman ⸺⸺⸺⸺⸺⸺⸺ the floor.

8

(A) A group of people ⸺⸺⸺⸺⸺⸺⸺ indoors.

(B) A group of people are ⸺⸺⸺⸺⸺ in a circle.

(C) A group of people are ⸺⸺⸺⸺⸺ in step.

in a circle 원형으로
in step 발 맞추어

9

(A) She is ⸺⸺⸺⸺⸺ the clothing item.

(B) She is ⸺⸺⸺⸺⸺ the item.

(C) She is ⸺⸺⸺⸺⸺⸺⸺⸺ .

clothing 옷
item 물건

10

(A) He is _____ some _____.

(B) He is _____ some _____.

(C) He is _____ some

11

(A) She is _____ a _____.

(B) She is _____ at the _____.

(C) She is _____ some _____.

12

(A) They are sitting _____ each other.

(B) They are _____ by the _____.

(C) The flowerpot _____ the _____.

flowerpot 화분

◊ 다음을 듣고 사진의 내용을 가장 잘 묘사한 것을 고르세요.

1.

(A) (B) (C) (D)

2.

(A) (B) (C) (D)

3.

(A)　　　(B)　　　(C)　　　(D)

4.

(A)　　　(B)　　　(C)　　　(D)

5.

(A)   (B)   (C)   (D)

6.

(A)   (B)   (C)   (D)

NO TEST MATERIAL ON THIS PAGE

Unit 02 사물 및 풍경 묘사

- 사물 묘사 사진은 대부분 가까운 거리에서 찍은 것이고 풍경 묘사 사진은 조금 먼 거리에서 전경을 찍은 것이다. 사진에는 사람이 포함되어 있을 수도 있다.

- 서점, 도서관, 창고, 식료품점, 빵집, 식당, 부엌, 침실, 거실 등과 같은 실내에 배치되어 있는 사물을 찍은 사진과 도로, 공원, 호수, 해안, 항구, 공항, 기차역, 지하철역, 버스 정류장, 교차로, 공사장, 다리, 야외 카페, 시장, 상가 등의 풍경을 찍은 사진이 자주 출제되는 주제들이다.

🔊 1-017

예제 ❶ 다음 사진을 가장 잘 묘사한 것을 고르세요.

(A) The store is crowded with shoppers.
상점은 쇼핑객들로 북적이고 있다.

(B) Shoes are on display in a store.
신발들이 상점에 진열되어 있다.

(C) A woman is taking off her shoes.
한 여자가 신발을 벗고 있다.

(D) Some shoppers are trying on shoes.
쇼핑객 몇 명이 신발을 신어보고 있다

풀이 전략 및 해설

- 사물 사진으로서, 중심적인 사물의 위치와 상태를 묘사한 문장이 정답이 된다. 따라서 벽면에 진열되어 있는 신발들의 위치와 상태를 묘사한 (B)가 정답이다.

- (C)처럼 사진에 등장하지 않은 사람을 언급한 문장은 정답에서 제외된다. (A)와 (D)처럼 사진과 관련 있는 단어(store / shoes)를 이용한 오답 함정도 조심해야 한다.

🔊 1-018

예제 ❷ 다음 사진을 가장 잘 묘사한 것을 고르세요.

(A) The buildings are under construction.
건물들이 공사 중이다.

(B) Construction vehicles have been parked near the trees. 건설 차량들이 나무 근처에 주차되어 있다.

(C) Cars are parked on both sides of the street.
차들이 길 양쪽에 주차되어 있다.

(D) A woman parked her vehicle at the side of the road. 한 여자가 도로변에 그녀의 차를 주차했다.

풀이 전략 및 해설

- 풍경 사진으로서, 도로 양쪽에 주차되어 있는 자동차를 묘사하고 있는 내용의 (C)가 정답이다.
- 사진의 건물들(buildings)이 이미 완공된 상태이므로 (A)의 'under construction (공사 중인)'이라는 묘사는 사진과 일치하지 않는다.
- 도로 양쪽에 주차되어 있는 자동차들은 '건설 차량 (construction vehicles)'이 아니므로 (B)도 오답이다.
- 사진 속에 자신의 차량을 주차한 것으로 보이는 여성은 없으므로 (D) 역시 답이 될 수 없다.

문제 풀이
TIP!

정답으로 사용되는 문장 패턴 ◆ ◆ ◆

사물이나 풍경을 묘사하는 문장은 크게 능동태 문장과 수동태 문장 두 가지 유형으로 나뉜다. 사물이 주어이기 때문에 능동문보다는 수동문이 정답으로 더 많이 사용된다.

패턴 1 사물주어 + is[are] + 과거분사 + 전치사구(장소, 위치, 상태) 주어는 ~에서 …되어 있다.

사물을 묘사할 때 대부분 'be + 과거분사'의 수동태 문장을 사용한다. 'be + 과거분사' 뒤에는 장소, 위치, 상태를 나타내는 전치사구가 이어진다.

패턴 2 사물주어 + have[has] been + 과거분사 + 전치사구(장소, 위치, 상태) 주어는 ~에서 …되어 있다.

패턴 1 과 마찬가지로 장소, 위치, 상태를 나타내는 전치사구가 이어진다.

패턴 3 There is[are] + 명사 + 전치사구(장소, 위치, 상태) ~에 명사가 있다.

There is[are]로 시작하며, 묘사하고자 하는 사물이 be동사 다음에 온다. 이는 사물을 묘사할 때 주로 쓰이지만 인물을 묘사하는 경우에도 사용된다. 'There is[are] + 명사' 뒤에 V-ing 또는 과거분사를 붙여서 '명사'를 더 구체적으로 묘사할 수 있다.

패턴 4 사물주어 + is[are] + 전치사구[형용사] 주어는 ~에 있다. / 주어는 ~한 상태에 있다.

be동사 뒤에 '장소, 위치, 상태'를 나타내는 전치사구나 형용사가 곧바로 이어진다. 형용사 또는 전치사구가 사진에 나타난 주어의 상황을 정확하게 묘사하고 있는지 파악한다.

📷 The building is under construction. 그 건물은 건설 중이다.

패턴 5 사물주어 + is[are] + V-ing + 전치사구 주어는 ~에서 …하고 있다.

사물 주어이지만 동사는 현재진행형이다. 사물 주어를 정확히 듣지 못하면 인물의 동작을 묘사하는 문장으로 착각하기 쉽다. 문장 전체를 한 단어처럼 듣고 이해할 수 있어야 한다.

패턴 6 사물주어 + 현재동사 + 목적어[전치사구] 주어는 ~을 …한다. / 주어는 ~에서 …한다.

능동형의 현재동사를 써서 사물을 묘사한다. 쉽게 바뀌지 않는 사물의 모습이나 상태 등을 묘사할 때 이 패턴을 이용한다.

◎ 다음을 듣고 사진을 알맞게 묘사한 것을 고르세요.

1

(A) Books are arranged in rows.

(B) Books are stacked on the table.

arrange 정돈하다, 정리하다
in rows 여러 줄에 맞춰, 열을 지어서
stack 쌓아 올리다

2

(A) A man is painting a wall.

(B) A ladder is leaning against a building.

lean 기대다; 기대어 놓다
against ~에 기대어

3

(A) Chairs have been placed around the
table.

(B) Papers are spread out across the table.

place 두다, 놓다, 배치하다
spread out 펼쳐 놓다
across ~의 전역에 걸쳐

4

(A) The building is under construction.

(B) The windows are wide open.

under construction 공사 중인
wide 완전히, 활짝

5

(A) There is a fence in front of the building.

(B) There are columns in the front of the building.

····················
fence 울타리
column 기둥
front 앞(쪽)

정답 및 해설

1　**(B)**

　(A) 책들이 여러 줄로 정돈되어 있다.　　　(B) 책들이 테이블 위에 쌓여 있다.

　▶ 정답이 「사물주어 + are + 과거분사 + 전치사구(장소, 위치, 상태)」로 이루어진 문장이다.

2　**(B)**

　(A) 남자가 벽을 페인트칠하고 있다.　　　(B) 사다리 하나가 건물에 기대어 있다.

　▶ 정답이 「사물주어 + is + V-ing + 전치사구」로 이루어진 문장이다.

3　**(A)**

　(A) 탁자 주위에 의자가 놓여 있다.　　　(B) 서류들이 테이블 전체에 펼쳐져 있다.

　▶ 정답이 「사물주어 + have been + 과거분사 + 전치사구(장소, 위치, 상태)」로 이루어진 문장이다.

4　**(A)**

　(A) 건물은 공사 중이다.　　　　　　　(B) 창문들이 활짝 열려 있다.

　▶ 정답이 「사물주어 + is + 전치사구」로 이루어진 문장이다.

5　**(B)**

　(A) 건물 앞에는 울타리가 있다.　　　　(B) 건물 앞에 기둥들이 있다.

　▶ 정답이 「There are + 명사 + 전치사구(장소, 위치, 상태)」로 이루어진 문장이다.

유형 1 선택지들이 모두 사물 주어로 시작하는 경우

◀ 1-020

(A) The shelves are filled with books.
(B) Some books are in boxes.
(C) The books are stacked on the floor.
(D) Some boxes have been stacked up.

(A) 책장에는 책이 가득하다.
(B) 몇 권의 책이 상자 안에 있다.
(C) 책들은 바닥에 쌓여 있다.
(D) 상자 몇 개가 쌓여 있다.

- 인물이 포함된 사진에서도 선택지가 모두 사물 주어로 시작할 수도 있지만, 선택지가 사물 주어로만 구성되는 문제에서는 대부분의 경우 사물과 배경만 있는 사진이 제시된다.
- 선택지 4개가 모두 다른 주어로 시작하기 때문에 사진 속 사물, 배경을 꼼꼼하게 살피면서 청취해야 한다.
- 위 문제의 경우 책이 중심 사물인 사진이므로, 책(books)을 주어로 하는 선택지들을 주의 깊게 들어야 한다.

유형 공략법

▶ 사진에서 중심이 되는 사물이나 시설물을 파악하여, 해당 사물/시설물의 상태를 적절하게 묘사하는 표현을 미리 떠올려 본다.

▶ 중심이 되는 사물과 주변 시설 사이의 구도, 그리고 상호 관계를 파악한다.

▶ 중심 사물이 아닌 배경을 묘사한 선택지가 오답으로 출제될 수도 있으므로 주의해야 한다.

유형 2 선택지에 사물 주어와 사람 주어가 혼합되어 있는 경우

🔊 1-021

(A) The man is sketching some artwork.

(B) Some pictures are on display for sale.

(C) The man is taking the picture down from the wall.

(D) All of the paintings have been framed.

(A) 남자가 미술 작품을 스케치하고 있다.

(B) 몇 점의 그림이 판매를 위해 전시되어 있다.

(C) 남자가 벽에서 그림을 떼어 내고 있다.

(D) 모든 그림은 액자에 들어 있다.

● 사람을 주어로 하는 선택지와 사물을 주어로 하는 선택지가 혼합된 유형으로, 인물을 포함한 사진에서 주로 등장한다. 사진에 인물이 없는 경우에도 이와 같은 유형의 선택지가 등장할 수 있다.

● 사람 주어로 시작하는 선택지는 사진 속의 사물을 인물의 동작과 연결 짓는 것이 특징이다.

● 사진에 사람이 없을 때에는 사람 주어로 시작하는 선택지를 오답으로 처리하면 되지만, 사람이 포함된 사진에서는 인물의 동작과 사물의 모습이 적절하게 연결되어 묘사되고 있는지를 제대로 파악할 수 있어야 한다.

🔅 유형 공략법

▶ 「사물주어 + be동사 + being + 과거분사」 형태의 보기는, 사물이 주어이기는 하지만 사람의 동작을 묘사하는 문장이라는 사실을 기억해야 한다.

▶ 사진에 보이는 사물, 시설물 등의 모양, 상태, 위치, 구도를 파악하는 것뿐만 아니라, 사람의 동작과 주변 상황도 살펴야 한다.

▶ 사물의 위치와 상태를 묘사할 때 자주 사용되는 동사와 전치사 표현을 확실하게 익혀 둔다.

◑ 다음 선택지를 들으며 사진을 가장 잘 묘사한 문장을 고르세요.

1

(A) Some people are sitting on the bench.

(B) There is a bicycle on the path.

(C) Some buildings overlook the park.

2

(A) The ship has been tied to the dock.

(B) Some people are sitting in chairs.

(C) A man is swimming in the water.

3

(A) The man is looking through a telescope.

(B) There is a microscope on the desk.

(C) The doctor is reading a patient's record.

4

(A) The train platform is empty.

(B) The train doors are open.

(C) There are passengers waiting to board the train.

어휘

1 path 보도, (작은) 길　overlook 내려다보다　2 tie 묶다　dock 부두, 선창　3 look through ~을 통해 보다　telescope 망원경
microscope 현미경　patient's record 환자의 (진료) 기록　4 empty 텅 빈, 비어 있는　platform 승강장

5

(A) The dining room is full of people.

(B) A couple is waiting to take their seats.

(C) Several tables are by the window.

6

(A) People are boarding the plane.

(B) A vehicle is parked in front of a plane.

(C) The plane is landing on the ground.

7

(A) Some boxes are being placed on the floor.

(B) There is some fruit on display.

(C) The garden is full of fruit trees.

8

(A) There is a fence in front of the building.

(B) The man is climbing up the ladder.

(C) Some ladders are leaning against the building.

어휘

5 dining room 식당 be full of ~으로 가득차다 couple (남녀) 한 쌍, 부부 take one's seat 자리에 앉다, 착석하다 **6** board 탑승하다
vehicle 차, 탈것 park 주차시키다 land 착륙하다 ground 땅 **7** place 놓다, 두다 on display 진열하여, 전시하여 garden 정원
8 climb up ~에 오르다 lean against ~에 기대다

◆ 주어진 어휘와 표현을 들은 다음, 문장을 들으면서 빈칸을 채우세요.

명사 ❶: 교통, 건물, 다리, 계단

🔊 1-023

boat 보트	bicycle 자전거	building 건물
ship 배, 선박	vehicle 차량	bridge 다리, 교각
train 기차	platform 승강장	stair / step 계단
airplane 비행기	intersection 교차로	area 구역, 지역

❓✔! Check-Up 1

1　The _____ is next to the dock. 배가 항구 옆에 있다.

2　A _____ is approaching the platform. 기차가 승강장으로 진입하고 있다.

3　There are lots of _____ on the highway. 고속도로에 차들이 많다.

4　The _____ are parked in a row. 자전거들이 일렬로 세워져 있다.

5　A _____ is going under the _____. 배가 다리 아래로 지나가고 있다.

6　A flowerpot has been placed on the _____. 화분 하나가 계단 위에 놓여 있다.

명사 ❷: 가구, 사무기기, 사무용품, 실내 장식

🔊 1-024

chair / armchair 의자 / 안락의자	furniture 가구	cabinet 수납장, 캐비닛
table 탁자, 식탁	sofa 소파	lamp 전등, 램프
picture 그림	drawer 서랍	light 전등

❓✔! Check-Up 2

1　There are two _____ and one _____ in the room.
방에는 의자 두 개와 탁자 하나가 있다.

2　The _____ are lined up on the wall. 시계가 줄을 맞춰 벽에 걸려 있다.

3　A _____ and _____ are piled on the car roof.
소파와 안락의자가 차 지붕위에 포개어져 있다.

4　The _____ is full of folders. 서랍에는 서류철이 가득하다.

5　_____ have been turned on. 전등이 켜져 있다.

6　_____ are displayed by the wall. 램프가 벽에 장식되어 있다.

명사 ❸: 상자, 진열장, 각종 상품 및 물건, 도구, 장비

◑ 1-025

- display shelf 진열대 (*pl.* shelves)
- merchandise 상품, 물건
- box 상자
- carton 상자, 곽, 갑 (예: 한 갑, 두 갑)
- container 용기, 그릇, 컨테이너
- suitcase 옷 가방, 여행 가방

- book 책
- guitar 기타
- instrument 악기
- ladder 사다리
- tool 도구
- cord 선, 전기 코드

?✔! Check-Up 3

1 Display _____ are stocked with products. 진열대는 상품들로 채워져 있다.

2 There is a wide selection of _____ on the shelves. 다양한 상품들이 진열대에 있다.

3 The _____ contains miscellaneous items. 상자에는 잡다한 물건들이 들어 있다.

4 The _____ is empty. 여행 가방은 텅 비어 있다.

5 A _____ is leaning against the wall. 기타가 벽에 기대어 세워져 있다.

6 The _____ reaches the top of the building. 사다리는 건물 꼭대기에 닿는다.

명사 ❹: 화초, 화분, 나무, 과일, 음식

◑ 1-026

- plant 화초 (*cf.* potted plant 화분)
- fruit 과일
- flower 꽃
- flower arrangements 꽃 장식
- lawn 잔디, 잔디밭 (grassy area)
- shrub 관목 (*cf.* bush 관목, 덤불)

- crop 작물
- apple 사과
- strawberry 딸기
- food 음식
- dish 접시, 요리 (*cf.* side dish 반찬)
- basket 바구니, 바스켓

?✔! Check-Up 4

1 The _____ are growing along the bank of the river. 화초들이 강둑을 따라 자라고 있다.

2 A _____ tree is planted in the front yard. 과일 나무 한 그루가 앞마당에 심어져 있다.

3 _____ arrangements are on display in the gallery. 화랑에는 꽃 장식들이 진열되어 있다.

4 The _____ is surrounded by _____. 잔디밭은 관목들에 의해 둘러 쌓여 있다.

5 _____ have been planted in rows. 작물들이 여러 줄 심어져 있다.

6 There are three _____ on the table. 식탁 위에 사과가 세 개 있다.

7 _____ are stacked on the table. 접시가 테이블 위에 쌓여 있다.

동사 ❶ (과거 분사 형태)

◁ 1-027

parked 주차되어 있는　　　unoccupied 비어 있는　　　attached 부착되어 있는
arranged 정리되어 있는　　　lined up 정렬된, 줄지어 있는　　connected 연결되어 있는
placed 놓여 있는　　　　　　displayed 진열되어 있는　　　stacked 쌓여 있는

?✔! Check-Up 5

1　Cars are _____ along the street. 자동차들이 길가에 주차되어 있다.

2　The merchandise is _____ in rows. 상품이 여러 줄로 정돈되어 있다.

3　Carts have been _____ in rows in front of the mart. 마트 앞에 카트들이 줄지어 (놓여) 있다.

4　The room is _____. 방이 비어 있다.

5　Trucks are _____ on the street. 트럭들이 길에 줄지어 서있다.

6　Some cords are _____ to the machine. 몇 개의 전선들이 기계에 연결되어 있다.

7　Books are _____ on the shelves. 책들이 선반 위에 쌓여 있다.

동사 ❷ (과거 분사 형태)

◁ 1-028

filled with ~로 가득 차 있는　　　　stocked 채워져 있는
organized 정돈된, 정리되어 있는　　　surrounded 둘러싸여 있는
posted 게시되어 있는, 붙여져 있는　　taken out 꺼내진
set 차려져 있는　　　　　　　　　　turned on 켜져 있는
situated 위치해 있는　　　　　　　　laid out 놓여 있는

?✔! Check-Up 6

1　The jar is _____ candy and chocolate. 병은 사탕과 초콜릿으로 가득 차 있다.

2　Files are well _____ in the drawer. 파일들은 서랍 속에 잘 정리되어 있다.

3　A notice has been _____ on the board. 공고문이 게시판에 붙어 있다.

4　The shelf is _____ with products. 선반은 상품으로 채워져 있다.

5　The house is _____ by a fence. 집은 담장으로 둘러싸여 있다.

6　A reading light on the desk has been _____. 책상 위의 전기 스탠드가 켜져 있다.

7　A variety of meals are _____ on the table. 다양한 음식들이 식탁 위에 놓여 있다.

동사 ❸

hang 걸리다　　　　　　　　cross 건네다　　　　　　　　stand 서있다
lean 기대다　　　　　　　　float (물 위에) 뜨다　　　　approach 다가가다
cast (그림자를) 드리우다　　grow 자라다

✅! Check-Up 7

1　Some shirts are ＿＿＿＿＿＿＿＿ up in the store. 셔츠 몇 개가 상점에 걸려 있다.

2　Chairs are ＿＿＿＿＿＿＿＿ against the tables. 의자들이 테이블에 기대져 있다.

3　The ladder is ＿＿＿＿＿＿＿＿ a shadow. 사다리가 그림자를 드리우고 있다.

4　A truck is ＿＿＿＿＿＿＿＿ the bridge. 트럭 한 대가 다리를 건너고 있다.

5　Fallen leaves are ＿＿＿＿＿＿＿＿ on the water. 낙엽이 물 위에 떠 있다.

6　Some vegetables are ＿＿＿＿＿＿＿＿ in the garden. 채소가 정원에서 자라고 있다.

7　A ship is ＿＿＿＿＿＿＿＿ the harbor. 배 한 척이 항구로 다가오고 있다.

전치사 ❶ on / in

on display 진열된, 전시된　　　　　　　in a vehicle 차 안에
on the ground 지면에　　　　　　　　in the corner 구석에
on a cart 수레 위에　　　　　　　　　in the parking area 주차장에
on the highway 고속도로에　　　　　　in the middle of the room 방 한가운데에
on the hill 언덕 위에　　　　　　　　in a line 한 줄로, 일렬로
on the shelves 선반 위에　　　　　　in rows 여러 줄로
on either[each] side of ~의 양쪽에　　in a similar style 비슷한 모양으로

✅! Check-Up 8

1　Some goods are ＿＿＿＿＿＿＿＿ in a store. 상품들이 상점에 진열되어 있다.

2　An aircraft is ＿＿＿＿＿＿＿＿. 비행기가 지면에 있다.

3　Some flowers are ＿＿＿＿＿＿＿＿. 꽃들이 수레 위에 있다.

4　There are vehicles ＿＿＿＿＿＿＿＿. 고속도로에 차들이 있다.

5　There are buildings ＿＿＿＿＿＿＿＿. 언덕 위에 건물들이 있다.

6　There are lamps ＿＿＿＿＿＿＿＿ the sofa. 소파 양쪽에 전등이 있다.

7　A plant is ＿＿＿＿＿＿＿＿. 화분이 구석에 있다.

전치사 ❷ near / beside / by

near ~ 가까이에, 근처에	by ~ 곁에, 옆에	by weight 무게로, 중량으로
beside ~ 옆에	by size 크기 별로	by bulk 부피로, 크기로

❓✔! Check-Up 9

1 There is a log cabin ＿＿＿＿＿＿＿＿ the beach. 해변 근처에 통나무 집이 한 채 있다.

2 There is a flowerpot ＿＿＿＿＿＿＿＿ the building's entrance. 건물 입구 근처에 화분이 하나 있다.

3 There is a bus stop ＿＿＿＿＿＿＿＿ the dock. 부두 근처에 버스 정류소가 하나 있다.

4 There is a mug ＿＿＿＿＿＿＿＿ the fireplace. 벽난로 근처에 머그잔이 하나 있다.

5 Various flowers have been planted ＿＿＿＿＿＿＿＿ the path. 다양한 종류의 꽃들이 길가에 심어져 있다.

6 There is a shoe rack ＿＿＿＿＿＿＿＿ the entrance. 출입구 옆에 신발장이 하나 있다.

7 A flock of sheep is grazing ＿＿＿＿＿＿＿＿ the river. 양떼가 강가에서 풀을 뜯어먹고 있다.

8 There is a cabinet ＿＿＿＿＿＿＿＿ the doorway. 출입구 옆에 캐비닛이 하나 있다.

9 The saucepans are arranged ＿＿＿＿＿＿＿＿. 소스 팬들이 크기별로 정돈되어 있다.

전치사 ❸ around / at / behind / between / over / under

around ~의 둘레에, 주변으로	over ~ 위로
at ~에	under ~ 아래에
behind ~ 뒤에	under construction 건설 중인, 공사 중인
between ~ 사이에	under repair 수리 중인, 보수 중인

❓✔! Check-Up 10

1 Chairs are ＿＿＿＿＿＿＿＿ the table. 의자들이 테이블 주변에 있다.

2 The subway has arrived ＿＿＿＿＿＿＿＿ the station. 지하철이 역에 도착했다.

3 There is an umbrella ＿＿＿＿＿＿＿＿ the sofa. 소파 뒤에 우산이 하나 있다.

4 There is a hammock hanging ＿＿＿＿＿＿＿＿ some trees. 그물 침대가 나무 사이에 걸려 있다.

5 A bird is flying ＿＿＿＿＿＿＿＿ the water. 새 한 마리가 물 위를 날고 있다.

6 There is a box ＿＿＿＿＿＿＿＿ the table. 테이블 아래에 상자가 하나 있다.

7 The building is ＿＿＿＿＿＿＿＿. 그 건물은 건축 중이다.

8 A vehicle is ＿＿＿＿＿＿＿＿ at the garage. 차 한 대가 차고에서 수리 중이다.

다음을 듣고 사진의 내용을 가장 잘 묘사한 것을 고른 다음, 다시 한 번 듣고 빈칸을 채우세요.

1

(A) The woman is _____ some bread.

(B) Different kinds of bread _____ for sale.

(C) The woman is _____ a shopping cart.

different 여러 가지의, 가지가지의
for sale 팔려고 내놓은
shopping cart 쇼핑 카트

2

(A) The _____ door is _____ .

(B) There are _____ on _____ of the stairs.

(C) A _____ is _____ down the stairs.

stair 계단

3

(A) Some people are _____ their bikes.

(B) Bicycles are _____ at the bicycle rack.

(C) Some of the bikes _____ baskets.

basket 바구니

4

(A) One woman is _____ a cup of
_____ .

(B) One man is _____ in a notebook.

(C) There are some _____ on the
_____ .

5

(A) Some _____ is on the
_____ .

(B) The tables are all _____ .

(C) A waiter is _____ the _____ .

6

(A) The woman is _____ her suitcase.

(B) The suitcase is _____ the
_____ .

(C) The porter is _____ the bag.

suitcase 여행 가방
porter 짐꾼, 운반인

7

(A) The _____ are being _____ .

(B) The wagon is full of _____ .

(C) There are several types of _____ .

wagon 수레, 짐마차
several 여러가지의; 몇몇의

8

(A) The vehicle is in the _____ .

(B) The garage door is _____ .

(C) A woman is _____ the house.

vehicle 차, 탈것
garage 차고

9

(A) There are some _____ on the
_____ .

(B) The river is _____ with _____ .

(C) A ship is _____ under the
_____ .

10

(A) There are no .... in the
....

(B) People are wheeling carts out of the ....

(C) The statue is .... the building.

> ....
> wheel 수레로 운반하다, 밀어 움직이다
> statue 조각상, 상

11

(A) There are monitors all .... the
....

(B) All of the people are .... the
.... channel.

(C) The men are .... monitors.

> ....
> monitor 모니터
> channel 채널

12

(A) Many .... are .... in the
ground.

(B) The wheelbarrow .... on the path.

(C) The gardener is ....

> ....
> wheelbarrow 외바퀴 손수레
> gardener 정원사, 원예가

정답 및 해설 p.009

🔊 1-034

◆ 다음을 듣고 사진의 내용을 가장 잘 묘사한 것을 고르세요.

1.

(A)　　　(B)　　　(C)　　　(D)

2.

(A)　　　(B)　　　(C)　　　(D)

3.

(A) (B) (C) (D)

4.

(A) (B) (C) (D)

5.

(A)   (B)   (C)   (D)

6.

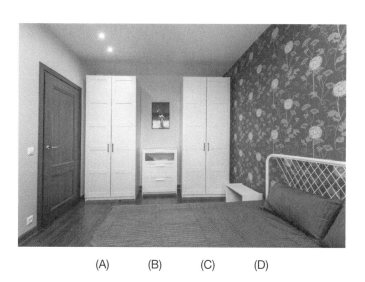

(A)   (B)   (C)   (D)

PART 2

질의-응답

▶ PART 2에서는 질문이나 진술을 듣고 3개의 응답 중에서 가장 적절한 답변을 선택해야 한다. 총 25문항이 출제되는데, 시험지에는 'Mark your answer on your answer sheet.'라는 지시문 외에 질문이나 보기에 관한 어떠한 단서도 등장하지 않는다. 따라서 알맞은 응답을 찾기 위해서는 질문이나 진술을 듣고 그에 대한 요지를 정확하게 파악할 수 있는 청취력을 갖추고 있어야 한다.

▶ 질문의 종류에는 의문사 의문문(Who / What / Where / When / Why / How / Which)과 함께 be동사, 조동사, 그리고 일반 동사를 이용한 의문문이 있다. 의문문의 유형을 파악하기 위해서는 질문의 첫 단어인 의문사와 동사를 놓치지 않고 들어야 한다. 한편 의문문이 아닌 일반 진술문에 대한 답변을 요구하는 문제도 출제되므로, 동의하거나 이의를 제기하는 다양한 표현들도 익혀 두어야 한다.

Unit 01 Who 의문문

- Who 의문문은 어떤 행위의 주체나 행위의 대상자가 누구인지를 묻는다. 매회 2문제 정도 출제된다.

- 대부분 사람, 직위, 또는 부서나 기관의 이름을 언급한 답변이 정답이 된다. 응답 보기를 들을 때는 고유명사를 구분하는 것도 중요한데, 낯설거나 의미를 알 수 없는 단어는 인명, 지명 등의 고유명사일 가능성이 있다. 인명 외에 직책이나 부서명도 정답이 될 수 있으므로 직책, 부서, 또는 직업에 대한 어휘도 많이 익혀둘 필요가 있다.

- Who로 물었더라도 장소를 언급한 답변이 정답이 될 수 있다.

  Who has the copy of the budget report? 누가 예산 보고서 가지고 있나요?
  → **It's on your desk.** 당신 책상 위에 있어요.

- 질문에서 요구하는 정보를 알지 못한다는 의미로서 '확실하지 않아요,' '잘 모르겠어요,'라고 답하거나 '왜 물어 보시는 거예요?'와 같이 되묻는 응답도 정답이 될 수 있다.

  I have no idea. / I'm not sure. / I don't know. / Why are you asking?

- 의문사 의문문은 Yes / No로 대답할 수 없다. 따라서 Yes / No로 시작하는 응답 보기는 무조건 오답이다.

- 질문에서 언급된 단어나 표현을 다시 언급하거나 발음이 비슷한 단어를 사용한 답변은 오답일 가능성이 높으므로, 질문과 대답의 의도를 정확하게 파악해야 한다.

◑ 2-001

예제 다음 질문과 선택지를 듣고 질문에 알맞은 응답을 고르세요.

Who will replace Mr. Freeman when he
leaves?

(A) Mr. Washington will.
(B) Yes, it's a beautiful area.
(C) I'm not sure where he lives.

프리먼 씨가 떠나면 누가 그를 대신할 건가요?
(A) 워싱턴 씨가 대신할 거예요.
(B) 네, 아름다운 곳이에요.
(C) 그가 어디에 사는지 잘 모르겠어요.

풀이 전략 및 해설

- 프리먼이라는 사람이 그만두면 그를 대신할 사람이 누구인지를 묻고 있다. Who will(누가 ~할 건가요?)만 제대로 들으면 나머지 표현을 듣지 못했더라도 사람 이름을 언급한 (A)가 정답임을 쉽게 알 수 있다.

- (B)는 의문사 의문문의 답변이 될 수 없는 Yes로 시작했기 때문에 정답이 될 수 없다. 질문의 replace가 place처럼 들린다는 점을 이용하여 장소와 관련 있는 단어 area를 사용한 함정이기도 하다.

- (C)는 질문의 leave와 발음이 거의 비슷한 live를 이용하여 정답처럼 들리도록 유도한 함정이다. PART 2에서는 질문에 사용된 단어를 다시 언급하거나, 질문에 사용된 단어와 발음이 비슷한 단어가 사용된 응답 보기는 함정인 경우가 많다는 점을 알아두자.

 패턴 1   Who is[are/was/were] + 명사? '명사'는 누구인가요?

 2-002

Q   **Who is the woman?** 그 여자분은 누구시죠?

A   She is my new secretary. 그녀는 저의 새 비서예요.

가능한 답변
- Her name is Jessica. 그녀의 이름은 제시카예요.
- She is the manager of the Maintenance Department.
  그녀는 관리 부장이에요.
- I have no idea. / I am not sure.
  잘 모르겠어요. → 거의 모든 질문에 대한 답이 될 수 있는 응답

청취 포인트

who is를 한 묶음으로 듣는다. is 다음에 나오는 명사(또는 대명사)를 정확하게 청취해야 한다.

is 다음에 오는 명사는 「man, woman, member, supervisor, intern, receptionist, guest」 등과 같이 주로 인물, 직책과 관련된 것들이다. 대부분 현재시제(is / are)가 사용되지만 과거시제(was / were)의 질문도 출제될 수 있다.

직책이나 지인 관계에 관한 질문이므로 이름이나 직위, 직책 등이 정답이 된다.

Check-Up   다음 질문과 선택지를 듣고 질문에 알맞은 응답을 고르세요.

 2-003

1   Who is the new receptionist? 누가 새 접수 담당자인가요?
   (A) I have no idea.   (B) It's on my desk.

2   Who is the person in charge of payroll? 누가 급여를 담당하고 있나요?
   (A) That is Ms. Smith.   (B) Once a year.

정답 p.010

패턴 2 Who + 현재동사 + 목적어? 누가 ~을 하나요?
Who + 동사의 과거형 + 목적어? 누가 ~을 했나요?

 2-004

Q **Who has** this month's sales report? 이번 달 매출 보고서를 누가 가지고 있나요?

A I have it right here. 제가 지금 그것을 가지고 있어요.

가능한 답변
- Michael is taking care of it. 마이클이 그것을 관리하고 있어요.
- It's on my desk. 제 책상 위에 있어요.
- My manager should know it. 저의 부장님이 알고 있을 거예요.
- I gave it to your secretary. 당신의 비서에게 전달했어요.

청취 포인트

현재나 과거에 일어난 행위의 주체를 묻는 질문이다. who 다음에 나오는 동사와 목적어를 듣고 그 의미를 정확하게 파악하는 것이 중요하다. 시제에 따른 과거동사의 형태와 발음을 잘 알고 있어야 현재, 과거 중 어떤 시제인지 파악할 수 있다.

행위의 주체가 누구인지 묻는 질문이므로 주로 사람 이름이나 직책이 정답이 된다.

cf.1 질문의 동사가 have, own처럼 소유의 뜻이 있을 때는 장소를 언급한 응답이 정답이 될 수 있다.

Who has the key? 누가 열쇠를 갖고 있죠? → **It's on the shelf.** 선반 위에 있어요.

cf.2 질문의 과거동사를 반복하여 말하는 대신 대동사 did를 써서 '사람 이름[직책] + did'로 답하거나, 'I think it was + 사람 이름[직책]'으로 답할 수도 있다.

Who told you to cancel the appointment? 누가 당신에게 그 약속을 취소시켰나요?

→ **My manager did.** 부장님께서 하셨어요. / **I think it was Mr. Ford.** 포드 씨였던 것 같아요.

Check-Up 다음 질문과 선택지를 듣고 질문에 알맞은 응답을 고르세요.

2-005

1 Who left this file in the meeting room? 회의실에 이 파일을 누가 놓고 갔나요?
(A) You're right.   (B) I did.

2 Who called you early this morning? 오늘 아침 일찍 당신에게 전화한 사람은 누군가요?
(A) It was Mr. Ford.   (B) In the kitchen.

정답 p.010

패턴 3

Who will + 동사원형[be + V-ing]? 누가 ~할 건가요?
Who is going to + 동사원형? 누가 ~할 예정인가요?
Who is supposed to + 동사원형? 누가 ~하기로 되어 있나요?

2-006

Q   Who will replace Ms. Clinton after she retires?
클린턴 씨가 은퇴하면 누가 그 자리를 대신하나요?

A   Mr. Chang, our marketing manager. 우리 마케팅 부서장인 창 씨가요.

가능한 답변
- **Mr. Washington will.** 워싱턴 씨가 할 거예요.
- **Someone from the Washington office will.**
  워싱턴 사무소에서 온 누군가가 할 거예요.
- **They haven't found anyone yet.** 그들은 아직 사람을 찾지 못했어요.

🎧 청취 포인트

미래에 일어날 행위의 주체를 묻는 질문이다. 뒤에 연결되는 동사를 정확하게 청취해야 한다. who will의 경우, 강하게 발음되지 않고 who'll로 축약되어 발음된다는 점에 유의한다.

질문의 시제가 미래이므로 응답에도 미래를 나타내는 「will / be going to / be V-ing」 등이 사용될 가능성이 높다. 혹은 「can / could / have to」와 같은 조동사가 대신 쓰일 수도 있지만 시제를 나타내는 조동사나 동사는 생략되는 경우가 많다.

cf. 과거동사나 완료시제를 이용한 응답도 정답이 될 수 있다.

I thought it was you. 나는 당신이라고 생각했는데요.
→ 과거 시제이지만, 미래의 행위에 대해 과거에 했던 생각이나 추측을 나타내므로 정답이 될 수 있다.

We have not decided yet. 아직 결정을 내리지 못했어요.
→ 'I have no idea.'나 'I am not sure.'처럼 우회적인 응답으로서, 정답으로 자주 출제된다.

Check-Up   다음 질문과 선택지를 듣고 질문에 알맞은 응답을 고르세요.

2-007

1   Who is going to work on the design project? 누가 그 디자인 프로젝트를 진행할 건가요?
    (A) That's fine.   (B) We have not decided yet.

2   Who is supposed to pick up this document? 이 서류는 누가 찾으러 오기로 되어 있죠?
    (A) I think I can.   (B) Yes, usually.

정답 p.010

❖ 질문과 선택지를 듣고 알맞은 응답을 고르세요. 다시 한 번 들으며 빈칸을 채우세요.

연습 A
◎ 2-008

1 Who is that tall man?

(A) He is our _____ .

(B) He is not _____ you think.

2 Who is going to visit us today?

(A) We _____ New York today.

(B) Mr. Smith _____ this afternoon.

head office 본사

3 Who is supposed to pay the bill?

(A) The _____ is _____ .

(B) The Maintenance Department is _____ it.

bill 계산서, 청구서

4 Who will organize the annual meeting?

(A) I _____ no _____ .

(B) _____ a _____ .

annual meeting 연례 회의

5 Who has a copy of the contract?

(A) I'm _____ .

(B) I _____ it to your _____ .

copy 사본, 복사본
contract 계약서; 계약

6 Who is going to repair the copy machine?

(A) _____ the coffee shop _____ the street.

(B) _____ Steven _____ the maintenance office.

repair 수리하다, 고치다

연습 B
◎ 2-009

1 Who _____ us today?

(A) Someone from _____ will be here.

(B) I would like to _____ the museum _____ .

2 Who is supposed to _____ the _____ ?

(A) Please _____ it _____ me.

(B) My office is _____ the _____ .

3 Who is _____ ?

(A) I _____ him before.

(B) He is going to attend the meeting.

4 Who _____ the annual _____ ?

(A) _____ a _____ .

(B) The Planning Department is _____ it.

annual 연례의; 1년의

5 Who _____ the copy machine?

(A) A technician _____ it tomorrow.

(B) _____ the _____ across the street.

technician 기술자

6 Who _____ a _____ of the contract?

(A) I'm _____ now.

(B) Mr. Smith _____ it.

 패턴 4　　Who is + V-ing + 목적어? 누가 ~을 할 것인가요? / 누가 ~을 하고 있나요?

◀》 2-010

Q　Who is giving the sales presentation?
　　누가 영업 발표를 하고 있죠? / 영업 발표는 누가 할 거죠?

A　I think Mr. Gomez is. 고메즈 씨인 것 같아요. / 고메즈 씨가 할 것 같은데요.

가능한 답변
- I said I would. 제가 하겠다고 말씀 드렸어요.
- I have asked Robert to do it. 로버트에게 해달라고 부탁했어요.
- I think Thompson is scheduled to. 톰슨이 하는 것으로 예정되어 있는 것 같아요.
- One of my colleagues will. 동료 중 한 사람이 할 거예요.

🗨 청취 포인트

Who is 다음에 이어지는 V-ing와 목적어를 정확히 청취하는 것이 관건이다. 「Who is V-ing」까지 하나의 덩어리로 들으며 사용된 동사의 정확한 의미를 파악해야 한다.

현재 진행형(be동사 + V-ing)은 현재 진행되고 있는 동작뿐만 아니라 가까운 미래에 일어날 일을 나타낼 수도 있다. 따라서 「be going to / will / would」를 사용한 답변도 가능하다. 답변의 시제에 집중하기보다는 문장의 의미나 질문의 요지를 정확하게 파악한 후 적절한 응답이 되는 표현을 찾아야 한다.

Check-Up　다음 질문과 선택지를 듣고 질문에 알맞은 응답을 고르세요.

◀》 2-011

1　Who is giving the presentation at today's meeting? 오늘 회의에서 누가 발표하나요?
　　(A) On the radio.　　　　　　　(B) I said I would.

2　Who is driving you to the airport? 누가 당신을 공항까지 태워다 줄 건가요?
　　(A) One of my colleagues will.　　(B) That's true.

정답 p.011

패턴 5

Who is in charge of + 명사구[동명사]? 누가 ~을 담당하나요?
Who is responsible for + 명사구[동명사]? ~의 책임자는 누구인가요?

 2-012

Q **Who is in charge of** hiring new employees? 누가 신입 사원 채용을 담당하나요?

A That's the personnel manager's job. 그것은 인사부장의 업무예요.

가능한 답변
- That would be Mr. Taylor. 테일러 씨일 거예요.
- Mr. Thompson, the personnel director. 인사과의 톰슨 이사요.
- That's my job. 그것은 저의 업무예요.

청취 포인트

'Who is in charge of'와 'Who is responsible for'를 하나의 덩어리로 듣고, 뒤에 이어지는 명사(구)나 동명사 표현에 집중한다. 이는 담당자나 책임자를 묻는 질문이다.

직책이나 사람 이름이 주로 정답으로 제시되며, 담당 부서명이 정답이 될 수도 있다. 자주 사용되는 응답의 형태는 'That would be + 사람 이름/직책/부서명'이다.

질문에 사용된 charge와 responsible은 오답에 그대로 사용되는 경우가 많으므로 주의가 필요하다. 또한, 'Who is in charge of' 다음에 나오는 표현들도 오답의 함정으로 활용될 가능성이 높다. 질문에서 언급된 단어를 그대로 포함하고 있거나 발음이 비슷한 단어, 또는 의미상으로 연관성이 있는 단어들을 포함한 선택지는 함정일 수 있으므로 주의해야 한다.

Check-Up 다음 질문과 선택지를 듣고 질문에 알맞은 응답을 고르세요.

2-013

1 Who is in charge of making hiring decisions? 채용 결정은 누구의 소관인가요?
   (A) It's his report.   (B) Mr. Thompson, the personnel director.

2 Who is responsible for purchasing office supplies? 사무용품 구입은 누가 담당하나요?
   (A) That's my job.   (B) That's a good idea.

정답 p.011

패턴 6

Who should[can] + 주어 + 동사원형? 주어는 누구에게 ~해야 하나요[할 수 있나요]?
Who did[do/does] + 주어 + 동사원형? 주어는 누구에게[누구를] ~했나요[하나요]?

◑ 2-014

Q **Who should I submit this report to?** 이 보고서를 누구에게 제출해야 하나요?
[= To whom should I submit this report?]

A Ask the secretary. 비서에게 물어보세요.

가능한 답변
- The secretary will let you know. 비서가 알려 줄 거예요.
- You can give it to Mr. Johnson in the Planning Department.
  기획부 존슨 씨에게 주시면 돼요.
- I am not sure. 잘 모르겠어요.

청취 포인트

행위의 주체가 아닌 대상이 누구인지를 묻는 질문이다. who는 주어 뒤에 나오는 동사의 목적어에 해당하며, whom 또는 to whom을 써도 같은 의미가 된다. 'Who should[can] + 주어'를 하나의 의미 단어처럼 듣고 이해한다.

주어는 주로 1인칭과 3인칭이며, 동사로는 주로 「ask, call, contact, give, submit, report, tell, talk to, talk about, speak to, address」 등이 사용된다.

질문에 사용된 동사의 목적어에 해당하는 사람, 직위, 부서, 또는 장소 등이 정답이 된다. 이름 또는 직책만으로도 정답이 될 수 있다. 우회적인 답변이 정답이 될 수도 있으므로 질문의 의도에 맞는 응답을 정확하게 파악하는 것이 중요하다.

Check-Up 다음 질문과 선택지를 듣고 질문에 알맞은 응답을 고르세요.

◑ 2-015

1 Who should I ask for the annual sales report? 연간 영업 보고서를 누구에게 요청하면 되나요?
(A) I am not sure.   (B) At about 9:00 A.M.

2 Who does this laptop belong to? 이 노트북 컴퓨터는 누구의 것인가요?
(A) Yes, it's very interesting.   (B) Mark in the R&D Department, I think.

정답 p.011

❖ 질문과 선택지를 듣고 알맞은 응답을 고르세요. 다시 한 번 들으며 빈칸을 채우세요.

연습 A ⏵ 2-016

1 Who is driving you to the train station?

(A) It _____ 10 minutes.

(B) I _____ a taxi.

  drive A to B A를 B에 차로 데려다 주다

2 Who should I contact to confirm the reservation?

(A) _____ the receptionist.

(B) I _____ a _____ for this weekend.

  confirm 확인하다
  reservation 예약

3 Who does this suitcase belong to?

(A) I _____ it was _____ .

(B) You have to _____ your _____ with you.

  belong to ~의 소유이다
  belongings 소유물

4 Who is in charge of the new research project?

(A) Dr. Jones will _____ it.

(B) Don't forget to _____ your _____ .

  in charge of ~을 담당하는, 책임지는

5 Who is responsible for hiring salespeople?

(A) You _____ any higher.

(B) Mr. Conner usually _____ that.

6 Who is coming to the party tonight?

(A) Some _____ from college.

(B) It is a _____ party.

연습 B ⏵ 2-017

1 Who is _____ the new research project?

(A) I want you to _____ .

(B) Someone will _____ at _____ .

  appoint 정하다, 임명하다

2 Who does this _____ ?

(A) I believe it belongs to _____ .

(B) I want my _____ me immediately.

3 Who should I _____ confirm the reservation?

(A) I reserved a _____ .

(B) _____ this _____ .

  reserve 예약하다

4 Who is _____ the _____ tonight?

(A) The _____ in the Marketing Department.

(B) The _____ at ten.

  Marketing Department 마케팅 부서

5 Who is _____ you to the _____ ?

(A) It will _____ .

(B) Mr. Johnson will _____ with _____ .

6 Who is _____ for salespeople?

(A) You _____ be there.

(B) _____ would be the personnel _____ .

  personnel 직원의, 인사의

🔷 주어진 어휘와 표현을 들은 다음, 문장을 들으면서 빈칸을 채우세요.

동사 ❶

◀) 2-018

handle (상황, 사람, 작업을) 다루다[다스리다/처리하다]　　**repair** 수리하다, 고치다

lead 이끌다, 지휘하다; 안내하다, 인솔하다　　**review** 검토하다

organize 준비하다, 조직하다; 정리하다　　**revise** 수정하다, 변경하다; 개정하다

present 증정하다; 제출하다; 발표하다; 출석하다　　**take over** ~을 대신하다, (책임 등을) 떠맡다

❓✔! Check-Up 1

1　A Who will _____ the reception?

　　B My team will prepare it.

　　A 환영회를 누가 준비할 건가요?

　　B 저희 팀이 준비할 거예요.

reception 환영회, 리셉션

2　A Who is going to _____ the proposal?

　　B Mr. Kent will do it.

　　A 제안서를 누가 수정할 거예요?

　　B 켄트 씨가 할 거예요.

proposal 제안서, 계획

3　A Who is supposed to _____ the sales pitch at the staff meeting?

　　B We have not decided yet.

　　A 직원 회의에서 상품 광고에 대해 누가 발표하기로 되어 있죠?

　　B 아직 결정하지 않았어요.

sales pitch 상품 광고, 판매 홍보

4　A Who is goiing to _____ the file we received this morning?

　　B Please leave it to me.

　　A 오늘 아침에 우리가 받은 파일을 검토할 사람은 누구인가요?

　　B 저에게 맡겨 주세요.

5　A Who _____ the fence?

　　B I thought you did it.

　　A 누가 담장을 고쳤나요?

　　B 저는 당신이 고쳤다고 생각했어요.

동사 ❷

🔊 2-019

address 주소를 쓰다; 우편물을 보내다
ask for ~을 요청하다, 요구하다
assign 배치하다; (책임, 업무 등을) 맡기다, 배정하다
attend 참석하다

authorize 권한을 부여하다
conduct (특정한 활동을) 하다; 실행하다; 지휘하다
design 디자인하다, 설계하다
give 주다, 제공하다

?✓! Check-Up 2

1 A Who was _____ to the marketing team?

    B I have no idea.

    A 누가 마케팅 팀으로 배정되었나요?

    B 모르겠어요.

2 A Who should I _____ this letter to?

    B The sales manager.

    A 이 편지를 누구에게 보내야 하나요?

    B 영업 부장님한테요.

3 A Who wants to _____ the party?

    B Who doesn't?

    A 누가 파티에 참석하고 싶어 하나요?

    B 원하지 않는 사람이 있을까요?

직위 / 직책 / 부서명

🔊 2-020

president 사장
chief executive officer (CEO) 최고 경영자
executive officer 임원, 간부
director 이사
manager 부장, 매니저, 지배인
assistant manager 차장
supervisor 감독자
secretary 비서

Public Relations Department 홍보부
Customer Service Department 고객서비스부
Marketing Division 마케팅부
Accounting Department 회계부
Sales Department 영업부
Personnel Department 인사부
Human Resources Department 인사부
Shipping Department 배송부

Check-Up 3

1 A Who is in charge of the _____ now?

   B The former _____, Mr. Johnson.

   A 지금 인사부는 누가 책임자인가요?

   B 전임 마케팅 이사인 존슨 씨요.

2 A Who will be attending the meeting?

   B Some of the _____.

   A 회의에 누가 참석할 건가요?

   B 임원들 몇 명요.

3 A Who should I send this file to?

   B Mr. Gomez in the _____.

   A 이 파일을 누구에게 보내면 되나요?

   B 배송부의 고메즈 씨한테요.

4 A Who is giving a presentation at tomorrow's meeting?

   B Our _____, Mr. Watson.

   A 내일 회의에서 누가 발표를 할 건가요?

   B 왓슨 영업부장님요.

give a presentation 발표하다

5 A Who handles complaints regarding deliveries?

   B The _____, I think.

   A 배송 관련 불만사항은 누가 처리하나요?

   B 고객서비스팀일 거예요.

complaint 불평, 불만
regarding ~에 관해서
delivery 배달

질문과 선택지를 듣고 질문에 알맞은 응답을 고르세요.

1. Mark your answer on your answer sheet.   (A)   (B)

2. Mark your answer on your answer sheet.   (A)   (B)

3. Mark your answer on your answer sheet.   (A)   (B)

4. Mark your answer on your answer sheet.   (A)   (B)

5. Mark your answer on your answer sheet.   (A)   (B)

6. Mark your answer on your answer sheet.   (A)   (B)

7. Mark your answer on your answer sheet.   (A)   (B)

8. Mark your answer on your answer sheet.   (A)   (B)

9. Mark your answer on your answer sheet.   (A)   (B)

10. Mark your answer on your answer sheet.   (A)   (B)

정답 및 해설 p.014

🔊 2-022

◯ 질문과 선택지를 듣고 질문에 알맞은 응답을 고르세요.

1. Mark your answer on your answer sheet. (A) (B) (C)

2. Mark your answer on your answer sheet. (A) (B) (C)

3. Mark your answer on your answer sheet. (A) (B) (C)

4. Mark your answer on your answer sheet. (A) (B) (C)

5. Mark your answer on your answer sheet. (A) (B) (C)

6. Mark your answer on your answer sheet. (A) (B) (C)

7. Mark your answer on your answer sheet. (A) (B) (C)

8. Mark your answer on your answer sheet. (A) (B) (C)

9. Mark your answer on your answer sheet. (A) (B) (C)

10. Mark your answer on your answer sheet. (A) (B) (C)

11. Mark your answer on your answer sheet. (A) (B) (C)

12. Mark your answer on your answer sheet. (A) (B) (C)

13. Mark your answer on your answer sheet. (A) (B) (C)

14. Mark your answer on your answer sheet. (A) (B) (C)

15. Mark your answer on your answer sheet. (A) (B) (C)

Unit 02

Where 의문문

학습 포인트

- Where 의문문에서는 사람이나 사물의 위치, 장소, 이동 방향, 출처가 어디인지를 묻는다. 매회 2문제 정도 출제된다.

- 대부분의 정답은 '장소를 나타내는 전치사 + 장소 명사' 형태를 취한다.

- Where 의문문의 답변에 사용되는 전치사 베스트 8

in + 지역, 공간	In the desk drawer. 책상 서랍에요. In the storage room. 보관실에요. In Singapore. 싱가포르에서요.
at + 건물, 공간	At the conference center. 컨퍼런스 센터에서요. At the corner of the street. 길 모퉁이에요.
on + 층, 가구, 거리	On the second floor. 2층에요. On Ms. Smith's desk. 스미스 씨 책상 위에요. On Main Street. 메인가에요.
to + 목적지	To the head office. 본사로요.
from + 출처	From the supply cabinet. 물품 캐비닛에서요.
next to / near + 위치	Next to the grocery store. 식료품점 옆에요. Near the park. 공원 근처요.
across + 거리	Right across the street. 바로 길 건너편에요.
in front of + 건물	In front of the bank. 은행 앞에요.

- 위치를 알고 싶은 대상이 무엇인지에 따라서 구체적인 위치나 장소가 아닌 사람을 언급한 답변이 정답으로 제시될 수도 있다.

  Where is the monthly sales report? 월간 매출 보고서는 어디에 있죠?
  → Mr. Jackson has it. 잭슨 씨가 가지고 있어요.

🔊 2-023

예제 다음 질문과 선택지를 듣고 질문에 알맞은 응답을 고르세요.

Where is your new office building?

(A) At the end of King Street.

(B) Yes, that's my job.

(C) I worked for five years.

새 사무실 건물은 어디에 있나요?

(A) 킹 스트리트의 끝에 있어요.

(B) 네, 그것은 저의 일이에요.

(C) 저는 5년 동안 일했어요.

풀이 전략 및 해설

- 새 사무실 건물이 어디에 있는지를 묻고 있다. 건물의 위치를 묻고 있기 때문에 정답은 거리명 King Street를 언급한 (A)가 된다.

- 의문사 의문문으로 질문했을 때는 Yes나 No로 답할 수 없기 때문에 (B)는 Yes만 듣고도 오답임을 알 수 있다. (C)는 질문의 office를 듣고 연상되는 work라는 동사를 이용한 함정으로, 질문 내용과는 전혀 관계가 없다.

 패턴 1

 2-024

Where is[are] + 명사(구)? 명사(구)는 어디에 있나요?
Where is the nearest[closest] + 명사? 가장 가까운 명사는 어디에 있나요?

Q **Where is** your company's head office? 당신 회사의 본사는 어디에 있나요?

A It's in New York. 뉴욕에 있어요.

가능한 답변
- In Singapore. 싱가포르에 있어요.
- You can find it on the main page of our Web site.
  우리 웹사이트의 메인 페이지를 보시면 알 수 있어요.
- The head office was recently moved to Seoul.
  최근에 본사를 서울로 옮겼어요.

🔊 청취 포인트

명사의 장소와 위치를 묻는 질문 패턴이다. Where is 뒤에는 주로 '회사, 건물, 부서, 가게, 인물(직책명), 사물' 등의 명사가 온다. 특히 Where is the nearest[closest] 뒤에는 아래의 표와 같이 다양한 장소 명사가 온다. 명사 뒤에 이어지는 수식어구는 오답 함정에 활용되므로 주의해야 한다.

bank 은행	post office 우체국	bus stop 버스 정류장
train station 기차역	bookstore 서점	restaurant 식당
bathroom 화장실	public phone 공중전화	copy machine 복사기

위치를 알고 싶은 대상이 '건물, 부서, 회사, 가게, 인물'일 때 정답은 주로 '전치사 + 장소 명사'로 나타낸다.
→ in + 도시 / at + 장소 / on + 층 / next to + 장소

cf.1 '전치사 + 장소 명사' 빈출 표현

Around the corner. 길 모퉁이에요.
On the next corner. 다음 길모퉁이에요.
Across the street. 길 건너편에요.

cf.2 report, tickets와 같은 사물의 위치를 물을 때 '사람 주어 + 동사(소유의 뜻) + it[them]' 형태의 답변이 올 수도 있다.

Ms. Jackson borrowed it. 잭슨 씨가 빌려 갔어요.
The marketing director has them. 마케팅 이사님께서 갖고 계세요.

🔎 ! Check-Up 다음 질문과 선택지를 듣고 질문에 알맞은 응답을 고르세요.

 2-025

1 Where is our new branch office? 새로 생긴 지사는 어디에 있나요?
   (A) In Singapore.   (B) For several hours.

2 Where is the nearest bookstore? 가장 가까운 서점은 어디에 있나요?
   (A) Thanks for letting me know.   (B) On the next corner.

정답 p.016

패턴 **2** Where is[was] + 주어 + 과거분사? 주어는 어디에 ~되어 있나요[있었나요]?

Q **Where is** your company **based**? 귀하의 회사는 어디에 근거지를 두고 있나요?

A It is based in Tokyo 도쿄에 본사가 있어요.

가능한 답변
- We have our main office in Seoul. 서울에 본사를 두고 있어요.
- We are based in Manhattan. 우리는 맨하튼에 근거지를 두고 있어요.
- In San Francisco. 샌프란시스코에요.

👂 청취 포인트

주로 장소(building, office, company)의 위치, 행사(meeting, seminar, conference)의 개최 장소, 혹은 사물(fruit, car, office supplies)이 보관된 장소를 묻는 질문 패턴이다. 따라서 주어 다음에 오는 과거분사도 「located / based / situated / stored / parked / held」와 같이 장소와 연관되는 단어들이 사용된다.

'회의, 세미나' 같은 행사가 질문의 주어이고 과거분사가 held일 때는 '도시, 호텔, 건물 이름'이 답이 될 수 있다. 한편 질문의 주어가 '건물, 회사, 사무실' 같은 장소이고 과거분사가 located 또는 based일 때는 '도시명이나 거리명'이 정답이 된다.

🔎✓! Check-Up 다음 질문과 선택지를 듣고 질문에 알맞은 응답을 고르세요. 2-027

1 Where is your head office located? 본사 위치가 어디에요?
   (A) We are based in Manhattan.   (B) Early Saturday evening.

2 Where was the sales conference held last month? 지난달에 영업 회의가 어디에서 열렸죠?
   (A) With my friend.   (B) In San Francisco.

정답 p.016

2-028

 패턴 **3**

Where can I + 동사원형? 어디에서 ~을 할 수 있나요?

Q **Where can I get** a copy of this newsletter? 이 소식지 한 부를 어디에서 구할 수 있나요?

A I don't think there are any left. 남은 게 없는 것 같은데요.

가능한 답변
- You can get one at the reception hall. 리셉션 홀에서 구할 수 있어요.
- I will get one for you. 제가 한 부 갖다 드릴게요.
- Why don't you go to the PR office? 홍보부에 가 보시는 게 어떨까요?

청취 포인트

'Where can I'까지는 변하지 않는 패턴이므로 다음에 이어지는 동사와 목적어를 정확하게 청취해야 한다. 'Where can I' 다음에 오는 동사에는 「buy / catch / find / get / go / make / park / pay for / try on / submit」 등이 있는데, 이 중에서도 특히 find와 get이 자주 출제된다.

답변을 들을 때는 질문의 동사 및 목적어와 관련이 있는 장소가 언급되었는지 파악해야 한다.

Where can I catch the bus to the City Hall? 시청으로 가는 버스를 어디에서 탈 수 있나요?

→ There is a bus stop across the street. 길 건너에 버스 정류장이 있어요.

Check-Up 다음 질문과 선택지를 듣고 질문에 알맞은 응답을 고르세요.

2-029

1 Where can I get a pamphlet? 어디에서 팜플렛을 구할 수 있나요?
   (A) I will get one for you.   (B) I just moved here yesterday.

2 Where can I find the business magazines? 경제 잡지는 어디에서 찾을 수 있나요?
   (A) They are in the magazine section.   (B) I suppose it's possible.

정답 p.017

● 질문과 선택지를 듣고 알맞은 응답을 고르세요. 다시 한 번 들으며 빈칸을 채우세요.

연습 A ◎ 2-030

1 Where is the copy machine?
 (A) On the _____ .
 (B) I need _____ .

2 Where are we headed?
 (A) You _____ soon.
 (B) I am feeling _____ and
  _____ .
  dizzy and lightheaded 어지럽고 현기증 나는

3 Where can I get a parking permit?
 (A) Please ask for one
  _____ .
 (B) No problem. I can
  _____ .
  reception desk 접수처, 안내 데스크

4 Where is the closest supermarket around here?
 (A) I will _____ some _____ .
 (B) Next to the _____ .

5 Where is the guest list for Friday's reception?
 (A) Mr. Smith _____ knows.
 (B) It will be _____ the banquet hall.
  banquet hall 연회장

6 Where is your new office located?
 (A) Yes, his office is _____ New York.
 (B) In the _____ .
  be located 위치하다

연습 B ◎ 2-031

1 Where are we _____ ?
 (A) We are _____ Tom in Boston.
 (B) We are going to _____ soon.

2 Where is your _____ ?
 (A) _____ , _____ is in L.A.
 (B) _____ to the convention _____ .

3 Where is the _____ ?
 (A) _____ Michael's office.
 (B) I need _____ copies.

4 Where can I get a _____ ?
 (A) It is a _____ , so you don't _____ .
 (B) We can _____ tomorrow if the _____ .
  free-parking zone 무료 주차 구역

5 Where is the _____ ?
 (A) I will _____ cheese.
 (B) Just _____ the _____ .

6 Where is the _____ for Friday's _____ ?
 (A) The _____ has it.
 (B) It will _____ at the Hill Hotel.

패턴 **4**   Where should I + 동사원형?   어디에(서) ~해야 하나요?

◑ 2-032

Q   **Where should I put** this plant? 이 화초를 어디에 둬야 하나요?

A   On Mr. Johnson's desk. 존슨 씨 책상 위에요.

가능한 답변
- In the back room. 뒤에 있는 방이에요.
- On the shelf. 선반 위에요.
- Over there in the corner. 저쪽 구석이에요.

청취 포인트

'Where should I'까지는 고정된 패턴이므로 이어지는 동사와 목적어를 정확하게 들어야 한다. 'Where should I' 다음에는 「put / store / file / park / send / turn in」처럼 '보관, 제출, 정리'의 뜻을 지닌 동사가 주로 온다.

정답은 대부분 '전치사 + 장소 명사'를 사용한 단답형의 답변이 많다. 답변이 문장인 경우, 동사는 질문에서 나온 should 대신 can 이나 have to를 써서 표현하기도 한다.

Where should I put this document? 이 서류를 어디에 둬야 하나요?

→ You <u>can</u> leave it on my desk. 제 책상 위에 두시면 돼요.

Check-Up   다음 질문과 선택지를 듣고 질문에 알맞은 응답을 고르세요.   ◑ 2-033

1   Where should I store these boxes of copy paper? 이 복사용지 상자들을 어디에 보관해야 하나요?
   (A) Thanks a lot.   (B) In the back room.

2   Where should I park the car? 차를 어디에 주차해야 하나요?
   (A) Over there.   (B) The park is wonderful.

정답 p.018

패턴 5 ◀) 2-034

Where did[do/does] + 주어 + 동사? 주어는 어디에서 ~했나요[하나요]?

Q **Where did** you **work** before you got this job?
이 직업을 갖기 전에는 어디에서 일했나요?

A At a small design company. 소규모 디자인 회사에서요.

가능한 답변
- I worked at an export firm. 무역회사에서 근무했어요.
- I helped with my father's business. 아버지의 사업을 도왔어요.
- I studied at a university. 대학에서 공부했어요.

💬 청취 포인트

주어 다음에 이어지는 본동사와 목적어를 정확히 듣고 질문의 요지를 파악한다. where 뒤에 나오는 것이 did인지 do[does]인지 듣고 동사의 시제가 과거인지 현재인지 파악해야 한다.

질문의 주어가 사람일 때는 「put / leave / go / live / work」와 같은 동사가 자주 나온다. 한편 주어가 사물일 때는 「train / bus / company / chair / files」 등과 같은 일반명사가 주어로 주로 언급되고, 「stop / belong」 같은 동사가 자주 출제된다.

정답은 동작이 행해지는 위치나 장소를 나타낸 표현이 대부분으로, 대개 '전치사 + 장소명사'로 나타낸다. 질문의 내용에 적합한 전치사가 사용되었는지를 파악해야 하며, 장소가 아닌 시간을 나타내는 전치사 또는 부사를 사용한 함정 오답에 유의한다. 만약 대답에 동사가 나오면 질문의 시제와 일치하는지를 판단해야 한다.

❓✔! Check-Up 다음 질문과 선택지를 듣고 질문에 알맞은 응답을 고르세요. ◀) 2-035

1 Where do you keep the office supplies? 사무용품을 어디에 보관하세요?
(A) In the cabinet. (B) At noon.

2 Where did Mr. Gibson leave the report? 깁슨 씨는 그 보고서를 어디에 두었나요?
(A) He left it on his desk. (B) He will leave for Sydney.

정답 p.018

패턴 6

Where did[do/does] + 주어 + 동사?

Where is[are] + 주어 + V-ing?

Where will + 주어 + 동사원형[be V-ing / be 과거분사]?

주어는 어디에서 ~할 예정인가요? (세 패턴 해석 동일)

 🔊 2-036

Q Where is the next convention **going to be held**?
다음 회의는 어디에서 열릴 예정인가요?

A At the Platinum Hotel. 플래티넘 호텔에서요.

가능한 답변
- It will be in Las Vegas. 라스베가스에서 열릴 거예요.
- It has not been decided yet. 아직 결정되지 않았어요.

👂 청취 포인트

가까운 미래에 어떤 일이 발생할 장소를 묻는 질문 패턴이다. 질문의 시제에 신경 쓰기보다는 주어와 동사를 듣고 의미를 정확히 파악하는 것이 중요하다.

정답은 주로 '전치사 + 장소 명사' 형태의 단답형이 많다. 응답으로 언급한 장소가 질문에 적합한지 확인하는 것이 중요하다.

Where will the seminar be held? 세미나는 어디에서 열릴 예정인가요?

→ In the mailbox. (X) 우체통 안에요. / On the desk. (X) 책상 위에요.

* '전치사 + 장소명사' 형태의 답변이지만, 둘 다 질문에 대한 응답으로는 적절하지 않다.

Check-Up 다음 질문과 선택지를 듣고 질문에 알맞은 응답을 고르세요.

🔊 2-037

1 Where is the seminar going to be held next year? 내년에 세미나는 어디에서 열릴 예정인가요?

(A) Yes, it will.   (B) It will be in Las Vegas.

2 Where will they move the office? 사무실을 어디로 이전할 건가요?

(A) It has not been decided yet.   (B) That is surprising.

정답 p.018

정답 p.018

◆ 질문과 선택지를 듣고 알맞은 응답을 고르세요. 다시 한 번 들으며 빈칸을 채우세요.

연습 A　　　　　　　🔊 2-038

1　Where did you hear the news?
　(A)　A _____ of mine _____ me.
　(B)　He will be _____ .

2　Where should I sign?
　(A)　_____ , please.
　(B)　It is not _____ .

3　Where are you traveling to next summer?
　(A)　I haven't _____ .
　(B)　_____ the Bahamas!

4　Where will the trade show be held?
　(A)　_____ some new clothing lines.
　(B)　_____ Chicago.

> be held 열리다
> clothing lines 의류 상품

5　Where are you going to stay in New York?
　(A)　I am going to _____ .
　(B)　I can't _____ any longer.

6　Where did Samantha leave the application form?
　(A)　She left an _____ .
　(B)　In the _____ .

연습 B　　　　　　　🔊 2-039

1　Where will the _____ be _____ ?
　(A)　To show _____ .
　(B)　At the _____ .

2　Where _____ you _____ in New York?
　(A)　Whatever happens, you have to _____ .
　(B)　Do you _____ a place _____ ?

3　Where did you _____ the _____ ?
　(A)　Everyone _____ it.
　(B)　He will be _____ .

4　Where _____ I _____ ?
　(A)　I _____ .
　(B)　_____ the page.

> at the bottom of 아래에, 하단에

5　Where did Samantha _____ the _____ ?
　(A)　She left _____ ago.
　(B)　I have no _____ .

6　Where are you _____ to next summer?
　(A)　Hawaii.
　(B)　_____ Hong Kong.

◉ 주어진 어휘와 표현을 들은 다음, 문장을 들으면서 빈칸을 채우세요.

동사 ❶　◁ 2-040

buy 사다, 구입하다
get 구하다, 얻다; (기차, 택시를) 타다
go on vacation 휴가를 가다
hold 개최하다, 열다 (수동형 be held(열리다)로 많이 쓰임)

keep 보관하다
locate ~의 위치를 찾아내다; (특정 위치에) 두다
try (시험 삼아) 해보다; (좋거나 알맞은지 보려고) 해보다

Check-Up 1

1　A　Where can I _____ file folders?

　　B　_____ the stationery store down the road.

　　A　파일 폴더를 어디에서 구입할 수 있죠?
　　B　길 아래 있는 문구점에 가보세요.

stationery 문구

2　A　Where is the press conference going to be _____?

　　B　At the Hilltop Hotel.

　　A　기자회견은 어디에서 열릴 예정인가요?
　　B　힐탑 호텔에서요.

press conference 기자 회견

3　A　Where are you planning to _____ this year?

　　B　I haven't decided yet.

　　A　올해는 휴가를 어디로 갈 계획인가요?
　　B　아직 결정하지 못했어요.

4　A　Where should we _____ the receipts?

　　B　The binder file for receipts is in the cabinet.

　　A　영수증을 어디에 보관해야 하나요?
　　B　영수증 보관 파일은 캐비닛 안에 있어요.

5　A　Where is your office _____?

　　B　It is in the center of the city.

　　A　당신의 사무실은 어디 위치하고 있나요?
　　B　도시 중심가에 있어요.

동사 ❷

◀》 2-041

file (서류를) 정리하다, 보관하다

find 찾다, 발견하다

park 주차하다

purchase 사다, 구입하다

put 놓다, 두다

stay 머물다, 지내다, 묵다

store 보관하다

submit 제출하다

❓✔! Check-Up 2

1   A Where did you _____ my wallet?

　　B You left it on my desk yesterday.

　　A 내 지갑을 어디에서 찾았어요?

　　B 어제 내 책상 위에 놓고 갔더군요.

purse 지갑

2   A Where should I _____ the contracts?

　　B In the cabinet next to my desk.

　　A 계약서들을 어디에 보관해야 하나요?

　　B 제 책상 옆에 있는 캐비닛에요.

contract 계약서

3   A Where did you _____ your coat?

　　B I bought it online.

　　A 새 코트를 어디에서 구입했어요?

　　B 온라인으로 샀어요.

명사

◀》 2-042

shelf 선반

cabinet 캐비닛, 수납장, 장식장

drawer 서랍

closet 벽장, 옷장, 수납장

floor (건물의) 층, 바닥

office supplies 사무용품

cashier 출납계, 회계원; 계산대

theater 극장

library 도서관

post office 우체국

headquarters 본사 (= head office)

branch office 지사

warehouse 대형 창고, 물류 창고

storage room 창고, 물품 보관실

dining room 식당

meeting room 회의실

conference room 대회의실

fitting room (옷 가게의) 탈의실
(스포츠 센터에서 옷을 갈아 입는 곳을 미국에서는 locker room,
영국에서는 changing room이라고 한다.)

Check-Up 3

1 A Where is the key to the _____?

   B I left it on the _____.

   A 물품 보관실 열쇠 어디에 있어요?

   B 선반 위에 두었어요.

2 A Where should I put my coat?

   B In the _____ by the cabinet.

   A 코트를 어디에 두면 되나요?

   B 캐비닛 옆에 있는 옷장에요.

3 A Where is the women's shoes section?

   B It's on the third _____.

   A 여성 신발 매장은 어디죠?

   B 3층에 있어요.

section 구역, 구획

4 A Where do you keep the extra envelopes?

   B In the top _____ of my desk.

   A 남는 봉투들은 어디에 보관하나요?

   B 제 책상 맨 위 서랍에요.

envelope 봉투

5 A Where did Mr. Gonzales go?

   B To our new _____.

   A 곤잘레스 씨는 어디에 갔나요?

   B 우리의 새 지점에요.

정답 및 해설 p.019

◐ 2-043

◐ 질문과 선택지를 듣고 질문에 알맞은 응답을 고르세요.

1. Mark your answer on your answer sheet. (A) (B)

2. Mark your answer on your answer sheet. (A) (B)

3. Mark your answer on your answer sheet. (A) (B)

4. Mark your answer on your answer sheet. (A) (B)

5. Mark your answer on your answer sheet. (A) (B)

6. Mark your answer on your answer sheet. (A) (B)

7. Mark your answer on your answer sheet. (A) (B)

8. Mark your answer on your answer sheet. (A) (B)

9. Mark your answer on your answer sheet. (A) (B)

10. Mark your answer on your answer sheet. (A) (B)

⚪ 질문과 선택지를 듣고 질문에 알맞은 응답을 고르세요.

1. Mark your answer on your answer sheet.　　　(A)　　(B)　　(C)

2. Mark your answer on your answer sheet.　　　(A)　　(B)　　(C)

3. Mark your answer on your answer sheet.　　　(A)　　(B)　　(C)

4. Mark your answer on your answer sheet.　　　(A)　　(B)　　(C)

5. Mark your answer on your answer sheet.　　　(A)　　(B)　　(C)

6. Mark your answer on your answer sheet.　　　(A)　　(B)　　(C)

7. Mark your answer on your answer sheet.　　　(A)　　(B)　　(C)

8. Mark your answer on your answer sheet.　　　(A)　　(B)　　(C)

9. Mark your answer on your answer sheet.　　　(A)　　(B)　　(C)

10. Mark your answer on your answer sheet.　　　(A)　　(B)　　(C)

11. Mark your answer on your answer sheet.　　　(A)　　(B)　　(C)

12. Mark your answer on your answer sheet.　　　(A)　　(B)　　(C)

13. Mark your answer on your answer sheet.　　　(A)　　(B)　　(C)

14. Mark your answer on your answer sheet.　　　(A)　　(B)　　(C)

15. Mark your answer on your answer sheet.　　　(A)　　(B)　　(C)

Unit 03

When 의문문

학습 포인트

- When 의문문은 시간이나 시점을 묻는 질문이다. 과거에 일어났던 일이나 앞으로 일어날 상황에 관한 질문이 주를 이루며, 매회 2문제 정도 출제된다.
- 현재 시제를 사용한 문장이라도 미래에 관한 질문이 될 수 있음에 유의한다. 특히 plan, suppose, expect 등은 현재 시제를 사용하더라도 예정이나 예상의 의미가 있으므로 미래 시제로 된 답변이 적절하다.
- When 의문문의 답변에 사용되는 전치사 베스트 5

in + 시간	In about ten minutes. 약 10분 후에요. In two months. 2개월 후에요. In July. 7월에요.
at + 시간	At nine o'clock. 9시에요. At 8:15 A.M. 오전 8시 15분에요. At the end of next month. 다음 달 말에요.
on + 날짜	On March 2. 3월 2일에요. On the first day of September. 9월 첫날에요.
by + 시각 / 요일 / 날짜	By eight o'clock at the latest. 늦어도 8시까지요. By the end of this week. 이번 주말까지요.
not until + 시간	Not until next week. 다음 주 지나서요. Not until Wednesday. 수요일 지나서요.

🔊 2-045

예제 다음 질문과 선택지를 듣고 질문에 알맞은 응답을 고르세요.

When is the workshop supposed to end?

(A) At three o'clock.

(B) It does not work.

(C) At the end of the corridor.

워크숍은 언제 마치기로 되어 있나요?

(A) 3시에요.

(B) 작동하지 않아요.

(C) 복도 끝에요.

풀이 전략 및 해설

- 워크숍이 끝나기로 예정된 시점이 언제인지를 묻는 질문으로 끝나는 시점을 언급한 (A)가 정답이다.
- (B)는 질문에 사용된 workshop과 발음이 비슷한 work을 함정으로 사용한 오답이며, (C)는 At the end of가 장소뿐만 아니라 시간 표현 앞에도 쓰인다는 점을 이용한 함정이다.
- When 의문문과 Where 의문문의 답변 패턴이 비슷하기 때문에 의문사를 정확히 듣지 못하면 함정에 빠질 수 있다.

 패턴 1   When is 명사(구) + 수식어구? '명사'는 언제인가요?

◀ 2-046

Q   **When is the train** to London? 런던행 기차가 언제 있죠?

A   In thirty minutes. 30분 후에요.

가능한 답변
- At five o'clock sharp. 4시 정각이에요.
- Not until seven o'clock tomorrow morning. 내일 아침 7시까지는 없어요.
- Please ask the conductor. 역무원에게 물어보세요.
- Why don't you go to the information center?
  안내 센터로 가보시는 게 어떨까요?

청취 포인트

When is 다음에 이어지는 명사(구)에는 주로 교통수단, 여행, 행사 및 약속과 관련된 단어가 나온다.

- 교통수단 – bus / train / flight
- 여행 – visit / trip / journey
- 행사 또는 약속 – presentation / meeting / seminar / training session / conference / appointment

---

질문의 시제는 현재(is)이지만 앞으로 일어날 일의 시점을 묻기 때문에 미래의 시간 표현이 정답이 된다.

「In 30 minutes. (30분 후에요.) / Tomorrow morning. (내일 아침에요.) / Next Wednesday at 2:00 P.M. (다음 주 수요일 오후 2시에요.)」 등과 같이 〈전치사 + 시간〉이나 〈시간〉으로 짧게 답변한다. 물론, 「I think it's tomorrow. (내일인 것 같아요.)」와 같이 문장으로 대답할 수도 있지만 대개는 짧게 응답한다.

질문의 내용과 답변하는 사람의 의도에 따라 시간이 아닌 장소나 사람이 언급된 표현이 정답이 될 수도 있다.

Check-Up 다음 질문과 선택지를 듣고 질문에 알맞은 응답을 고르세요.

◀ 2-047

1   When is the dinner appointment with Mr. Tanaka? 다나카 씨와의 저녁 약속은 언제인가요?
(A) At five o'clock.　　　　　　　　(B) By telephone.

2   When is the next available flight to Hawaii? 하와이행 다음 비행편은 언제 있나요?
(A) I want to take the train.　　　　(B) Not until seven o'clock tomorrow morning.

정답 p.022

패턴 2
When is[are] + 명사(구) + due? '명사'의 마감은 언제까지인가요?
When is the deadline for + 명사(구)? '명사'의 마감일은 언제인가요?

Q **When** is the project **due**? 그 프로젝트의 마감일은 언제인가요?

A Next Monday. 다음 주 월요일이에요.

가능한 답변
- By the end of this month. 이달 말까지요.
- We have a few more days. 며칠 더 여유가 있어요.
- You should finish it before five o'clock today.
  당신은 오늘 5시 전에 끝내야 해요.

🗣 청취 포인트

When is[are] 다음의 명사(구)를 듣지 못해도 마지막의 due만 분명히 들으면 정답을 고를 수 있다. 형용사 due는 '기일이 된' 또는 '만기가 된'이라는 의미로, '마감일 (deadline)'을 묻는 질문 패턴이다. 'When is the deadline for ∼?'도 같은 뜻의 질문 이다.

'시간의 전치사 + 시점'으로 간단하게 답하는 경우가 많고, should나 have to를 사용한 문장으로 대답할 수도 있다.

next + 요일	Next Friday at nine. 다음 주 금요일 9시요.
on + 날짜/요일	On January 27. 1월 27일이에요. On Monday. 월요일이에요.
by the end of ∼	By the end of the month[week]. 이번 달[주] 말까지예요.
요일 + 오전/오후 + at + 정확한 시간	Wednesday afternoon at 3:00 P.M. 수요일 오후 3시요.

Check-Up 다음 질문과 선택지를 듣고 질문에 알맞은 응답을 고르세요.

1 When is this phone bill due? 이 전화 요금은 언제까지 내야 하나요?
   (A) You can use my phone.   (B) By the end of this month.

2 When is the deadline for registration? 등록 마감일은 언제인가요?
   (A) We have a few more days.   (B) We have the plans.

정답 p.023

패턴 3 When did + 주어 + 동사? 주어는 언제 ~했나요?

Q **When did** you **join** the Marketing Department? 마케팅부에 언제 들어왔어요?

A About three years ago. 3년 전쯤에요.

가능한 답변
- I believe it was about two years ago. 2년 전쯤이었던 것 같아요.
- Last month. 지난달에요.

🗣 청취 포인트

과거에 있었던 일을 묻는 질문 패턴으로, did를 듣고 질문의 시제가 과거임을 알 수 있다. 'When did you' 다음에 이어지는 동사와 목적어를 정확하게 듣고 의미를 파악해야 한다.

과거의 발생 시점을 묻기 때문에 답변은 과거를 나타내는 부사 ago(~전에)나 last(지난)와 시간(day, year, month)의 조합인 경우가 많다. 혹은 'I canceled it last month.'처럼 문장으로 답할 수도 있다. 이때 동사는 대부분 과거 시제이지만 답변 내용에 따라 다른 시제가 나올 수도 있다.

숫자 + 시간 + ago	Two days ago. 이틀 전에요.
	About three years ago. 약 3년 전에요.
	Almost one month ago. 거의 한 달 전에요.
last + 시간	Last night. 어젯밤에요.
	Last month. 지난달에요.

❓✔! Check-Up 다음 질문과 선택지를 듣고 질문에 알맞은 응답을 고르세요.

1 When did you make the decision? 결정을 언제 내렸나요?
   (A) We decided last week.   (B) Next month.

2 When did you arrive from Tokyo? 도쿄에서 언제 도착했나요?
   (A) Three days ago.   (B) From platform 1.

정답 p.023

■ 2-052

 패턴 **4**　　When do[does] + 주어 + 동사원형? 주어는 언제 ~하나요?

Q　**When does** the train **leave** for Boston? 기차는 언제 보스턴으로 출발하나요?

A　In ten minutes. 10분 후에요.

가능한 답변　● At two o'clock. 2시예요.

　　　　　● It is being delayed. 지연되고 있어요.

🔊 청취 포인트

When do[does] 다음에 이어지는 주어와 동사를 정확하게 듣고 의미를 파악해야 한다. 주어가 3인칭일 때에는 주로 '회의, 행사, 공연, 상점, 부서, 기관, 교통편' 등이 오며, 시작과 종료, 기간의 지속이나 만료, 출발과 도착을 의미하는 동사가 주로 사용된다.

	주어	동사
When does the	meeting / show / conference / concert	begin / take place / end
	train / flight / bus / ship	leave / depart / arrive / get here
	office / store / resort	close / open
	warranty / passport / ticket	expire

질문의 시제는 현재이지만 미래 시점(Tomorrow. / Next month. / Two weeks from now.) 또는 요일, 날짜가 정답으로 언급된다. 막연한 시기 또는 상황 설명이 정답으로 제시되기도 한다.

in + 숫자 + 시간 단위	In 10 minutes. 10분 후에요.　In half an hour. 30분 후에요.
at + 정확한 시점	At nine o'clock. 9시에요.
on + 날짜/요일	On June 15. 6월 15일에요.　On Tuesday. 화요일에요.
시간의 길이 + from now	Six months from now. 지금부터 6개월 후에요.

✓! Check-Up　다음 질문과 선택지를 듣고 질문에 알맞은 응답을 고르세요.

■ 2-053

1　When do you need the report by? 그 보고서가 언제까지 필요한가요?

　(A) Next Friday.　　　　　　　(B) In the office.

2　When does the concert begin? 음악회는 언제 시작하나요?

　(A) In New York.　　　　　　　(B) At two o'clock.

정답 p.023

🔸 질문과 선택지를 듣고 알맞은 응답을 고르세요. 다시 한 번 들으며 빈칸을 채우세요.

연습 A ◑ 2-054

1 When is the next bus to Manhattan?

  (A) It's _____.

  (B) _____.

2 When is your appointment with the dentist?

  (A) This _____.

  (B) In the _____ town.

3 When does the next bus arrive?

  (A) I will _____ at the next bus stop.

  (B) It will _____ in ten minutes.

4 When did you submit your application?

  (A) I did it _____.

  (B) It does not _____ me.

5 When do you move into your new office?

  (A) _____ two _____.

  (B) It's _____ the _____ floor.

6 When is the deadline for the gas bill payment?

  (A) By _____.

  (B) _____ 15.

연습 B ◑ 2-055

1 When did you _____ your _____?

  (A) It is _____ almost everyone.

  (B) I did it just _____.

2 When is the _____ for the gas bill payment?

  (A) In _____.

  (B) Next _____.

3 When do you _____ into your new _____?

  (A) No _____ October 10.

  (B) It's on the _____.

4 When _____ your _____ with the dentist?

  (A) At the _____.

  (B) I have to be _____ by _____.

5 When does _____ arrive?

  (A) Here it _____.

  (B) It is your _____.

6 When is the _____ to Manhattan?

  (A) Not until _____.

  (B) It's my _____.

패턴 5

When will + 주어 + 동사원형[be V-ing]? 주어는 언제 ~할 예정인가요?
When will + 주어 + be 과거분사[형용사]? 주어는 언제 ~한 상태가 되나요?
When is[are] + 주어 + going to 동사원형? 주어는 언제 ~할 예정인가요?
When is[are] + 주어 + V-ing[being + 과거분사]? 주어는 언제 ~하나요?

Q **When will** the meeting **take place**? 회의는 언제 할 건가요?

A On Monday afternoon. 월요일 오후예요.

가능한 답변
- At ten o'clock. 10시예요.
- The day after tomorrow. 내일 모레요.
- It is going to be held after lunch. 점심 시간 후에 열릴 거예요.
- The committee has not made a decision yet.
  위원회에서 아직 결정하지 않았어요.

🔊 청취 포인트

미래에 일어날 일이나 예정에 대해 묻는 질문 패턴이다. 현재진행형인 'is[are] V-ing'도 여기서는 진행의 의미가 아닌 가까운 미래를 나타낸다. 'will + 동사원형'과 'be going to'도 모두 미래를 나타내는 표현으로 의미상 큰 차이는 없다.

정답은 주로 미래 시점을 나타내는 시간 표현이 언급된다. 시간을 나타내는 부사(구)나 '전치사 + 시간을 의미하는 명사' 형태의 전치사구, 또는 명사로 된 단답형의 표현이 주로 제시된다.

'As soon as + 주어 + 현재동사 (~하자마자)'와 같이 시간 접속사를 이용하여 답변하기도 한다. 물론 미래를 나타내는 시제 「will, be going to 동사원형, be V-ing」를 이용하여 문장으로 답할 수도 있다.

Check-Up 다음 질문과 선택지를 듣고 질문에 알맞은 응답을 고르세요. 2-057

1 When are you moving into the new building? 언제 그 신축 건물로 이사하시나요?
   (A) On the second floor.　　　　(B) Next week.

2 When will the order be delivered? 주문한 물건은 언제 도착하나요?
   (A) In two weeks.　　　　(B) Not at all.

정답 p.024

패턴 6

When is[are] + 주어 + supposed to 동사원형? 주어는 언제 ~하기로 되어 있나요?

When is[are] + 주어 + scheduled to 동사원형? 주어는 언제 ~하기로 예정되어 있나요?

 ◀) 2-058

Q **When is the workshop supposed to end?** 워크숍은 언제 끝나기로 되어 있나요?

A At three o'clock. 3시에요.

가능한 답변
- On Friday. 금요일이에요.
- Next Tuesday. 다음 주 화요일이에요.
- Before noon, I hope. 정오 전에는 끝났으면 좋겠어요.
- At five o'clock, I think. 5시일 거라고 생각해요.

🗨 청취 포인트

패턴 5와 마찬가지로 미래의 예정을 묻는 질문이다. 「be supposed to (~하기로 되어 있다), be scheduled to (~하기로 예정되다)」는 can, should, have to와 마찬가지로 조동사 역할을 한다. 질문의 주어와 본동사를 파악하는 것이 중요하며, 주어는 사람과 사물 모두 가능하다.

예정된 일이 발생하는 시점이 언제인지를 묻기 때문에 미래의 시간 또는 시점을 나타내는 표현이 정답으로 사용된다. 주로 시간을 나타내는 부사구, 전치사구가 정답으로 제시된다.

❓✔! Check-Up 다음 질문과 선택지를 듣고 질문에 알맞은 응답을 고르세요.

 ◀) 2-059

1 When is he supposed to start work? 그는 언제부터 일을 시작하기로 되어 있나요?
   (A) He was busy.　　　　　　　(B) Next Tuesday.

2 When are the renovations scheduled to begin? 보수공사는 언제 시작할 예정인가요?
   (A) Four days a week.　　　　　(B) On Friday.

정답 p.024

2-060

패턴 7

When can[should] I + 동사원형? 제가 언제 ~할 수 있나요[~하면 되나요]?
When do we have to + 동사원형? 우리는 언제 ~해야 하나요?

Q When can I expect to get the results of the test? 검사 결과는 언제 알 수 있나요?

A In a couple of days. 이삼일 후에요

가능한 답변
- It will not take very long. 아주 오래 걸리지는 않을 거예요.
- You will get the results by next week. 다음 주쯤이면 결과를 알게 될 거예요.
- Can you be here tomorrow? 내일 여기에 오실 수 있으신가요?

청취 포인트

'When can[should] I'와 'When do we have to'까지 하나의 덩어리로 생각하며 듣는다. 그런 다음 이어지는 '동사 + 목적어'를 정확하게 청취하여 의미를 파악해야 정답을 찾을 수 있다.

미래 시점에 일어나게 될 일에 대해서 질문하므로 앞의 질문 패턴들과 마찬가지로 주로 미래 시점의 응답이 언급된다.

Check-Up 다음 질문과 선택지를 듣고 질문에 알맞은 응답을 고르세요.

2-061

1 When can I get my money back? 언제 환불 받을 수 있나요?

(A) It will not take very long.   (B) Yes, that's fine.

2 When do we have to submit the application forms? 언제까지 지원서를 제출해야 하나요?

(A) To the manager of the Personnel Department.   (B) By the end of the month.

정답 p.024

❍ 질문과 선택지를 듣고 알맞은 응답을 고르세요. 다시 한 번 들으며 빈칸을 채우세요.

연습 A   ◁ 2-062

1   When is your plane scheduled to leave?
    (A) My plane _____ 7:30 P.M. today.
    (B) I have to get to the _____
         in time.

boarding gate 탑승구, 탑승 게이트

2   When are you taking your driving test?
    (A) I failed _____ .
    (B) _____ from now.

3   When will your new book be published?
    (A) _____ next month, I _____ .
    (B) That sounds _____ .

4   When are you going to start the work?
    (A) _____ tomorrow.
    (B) First come, _____ .

5   When is the construction scheduled to be
    finished?
    (A) I'm _____ it.
    (B) Not for _____ weeks.

6   When can I expect my order to arrive?
    (A) I _____ a new printer.
    (B) It will take _____ days.

연습 B   ◁ 2-063

1   When are you _____ your
    _____ ?
    (A) At _____ tomorrow.
    (B) I will _____ the _____ .

2   When are you going to _____ ?
    (A) Let's _____ a simple question.
    (B) Next Friday is _____
         I can do it.

3   When can I _____ my _____ to
    _____ ?
    (A) Tomorrow _____ , I think.
    (B) I _____ a new _____ .

4   When is the construction _____ to be
    finished?
    (A) Of course _____ .
    (B) At the _____ next month.

5   When is your plane _____ ?
    (A) My plane is _____ 9:00 A.M.
         tomorrow.
    (B) You have to _____ the airport
         _____ the flight.

6   When will your new book _____ ?
    (A) _____ next week.
    (B) At the _____ of the _____ .

🔊 주어진 어휘와 표현을 들은 다음, 문장을 들으면서 빈칸을 채우세요.

동사

🔊 2-064

announce 발표하다, 공지하다	finish 끝내다, 마무리하다
approve 인정하다, 승인하다	hire 고용하다
arrive 도착하다	leave (for) 떠나다, 나가다
begin / start 시작하다	receive 받다
complete 완성하다, 완료하다	release 발표하다, 발매하다; (영화를) 개봉하다
deliver 배달하다	relocate 이전하다, 위치를 옮기다
expect 기대하다, 예상하다	reopen 다시 열다
expire 만료되다, 기한이 끝나다	return 돌아오다; 돌려보내다

?✓! Check-Up 1

1 A When is your company planning to _____ new employees?

   B The plan is for January of next year.

   A 당신 회사는 언제 신입사원을 채용할 계획인가요?

   B 계획은 내년 1월이에요.

2 A When will the opening in the Accounting Department be filled?

   B When Ms. Sato _____ from vacation.

   A 회계부의 공석은 언제 채워질 예정인가요?

   B 사토 씨가 휴가에서 복귀하면요.

3 A When will the marketing company _____ to New York?

   B Not until next month.

   A 그 마케팅 회사는 언제 뉴욕으로 이전할 건가요?

   B 다음 달 지나서요.

4 A When do you _____ the merger to be _____?

   B By the end of the week.

   A 합병이 언제 승인될 것으로 예상하시나요?

   B 주말쯤에요.

명사

🔊 2-065

application 지원(서), 신청(서)
appointment 약속
board meeting 이사회
contract 계약
deadline 마감일, 마감 시간
exhibition 전시(회)
flight 항공편; 비행

passport 여권
plant 공장 (= factory)
proposal 제안(서)
renovation 보수 공사, 수선, 수리; 혁신
result 결과
shipment 선적 (화물), 배송, 발송
warranty (품질) 보증

Check-Up 2

1 A When is your _____ scheduled to depart?

   B At 5:00 P.M.

   A 당신의 비행기는 언제 출발하나요?

   B 오후 5시에요.

2 A When did you submit your job _____?

   B Three days ago.

   A 입사 지원서를 언제 제출하셨어요?

   B 사흘 전에요.

3 A When are you going to turn in your _____?

   B Sorry. I'm still working on it.

   A 제안서를 언제 제출하실 건가요?

   B 죄송해요. 아직 작업하는 중이에요.

turn in 제출하다

4 A When is the budget report due?

   B The _____ is Thursday.

   A 예산 보고서 마감이 언제인가요?

   B 마감일은 목요일이에요.

budget 예산
due (지불) 기한이 된

2-066

● 질문과 선택지를 듣고 질문에 알맞은 응답을 고르세요.

1. Mark your answer on your answer sheet. (A) (B)

2. Mark your answer on your answer sheet. (A) (B)

3. Mark your answer on your answer sheet. (A) (B)

4. Mark your answer on your answer sheet. (A) (B)

5. Mark your answer on your answer sheet. (A) (B)

6. Mark your answer on your answer sheet. (A) (B)

7. Mark your answer on your answer sheet. (A) (B)

8. Mark your answer on your answer sheet. (A) (B)

9. Mark your answer on your answer sheet. (A) (B)

10. Mark your answer on your answer sheet. (A) (B)

◆ 질문과 선택지를 듣고 질문에 알맞은 응답을 고르세요.

1. Mark your answer on your answer sheet.　　(A)　　(B)　　(C)

2. Mark your answer on your answer sheet.　　(A)　　(B)　　(C)

3. Mark your answer on your answer sheet.　　(A)　　(B)　　(C)

4. Mark your answer on your answer sheet.　　(A)　　(B)　　(C)

5. Mark your answer on your answer sheet.　　(A)　　(B)　　(C)

6. Mark your answer on your answer sheet.　　(A)　　(B)　　(C)

7. Mark your answer on your answer sheet.　　(A)　　(B)　　(C)

8. Mark your answer on your answer sheet.　　(A)　　(B)　　(C)

9. Mark your answer on your answer sheet.　　(A)　　(B)　　(C)

10. Mark your answer on your answer sheet.　　(A)　　(B)　　(C)

11. Mark your answer on your answer sheet.　　(A)　　(B)　　(C)

12. Mark your answer on your answer sheet.　　(A)　　(B)　　(C)

13. Mark your answer on your answer sheet.　　(A)　　(B)　　(C)

14. Mark your answer on your answer sheet.　　(A)　　(B)　　(C)

15. Mark your answer on your answer sheet.　　(A)　　(B)　　(C)

Unit 04 Why 의문문

학습 포인트

- Why 의문문은 어떤 사건이나 상황이 발생한 이유, 일정의 변경 이유, 상황의 변화나 문제가 발생한 이유 등을 묻는다. Why 의문문은 PART 2에서 매회 1~2문제 정도 출제된다.

- 질문에 대한 답변으로는 이유나 원인이 제시된다. 「because, because of, due to, for」처럼 이유를 나타내는 접속사나 전치사를 쓰거나, '~하기 위하여'라는 의미의 to부정사(to + 동사원형)처럼 목적을 분명히 나타내는 표현이 정답이 되기도 한다.

- 답변이 항상 because로 시작하는 것은 아니다. 대부분은 because를 생략하는 경우가 많으므로 질문의 의도를 파악하여 답변을 찾는 것이 중요하다.

◀)) 2-068

예제 다음 질문과 선택지를 듣고 질문에 알맞은 응답을 고르세요.

Why is the bank closed today?

(A) It is just two blocks away.
(B) It is a holiday.
(C) Right across the street.

왜 오늘 은행이 문을 닫았죠?

(A) 겨우 두 블록 떨어진 거리에 있어요.
(B) 오늘은 휴일이에요.
(C) 바로 길 건너편에 있어요.

풀이 전략 및 해설

- 은행이 문을 닫은 이유를 묻고 있는데, 문을 닫은 이유로 가장 적절한 것은 '휴일이기 때문에'라고 답한 (B)이다. (A)와 (C)는 은행의 위치를 물었을 때 답이 될 수 있는 응답이다.

- why로 질문했다고 해서 because로 응답할 것이라는 고정된 생각을 버리고 문제를 푸는 것이 좋다. 실제 시험에서도 why 의문문의 정답이 because로 시작하는 경우는 많지 않다. 오히려 why를 들으면 because를 떠올린다는 점을 이용해 함정으로 사용되는 경우가 많으므로 주의가 필요하다.

 패턴 1

Why is[are/was/were] + 주어 + 형용사[전치사구/부사]? 주어는 왜 ~인가요?
Why is[are/was/were] + 주어 + 과거분사? 주어는 왜 ~된 건가요?
Why isn't[aren't/wasn't/weren't] + 주어 + 과거분사? 주어는 왜 ~되지 않은 건가요?

 2-069

Q **Why is** the library **closed**? 왜 도서관이 닫혀 있죠?

A It's a national holiday. 공휴일이거든요

가능한 답변
- **Its operating hours ended.** 영업 시간이 지났어요.
- **It is being repaired.** 수리 중이에요.
- **There was a fire last night.** 어젯밤에 화재가 있었어요.

청취 포인트

주어의 상태에 관한 질문이다. 질문의 요지는 주어 뒤에 이어지는 표현에 의해 결정된다. 출제 빈도가 높은 형용사로는 「late / busy / low / empty / loud / bright / hot / dark / open」 등이 있다.

cf.1 질문의 주어가 '행사, 약속, 예약' 등에 포함되는 뜻의 명사일 때: 취소, 연기, 지연, 변경의 의미를 지닌 동사의 과거분사가 주로 이어짐

cf.2 질문의 주어가 '은행, 도서관, 식당, 상점' 등과 같이 사람들이 출입하는 장소일 때: '닫다, 잠그다'의 의미를 지닌 동사의 과거분사가 주로 이어짐

주어	과거분사
flight / schedule / conference / meeting / construction / appointment	delayed / postponed / canceled / rearranged
bank / library / restaurant / store / gate / door / window / road	closed / locked / blocked

질문의 내용에 따라 정답으로 자주 제시되는 이유나 원인을 알아두면 문제 풀이에 도움이 된다.
- 항공기가 지연된 이유 – 나쁜 날씨, 기계적인 문제
- 은행, 도서관 등의 문이 닫혀 있는 이유 – 공사 중임, 공휴일 및 특정 요일에는 문을 열지 않음
- 회의, 예약 등이 취소 또는 변경된 이유 – 사고 발생, 발표자 참석 불가능, 건강 문제, 긴급 상황 발생

Check-Up 다음 질문과 선택지를 듣고 질문에 알맞은 응답을 고르세요.

 2-070

1 Why was your flight delayed? 왜 비행기가 지연되었나요?
(A) Because of the bad weather.   (B) It was too late.

2 Why are you here? 여기에 왜 오셨나요?
(A) Here you are.   (B) For the job interview.

정답 p.029

패턴 2 Why is[are] + 주어 + V-ing? 주어는 왜 ~하고 있는 건가요?

Why isn't[aren't] + 주어 + V-ing? 주어는 왜 ~하지 않고 있는 건가요?

2-071

Q **Why are** so many people **standing** on the street?
왜 저렇게 많은 사람들이 거리에 나와 있나요?

A There is a street concert tonight. 오늘 밤에 거리 콘서트가 있어요.

가능한 답변
- There is a parade on the street. 거리에서 행진이 있어요.
- A festival is taking place. 축제가 열리고 있어요.
- They are watching a street performance. 사람들이 거리 공연을 보고 있어요.
- Some street musicians are having a concert.
  몇 명의 거리 음악가들이 콘서트를 열고 있어요.

🗨 청취 포인트

현재 진행되고 있는 일 또는 가까운 미래에 어떤 일이 벌어지는 이유를 묻는 질문 패턴이다. 주어와 V-ing(현재분사)의 의미 파악이 중요하며, 질문이 긍정인지 부정인지도 정확히 파악해야 한다.

질문의 의도와 상황에 따라 응답에는 현재 시제, 과거 시제, 현재 진행형, 미래 시제 등 다양한 시제가 올 수 있다.

Why do you look so tired? 왜 그렇게 피곤해 보이나요? (현재 진행되고 있는 일)

→ I worked late last night. 어젯밤에 늦게까지 일했어요. (과거 시제)

Why is Mr. Kim leaving for London Thursday? 김 씨는 왜 목요일에 런던에 가나요? (가까운 미래에 일어날 일)

→ He is going to attend a conference. 그는 회의에 참석할 예정이에요. (미래 시제)

Check-Up 다음 질문과 선택지를 듣고 질문에 알맞은 응답을 고르세요. 2-072

1 Why is he working so late tonight? 그는 왜 오늘 밤에 그렇게 늦게까지 일하고 있나요?
   (A) He should finish the report.　　(B) He is always late.

2 Why are you walking so fast? 왜 그렇게 빨리 걷나요?
   (A) I will work faster.　　(B) I have to catch the last train.

정답 p.029

패턴 3 | **Why do[does] + 주어 + need[have / want] to 동사원형?**
주어는 왜 ~해야 하는 건가요? / 주어는 왜 ~하기를 원하는 건가요?

2-073

Q **Why do** you **need to reschedule** your appointment?
왜 약속 시간을 다시 조정해야 하나요?

A Something came up unexpectedly. 예상하지 못한 일이 발생했어요.

가능한 답변
- My client asked me to do that. 저의 고객이 그렇게 해달라고 요청했어요.
- One of my team members had an accident.
우리 팀원 중 한 사람에게 사고가 생겼어요.
- My flight has been canceled because of the bad weather.
악천후 때문에 비행기가 취소되었어요.

🔊 청취 포인트

주어와 need to 다음에 이어지는 동사와 목적어를 잘 들어야 한다. need to 자리에 「want to (~하기를 원하다) / have to (~해야 한다)」가 오기도 한다.

질문 내용에 따라 답변에 다양한 시제가 쓰일 수 있으므로 동사의 시제에 신경 쓰지 말고 질문 내용에 적절한 답변을 찾는 것이 중요하다.

Check-Up 다음 질문과 선택지를 듣고 질문에 알맞은 응답을 고르세요.

2-074

1 Why do you want to cancel the appointment? 왜 약속을 취소하려고 하시죠?
(A) My schedule has been changed.　　(B) She was appointed to the position.

2 Why do we need to send them another invoice? 왜 그들에게 송장을 또 보내야 하나요?
(A) It's on my desk.　　(B) They lost the first one.

정답 p.029

◐ 질문과 선택지를 듣고 알맞은 응답을 고르세요. 다시 한 번 들으며 빈칸을 채우세요.

연습 A
◀) 2-075

1 Why does Rachel want to move to Boston?

  (A) She got a _____ there.

  (B) Because she _____ transportation.

transportation 교통[운송] 수단

2 Why are you so late?

  (A) My train was _____.

  (B) I haven't seen him _____.

3 Why do we have to move our office?

  (A) This building needs a _____ _____.

  (B) I will _____ in the office _____.

4 Why was the meeting canceled?

  (A) The meeting _____ at 10:30.

  (B) Our manager had a _____.

5 Why is the parking lot so empty today?

  (A) You _____ your car here.

  (B) Today is a _____.

parking lot 주차장

6 Why is the company moving its office?

  (A) My office is on the _____.

  (B) The current office building is _____.

연습 B
◀) 2-076

1 Why is the _____ so empty today?

  (A) You can _____ this _____.

  (B) Most people _____.

2 Why is the _____ its _____?

  (A) My office is _____ the _____ floor.

  (B) _____ a new building.

3 Why does Rachel _____ to Boston?

  (A) She wants to _____ her family.

  (B) Because she _____ traveling.

4 Why are you _____?

  (A) I don't like you _____ late.

  (B) My car _____ on the way.

5 Why do we _____ our office?

  (A) We need to move on _____.

  (B) Our lease ends _____ this month.

6 Why was the _____?

  (A) The meeting _____ at noon.

  (B) The president's flight has been _____.

president 사장, 회장

 질문 패턴 분석

 패턴 4

Why don't you + 동사원형? ~하는 게 어때요?
Why don't we + 동사원형? 우리 ~하지 않을래요?

 2-077

Q **Why don't you** call customer service? 고객 센터에 전화하는 게 어때요?

A That is probably a good idea. 그게 좋을 것 같네요.

가능한 답변
● That's a good idea. 좋은 생각이군요.
● I think I should. 그래야 할 것 같네요.
● Actually, I just did that. 사실은 방금 전에 했어요.

청취 포인트

'Why don't you'와 'Why don't we'를 하나의 덩어리로 듣고 난 후, 다음에 나오는 동사에 집중한다. 이 질문 패턴은 어떤 일을 하지 않는 이유를 묻는 질문이 아니라 '~하는 게 어때요?'나 '우리 ~할까요?'와 같이 무엇인가를 권유 또는 제안하는 표현이다.

정답으로는 권유 또는 제안하는 내용에 대해 수락하거나 거절하는 표현이 제시된다. 제안을 거절할 때는 직설적으로 말하는 대신, 거절할 수밖에 없는 이유를 제시하면서 우회적으로 표현한다.

수락할 때 자주 사용되는 응답 패턴	거절할 때 자주 사용되는 응답 패턴
That's a good idea. 좋은 생각이네요.	Sorry, + 거절 이유. 죄송하지만, ~
That sounds like a great idea. 좋은 생각인 것 같아요.	Actually, + 거절 이유. 사실은, ~
I'd be glad to. 그렇게 하죠.	Thanks, but + 거절 이유. 고맙지만, ~
Yes, + 의견. / Okay, + 의견. / Sure, + 의견.	Unfortunately, + 거절 이유. 유감스럽지만, ~

Check-Up 다음 질문과 선택지를 듣고 질문에 알맞은 응답을 고르세요.

2-078

1 Why don't you take some time off? 잠시 쉬지 그러세요?
(A) I think I should.　　　　(B) The plane will take off in a minute.

2 Why don't we share a taxi to the airport? 공항까지 택시를 같이 타고 가는 게 어떨까요?
(A) That's a good idea.　　　(B) Because I called a taxi.

정답 p.030

패턴 5

Why did + 주어 + 동사원형? 주어는 왜 ~했나요?

Why didn't + 주어 + 동사원형? 주어는 왜 ~하지 않았나요?

> **Q** **Why did** Michael **leave** early? 마이클은 왜 일찍 나갔죠?
>
> **A** To avoid heavy traffic. 교통체증을 피하려고요.

가능한 답변
- He had an appointment. 약속이 있었어요.
- He had to take the first train. 첫 기차를 타야 해서요.
- He received a phone call from his client.
  그의 고객으로부터 전화를 받았거든요.

🗨 청취 포인트

이미 발생한 상황이나 행위에 대한 이유 또는 설명을 요구하는 질문이다. 주어 뒤에 이어지는 동사가 질문을 이해하는 데 있어 핵심이다. 주어가 3인칭일 때에는 사람, 혹은 사물이나 어떤 상황이 주어로 온다.

주로 과거 시제를 포함한 답변이 정답이 된다. 그러나 현재까지 지속되고 있는 상황이 과거 행위에 영향을 미쳤다면 현재 시제 답변도 정답이 된다. 답변의 시제에 신경 쓰지 말고 질문에 적합한 내용의 답변인지를 판단해야 한다.

응답의 주어는 질문의 주어가 you일 경우에는 「I」가 되고, 3인칭일 경우 일반적으로는 질문의 주어를 사용하지만 다른 주어가 올 때도 있다. 혹은 목적이나 이유를 나타내는 전치사(for / because of / due to)로 시작하거나 to부정사로 답할 수도 있다.

Check-Up 다음 질문과 선택지를 듣고 질문에 알맞은 응답을 고르세요.

◀ 2-080

1 Why didn't you get to work on time? 왜 제시간에 출근하지 않았나요?

(A) It does not work.   (B) My train was delayed.

2 Why did Michael quit his job? 마이클은 왜 일을 그만 두었나요?

(A) He works as a doctor.   (B) He got another job.

정답 p.030

패턴 6

Why have[has] + 주어 + 과거분사[been 과거분사]? 주어는 왜 ~했나요?

Why haven't[hasn't] + 주어 + 과거분사[been 과거분사]? 주어는 왜 ~하지 않았나요?

🔊 2-081

Q **Why have** you **been** away so long? 왜 그렇게 오래 자리를 비웠나요?

A The meeting lasted all day. 회의가 하루 종일 계속됐거든요.

가능한 답변
- We got stuck in heavy traffic. 차가 막혀 꼼짝도 할 수 없었어요.
- I have been in the warehouse checking on the inventory.
  재고 조사를 하느라 창고에 있었어요.
  * check on the inventory 재고 조사를 하다
- I have been at the airport picking up Mr. Masao from Tokyo.
  도쿄에서 온 마사오 씨를 마중 나가기 위해 공항에 다녀왔어요.

🗣 청취 포인트

어떤 사안이나 행위가 완료되었거나 완료되지 않은 이유를 묻는다. 질문의 주어는 사람, 사물 모두 가능한데, 사람 주어보다는 사물 주어가 더 많이 등장한다. 사물이 주어일 때는 주로 'been + 과거분사'의 완료수동태 형태의 동사가 뒤따른다.

응답에서는 질문의 주어(특히 사물 주어일 때)를 대명사(it, they)로 바꾸어 답한다. 이유나 목적을 나타내는 'because of + 명사(구)', 'for + 명사(구)', to부정사 형태의 응답보다는 문장으로 답하는 경우가 많다. 답변에는 질문의 키워드와 의미상으로 연결되는 단어들이 많이 사용된다.

Why has the <u>traffic</u> stop moving? 왜 교통 흐름이 멈춘 거죠?

→ Maybe there is some <u>road construction</u>. 도로 공사가 있는 것 같아요.

Check-Up 다음 질문과 선택지를 듣고 질문에 알맞은 응답을 고르세요.

🔊 2-082

1 Why has Taylor requested a leave of absence? 테일러는 왜 휴가를 신청했나요?

(A) He will leave soon. (B) His mother is in the hospital.

2 Why hasn't Rachel come to the office yet today? 왜 오늘 레이첼이 아직 출근하지 않았죠?

(A) She is on vacation. (B) She works very hard.

정답 p.030

○ 질문과 선택지를 듣고 알맞은 응답을 고르세요. 다시 한 번 들으며 빈칸을 채우세요.

연습 A ◎ 2-083

1 Why don't you get some rest?
(A) Let me _____ this _____.
(B) I will _____ a _____.

2 Why didn't James show up for the meeting today?
(A) He thinks _____.
(B) He is _____ Tokyo.

3 Why did Mr. Thompson leave the company?
(A) He _____ his office this _____.
(B) It was due to his _____.
> due to ~때문에

4 Why did Linda send the letter?
(A) She _____ us to her _____.
(B) At the _____.

5 Why don't you come over to my office?
(A) You can _____ your office _____.
(B) When is _____ you?

6 Why did you stay up so late?
(A) I had _____ to do.
(B) I _____ long.

연습 B ◎ 2-084

1 Why don't you _____ to my office?
(A) I will be there _____.
(B) I suggest you _____ tomorrow.

2 Why did Mr. Thompson _____ the _____?
(A) He _____ a _____ for you.
(B) He started _____ business.

3 Why did Linda _____ the letter?
(A) To _____ her of the _____ in the schedule.
(B) At the _____.
> schedule 일정, 스케줄

4 Why did you stay up _____?
(A) I stayed _____ for two _____.
(B) I had to _____ my _____.

5 Why don't you _____?
(A) I will _____ the _____.
(B) The deadline is just _____.

6 Why didn't James _____ the meeting today?
(A) He had _____ to deal with.
(B) The meeting has to _____ next week.

주어진 어휘와 표현을 들은 다음, 문장을 들으면서 빈칸을 채우세요.

동사 ❶

🔊 2-085

ask 묻다; (~을 해달라고) 요청하다

bring 가져오다, 데려오다; 가져다 주다

cancel 취소하다

change 바꾸다, 변경하다

close 닫다, 폐쇄하다

come to work 출근하다

contact 연락하다; 접촉하다

delay 지연시키다

?✔! Check-Up 1

1 A Why don't we have a meeting sometime next week?

   B Okay. I'll _____ you later.

   A 다음 주 중에 회의하는 게 어때요?

   B 좋아요. 나중에 연락할게요.

2 A Why did David _____ the restaurant reservation?

   B He _____ his appointment.

   A 데이빗은 왜 식당 예약을 취소했나요?

   B 약속을 변경했거든요.

······················
reservation 예약

3 A Why did you _____ an umbrella?

   B I heard it was going to rain this afternoon.

   A 우산은 왜 가지고 왔어요?

   B 오늘 오후에 비가 올 거라고 들었거든요.

4 A Why is the plane being _____?

   B The strong wind is preventing it from taking off.

   A 비행기가 왜 지연되고 있나요?

   B 강풍 때문에 이륙을 하지 못하고 있어요.

······················
take off 이륙하다

5 A Why is the post office _____ today?

   B It is a national holiday today.

   A 우체국이 오늘 왜 문을 닫았나요?

   B 오늘은 국경일이에요.

동사 ❷

discuss 논의하다	reject (주장, 생각, 계획 등을) 거부[거절]하다
join (행위 등을) 함께 하다; 합류하다; 가입하다	send 보내다
order 주문하다	stop 멈추다, 중단하다
postpone 연기하다, 미루다	work 일하다, 작업하다; (기계, 장치 등이) 작동하다

❓✓! Check-Up 2

1   A   Why has traffic _____ moving?

   B   Maybe there's a car accident.

   A   왜 차들이 움직이지 않는 거죠?

   B   아마 차 사고가 났나 봐요.

2   A   Why did they _____ the construction proposal?

   B   They said it was too costly.

   A   그들은 왜 그 건설 제안을 거절했나요?

   B   비용이 너무 많이 든다고 말하더군요.

> construction 건설
> costly 많은 비용이 드는;
> 대가가 큰, 희생이 큰

3   A   Why don't you _____ us for a cup of tea after work?

   B   Thank you. I'd love to.

   A   퇴근하고 나서 우리와 차 한 잔 하시겠어요?

   B   고마워요. 그렇게 할게요.

명사 / 형용사

promotion 승진, 진급; 판촉, 홍보 활동	early 이른, 초기의; 일찍
assistance 지원, 도움	late 늦은, 지각한; 늦게
maintenance 관리, 유지, 보수, 수리	empty 비어 있는
recommendation 추천	tired 피곤한, 지친; ~에 싫증 난
technician 기술자, 전문가	dark 어두운
subscription 구독	open 열려 있는
request 요청	stuck 움직일 수 없는, 꼼짝 못하는
air conditioner 에어컨, 공기 조절 장치 (= air conditioning)	urgent 긴급한, 시급한, 다급한

?✓! Check-Up 3

1   A   Why were so many workers _____?

      B   The bus got _____ in traffic.

      A   왜 그렇게 많은 직원들이 늦었나요?

      B   버스가 교통체증에 갇혔어요.

2   A   Why didn't you come to the party?

      B   Unfortunately, something _____ came up.

      A   왜 파티에 오지 않았어요?

      B   유감스럽게도, 급한 일이 생겼거든요.

> come up (일이) 일어나다, 생기다

3   A   Why does Jessica look so happy?

      B   She got a _____.

      A   제시카가 왜 저렇게 행복해 보이죠?

      B   승진했거든요.

4   A   Why don't we take a break?

      B   Oh, are you _____?

      A   잠깐 쉬는 게 어때요?

      B   아, 피곤하세요?

5   A   Why did you call the engineer?

      B   The _____ broke down.

      A   왜 기사에게 전화했나요?

      B   에어컨이 고장 났어요.

> engineer 기사, 기술자
> break down 고장 나다

2-088

◐ 질문과 선택지를 듣고 질문에 알맞은 응답을 고르세요.

1. Mark your answer on your answer sheet.   (A)   (B)

2. Mark your answer on your answer sheet.   (A)   (B)

3. Mark your answer on your answer sheet.   (A)   (B)

4. Mark your answer on your answer sheet.   (A)   (B)

5. Mark your answer on your answer sheet.   (A)   (B)

6. Mark your answer on your answer sheet.   (A)   (B)

7. Mark your answer on your answer sheet.   (A)   (B)

8. Mark your answer on your answer sheet.   (A)   (B)

9. Mark your answer on your answer sheet.   (A)   (B)

10. Mark your answer on your answer sheet.   (A)   (B)

◆ 질문과 선택지를 듣고 질문에 알맞은 응답을 고르세요.

1. Mark your answer on your answer sheet.　(A)　(B)　(C)

2. Mark your answer on your answer sheet.　(A)　(B)　(C)

3. Mark your answer on your answer sheet.　(A)　(B)　(C)

4. Mark your answer on your answer sheet.　(A)　(B)　(C)

5. Mark your answer on your answer sheet.　(A)　(B)　(C)

6. Mark your answer on your answer sheet.　(A)　(B)　(C)

7. Mark your answer on your answer sheet.　(A)　(B)　(C)

8. Mark your answer on your answer sheet.　(A)　(B)　(C)

9. Mark your answer on your answer sheet.　(A)　(B)　(C)

10. Mark your answer on your answer sheet.　(A)　(B)　(C)

11. Mark your answer on your answer sheet.　(A)　(B)　(C)

12. Mark your answer on your answer sheet.　(A)　(B)　(C)

13. Mark your answer on your answer sheet.　(A)　(B)　(C)

14. Mark your answer on your answer sheet.　(A)　(B)　(C)

15. Mark your answer on your answer sheet.　(A)　(B)　(C)

What 의문문

학습 포인트

■ 의문사 what은 '무엇'이라는 뜻의 대명사로 쓰이기도 하고, '어떤, 무슨, 몇'이라는 뜻의 형용사로 쓰이기도 한다. 토익에서는 what이 대명사보다는 형용사로 쓰인 질문이 더 많이 출제된다.

■ what이 형용사로 쓰일 때에는 이어지는 명사가 무엇인지에 따라 다른 의문사의 역할을 하기도 한다. 그래서 what 의문문을 들을 때는 뒤이어 나오는 명사를 정확하게 듣는 것이 중요하다. what과 연결되는 명사가 무엇인지 듣지 못하면 정답을 알아낼 수 없다.

■ what이 특정 명사 또는 전치사와 연결되면 다른 의문사로 바꿔 표현할 수 있다.

- What time ➜ **When**
- What method ➜ **How**
- What ~ purpose / What ~ reason / What ~ for ➜ **Why**
- What ~ amount / What ~ price ➜ **How much**

🔊 2-090

예제 다음 질문과 선택지를 듣고 질문에 알맞은 응답을 고르세요.

What time did Mr. Jackson leave the office?

(A) An hour ago.
(B) He doesn't live there anymore.
(C) Yes, he did.

잭슨 씨는 몇 시에 사무실에서 나갔나요?
(A) 한 시간 전에요.
(B) 그는 더 이상 거기에 살지 않아요.
(C) 네, 그는 떠났어요.

풀이 전략 및 해설

● what으로 묻고 있지만 질문에서 요구하는 정보는 '무엇'이 아니라 '시점'이다. what은 특정 명사와 함께 쓰이면 다른 의문사와 같은 역할을 한다. 여기서 What time을 의문사 When으로 바꿔도 질문의 내용은 변하지 않는다. 따라서 정답은 질문에서 요구하는 시간 정보를 제시한 (A)가 된다.

● (B)는 질문의 leave와 발음이 똑같은 live를 이용하여 만든 함정이다. 의문사 의문문에 대해서는 Yes나 No로 답할 수 없기 때문에 (C)는 Yes만 듣고도 오답임을 쉽게 알 수 있다.

 **질문 패턴 분석**

 패턴 1   What is[are/was/were] + 명사? 명사는 무엇인가요?   ◉ 2-091

Q   **What is the purpose** of your visit to Tokyo? 도쿄를 방문하신 목적은 무엇인가요?

A   I'm here for a business meeting. 업무 회의 때문에 왔어요.

가능한 답변   • I'm here for a conference. 회의에 참석하러 왔어요.
          • I'm going to see my parents. 부모님을 찾아 뵈려고요.

🔊 청취 포인트

be동사 뒤에 나온 명사가 질문의 키워드이다. 키워드 명사의 앞이나 뒤로 수식어구가 붙기도 한다. 다양한 주제의 단어들이 키워드 명사로 온다.

일반적인 주제의 명사			가격, 비용 관련 명사	
assignment 과제	prize 상, 상패	account number 계좌번호	budget 예산	fare (교통) 요금
decision 결정	purpose 목적	business hours 영업시간	charge 요금	fee 요금
extension 내선번호	question 질문		cost 비용	price 가격
job 일, 일자리	reason 이유	e-mail address 이메일 주소	estimate 견적	rate 비용
name 이름	size 크기			
plan 계획	subject 주제	return policy 환불 정책		
position 직위, 지위	topic 주제			

질문의 키워드로 어떤 단어가 쓰였는지에 따라 답변의 형태와 길이는 달라질 수 있다. 특히 가격, 비용에 관련된 명사가 올 경우 dollar와 같은 화폐 단위와 함께 금액이 언급된다.

🔎 Check-Up   다음 질문과 선택지를 듣고 질문에 알맞은 응답을 고르세요.   ◉ 2-092

1   What is your plan for summer vacation? 여름 휴가 계획이 어떻게 되나요?
    (A) I'm going to see my parents.   (B) By airplane.

2   What is the price of this item? 이 제품의 가격은 얼마인가요?
    (A) Later this week.   (B) It's 10 dollars.   정답 p.035

패턴 2

What time is + 명사? 명사는 몇 시에 있나요?

What time is[are/was/were] + 주어 + V-ing? 주어는 몇 시에 ~할 건가요[했었나요]?

What time does[do/did] + 주어 + 동사원형? 주어는 몇 시에 ~하나요[했나요]?

What time will[can/should] + 주어 + 동사원형?
주어는 몇 시에 할 건가요[할 수 있나요 / 해야 하나요]?

 2-093

Q **What time** are you leaving tomorrow? 내일 몇 시에 출발하실 건가요?

A At seven o'clock in the morning. 아침 7시에요.

가능한 답변
- I will set off after ten o'clock. 10시 이후에 출발할 거예요.
- We will start at eight o'clock sharp in the morning.
  아침 8시 정각에 출발할 거예요.
- After finishing my sales report. 영업 보고서 작성을 끝낸 후에요.
- What will the traffic be like tomorrow morning?
  내일 아침 교통 상황은 어떨까요? [우회적 답변]
- It depends on the weather conditions. 날씨 사정에 달려있어요. [우회적 답변]

🎧 청취 포인트

질문의 키워드는 What time으로, When으로 바꾸어 쓸 수도 있다. 'What time is + 명사?'로 물을 때 명사 자리에는 interview, appointment, plane, train 등이 주로 온다.

When 의문문과 마찬가지로 답변은 '전치사 + 시간' 형태가 가장 많다. 질문 내용에 알맞은 시간, 요일, 날짜 등의 시간 표현을 정답으로 선택하면 된다.

Check-Up 다음 질문과 선택지를 듣고 질문에 알맞은 응답을 고르세요. 2-094

1 What time is the flight scheduled to depart? 몇 시에 비행기가 떠나나요?
(A) It depends on the weather conditions.   (B) It takes about two hours.

2 What time will you start the meeting? 회의를 몇 시에 시작하실 건가요?
(A) At ten o'clock.   (B) In the conference room.

정답 p.035

패턴 3 What is the best[fastest/quickest/shortest] way to 동사원형?
~하는 가장 좋은[빠른] 방법은 무엇인가요?

 2-095

Q **What is the best way to get** to the airport? 공항으로 가는 가장 좋은 방법은 뭔가요?

A **Take the subway.** 지하철을 타세요.

가능한 답변
- **Take a taxi.** 택시를 타세요.
- **I think a taxi is the fastest way to get there.**
  택시가 그곳까지 가는 가장 빠른 방법 같아요.
- **There is a shuttle bus service.** 셔틀 버스가 운행돼요.

🗨 청취 포인트

연락 방법이나 교통 수단 등을 묻는 질문이다. 질문에서 the best 대신에 「the fastest / the quickest / the shortest」가 쓰일 수도 있다. way to 뒤에는 '연락'이나 '도착'에 관련된 동사가 많이 사용된다.

contact 연락하다
reach (전화로) 연락하다; ~에 도착하다

get in contact with ~와 연락을 유지하다
get to ~에 도착하다

질문의 의도를 정확히 파악하여 가장 적절한 답변을 찾는다. 가장 빠른 교통 수단을 묻는 질문이 가장 빈도가 높기 때문에 「bus / taxi / subway / shuttle bus」 등과 같은 교통 수단이 언급된 선택지가 정답일 가능성이 높다.

Check-Up 다음 질문과 선택지를 듣고 질문에 알맞은 응답을 고르세요.   2-096

1 What is the fastest way to get to the convention center from here?
여기에서 컨벤션 센터까지 가는 가장 빠른 방법은 무엇인가요?

(A) Take a taxi. (B) At three o'clock.

2 What is the best way to reach your manager? 당신의 부장님과 연락할 수 있는 가장 좋은 방법은 무엇인가요? 정답 p.035

(A) Here is his phone number. (B) He is a sales manager.

◆ 질문과 선택지를 듣고 알맞은 응답을 고르세요. 다시 한 번 들으며 빈칸을 채우세요.

연습 A
🔊 2-097

1 What is the problem with my computer?
   (A) It isn't plugged _____ .
   (B) Sure, you can _____ .

   _____
   plug 플러그를 꽂다

2 What time are you leaving the office today?
   (A) It takes about _____ .
   (B) After finishing this report.

3 What is Mr. Jackson's position at the company?
   (A) He is a _____ .
   (B) In the _____ .

4 What time does the store open?
   (A) It _____ 7:00 A.M.
   (B) It is still _____ .

5 What is the best way to get to the conference center from here?
   (A) _____ the shuttle bus _____ .
   (B) The conference will _____ .

6 What is the total cost of the construction?
   (A) It will _____ at least _____ .
   (B) It is estimated at _____ .

   _____
   estimate 추정하다, 추산하다

연습 B
🔊 2-098

1 What is _____ the conference center from here?
   (A) The conference center is _____ _____ .
   (B) There is _____ from the airport to the conference center.

2 What time _____ ?
   (A) It _____ today.
   (B) We still have _____ .

3 What is the _____ my _____ ?
   (A) I think it's infected _____ a _____ .
   (B) _____ .

   _____
   infect 감염시키다

4 _____ are you _____ the _____ today?
   (A) That _____ like a _____ .
   (B) In _____ .

5 What is the _____ of the construction?
   (A) It will not exceed _____ .
   (B) It will take _____ three _____ .

   _____
   exceed 초과하다

6 What is Mr. Jackson's _____ at the _____ ?
   (A) He is _____ the _____ Department.
   (B) The _____ me.

 패턴 4

◀ 2-099

What is the weather (going to be) like + 날짜[요일/장소]?
날짜[요일/장소]의 날씨는 어때요?

What is the weather forecast for + 날짜[요일/장소]?
날짜[요일/장소]의 일기 예보는 어때요?

Q **What is the weather going to be like** tomorrow? 내일 날씨는 어떤가요?

A I heard it's going to rain. 비가 올 거라고 들었어요.

가능한 답변
- It is going to be cloudy and windy. 흐리고 바람이 불 거예요.
- You will probably need your umbrella. 우산이 필요할 거예요.
- The forecast for tomorrow calls for clear skies.
  일기 예보에 따르면 내일은 맑을 거라더군요.

📣 청취 포인트

날씨를 물을 때 사용하는 질문 패턴이다. 'What is the weather (going to be) like'를 한 덩어리로 묶어 기억해야 한다.

주로 기상 상태를 짧게 설명하는 내용이 정답이기 때문에 날씨를 표현하는 다양한 어휘를 익혀두는 것이 필요하다.

rain 비가 오다; 비	clear (하늘이) 맑은	windy 바람이 부는
snow 눈이 오다; 눈	sunny 화창한	cloudy 구름이 많은
cold 추운	rainy 비가 내리는	foggy 안개가 낀
hot 더운	snowy 눈이 내리는	humid 습기가 많은
warm 따뜻한	stormy 폭풍우가 치는	chilly 쌀쌀한

예상되는 날씨를 위 박스의 단어를 이용하여 직접적으로 표현하는 것이 정답의 대부분을 차지하지만, 'You will probably need your umbrella.(우산이 필요할 거예요.)'처럼 비가 올 거라는 표현을 우회적으로 표현한 대답이 정답이 되기도 한다.

✔! Check-Up 다음 질문과 선택지를 듣고 질문에 알맞은 응답을 고르세요.

◀ 2-100

1. What is the weather like in New York? 뉴욕의 날씨는 어떤가요?
   (A) It is warm.   (B) For a month.

2. What is the weather forecast for the weekend? 주말 동안의 날씨는 어떤가요?
   (A) From three to seven o'clock.   (B) It is going to be cloudy and windy.

정답 p.036

패턴 5

What do[did] you think of[about] + 명사(구)?
명사(구)에 관해 당신은 어떻게 생각하나요[생각했나요]?

What is your opinion of + 명사(구)? 명사(구)에 대한 당신의 의견은 무엇인가요?

⓪ 2-101

Q **What do you think about** our marketing strategy?
우리 회사의 마케팅 전략에 대해 어떻게 생각하세요?

A It seems like a great plan. 훌륭한 계획인 것 같아요.

가능한 답변
- It looks like a good idea. 좋은 생각인 것 같군요.
- It sounds good in theory. 이론상으로는 좋은 것 같아요.
- That's an excellent idea. 멋진 아이디어예요.
- I am not sure. 잘 모르겠어요.
- I doubt if it is possible in reality. 현실적으로 가능할지는 의문이네요.

🗨 청취 포인트

상대방의 의견을 묻는 질문으로, of[about] 다음에 명사(구)나 '동명사 + 명사(구)' 등이 올 수 있다. of[about] 다음에 나오는 내용이 청취의 핵심 부분이다.

답변은 질문의 of[about] 뒤에 이어진 것을 대명사 「It / That / They」로 받아서 문장으로 표현하거나, 「I」가 주어인 문장이 될 수 있다.

What do you think of our advertising strategy? 우리 회사의 광고 전략에 대해 어떻게 생각하세요?
→ It looks like a good plan. 좋은 계획인 것 같아요. (It = our advertising strategy)

What did you think of our proposal? 우리 제안에 대해서 어떻게 생각하셨나요?
→ I'm very impressed. 상당히 인상 깊었어요.

❓✔! Check-Up 다음 질문과 선택지를 듣고 질문에 알맞은 응답을 고르세요.

⓪ 2-102

1 What do you think about signing the contract? 계약 체결에 관해 어떻게 생각하시나요?
(A) I am not sure.　　　　　(B) Thanks a lot.

2 What is your opinion of the new product? 신제품에 관한 당신의 의견은 무엇인가요?
(A) Anytime you want.　　　　(B) It looks like a good idea.

정답 p.036

패턴 6

What do[does/did] + 주어 + 동사원형? 주어는 ~을 하나요[했나요]?

What will + 주어 + 동사원형? 주어는 ~을 할 건가요?

What should + 주어 + 동사원형? 주어는 ~을 해야 하나요?

What would + 주어 + 동사원형? 주어는 ~을 하시겠어요?

What is[are] + 주어 + V-ing? 주어는 ~을 하려고 하나요[~을 하고 있는 중인가요]?

◀) 2-103

Q **What do** you **need** for your trip? 여행에 필요한 것이 무엇인가요?

A A credit card. 신용카드요.

가능한 답변
- A small backpack. 작은 배낭 하나요.
- A credit card is all I need. 신용카드만 있으면 돼요.
- I need some camping equipment. 캠핑 장비가 필요해요.
- Nothing in particular. It will be a short visit to see my friend.
  특별하게는 없어요. 친구를 만나러 잠시 방문하는 것이거든요.

🗨 청취 포인트

행위나 행위의 대상이 무엇인지를 묻는 질문 패턴이다. 다양한 종류의 타동사가 질문에 사용될 수 있다.

주어에 뒤따르는 동사와 목적어를 정확히 파악하는 것이 중요하다. 질문에 조동사 should가 사용되면 권고, 명령, 또는 의무 사항을, would가 쓰이면 하고 싶은 것이 무엇인지를 묻는 질문이 된다. 질문이 진행형(V-ing)으로 쓰이면 현재 진행하고 있거나 앞으로 할 행위를 묻는 질문이 된다.

질문에 쓰인 동사의 목적어로 적합한 어휘를 언급한 답변이 정답이 된다.

What did you study in college? 대학에서 무엇을 공부했어요?

→ Economics and accounting. 경제학과 회계학요.

What should I wear when we meet Ms. Watson? 왓슨 씨를 만날 때 무엇을 입는 게 좋을까요?

→ I'd recommend a suit and tie. 정장에 넥타이를 권하고 싶어요.

❓✓ Check-Up 다음 질문과 선택지를 듣고 질문에 알맞은 응답을 고르세요.

◀) 2-104

1 What does Mr. Thompson intend to do after he retires? 톰슨 씨는 퇴직 후에 무엇을 할 계획인가요?

(A) He came in yesterday.　　　(B) He plans to start his own business.

2 What should I do with this report? 이 보고서를 어떻게 해야 하나요?

(A) I finished my report.　　　(B) Please review it.

정답 p.036

패턴 7

What kind[type/sort] of + 명사 + 조동사[be동사] + 주어 + 동사?
주어는 어떤 종류의 명사를 ~하나요[했나요]?

What + 명사 + do[does] + 주어 + 동사? 주어는 어떤 명사를 ~하나요?

◀ 2-105

Q **What kind of job** are you looking for? 어떤 종류의 일을 찾고 있나요?

A I'm interested in Web design. 저는 웹디자인에 관심이 있어요.

가능한 답변
- I'm seeking a challenging position. 도전할 만한 일자리를 찾고 있어요.
- I have experience in marketing. 저는 마케팅 경력을 갖고 있어요.

청취 포인트

What kind of와 What 뒤에는 다양한 주제의 사물 명사가 온다.

shoes 신발	paper 종이	loan 대출
ticket 티켓, 입장권	seat 좌석	color 색깔
computer 컴퓨터	chair 의자	company 회사
car 자동차	furniture 가구	topic 주제
gift 선물	suit (한 벌의) 옷	accommodation 숙소, 거처
book 책	work 일	advertising 광고
food 음식	clothing 의류	business 사업

정답은 주로 구체적인 종류의 사물 명사가 나오거나 사물 명사의 크기, 모양, 색깔, 형태, 특징 등이 언급된다.

Check-Up 다음 질문과 선택지를 듣고 질문에 알맞은 응답을 고르세요.

◀ 2-106

1 What kind of car are you interested in? 어떤 종류의 차에 관심이 있나요?

(A) I will take care of it.　　　　　(B) I have a pickup truck in mind.

2 What sort of food would you like to have? 어떤 종류의 음식을 드시고 싶으세요?

(A) Italian food.　　　　　　　　(B) Let's have lunch.

정답 p.036

질문과 선택지를 듣고 알맞은 응답을 고르세요. 다시 한 번 들으며 빈칸을 채우세요.

연습 A　　2- 107

1 What do you think of recruiting new employees?

(A) It does not seem _____.

(B) Yes, we have to _____ a new Web site.

> recruit 모집하다, 뽑다

2 What did they discuss at the meeting?

(A) A _____.

(B) They will _____ it _____.

3 What is the weather forecast for Thursday?

(A) I don't _____ whether _____ will _____.

(B) It's _____ pretty _____ then.

4 What kind of work are you doing?

(A) I work _____.

(B) I work in the _____.

5 What should I do with these books?

(A) _____ to Mr. Jones.

(B) Yes, he is a _____.

6 What do you think of the new plan?

(A) I _____ it is a good idea.

(B) I think we should _____ the window.

연습 B　　2- 108

1 What is the weather forecast _____ _____?

(A) I will _____ a _____.

(B) I _____ it will be _____.

2 What do you _____ of the _____?

(A) I have a _____.

(B) I don't think it is _____.

3 What did they _____ the meeting?

(A) _____ raises.

(B) They have _____ it.

> raise (가격의) 인상

4 What do you think of _____ new employees?

(A) How many people do we _____ _____?

(B) What should we include _____ _____?

5 What kind of work _____?

(A) I work as a _____.

(B) You should _____ to your clients.

6 What should I _____ these _____?

(A) Yes, he is a _____.

(B) I'll _____ them.

◐ 주어진 어휘와 표현을 들은 다음, 문장을 들으면서 빈칸을 채우세요.

동사

◑ 2-109

accept 받아들이다, 수락하다	look for ~을 찾다
apply for ~에 지원하다	look like ~처럼 보이다
enclose 동봉하다	reach ~에 이르다, 도달하다; 연락하다
explain 설명하다	recommend 추천하다
happen 발생하다, 벌어지다; 우연히 ~하다	recover 되찾다, 회복하다
include 포함하다	require 요구하다, 필요로 하다
install 설치하다	serve (식당 등에서 음식을) 제공하다; 근무[복무]하다
intend 의도하다	wear 입다, 착용하다

❓✔! Check-Up 1

1   A What _____ to your shirt?

 B I spilled coffee on it.

   A 셔츠가 어떻게 된 거예요?

   B 커피를 흘렸어요.

2   A What is the technician doing in your office?

 B He is _____ some new software to my computer.

   A 기술자가 당신의 사무실에서 무엇을 하고 있는 거예요?

   B 제 컴퓨터에 새로운 소프트웨어를 몇 개 설치하고 있어요.

3   A What time does the restaurant _____ lunch?

 B From 11:00 A.M. to 3:00 P.M. every day.

   A 그 식당의 점심 식사 시간은 몇 시인가요?

   B 매일 오전 11시부터 오후 3시까지예요.

4   A What type of camera would you _____?

 B How about this one?

   A 어떤 카메라를 추천해 주시겠어요?

   B 이것은 어떠세요?

명사

🔊 2-110

accommodation 숙소

agenda 의제, 안건

currency 통화, 화폐

exchange rate 환율

impression 인상, 느낌, 감명

improvement 향상, 개선, 호전

interest rate 이자율

leave of absence 휴가, 휴직

offer 제의, 제안; 제의한 액수

pay raise 급여 인상

plan 계획; 방안, 방침

postage 우편 요금

procedure 절차

receipt 영수증; 수령, 받음

refreshment 다과, 가벼운 음식

retirement 퇴직

?✔! Check-Up 2

1 A What should I do with these _____ from my business trip?

B You should submit them to Mr. Thompson.

A 출장 때 나온 이 영수증들을 어떻게 해야 하죠?

B 톰슨 씨께 제출해야 해요.

business trip 출장
submit 제출하다

2 A What was today's meeting about?

B We discussed _____ pensions.

A 오늘 회의는 무엇에 관한 것이었나요?

B 퇴직 연금에 관해 논의했어요.

pension 연금

3 A What is your _____ of our company's logo?

B It goes well with the company's image.

A 우리 회사 로고에 대한 인상이 어떤가요?

B 회사 이미지와 잘 어울리네요.

go well with ~와 잘 어울리다

4 A What did you do during your _____?

B I studied abroad.

A 휴직 기간 동안 무엇을 하셨나요?

B 외국에서 공부했어요.

abroad 외국에서

2-111

◉ 질문과 선택지를 듣고 질문에 알맞은 응답을 고르세요.

1. Mark your answer on your answer sheet.　　　　(A)　　(B)

2. Mark your answer on your answer sheet.　　　　(A)　　(B)

3. Mark your answer on your answer sheet.　　　　(A)　　(B)

4. Mark your answer on your answer sheet.　　　　(A)　　(B)

5. Mark your answer on your answer sheet.　　　　(A)　　(B)

6. Mark your answer on your answer sheet.　　　　(A)　　(B)

7. Mark your answer on your answer sheet.　　　　(A)　　(B)

8. Mark your answer on your answer sheet.　　　　(A)　　(B)

9. Mark your answer on your answer sheet.　　　　(A)　　(B)

10. Mark your answer on your answer sheet.　　　　(A)　　(B)

◆ 질문과 선택지를 듣고 질문에 알맞은 응답을 고르세요.

1. Mark your answer on your answer sheet.   (A)   (B)   (C)

2. Mark your answer on your answer sheet.   (A)   (B)   (C)

3. Mark your answer on your answer sheet.   (A)   (B)   (C)

4. Mark your answer on your answer sheet.   (A)   (B)   (C)

5. Mark your answer on your answer sheet.   (A)   (B)   (C)

6. Mark your answer on your answer sheet.   (A)   (B)   (C)

7. Mark your answer on your answer sheet.   (A)   (B)   (C)

8. Mark your answer on your answer sheet.   (A)   (B)   (C)

9. Mark your answer on your answer sheet.   (A)   (B)   (C)

10. Mark your answer on your answer sheet.   (A)   (B)   (C)

11. Mark your answer on your answer sheet.   (A)   (B)   (C)

12. Mark your answer on your answer sheet.   (A)   (B)   (C)

13. Mark your answer on your answer sheet.   (A)   (B)   (C)

14. Mark your answer on your answer sheet.   (A)   (B)   (C)

15. Mark your answer on your answer sheet.   (A)   (B)   (C)

Unit 06

Be동사 / Do / Have로 시작하는 의문문

학습 포인트

- 의문사 없이 be동사, do[does], 그리고 현재완료의 have[has]로 시작하는 형태의 의문문이다.
- 답변은 보통 Yes / No로 시작하여 추가적인 설명이 이어진다. 하지만 실제 시험에서는 Yes / No 이외에도 Sure. / Of course. / Certainly. / Sorry. 등의 다양한 표현의 답변이 이어진다.
- 3개의 선택지에 모두 Yes와 No가 언급될 때도 있다. 이때는 Yes와 No 다음의 응답 내용이 질문에 적합한지를 판단하여 알맞은 답변을 선택할 수 있어야 한다.
- 질문 내용에 대해 잘 모르겠다고 답하거나 반문하는 답변도 정답이 될 수 있다. 따라서 답변 형식에 신경쓰기보다는 내용을 정확히 파악하여 질문에 가장 적절한 답변이 무엇인지 판단해야 한다.

◀) 2- 113

예제 ❶ 다음 질문과 선택지를 듣고 질문에 알맞은 응답을 고르세요.

Are you going to attend the seminar next week?

(A) I am still looking for a job.

(B) That's very kind of you.

(C) Yes, we all have to be there.

다음 주 세미나에 참석할 예정인가요?

(A) 저는 여전히 일자리를 찾고 있어요.

(B) 정말 친절하시군요.

(C) 네, 우리 모두 그곳에 가야 해요.

풀이 전략 및 해설

- 세미나 참석 여부를 확인하려는 질문이다.
- 질문의 you가 '너, 당신'이라는 단수 또는 '당신들, 여러분'이라는 복수일수도 있다는 점에 유의할 필요가 있다. 질문의 you가 단수이면 답변의 주어는 I가 되겠지만, you가 복수이면 답변의 주어는 we가 되기 때문이다.
- (A)는 주어 I로 시작하지만 답변 내용이 질문과는 거리가 멀고, (B) 역시 질문과 전혀 관계 없는 내용이다.
- (C)는 Yes라고 말한 다음, 질문의 attend the seminar를 be there로 바꾸어 표현하여 응답한 정답이다.

2-114

예제 2 다음 질문과 선택지를 듣고 질문에 알맞은 응답을 고르세요.

Do you have my business card?

(A) No, could you give it to me?
(B) I'll send a postcard.
(C) He may be busy.

제 명함 가지고 있어요?

(A) 아니요, 하나 주실 수 있어요?
(B) 제가 엽서를 보낼게요.
(C) 그는 바쁠지도 몰라요.

풀이 전략 및 해설

● 상대방이 자신의 명함을 갖고 있는지 확인하는 질문이므로 응답은 Yes / No로 시작하는 것이 적절하다.
● (A)는 No라고 대답하며 명함을 갖고 있지 않다고 말한 후에 자신에게 하나 줄 수 있냐고 요청하고 있으므로 적절한 응답이다.
● (B)는 질문의 마지막 단어인 card가 포함된 postcard를 언급하여 정답처럼 들리도록 한 함정이다.
● (C)는 business와 busy의 발음의 유사성을 이용한 함정이다.

2-115

예제 3 다음 질문과 선택지를 듣고 질문에 알맞은 응답을 고르세요.

Have you seen any movies lately?

(A) No, I haven't seen her.
(B) I've been too busy.
(C) She was late for the party.

최근에 영화를 본 적 있나요?

(A) 아니요, 그녀를 만난 적은 없어요.
(B) 너무 바빴어요.
(C) 그녀는 파티에 늦게 왔어요.

풀이 전략 및 해설

● have로 시작하는 의문문은 할 일이 완료되었는지, 또는 어떤 일을 해 본 경험이 있는지를 묻는다. 그래서 대부분의 정답은 Yes / No로 시작한다.
● 하지만, Yes / No 없이 질문에서 요구하는 정보를 바로 제공할 수도 있다. 이런 경우에는 Yes / No로 시작하는 선택지를 정답으로 착각하게 만든다.
● 예제에서 (A)는 No로 시작하고 I haven't seen까지는 질문의 표현을 활용한 응답이어서 정답인 것처럼 생각되지만 목적어 her는 질문과 상관이 없다.
● (C)는 질문의 lately와 late의 유사함을 이용한 오답이다.
● (B)는 너무 바빠서 영화를 볼 시간이 없었다는 의미로 질문에 가장 적절한 응답이다.

 패턴 1

Are you + V-ing[going to 동사원형]? 당신은 ~하고 있나요[~할 건가요]?
Is + 3인칭 주어 + V-ing[going to 동사원형]? 주어는 ~하고 있나요[~할 건가요]?

 ◀) 2- 116

Q **Are you coming** to the party tonight? 오늘 밤 파티에 오실 건가요?

A Yes, I'll be there. 네, 갈 거예요.

가능한 답변
- Sure, I will not be late. 물론이죠, 늦지 않을게요.
- No, I have other plans. 아니요, 다른 계획이 있어요.
- I will be there on time. 시간에 맞게 갈 거예요
- I am looking forward to it. 기대하고 있어요.

🔊 청취 포인트

진행형 동사를 사용하여 어떤 일이 진행되고 있는지, 또는 미래에 진행될 예정인지를 묻는 질문이다. be going to는 미래에 진행될 일 또는 상대방의 의향을 알고자 할 때 사용한다. 진행형 동사나 be going to 뒤에 연결되는 동사의 의미를 이해해야 정답을 찾을 수 있다.

정답이 되는 답변은 질문한 내용에 대해 Yes / No로 먼저 답한 후에 추가적인 설명을 하는 경우가 많다.

Check-Up 다음 질문과 선택지를 듣고 질문에 알맞은 응답을 고르세요.   ◀) 2- 117

1   Are you going to show up at the charity event? 자선 행사에 오실 건가요?
   (A) I want to help you.   (B) No, I have other plans.

2   Are you going to attend the conference? 회의에 참석하실 건가요?
   (A) I will be there on time.   (B) No, thanks.

정답 p.041

패턴 2 | Is[Are/Was/Were] there + 명사 주어 + 수식어구? ~에 '명사 주어'가 있나요[있었나요]?

2-118

Q Are there any tickets available for today's performance?
오늘 공연 티켓을 구할 수 있나요?

A Only a few are left. 몇 장밖에 남지 않았어요.

가능한 답변
- Yes, there are some left. 네, 몇 장 남아 있어요.
- Sorry. They are all sold out. 미안하지만 다 팔렸어요.
- Let me check. 확인해 볼게요.
- How many tickets do you want? 표가 몇 장 필요하세요?

청취 포인트

be동사로 시작하는 질문의 시제가 현재인지(is/are), 과거인지(was/were) 파악한다. there 다음에 이어지는 명사가 질문의 키워드로, there 뒤의 명사만 정확하게 들어도 정답을 찾을 수 있다. 이러한 질문 유형에 자주 출제되는 명사는 다음과 같다.

특정 물건, 상품, 음식		건물, 상점, 관공서, 교통 수단, 방법	
ticket 표, 입장권	brochure 브로셔, 소책자	gas station 주유소	grocery store 식료품점
pen 펜, 필기구	seat 좌석	pharmacy 약국	bank 은행
calculator 계산기	juice 주스	bus 버스	subway station 지하철 역
package 소포	delivery 배달물	place to park 주차할 장소	work to do 할 일
questionnaire 질문지		way to process 처리할 방법	

cf.1 특정 물건, 상품이 있는지를 물을 때는 보유 유무를 표현하거나 보관되어 있는 장소를 언급한 답변이 정답이 될 수 있다.

No, there is none left. 아니요, 남은 게 없어요. / Yes, look in my briefcase. 네, 제 서류가방 안을 보세요. /
They're all sold out. 그것들은 전부 팔렸어요.

cf.2 건물, 상점, 관공서가 있는지를 물을 때는 존재 유무를 표현하거나 위치를 설명하는 표현이 주로 정답이 된다.

Yes, right across the street. 네, 바로 길 건너편에요. / Sure, there is one on the corner. 네, 모퉁이에 하나 있어요.

Check-Up 다음 질문과 선택지를 듣고 질문에 알맞은 응답을 고르세요.

2-119

1 Is there a grocery store in the neighborhood? 동네에 식료품 가게가 있나요?

(A) Yes, I'll call you later. (B) Yes, right across the street.

2 Are there any more apples left in the refrigerator? 냉장고에 사과 남은 것이 더 있나요?

(A) I will cook with apples. (B) Yes, there are some left.

정답 p.041

패턴 3

Is[Are/Was/Were] + 주어 + 형용사? 주어는 ~한 상태인가요[상태였나요]?
Is[Are/Was/Were] + 주어 + 과거분사? 주어는 ~되나요[~되었나요]?
Is[Are/Was/Were] + 주어 + 전치사구? 주어는 ~한 상태인가요[상태였나요]?

 2-120

Q **Are** gas and electricity **included** in the rent? 가스와 전기 요금이 임대료에 포함되나요?

A Yes, and water, too. 네. 수도 요금도 포함되어 있어요.

가능한 답변
- Yes, they are. 네, 그래요.
- All utility bills are included. 모든 공공 요금이 포함돼요.
- No, utility bills are not included. 아니요, 공공 요금은 포함되지 않아요.
- Utility bills are charged separately. 공공 요금은 따로 부과돼요.

🔊 청취 포인트

형용사 뒤에는 형용사를 수식하는 to부정사, 전치사구가 길게 이어질 수 있는데, 이 경우 형용사뿐만 아니라 이어지는 표현도 정확하게 들어야 한다. 과거분사 뒤에는 주로 과거분사를 수식하는 부사 어휘와 전치사구가 뒤따른다. 전치사구가 주어 뒤에 곧바로 이어질 때는 그 상태로 질문이 끝나는 경우가 많다.

빈출 형용사	late 늦은 free 한가한, 자유로운 open 열려 있는 successful 성공적인	available 이용할 수 있는, 시간이 있는 sure 확실한, 분명한 certain 확신 있는
형용사 빈출구문	Are you able to V? ~할 수 있나요? Is he[she] likely to V? ~할 것 같나요? Is it possible to V? ~할 수 있나요? Is it okay to V? ~해도 괜찮은가요?	Are you ready to V? ~할 준비가 되셨나요? Is it necessary to V? ~할 필요가 있나요? Are you familiar with ~? ~을 잘 알고 계신가요?
과거분사 빈출구문	Are you pleased with ~? ~에 만족하시나요? Are you interested in ~? ~에 관심 있으신가요?	Are you satisfied with ~? ~에 만족하시나요?
전치사구 빈출표현	on display 전시된, 진열된 in charge of ~을 책임지는, ~을 맡고 있는 out of town 출장 중인, 시내에 없는	on vacation 휴가 중인 in a meeting 회의 중인 out of the office 사무실에 없는

답변은 Yes / No로 먼저 답한 다음, 주어의 상태에 대한 설명을 덧붙이는 경우가 대부분이다.

Check-Up 다음 질문과 선택지를 듣고 질문에 알맞은 응답을 고르세요. ◀ 2-121

1 Are you free later this afternoon? 오늘 오후 늦게 시간 있어요?
(A) No, I'm busy. (B) Three times a day.

2 Is Ms. Lopez still on vacation? 로페즈 씨는 여전히 휴가 중인가요?
(A) Yes, she is working now. (B) Yes, but she will be here on Friday.

정답 p.041

패턴 4

Do[Does] + 주어 + 동사원형 + (목적어)? 주어는 ~하나요?

Did + 주어 + 동사원형? 주어는 ~했나요?

 ◀) 2-122

Q Do you have an extra copy of the schedule? 여분의 일정표가 한 부 있나요?

A Yes, it's on my desk. 네, 제 책상 위에 있어요.

가능한 답변
- I will bring it to you. 제가 갖다 드릴게요.
- Let me check. 확인해 볼게요.
- There are some extra copies on the table. 탁자 위에 여분이 몇 부 있어요.
- Sorry. That is the last one. 죄송해요. 그것이 마지막으로 남은 거예요.

청취 포인트

뒤에 이어지는 동사와 목적어를 정확히 듣고 이해하는 것이 중요하다. 'Do you ~?' 의문문의 경우, 동사는 「have, know, need, see, move, want, watch」 등과 같은 아주 기본적인 어휘가 주로 사용되는 반면, 동사의 목적어는 수식어구까지 포함하여 긴 경우가 많다. 따라서 목적어에 더 주의를 기울여야 한다. Does 뒤에는 주로 단수 명사나 사람 이름이 주어로 오며, did 뒤의 3인칭 주어에는 주로 사람 이름, 직책, 직업, 단체, 부서 등의 명사나 anyone, they와 같은 대명사가 온다.

질문의 의도는 '주어'가 '동사'를 하거나 했는지를 확인하는 것이므로, Yes / No로 동사의 실행 여부를 먼저 말한 다음 추가적인 설명을 하는 형태의 답변이 정답의 과반수를 차지한다. 답변에서 동사의 시제는 질문의 시제와 일치하는 경우도 있지만, 'Do[Does] ~?'로 물었을 때 답변의 동사는 과거 시제일 수도 있고, 'Did ~?'로 물었을 때 과거 시제가 아니라 현재 시제나 현재 진행형 시제로 답할 수도 있다.

Check-Up 다음 질문과 선택지를 듣고 질문에 알맞은 응답을 고르세요.

 ◀) 2-123

1 Does this gym have indoor tennis courts? 이 체육관에 실내 테니스 코트가 있나요?

(A) Yes, on the first floor.   (B) Yes, once a week.

2 Did the plane arrive at the airport on time? 비행기가 제시간에 공항에 도착했나요?

(A) No, I took a taxi.   (B) No, it was delayed.

정답 p.041

❶ 질문과 선택지를 듣고 알맞은 응답을 고르세요. 다시 한 번 들으며 빈칸을 채우세요.

연습 A   ⏺ 2-124

1 Are you going to watch the show tonight?

  (A) I _____ .

  (B) I have _____ .

2 Do you have Jessica's phone number?

  (A) Let me _____ my _____ .

  (B) Yes, she _____ me this morning.

3 Is there a gas station around here?

  (A) It _____ five minutes _____ .

  (B) There is one _____ the _____ .

                                           gas station 주유소

4 Is it okay to park in front of the building?

  (A) I couldn't _____ a _____ _____ .

  (B) I don't _____ .

5 Are you satisfied with the service you received?

  (A) Are you _____ ?

  (B) Yes, _____ .

6 Did you attend the seminar last week?

  (A) Yes, it was _____ .

  (B) No, nothing has _____ .

연습 B   ⏺ 2-125

1 Is there a _____ around here?

  (A) It _____ ten minutes _____ .

  (B) The _____ is five miles away.

2 Is it okay to _____ in _____ of the building?

  (A) Yes, there is a _____ .

  (B) No, it is a no- _____ .

3 Are you going to _____ tonight?

  (A) I am going to _____ .

  (B) I have got _____ .

4 Are you satisfied _____ the _____ you received?

  (A) It was _____ .

  (B) No, it is not _____ .

5 Did you _____ last week?

  (A) No, it _____ .

  (B) You have to _____ it.

6 Do you _____ Jessica's phone number?

  (A) Yes, I _____ .

  (B) No, she _____ me.

 패턴 5 Do you know + 의문사 + 주어 + 동사? ~을 아시나요?

◀) 2-126

Q **Do you know where** the nearest bus stop is?
가장 가까운 버스 정류장이 어디에 있는지 아시나요?

A Just across the street. 길 바로 건너편에 있어요.

가능한 답변
- Over there. 바로 저기요.
- Around the corner. 모퉁이를 돌면 있어요.
- At the corner of the street. 길 모퉁이에 있어요.
- Next to the taxi stand. 택시 승강장 옆에 있어요.
- There is one in front of the post office. 우체국 앞에 하나 있어요.

🗨 청취 포인트

'Do you know' 뒤에 의문사 의문문이 동사 know의 목적어로 삽입된 의문문이다. 이런 의문문을 '간접의문문'이라고도 한다. 질문이 'Do you know'로 시작하면 뒤에 의문사가 이어질 것을 예측해야 한다. 기출문제를 분석했을 때 Do you know로 시작한 질문의 90% 이상이 간접의문문이었다. know 대신에 remember가 쓰이기도 한다. 간접의문문에서 의문사의 출제 빈도는 「where > when > who > why > what > how」 순이다.

답변 방식은 각 의문사 의문문의 답변 방식과 동일하다. 하지만 'Do you know ~?'로 시작하기 때문에 Yes / No로 답할 수 있다는 것이 의문사 의문문의 답변과의 차이점이다.

Check-Up 다음 질문과 선택지를 듣고 질문에 알맞은 응답을 고르세요.

◀) 2-127

1 Do you know when the report is due? 보고서 마감 기한이 언제인지 아시나요?
(A) To New York.　　　　　　　(B) By Friday.

2 Do you know who is in charge of this project? 이 프로젝트의 책임자가 누구인지 아시나요?
(A) It's tonight.　　　　　　　(B) That would be Mr. James.

정답 p.042

패턴 6 Do you mind if I[we] + 동사? 제가[우리가] ~해도 괜찮을까요?

Do you mind + V–ing? ~해 주실래요?

◀) 2-128

Q **Do you mind if I park** my car here for a moment? 여기에 잠시 주차해도 괜찮을까요?

A Sorry. This is a restricted area. 죄송하지만, 출입[통행] 금지 구역이에요.

가능한 답변
- That's fine with me. 괜찮아요.
- Not at all. 괜찮아요.
- By all means. 좋고 말고요.
- This place is reserved for emergency vehicles only.
여기는 긴급 차량을 위한 공간이에요.

👂 청취 포인트

'Do you mind ~?'는 상대방에 어떤 일을 해달라고 부탁하거나 내가 어떤 행위를 하려고 할 때 상대방에게 양해를 구하는 질문이다. mind는 '꺼려하다, 언짢아하다, 신경 쓰다'라는 의미로서, 'Do you mind V–ing?'를 직역하면 '~하는 것을 꺼려하시나요? / ~하는 게 언짢으신가요?'라는 뜻이다. 조금 더 정중하게 말할 때는 'Would you mind ~?'로 표현한다.

'~하는 게 언짢으세요?'라고 묻기 때문에 상대방의 부탁을 들어줄 때는 'No. (아니요)', 'Not at all. (전혀 꺼리지 않아요.)'과 같이 부정으로 답한다. 하지만 부탁을 거절할 때는 Yes라고 말하지 않는다. 'Do you mind ~?'로 정중히 물었을 때 Yes라고 대답하는 것은 직역하면 '네, 당신이 요청하는 행위는 꺼려져요.'라고 답하는 것으로, '싫어!'라고 무례하게 대답하는 것과 같다. 거절할 때는 Sorry라고 말한 후에 부탁을 들어주지 못하는 이유를 설명하거나 'Actually, I do mind. (사실, 곤란한데요.)'와 같이 말한다.

Check-Up 다음 질문과 선택지를 듣고 질문에 알맞은 응답을 고르세요.

◀) 2-129

1 Do you mind waiting for a while? 잠시 기다려 주시겠어요?

(A) For thirty minutes. (B) That's fine with me.

2 Do you mind if I close the window? 창문을 닫아도 될까요?

(A) I opened the door. (B) Not at all.

정답 p.042

패턴 7

Have you + 과거분사? 당신은 ~을 했나요?

Has[Have] + 3인칭 주어 + (been) 과거분사? 주어는 ~했나요?

◀) 2-130

Q **Have you received** the sample? 견본을 받으셨나요?

A No, it hasn't arrived yet. 아니요, 아직 도착하지 않았어요.

가능한 답변
- Yes, I received it just a while ago. 네, 방금 전에 받았어요.
- It arrived ten minutes ago. 10분 전에 도착했어요.
- I am still waiting for it. 아직 기다리고 있어요.

🎧 청취 포인트

주어가 어떤 행위를 완료했는지 묻는 완료형 의문문이다. 주어가 3인칭일 경우에는 「능동 완료형 (has[have] + 과거분사)」과 「수동 완료형 (has[have] been + 과거분사)」이 모두 쓰인다. 수동 완료형의 주어는 대개 사물이며, '기계의 수리 완료 여부', '소포, 주문한 물건의 도착 및 배달 여부', '장비나 컴퓨터 프로그램의 설치 완료 여부'를 주로 묻는다.

빈출 사물 주어		빈출 동사	
catalog 카탈로그	letter 편지	arrive 도착하다	deliver 배달하다
fax 팩스	package 소포	fix 고치다	repair 수리하다
order 주문품	mail 우편물	complete 완료하다	install 설치하다
book 책	car 자동차	finish 끝내다	proofread 교정하다
article 기사			

대부분의 답변은 행위의 실행이나 완료 여부를 Yes / No로 밝힌 후 추가적인 내용이 이어진다. 또한 'Have you ~?'로 물을 때 답변의 주어는 「I」가 가장 많지만, 질문의 목적어에 중점을 두고 답변할 때는 질문의 목적어를 답변의 주어로 사용할 수도 있다.

Have you seen my <u>briefcase</u>, Mike? 내 서류가방 봤어요, 마이크?

→ Isn't <u>it</u> on your desk? 당신 책상 위에 없어요? (질문의 목적어 briefcase를 대명사 it으로 받았다.)

Check-Up 다음 질문과 선택지를 듣고 질문에 알맞은 응답을 고르세요.

◀) 2-131

1   Has the package been delivered? 그 소포는 배달되었나요?
    (A) Twice a day.   (B) Yes, it has just arrived.

2   Have you finished reading the files I gave you? 제가 드렸던 서류는 다 읽었나요?
    (A) Not yet.   (B) No, it's mine.

정답 p.042

❶ 질문과 선택지를 듣고 알맞은 응답을 고르세요. 다시 한 번 들으며 빈칸을 채우세요.

연습 A　　　　　🔊 2-132

1　Do you mind if I make a suggestion?
　(A)　Not _____.
　(B)　Please _____.

2　Has your car been repaired yet?
　(A)　Yes, I'll _____ a _____.
　(B)　It was _____ today.

3　Do you know when the next train is coming?
　(A)　It is _____.
　(B)　It _____ Los Angeles.

4　Have you seen my wallet?
　(A)　No, I haven't.
　(B)　_____ very _____.

5　Do you know who has the copy of the revised schedule?
　(A)　_____ morning.
　(B)　_____ one _____.

6　Has the report for the meeting been completed yet?
　(A)　Yes, they _____ together.
　(B)　No, not _____.

연습 B　　　　　🔊 2-133

1　Has your car _____ yet?
　(A)　Yes, I'll _____ a _____.
　(B)　Yes, I'll go to the _____ to _____ it _____ this afternoon.

2　Do you know when _____ _____?
　(A)　It is _____.
　(B)　Yes, you can _____.

3　Have you _____ my wallet?
　(A)　It's _____ your _____.
　(B)　No, I don't have any _____.

4　Do you mind if I _____?
　(A)　Yes, you can _____.
　(B)　No, you are _____.

5　Has the _____ for the meeting been _____ yet?
　(A)　I _____ it.
　(B)　I am still _____ it.

6　Do you know _____ has the _____ of the _____ schedule?
　(A)　It's _____ Ms. Sanchez.
　(B)　It's _____ for _____.

◎ 주어진 어휘와 표현을 들은 다음, 문장을 들으면서 빈칸을 채우세요.

동사(구) ❶

◎ 2-134

borrow 빌리다

declare 선언하다, 공표하다; 신고하다

defer 미루다, 연기하다

disqualify 자격을 박탈하다, 실격시키다

edit 편집하다, 교정하다

slip one's mind 잊어버리다

❓✔ Check-Up 1

1 A Do you have an extra umbrella?

   B Yes, you can _____ mine.

   A 여분의 우산이 있나요?
   B 네, 저의 것을 빌리시면 돼요.

2 A Do you remember you need to submit your report by tomorrow?

   B Oh, it _____.

   A 내일까지 보고서를 제출해야 하는 것을 기억하고 있나요?
   B 아, 제가 잊고 있었어요.

3 A Do you know why the manager _____ the meeting?

   B I have no idea.

   A 왜 부장님이 회의를 연기했는지 아세요?
   B 잘 모르겠어요.

4 A Have you _____ the report for yourself?

   B One of my colleagues helped me.

   A 그 보고서의 편집을 혼자서 했나요?
   B 저의 동료 중 한 사람이 도와 주었어요.

5 A Do you know why he was _____ from the race?

   B He made a false start twice.

   A 그가 왜 경기에서 자격이 박탈되었는지 아시나요?
   B 그가 부정 출발을 두 번 했거든요.

동사(구) ❷

🔊 2-135

figure out 생각해내다, 알아내다	**run out of** 고갈되다, ~을 다 쓰다
mind one's step 조심하다, 자신의 행동을 살피다	**stay out of trouble** 문제나 소란을 피하다
overwork 과로하다	**transfer** 이전하다, 옮기다, 전근 가다

❓✔! Check-Up 2

1 A Have we _____ office supplies?

    B Yes, we should order some more of them.

    A 사무용품을 다 썼나요?

    B 네, 조금 더 주문해야 해요.

office supplies 사무용품

2 A Are you going to be _____ to the new branch?

    B Yes, probably next month.

    A 새 지사로 전근 갈 예정인가요?

    B 네, 아마 다음 달에요.

branch 지사

3 A Have you _____ why the copy machine is not working?

    B Someone turned off the switch.

    A 복사기가 작동하지 않는 이유를 찾았나요?

    B 누군가가 스위치를 껐어요.

명사 / 형용사

🔊 2-136

charity 자선, 자선 단체	**disqualified** 자격을 잃은
combination 조합, 결합; (금고의) 비밀번호	**informative** 유익한, 정보를 주는
figure 수치	**quarterly** 한 해 네 번의; 연 4회 발행의; 1/4의
normal allowance 허가된 물품; 규정 허용치	**recommendable** 추천할 만한
overtime 잔업, 정규시간 외의 일	**rental** 임대의; 임대료
qualification 자격	**restricted** 제한된
sponsor 광고주, 후원 업체	**indoor** 실내의
acquainted 안면이 있는; 정통한	**outdoor** 실외의

?✔! Check-Up 3

1 A Do you know the _____ to open the safe?

   B No, but Jason must know it.

   A 금고 문을 여는 비밀번호를 알고 계세요?
   B 아니요, 하지만 제이슨은 알고 있을 거예요.

2 A Do you have a copy of the sales _____ for this month?

   B There's one on my desk.

   A 이번 달 영업 수치에 관한 사본을 갖고 계세요?
   B 제 책상 위에 한 부 있어요.

3 A Are there any other _____ necessary for the job?

   B I don't think so.

   A 그 직업에 필요한 다른 자격이 있나요?
   B 없는 것 같아요.

necessary 필요한

4 A Do you have anything to declare?

   B No, just the _____.

   A 신고할 품목이 있나요?
   B 아니요, 허가된 물품들뿐이에요.

declare 신고하다

5 A Have you finished editing the _____ report?

   B I will be done before Tuesday.

   A 분기 보고서 편집은 끝냈나요?
   B 화요일 전에 마칠 거예요.

edit 편집하다, 교정하다

◆ 질문과 선택지를 듣고 질문에 알맞은 응답을 고르세요.

1. Mark your answer on your answer sheet. (A)   (B)

2. Mark your answer on your answer sheet. (A)   (B)

3. Mark your answer on your answer sheet. (A)   (B)

4. Mark your answer on your answer sheet. (A)   (B)

5. Mark your answer on your answer sheet. (A)   (B)

6. Mark your answer on your answer sheet. (A)   (B)

7. Mark your answer on your answer sheet. (A)   (B)

8. Mark your answer on your answer sheet. (A)   (B)

9. Mark your answer on your answer sheet. (A)   (B)

10. Mark your answer on your answer sheet. (A)   (B)

◆ 질문과 선택지를 듣고 질문에 알맞은 응답을 고르세요.

1. Mark your answer on your answer sheet.　　　(A)　　(B)　　(C)

2. Mark your answer on your answer sheet.　　　(A)　　(B)　　(C)

3. Mark your answer on your answer sheet.　　　(A)　　(B)　　(C)

4. Mark your answer on your answer sheet.　　　(A)　　(B)　　(C)

5. Mark your answer on your answer sheet.　　　(A)　　(B)　　(C)

6. Mark your answer on your answer sheet.　　　(A)　　(B)　　(C)

7. Mark your answer on your answer sheet.　　　(A)　　(B)　　(C)

8. Mark your answer on your answer sheet.　　　(A)　　(B)　　(C)

9. Mark your answer on your answer sheet.　　　(A)　　(B)　　(C)

10. Mark your answer on your answer sheet.　　　(A)　　(B)　　(C)

11. Mark your answer on your answer sheet.　　　(A)　　(B)　　(C)

12. Mark your answer on your answer sheet.　　　(A)　　(B)　　(C)

13. Mark your answer on your answer sheet.　　　(A)　　(B)　　(C)

14. Mark your answer on your answer sheet.　　　(A)　　(B)　　(C)

15. Mark your answer on your answer sheet.　　　(A)　　(B)　　(C)

Unit 07

Can[Could] / Will[Would] / Should로 시작하는 의문문

- 질문이 「can / could / may / would / will / should」와 같은 조동사로 시작하기 때문에 '조동사 의문문'이라고도 한다. Can[Could] 의문문이 시험에 가장 많이 출제되며, 그 다음은 Would[Will] 〉 Should 〉 May 의문문 순이다.

- 「Could[Can] you ~?」로 시작하는 의문문은 상대방에게 무엇인가를 부탁하려는 것이므로, 응답은 부탁을 들어주거나 거절하는 내용이 된다. 부탁을 들어줄 때는 Yes를 비롯하여 「Sure. / Okay. / Of course. / No problem.」 등으로 대답한다. 거절할 때는 직설적으로 'No'라고 대답하기 보다는 「I'm sorry, but ~ (미안하지만 ~), I'd love to, but ~ (그러고 싶지만 ~)」과 같이 완곡한 표현을 쓴다.

- 「Would you ~?」로 시작하는 의문문은 상대방에게 무엇인가를 하겠는지 제안하거나 권유할 때, 또는 무엇인가를 해줄 수 있는지 부탁할 때 쓰인다. 제안 또는 권유를 수락할 때는 「Yes. / Sure. / Thank you. / I'd love to. / That sounds good.」 등으로 답한다. 부탁을 들어 줄 때의 답변은 「Could[Can] you ~?」로 시작하는 의문문의 응답 방식과 동일하다. 거절할 때도 「Could[Can] you ~?」에서 사용한 답변 방식을 거의 그대로 적용시킬 수 있다.

- 「Should I[we] ~?」로 시작하는 의문문은 어떤 일을 해야 하는지, 하는 것이 좋은지, 또는 해도 되는지를 상대에게 확인 받으려는 의도를 담고 있다. 응답은 Yes / No로 시작하는 것이 가장 일반적이지만, Yes / No가 없는 답변도 가능하다.

◀) 2-139

예제 ① 다음 질문과 선택지를 듣고 질문에 알맞은 응답을 고르세요.

Could you take me to the railway station?

(A) No problem.
(B) I missed the train.
(C) There is a stationery store down the street.

기차역까지 저를 태워 주실 수 있나요?
(A) 그럴게요.
(B) 기차를 놓쳤어요.
(C) 길 아래쪽에 문구점이 있어요.

풀이 전략 및 해설

- 질문은 기차역까지 차를 태워달라는 부탁이므로 '그러겠다 (No problem)'라고 응답한 (A)가 정답이다.

- (B)는 질문의 railway station을 듣고 쉽게 연상할 수 있는 train을 이용한 함정이다. (C) 역시 질문의 station과 발음이 비슷한 stationery(문구)를 이용한 오답이다.

예제 ② 다음 질문과 선택지를 듣고 질문에 알맞은 응답을 고르세요.

Would you like to taste a free sample of our new chocolate?

(A) No, it's free of charge.

(B) This camera is very simple to use.

(C) Sure, it looks delicious.

새로 나온 저희 초콜릿을 무료로 시식해보시겠어요?

(A) 아니요, 그것은 무료예요.

(B) 이 카메라는 사용법이 아주 단순해요.

(C) 그러죠, 맛있어 보이네요.

풀이 전략 및 해설

● 질문은 초콜릿을 무료로 시식해 보겠냐는 권유에 해당한다. 그러므로 '물론이죠 (Sure.)'라고 대답하며 상대방의 권유를 받아들이겠다는 내용의 (C)가 정답이다.

● (A)는 No로 답한 다음, 질문의 free가 다시 한 번 언급되어 정답처럼 들릴 수 있지만, 질문의 내용과는 관계 없는 내용이다.

● 질문에 사용된 단어를 그대로 다시 언급한 응답은 오답인 경우가 많은데, (B)는 질문의 sample과 발음이 비슷한 simple을 이용한 오답이다.

예제 ③ 다음 질문과 선택지를 듣고 질문에 알맞은 응답을 고르세요.

Should I wear a warm coat today?

(A) Where did you put it?

(B) Yes, it's too cold today.

(C) The coat looks great on you.

오늘 따뜻한 코트를 입어야 할까요?

(A) 그것을 어디에 두셨어요?

(B) 네, 오늘은 정말 춥네요.

(C) 그 코트가 정말 잘 어울리네요.

풀이 전략 및 해설

● 질문의 의도는 코트를 입어야 할 만큼 날씨가 추운지를 확인하려는 것이다. 그러므로 긍정의 Yes로 답하며 '오늘은 날씨가 정말 춥다'고 답한 (B)가 정답이다.

● (A)는 질문의 wear와 의문사 where의 발음이 비슷한 점을 이용한 함정이다.

● (C)는 질문의 coat를 다시 언급하여 혼동을 일으키는 오답이다.

 패턴 1 Can[Could] you + 동사원형 + 목적어? ~을 해 주시겠어요? / ~을 해 주실 수 있나요?

 2-142

Q **Can you help** me move this sofa? 이 소파 옮기는 것을 도와주실래요?

A Sure, if it's not too heavy. 그럼요, 너무 무겁지만 않으면요.

가능한 답변
- Sure, just give me a minute. 그럼요, 잠시만요.
- I'd be glad to. 기꺼이 해드릴게요.
- Where should we put it? 어디에 놓아야 하죠?

청취 포인트

상대방에게 요청하거나 부탁할 때 사용하는 질문 패턴이다. 'Could you ~?'가 'Can you ~?'보다 조금 더 정중한 표현이다. 'Can[Could] you' 다음에 따라오는 동사와 목적어에 유의한다.

상대방에게 무엇을 부탁하는 내용의 의문문이므로 그 요청이나 부탁의 수락 여부가 응답으로 나온다. 대답의 주어는 주로 「I」가 사용되고, 거절보다는 요청을 수락하는 표현이 정답으로 더 자주 출제된다.

요청, 부탁을 수락할 때	요청, 부탁을 거절할 때
Sure, I can do that. 그럼요, 할 수 있어요. Yes, I'll mail it today. 네, 오늘 우편으로 보낼게요. Okay, I'll give you a call. 네, 전화 드릴게요. Of course, I can. 물론, 할 수 있어요. No problem. 문제 없어요. 그렇게 할게요. I'd be glad to. 기꺼이요.	I'm sorry. 죄송해요. No, it's too expensive. 아니요, 그것은 너무 비싸요. I'd love to, but I'm busy. 그러고 싶지만 바빠요.

Check-Up 다음 질문과 선택지를 듣고 질문에 알맞은 응답을 고르세요.

 2-143

1 Can you meet me this afternoon? 오늘 오후에 저와 만날 수 있어요?
   (A) At the cafeteria.   (B) I'd love to, but I'm busy.

2 Could you take a look at my report now? 지금 저의 보고서를 검토해 주실 수 있나요?
   (A) Sure, just give me a minute.   (B) I didn't give it to you.

정답 p.047

◀ 2-144

패턴 2   Can[Could] you tell me + 의문사 + 주어 + 동사? ~을 알려 주시겠어요?

Q   **Can you tell me where** the closest cash machine is?
가장 가까운 현금 인출기가 어디에 있는지 알려 주시겠어요?

A   Go to the post office across the street. 길 건너 우체국으로 가세요.

가능한 답변
- There is one at the next corner. 다음 모퉁이에 하나 있어요.
- There is one in front of the tall building. 그 높은 건물 앞에 하나 있어요.
- I am sorry. I don't know. 미안하지만 잘 모르겠어요.

🔊 청취 포인트

'Can you tell me…' 뒤에 의문사 의문문이 목적어로 삽입된 의문문인데, 이러한 의문문을 간접의문문이라고 한다. 알고 싶은 정보를 정중하게 물을 때 이 질문 패턴을 사용하는데, 의문사 뒤에 나오는 표현에 집중해야 문장의 의미를 파악할 수 있다. 의문사 뒤에는 '주어 + 동사'의 평서문 어순을 취한다.

의문사 의문문에 대한 답변과 동일한 방식으로 대답하면 된다. 단, 'Can you tell me…'로 묻기 때문에 Yes / No로 답할 수 있다는 차이점이 있다. 질문의 내용은 의문사와 이어지는 동사에 의해 결정되므로 그 의미에 맞는 대답을 찾아야 한다.

Check-Up   다음 질문과 선택지를 듣고 질문에 알맞은 응답을 고르세요.   ◀ 2-145

1   Can you tell me what you are doing this evening? 오늘 저녁에 무엇을 할 것인지 말해 주실래요?

   (A) I will stay at home.   (B) I can do it today.

2   Could you tell me who the new manager is? 신임 부장님이 누군지 말씀해 주시겠어요?

   (A) I'm a member of this club.   (B) I am sorry. I don't know.

정답 p.047

패턴 3

Can [Could] I[we] + 동사원형 ~할 수 있나요? / ~해도 될까요?
May I + 동사원형 ~해도 될까요?

◑ 2-146

Q **Can I borrow** your calculator? 계산기를 빌려도 될까요?

A No problem. 그럼요.

가능한 답변
- Yes, you can. 네, 사용해도 좋아요.
- Of course, you can. 물론이죠.
- Here you are. / Here it is. 여기 있어요.
- Be my guest. 좋으실 대로 하세요.

🗨 청취 포인트

'Can[Could] I ~?'는 상대방의 허락을 구하거나 상대방에게 어떤 일을 공손히 요청할 때 사용한다. 비슷한 의미를 가진 'May I ~?'도 상대방에게 정중하게 허락을 구하는 질문이며, 무엇인가를 제안할 때에도 사용할 수 있다. 한편 'Can[Could] we ~?'는 화자를 포함한 그룹 전체의 의견을 나타내거나 상대의 허락이나 동의를 구할 때 사용하는 표현이다.

패턴 1, 2, 3 모두 허락, 동의, 거절하는 답변이 정답이 될 수 있는데, 상대의 요청을 허락하거나 제안에 동의할 때는 「Sure/ Of course / Yes」로 응답한 후 추가적인 답변을 덧붙인다. 거절보다는 허락이나 동의하는 답변이 정답으로 더 많이 출제된다.

Check-Up 다음 질문과 선택지를 듣고 질문에 알맞은 응답을 고르세요.

◑ 2-147

1 May I ask you for a small favor? 작은 부탁 하나 드려도 될까요?
(A) Yes, it is very small.　　　(B) Yes, of course.

2 Could we take a break after the next presentation? 다음 발표 후에 잠시 쉴 수 있을까요?
(A) Of course, we can.　　　(B) I'd like to know.

정답 p.047

○ 질문과 선택지를 듣고 알맞은 응답을 고르세요. 다시 한 번 들으며 빈칸을 채우세요.

연습 A　　　　　　　　　　ⓓ 2-148

1　Can you tell me how many copies of this report you need?

　(A)　_____ will be _____.

　(B)　_____ noon.

2　Can I buy a ticket for the concert here?

　(A)　_____ do you want?

　(B)　The ticket is _____.

3　Could you please turn down the television?

　(A)　Sure. _____.

　(B)　_____, I turned down his _____.

　　　　　　　　　　turn down (소리를) 줄이다; 거절하다

4　May I sit down here?

　(A)　Yes, _____.

　(B)　Here he _____.

5　Can you give me a ride to the airport?

　(A)　Sorry. I don't _____.

　(B)　_____ be _____ to.

　　　　　　　　　　give someone a ride ~을 태워다 주다

6　Could you tell me where the conference room is?

　(A)　The seminar was _____.

　(B)　Yes, _____ straight and then _____.

　　　　　　　　　　straight 똑바로

연습 B　　　　　　　　　　ⓓ 2-149

1　May I _____ here?

　(A)　Sorry, but I am _____ right now.

　(B)　Sorry, but this seat is _____.

2　Could you _____ me _____ the conference room is?

　(A)　It's on the _____ floor.

　(B)　The _____ was canceled.

3　Can you _____ me a _____ to the airport?

　(A)　I _____ it at the _____ desk.

　(B)　Sorry. I didn't _____ my car.

4　Can I buy a _____ here?

　(A)　Yes, it has been _____.

　(B)　I'm sorry, but we're _____ for tonight.

5　Can you tell me _____ copies of this report you need?

　(A)　I am _____.

　(B)　Before _____.

6　_____ you please _____ the television?

　(A)　I _____ turn down _____.

　(B)　_____. I didn't _____ you were here.

 패턴 4

Would you like[care] to 동사원형? ~을 하시겠어요? / ~하고 싶으세요?
Would you like[prefer] + 명사(구)? ~을 드릴까요?

 2-150

Q Would you like to take a look at this report? 이 보고서를 보시겠어요?

A Is there anything wrong? 뭐가 잘못되었나요?

가능한 답변
- Sure, I will. 네, 그렇게 할게요.
- Would you pass it to me? 저에게 건네 주시겠어요?
- Wait for a second. I should finish this report first.
  잠깐만요. 이 보고서를 먼저 끝내야 해서요.

🗨 청취 포인트

'Would you like[care] to ~?'는 상대방에게 무엇인가를 하겠는지 제안하거나 권유할 때, 혹은 모임, 식사 등에 초대할 때 상대방의 의향을 확인하는 질문이다. would로 시작하는 의문문에서 가장 많이 출제되는 질문 패턴으로, 정답은 주로 제안, 권유, 초대를 수락하거나 거절하는 응답이다.

수락할 때	거절할 때
Sure. 그럼요.	Sorry, but ~. 죄송하지만, ~.
Okay. 좋아요.	Thanks, but ~. 고맙지만, ~.
That sounds good. 그거 좋죠.	I'd love to, but ~. 그러고 싶지만, ~.
I'd be delighted. 좋아요.	I wish I could, but ~. 할 수 있으면 좋겠지만, ~.

'Would you like[prefer] + 명사(구) ~?'는 화자가 제공하는 명사(구)를 받을 의향이 있는지를 확인하거나 권유할 때 쓰는 의문문이다. 목적어로 사용되는 명사는 주로 음식, 음료, 교통수단, 서비스 등을 나타내는 단어들이다. like 대신 prefer(선호하다)가 오기도 하는데, prefer는 주로 선택의 여지가 있을 때 사용한다.

수락할 때	거절할 때
Yes, please. 네, 부탁해요.	No, thanks. 아니요, 괜찮아요.
Sure. 좋아요.	Thanks, but ~. 고마워요, 하지만 ~.
Thanks. I'd appreciate it. 고맙습니다.	

화자가 제공하는 것을 받아들일 경우에는 감사의 표현을 쓰며, 거절하더라도 감사를 표현하며 완곡하고 부드럽게 거절한다.

Check-Up 다음 질문과 선택지를 듣고 질문에 알맞은 응답을 고르세요. 2-151

1 Would you like to apply for the job? 그 일에 지원하시겠어요?
(A) Sure, I will. (B) My job is interesting.

2 Would you like some milk in your coffee? 커피에 우유를 넣어드릴까요?
(A) I prefer coffee. (B) Yes, please.

정답 p.049

2-152

 패턴 5

Would you like me[us] to 동사원형?
제가[우리가] ~을 해드릴까요? / 제가[우리가] ~하기를 원하세요?

Q **Would you like me to review** the report with you?
제가 보고서를 함께 검토해드릴까요?

A **That would be great.** 그렇게 해 주시면 정말 고맙겠습니다.

가능한 답변
- **Yes, please.** 네, 부탁해요.
- **If you wouldn't mind.** 괜찮으시다면요.
- **I'd appreciate that.** 감사합니다.
- **Thanks. That would be very helpful.** 고마워요. 정말 도움이 될 거예요.

🗨 청취 포인트

상대방에게 어떤 일을 해 주겠다고 정중히 제안할 때 사용하는 질문 패턴으로서, 'Would you like me to'까지 하나의 덩어리로 이해하면 된다. 같은 의미의 다른 표현으로는 'Do you want me to ~?'가 있다.

도움이 필요한 상대방에게 자청해서 도움을 주겠다는 것이 질문의 의도이다. 따라서 감사의 표현이나 정중한 거절의 표현이 정답이 된다. 호의를 받아들이는 응답이 정답인 경우가 많다.

도움을 받아들일 때	거절할 때
Yes, thank you. 네, 고맙습니다.	No, thanks. 아니요, 괜찮습니다.
Yes, please do. 네, 부탁할게요.	Thanks, but ~. 고마워요. 하지만 ~.
I'd appreciate it. 고맙습니다.	

Check-Up 다음 질문과 선택지를 듣고 질문에 알맞은 응답을 고르세요.   2-153

1 Would you like me to take you to the airport? 제가 공항까지 모셔다 드릴까요?
   (A) Next to the airport.　　　　　　(B) I'd appreciate that.

2 Would you like me to arrange the meeting? 제가 그 모임을 주선할까요?
   (A) The meeting was boring.　　　　(B) If you wouldn't mind.

정답 p.049

패턴 6   Would you + 동사원형? ~해 주시겠어요? / ~하시겠어요?
     ◎ 2-154
     Will you + 동사원형[be V-ing]? ~해 주시겠어요? / ~하실 건가요?

Q   **Would you tell** Michael I will call him tomorrow morning?
제가 내일 아침에 전화하겠다고 마이클에게 말해 주시겠어요?

A   No problem. What time are you calling? 그럴게요. 몇 시에 전화하시겠어요?

가능한 답변
- Yes, I will tell him. 네, 그에게 말할게요.
- Okay. I will let him know. 네, 그에게 알려 줄게요.
- Sure, I will leave a memo on his desk. 그러죠, 그의 책상에 메모를 남길게요.
- He will not be here tomorrow. 그는 내일 여기에 없을 거예요.

🗨 청취 포인트

'Would[Will] you ~?'는 상대방이 앞으로 어떤 일을 할 의향이 있는지 묻거나 어떤 일을 부탁, 권유할 때 사용한다. 'Would you ~?'는 'Will you ~?'의 정중한 표현으로 의미상의 차이는 없다. 두 패턴 모두 직접 또는 간접적으로 미래의 행위를 암시하는 응답이 정답으로 나오는 경우가 많다.

Check-Up   다음 질문과 선택지를 듣고 질문에 알맞은 응답을 고르세요.
     ◎ 2-155

1   Would you fax this to the sales manager? 영업부장에게 이것을 팩스로 보내 주시겠어요?
    (A) Sure.   (B) It will be fixed soon.

2   Would you please press the button for the 9th floor? 9층 버튼을 눌러 주시겠어요?
    (A) Certainly.   (B) It's on the 7th floor.

정답 p.049

패턴 7 Should I[we] + 동사원형 + 목적어?
제가[우리가] ~을 해야 하나요? / 제가[우리가] ~을 해드릴까요?

🔊 2-156

Q **Should we finish** the report today? 우리가 오늘 보고서를 끝내야 하나요?

A We have a few more days until the deadline. 마감일까지 며칠 더 시간이 있어요.

가능한 답변
- Yes, we have to hurry. 네, 서둘러야 해요.
- It must be submitted before noon. 정오 전에 제출해야 해요.
- Yes, it should not be delayed anymore. 네, 더 이상 늦어지면 안 돼요.

🔊 청취 포인트

질문이 should로 시작할 때 주어는 「I」나 「we」가 올 확률이 90%가 넘는다. 'Should I'는 [슈드 아이]가 아니라 [슈다이]로, 'Should we'는 [슈드 위]가 아니라 [슈뒤]로 들린다. 주어 뒤에 이어지는 동사와 목적어가 질문의 키워드이다.

이 질문 패턴은 자신이 어떤 일을 해야 하는지를 상대방으로부터 확인 받거나, 상대에게 어떤 일을 해주겠다고 제안할 때 쓴다. 따라서 Yes / No로 답하거나, 제안해 줘서 고맙다는 말로 응답할 수 있다. 고마움을 표현하는 응답 표현으로 대표적으로 많이 쓰이는 것은 'I would appreciate it. (그렇게 해주시면 감사하죠.)'이다.

Check-Up 다음 질문과 선택지를 듣고 질문에 알맞은 응답을 고르세요.

🔊 2-157

1 Should we accept their proposal? 그들의 제안을 받아 들여야 하나요?
(A) Yes, we should. (B) At the convention center.

2 Should I call a doctor for you? 의사를 불러드릴까요?
(A) He is a doctor. (B) I would appreciate it.

정답 p.049

◑ 질문과 선택지를 듣고 알맞은 응답을 고르세요. 다시 한 번 들으며 빈칸을 채우세요.

연습 A　　　　　　◑ 2-158

1 Would you tell Michael I need to see him
tomorrow?

(A) _____ with me.

(B) _____, _____.

2 Would you like to try on a smaller size?

(A) I will _____ my _____.

(B) I think I _____.

> try on 입어보다, 신어보다

3 Will you pick me up after work?

(A) I'd like to know _____ it
_____.

(B) I think I _____.

> pick someone up ~를 데리러 가다

4 Would you like me to come on Tuesday?

(A) I will _____ it to you.

(B) Is that okay _____?

5 Should I fill in this form now?

(A) _____, _____.

(B) Let me _____ your glass.

6 Would you like another cup of tea?

(A) No, _____.

(B) I _____ it on the _____.

연습 B　　　　　　◑ 2-159

1 Will you _____ me _____ after
work?

(A) _____ are you going to be
waiting?

(B) I don't _____ it works.

2 Should I _____ this form now?

(A) No, you _____.

(B) Thank you, but I'd _____ here.

3 _____ Michael I need to
see him tomorrow?

(A) I will _____ this afternoon.

(B) You _____ anything.

4 Would you like _____ of tea?

(A) Yes, _____.

(B) I _____ it on the _____.

5 Would you like to _____ a _____
size?

(A) I always _____.

(B) Yes, I'd _____ to.

6 _____ you _____ to
come on _____?

(A) I will _____ an _____.

(B) Yes, I will _____ you.

주어진 어휘와 표현을 들은 다음, 문장을 들으면서 빈칸을 채우세요.

동사(구) ❶

🔊 2-160

advertise 광고하다
afford (경제적, 시간적으로) ~할 여유가 있다
appreciate (가치를) 인정하다; 감사하다
claim 요구하다, 청구하다
(*cf.* claim baggage 수하물을 찾다)

demonstrate 시범을 보이다, 증명하다
drop off (차에서) 내려주다, 도중에 내려놓다
extend a contract 계약을 연장하다
make a reservation 예약하다

🔅 Check-Up 1

1   A Should we _____ the product in the newspaper?

   B Certainly. The sooner, the better.

   A 제품을 신문에 광고해야 할까요?

   B 물론이죠. 빠르면 빠를수록 좋아요.

> the 비교급, the 비교급
> ~하면 할수록 더 …하다

2   A Could you _____ me _____ at the airport?

   B Sure.

   A 저를 공항에 내려주시겠어요?

   B 물론이죠.

3   A Will you hire more employees for the new project?

   B I doubt we can _____ that.

   A 새 프로젝트를 위해 직원들을 더 고용하실 건가요?

   B 우리가 그럴 여유가 있는지 모르겠네요.

4   A Should we _____ for a table at the restaurant?

   B We have to. It is a reservation-required restaurant.

   A 그 식당의 테이블을 예약해야 하나요?

   B 네, 하셔야 해요. 그 식당은 예약 전용이에요.

5   A Can we _____ the contract for another year?

   B Yes, you can.

   A 계약을 1년 더 연장할 수 있을까요?

   B 네, 할 수 있어요.

동사(구) ❷

◀ 2-161

make an appointment 약속을 정하다
participate in ~ 에 참석하다[참여하다]
pay in cash 현금으로 지불하다
put off 연기하다 (= hold off, postpone)
put through (to) (전화를) 연결하다

renew 갱신하다
stop by 잠시 들르다
subscribe 구독하다; 기부하다
(*cf.* subscribe to a newspaper 신문 구독 신청을 하다)

❓✔! Check-Up 2

1 A Will you pick up the package after work?

   B Yes, I will _____ around 7:00 P.M.

   A 퇴근 후에 소포를 찾아가시겠어요?

   B 네, 저녁 7시쯤 들를게요.

package 소포

2 A Can we _____ the meeting?

   B No, we need to decide today.

   A 회의를 연기해도 될까요?

   B 아니요, 오늘 결정해야 해요.

3 A Can you _____ me _____ to Mr. Thomson, please?

   B Hold on, please. I will connect you to him.

   A 톰슨씨와 연결해주실 수 있나요?

   B 잠시 기다려주세요. 그와 연결해드리겠습니다.

형용사(구) / 부사(구) / 명사

◀ 2-162

extensive 다양한, 폭넓은
for a second 잠시 동안
for sale 판매 중인
on a diet 다이어트 중인
on an installment plan 할부로
on the way back home 집으로 돌아오는 길에

credit card 신용카드
debit card 직불 카드, 체크 카드
option (다른) 선택 사항
refund 환불
route 길, 노선, 항로
survey 조사

?✓! Check-Up 3

1 A Can I have a _____ for this jacket?

B I'm sorry, but you can only exchange it.

A 이 재킷을 환불 받을 수 있을까요?

B 죄송하지만, 교환만 가능해요.

exchange 교환하다

2 A Will you stop by my office _____?

B Yes, I will.

A 집에 가는 길에 저의 사무실에 들러 주시겠어요?

B 네, 그렇게 할게요.

3 A Would you like to pay in cash or by _____?

B By _____, actually.

A 현금이나 신용카드로 계산하실 건가요?

B 사실은, 직불 카드로 계산하려고요.

in cash 현금으로
actually 사실

4 A Can I speak to Mr. Wright?

B Please wait _____.

A 라이트 씨와 통화할 수 있을까요?

B 잠시만 기다려 주세요.

5 A Should we conduct a marketing _____ for our project?

B I think we should.

A 우리 프로젝트를 위해 마케팅 조사를 해야 할까요?

B 그래야 할 것 같아요.

conduct 수행하다

◇ 질문과 선택지를 듣고 질문에 알맞은 응답을 고르세요.

1. Mark your answer on your answer sheet.   (A)   (B)

2. Mark your answer on your answer sheet.   (A)   (B)

3. Mark your answer on your answer sheet.   (A)   (B)

4. Mark your answer on your answer sheet.   (A)   (B)

5. Mark your answer on your answer sheet.   (A)   (B)

6. Mark your answer on your answer sheet.   (A)   (B)

7. Mark your answer on your answer sheet.   (A)   (B)

8. Mark your answer on your answer sheet.   (A)   (B)

9. Mark your answer on your answer sheet.   (A)   (B)

10. Mark your answer on your answer sheet.   (A)   (B)

◐ 질문과 선택지를 듣고 질문에 알맞은 응답을 고르세요.

1. Mark your answer on your answer sheet.   (A)   (B)   (C)

2. Mark your answer on your answer sheet.   (A)   (B)   (C)

3. Mark your answer on your answer sheet.   (A)   (B)   (C)

4. Mark your answer on your answer sheet.   (A)   (B)   (C)

5. Mark your answer on your answer sheet.   (A)   (B)   (C)

6. Mark your answer on your answer sheet.   (A)   (B)   (C)

7. Mark your answer on your answer sheet.   (A)   (B)   (C)

8. Mark your answer on your answer sheet.   (A)   (B)   (C)

9. Mark your answer on your answer sheet.   (A)   (B)   (C)

10. Mark your answer on your answer sheet.   (A)   (B)   (C)

11. Mark your answer on your answer sheet.   (A)   (B)   (C)

12. Mark your answer on your answer sheet.   (A)   (B)   (C)

13. Mark your answer on your answer sheet.   (A)   (B)   (C)

14. Mark your answer on your answer sheet.   (A)   (B)   (C)

15. Mark your answer on your answer sheet.   (A)   (B)   (C)

PART **3**

대화문

▶ PART 3에서는 두 사람, 또는 세 사람 사이에 이루어지는 대화를 듣고 대화와 관련된 3개의 문제를 풀어야 한다. 32번부터 70번까지 총 39개의 문항이 출제된다. 대화는 주로 회사 생활이나 일상 생활과 관련된 내용으로 구성되기 때문에, 각각의 상황에 따라 자주 등장하는 어휘 및 표현들을 미리 익혀 두면 해당 대화의 내용을 이해하는 데 도움이 된다.

▶ 질문은 주로 대화가 일어나는 장소, 대화의 주제, 혹은 대화에서 언급된 세부 사항에 관해 묻는다. 그 외에도 화자가 암시하는 것을 묻거나, 대화 중 특정 표현을 인용하여 그 말의 구체적인 의미를 묻는 문제도 출제된다.

▶ 암시 또는 인용 문제를 풀기 위해서는 단편적으로 문장을 이해하는 능력보다 대화의 전체적인 흐름을 파악할 수 있는 능력이 요구된다. 아울러 세 사람 사이의 대화가 제시되는 경우에는 성별 외에 목소리와 억양으로 대화 속의 화자를 구별해야 하므로 세심한 집중력이 요구된다.

▶ 도표나 그래프와 같은 시각 정보가 주어지는 문제의 경우에는 음원을 듣기 전에 문제와 시각 자료들을 미리 살펴보는 것이 좋다. 이를 통해 해당 문제에서 요구하는 특정 정보에 집중하면서 대화를 들을 수 있다.

Where 의문문 / What 의문문

학습 포인트

- Where 의문문은 대화 장소, 화자들이 근무하는 곳(회사, 부서, 도시), 화자들이 가려고 하는 장소 등을 묻는 문제가 주로 출제된다.

- What 의문문은 대화의 주제를 묻거나, 문제점, 요구 사항, 또는 동의 사항이 무엇인지 묻는 질문이 출제된다. 또한 추론을 통해 다음에 예상되는 행위를 묻는 문제와 화자에 대해 '암시하는(imply)' 것이 무엇인지 묻는 문제들도 what 의문문에 해당한다.

3-001

예제 다음을 듣고 질문에 답하세요.

1 Where most likely are the speakers?

(A) At a post office

(B) At a restaurant

(C) At a hotel

(D) At a bookstore

2 What does the man want?

(A) He wants to call a taxi.

(B) He wants a wake-up call.

(C) He does not want to be disturbed.

(D) He wants to change his order.

1 화자들은 어디에 있는 것 같은가?

(A) 우체국에

(B) 식당에

(C) 호텔에

(D) 서점에

2 남자는 무엇을 원하는가?

(A) 택시를 불러주기를 원한다.

(B) 모닝콜을 받기를 원한다.

(C) 방해 받지 않기를 원한다.

(D) 자기가 주문한 것을 바꾸고 싶어 한다.

스크립트

W $^{1-1)}$ **Front desk.** How can I help you?

M $^{1-2)}$ **This is Mr. Park in room 7104.** $^{2)}$ **Can I get a wake-up call at 6:30 A.M.?**

W Yes, you can, sir. I will add you to our list.

M Thank you.

W 프런트입니다. 무엇을 도와드릴까요?

M 7104호실의 박입니다. 6시 30분에 모닝콜을 받을 수 있을까요?

W 네, 그러죠. 리스트에 올려드리겠습니다.

M 감사합니다.

풀이 전략 및 해설

● 녹음을 듣기 전에 문제와 보기를 읽고 질문의 유형을 미리 파악한다.

● 장소를 묻는 문제는 다른 질문들보다 상대적으로 난이도가 낮다. 그러나 장소와 연관된 단어나 어구의 단편적 이해만으로는 함정에 빠지기 쉽다. 따라서 구(phrase) 단위 또는 절이나 문장(sentence) 단위로 표현을 이해하는 연습을 꾸준히 해야 한다.

● 1번 문제의 경우 1-1)과 1-2) 문장이 단서가 된다. 남자는 호텔 투숙객이고 여자는 호텔에서 일하는 직원임을 알 수 있다.

● 2번 문제의 경우 2)의 Can I get a wake-up call at 6:30 A.M.?에서 남자가 전화를 건 이유가 오전 6시 반에 모닝콜을 받기 위함이라는 것을 알 수 있다.

❶ Where 의문문 유형

(1) 대화 장소를 묻는 질문

Where are the speakers? 화자들은 어디에 있는가?

Where most likely are the speakers? 화자들은 어디에 있을 것 같은가?

Where is the conversation taking place? 이 대화는 어디에서 일어나고 있는가?

(2) 근무지를 묻는 질문

Where do the speakers work? 화자들은 어디에서 일하는가?

Where is the man probably working? 남자는 어디에서 일하고 있을 것 같은가?

Which department does the woman most likely work in? 여자가 일하고 있을 것 같은 부서는 어디인가?

유형 공략법

▶ 장소와 연관된 질문은 크게 화자들이 현재 있는 장소, 또는 화자들이 일하는 직장/근무지를 묻는 두가지 유형으로 나뉜다.

▶ 대화에서 언급되는 장소와 연관된 단어와 표현에 집중한다. 대개의 경우 내용의 전부를 이해하지 못하더라도 제시되는 단어만으로 정답을 찾을 수 있다. 혼동을 주기 위해 정답과는 상관 없는 장소와 관련된 단어가 제시되기도 한다. 목적지를 묻는 질문도 종종 출제된다.

▶ 정답으로 제시되는 주요 장소는 '사무실(office / office building), 호텔(hotel / hotel lobby), 공항(airport), 기차역(train station), 박물관(museum), 미술관(art gallery), 병원(hospital / clinic), 약국(pharmacy), 우체국(post office), 은행(bank), 자동차 정비소(garage / car center), 주차장(parking lot), 상점(store / supermarket / grocery store / department store), 서점(bookstore), 세탁소(laundry), 식당(restaurant), 공사장(construction site)' 등 일상 생활에서 우리가 흔히 접할 수 있는 곳들이다.

❷ What 의문문 유형

(1) 대화의 주제를 묻는 질문

What are the speakers discussing? 화자들은 무엇을 논의하고 있는가?

What is the topic of the conversation? 대화의 주제는 무엇인가?

What is true about the man? 남자에 관한 내용 중 사실인 것은 무엇인가?

What are the speakers doing? 화자들은 무엇을 하고 있는가?

What does the man want to do? 남자는 무엇을 하고 싶어 하는가?

(2) 문제점, 요구 사항, 또는 동의 사항에 관한 질문

What is the problem? 무엇이 문제인가?

What does the man worry about? 남자는 무엇을 걱정하고 있는가?

What complaint was made about the product? 그 제품에 관해 어떤 불만이 있었는가?

What does the man ask for? 남자는 무엇을 요구하는가?

What do the speakers agree to do? 화자들은 무엇을 하기로 동의하는가?

(3) 예상되는 행위에 관한 질문

What will happen next? 다음에 무슨 일이 일어날 것인가?

What will the man probably do next? 남자는 다음에 (아마도) 무엇을 할 것인가?

What are the speakers going to do next? 화자들은 다음에 무엇을 할 것인가?

(4) 암시하는 것이 무엇인지 묻는 질문

What is implied about Mr. Jonson? 존슨 씨에 관해서 무엇이 암시되는가?

What does the man imply about the policy? 남자는 규정에 관해서 무엇을 암시하는가?

What do the women imply about the company? 여자들은 회사에 관해서 무엇을 암시하는가?

유형 공략법

▶ 대부분의 경우, 대화의 주제는 첫 문장에 제시된다. 그러므로 첫 문장에서 주제나 행위의 이유를 파악한다.

▶ 대화의 연결 어구를 주의해서 듣는다. so, but, however, since, because 등 접속사 다음에는 대화의 흐름을 바꾸는 내용이나 중요한 정보가 언급된다.

▶ 미래 사항에 관한 질문의 답은 대화의 뒷부분에 나온다. do next, be going to, plan 등의 표현이 사용된 질문은 대화 이후 일어날 상황에 관한 문제이므로 대부분 대화의 후반부에 단서가 제시된다.

▶ 대화를 통해 암시되는 사정이나 상황을 추론하는 문제의 경우, 대화에서 직접적으로 언급되지 않은 사항을 대화 내용을 통해 짐작해야 하므로 비교적 난이도가 높다. 단편적인 내용이나 표현에 집중하기 보다는 대화의 전체적인 흐름을 파악해야 정답을 찾을 수 있다.

Where 의문문

🔊 3-002

다음을 듣고 알맞은 답을 고른 다음, 다시 한 번 들으며 빈칸을 채우세요.

어휘

1 Where most likely are the speakers?

(A) At a restaurant   (B) At a hotel

M Hello. _____? I'd like to ask for a _____

_____ for five o'clock tomorrow morning.

W Yes, we will do that for you. Can you tell me your _____

_____, please?

1 I'd like to V ~하고 싶다
ask for ~을 부탁하다, 요청하다

2 Where is the man most likely calling?

(A) A restaurant   (B) An airport

M Hello. Can I _____ for tonight at around 7:00?

W Yes, you can. Can you please tell me how many people are

_____?

2 book 예약하다

3 Where does the conversation most likely take place?

(A) At a department store   (B) At a fitness center

W Excuse me. I'd like to _____ this _____. Can you tell

me _____ the _____ is?

M No problem. Follow me, please.

3 department store 백화점
fitness center 헬스 클럽
No problem. 물론이죠.
follow ~을 따르다

4 Where does the man most likely work?

(A) At a hotel   (B) At a bank

W Hi. I'd like to _____ from my account.

M All right. Please fill out this _____ slip.

4 fill in 기입하다, 작성하다
slip 전표, 표

What 의문문

🔊 3-003

다음을 듣고 알맞은 답을 고른 다음, 다시 한 번 들으며 빈칸을 채우세요.

어휘

1 What does the man want?

(A) He wants to find a bank.

(B) He wants to find a cash machine.

| M | Excuse me. Can you tell me if there is a _____ around here? |
| W | Sure. Do you see the tall building across the street? Go into the building. You will find one _____ . |

1 cash machine
현금인출기
entrance 입구

2 What does the woman want?

(A) She wants to buy a smartphone.

(B) She wants a refund or a replacement.

| W | I bought this smartphone a few days ago, but it _____ properly. Can I get a _____ ? |
| M | Sure, you can. Can you please tell me what is wrong with it? |

2 refund 환불하다
replacement 교체

3 What will the man probably do next?

(A) Go to the Italian restaurant alone

(B) Wait until the woman finishes her work

M	I'm going to have lunch. Are you going with me, Rachel?
W	Yes, I'd love to, but could you _____ a few minutes? I have to _____ this work first.
M	_____ . Do you like Italian food? I heard that a new Italian restaurant recently _____ across the street.

3 alone 홀로
until ~(때)까지
I'd love to. 기꺼이요.
좋아요.
a few 약간의
almost 거의

4 What does the man imply about the company?

(A) The company reduced its work force before.

(B) The company is going to reduce its work force for the first time.

W1	The recession is lasting longer than expected.
W2	Yeah, sales this month reached _____ in almost a year.
M	Have you heard our company will _____ up to 10% _____ by the end of the year?

4 recession 경기 침체
cut 자르다, 축소하다

● 주어진 어휘와 표현을 들은 다음, 문장을 들으면서 빈칸을 채우세요.

Hotel 호텔

◀) 3-004

room 객실	**shuttle bus** (호텔에서 운영하는) 셔틀 버스
suite 스위트 룸	**wake-up call** (호텔 등에서) 잠을 깨워주는 전화 통화
front desk 프런트	**check in** 체크인하다
lobby 로비, 현관	**check out** 체크아웃하다
guest 고객	(check in / check out은 공항에서도 사용될 수 있음)
key 열쇠	**double room** 2인실
room service 룸 서비스	**single room** 1인실
reservation / booking 예약	**confirm** 확인하다
(호텔 외 식당, 공항 등에서도 사용 가능한 표현)	**locked out of** 열쇠를 두고 나오다, 열쇠가 없어 들어가지 못하다

?✔! Check-Up 1

1 Can I make a _____ for a double room tonight?

오늘 밤에 2인실을 예약할 수 있나요?

2 Is there a _____ from the airport to the hotel?

공항에서 호텔까지 셔틀 버스가 있나요?

3 I'd like to _____ my reservation for a single room this Saturday.

이번 토요일에 1인실 예약을 확인하고 싶어요.

4 Hello. _____ ? I'd like to ask for a _____ at six o'clock tomorrow

morning. 여보세요. 프런트인가요? 내일 아침 6시에 모닝콜을 부탁드려요.

5 If you are _____ your hotel room, call the front desk.

만약 호텔 방에 열쇠를 두고 나왔다면 안내 데스크에 문의하세요.

6 I need to _____ at the hotel and drop off my luggage.

호텔 체크인을 하고 짐을 가져다 놓아야 해요.

7 Please remember that you are supposed to _____ of the hotel by noon.

정오까지 호텔 체크아웃을 해야 한다는 것을 기억하세요.

Restaurant 식당

🔊 3-005

arrange 준비하다, 마련하다

order 주문; 주문하다

serve 봉사하다, 음식을 내오다
(cf. service 봉사, 음식 제공)

dessert 후식

bill 계산서

waiter 웨이터

chef 요리사

seat 좌석

nonsmoking section 금연석

set the table 밥상[식탁]을 차리다

available 이용할 수 있는

put one down for ~의 예약자로 이름을 적어두다

Check-Up 2

1 Can you _____ a table for 5 people? 5명을 위한 테이블을 하나 마련해주시겠어요?

2 Do you have a table _____ for three people at five o'clock?
5시에 세 사람을 위한 자리[테이블]가 있나요?

3 I will _____ you _____ for 6:00 P.M. tomorrow.
내일 저녁 6시로 고객님의 예약을 잡아 놓을게요.

4 We would like to sit in the _____. Do you have any tables _____?
금연석에 앉고 싶습니다. 빈 자리가 있나요?

5 Thank you for your _____ tonight. May I have the _____, please?
당신의 서비스에 감사드립니다. 계산서를 가져다 주시겠어요?

Bank 은행

🔊 3-006

withdraw 인출하다 (cf. withdrawal 인출)

cash a check 수표를 현금으로 바꾸다

transfer 송금하다

loan application 대출 신청

savings account 저축 계좌

bank account 은행 계좌

business account 사업용 계좌

personal account 개인 계좌

deposit 예금 (적립된 금액); 예금하다

balance (은행 계좌의) 잔고

bank statement 은행 계좌 내역서, 잔고 증명서

overdraft 당좌 대월, 마이너스 통장 설정

Check-Up 3

1 How much would you like to _____? 얼마를 인출하시겠어요?

2 The money will be _____ into your _____. 돈은 당신의 은행 계좌로 입금될 거예요.

3 Can I _____ here? 여기에서 수표를 현금으로 바꿀 수 있나요?

4 What is the best way to _____ money abroad? 해외로 송금하는 가장 좋은 방법은 무엇인가요?

5 Your _____ has been approved. 귀하의 대출 신청이 승인되었어요.

Post Office 우체국

3-007

stamp 우표
envelope 봉투
airmail 항공 우편
surface mail 보통 우편 (선박 우편, 수송 우편물)

express mail 속달[빠른] 우편
first-class mail 제1종 우편[우편물], 일급 우편
standard mail 보통 우편 (express mail에 대해)
registered mail 등기 우편

Check-Up 4

1 I'd like to send it by _____. 이것을 우편 등기로 보내고 싶어요.

2 Can you have this sent by _____? 이것을 빠른 우편으로 보내주시겠어요?

3 How much does a first-class _____ cost? 1종 우편의 가격이 얼마인가요?

4 Don't forget to write the return address on the _____. 봉투에 반송 주소 쓰는 것을 잊지 마세요.

5 I want to send this package by _____. 이 소포를 항공 우편으로 보내고 싶어요.

6 How long does _____ from Seoul to London take?
보통 우편을 이용하면 서울에서 런던까지 얼마나 걸리나요?

Hospital / Dental Clinic / Pharmacy 병원 / 치과 / 약국

3-008

doctor 의사
patient 환자
checkup 검진, 건강 진단
dental 치과의
dental appointment 치과 예약
dentist 치과 의사

prescription 처방전, 처방약
medication 투약, 약물 치료
painkiller 진통제
pill 알약
take medicine 약을 복용하다
check one's temperature 체온을 재다

Check-Up 5

1 I'd like to make an appointment for a _____. 건강 검진을 위해 예약을 하고 싶어요.

2 Will you fill this _____, please? 이 처방전대로 약을 지어주시겠어요?

3 Are you currently taking any _____? 현재 복용하고 있는 약이 있나요?

4 I have a _____ at 11:00 A.M. tomorrow.
저는 내일 오전 11 시에 치과 진료 약속이 있어요.

5 You can purchase this _____ at a _____ without a doctor's prescription.
이 진통제는 의사의 처방없이 약국에서 구입할 수 있어요.

6 You should take these _____ twice a day right after a meal.
이 약을 하루에 두 번 식사 후에 복용하세요.

Airport 공항

3-009

ticket 탑승권	passport 여권
return ticket 왕복 티켓 (= round-trip ticket)	aisle seat 비행기의 통로 쪽 좌석
single ticket 편도 티켓 (= one-way ticket)	luggage 짐, 수화물
book a plane ticket 항공권을 예약하다	window seat 창가 쪽 좌석
flight 비행, 항공편; 비행기 여행	board 승선하다, 탑승하다
gate 탑승 게이트	onboard 승선한, 탑승한

?✓! Check-Up 6

1 May I see your _____ and plane ticket, please? 여권과 탑승권을 보여주시겠어요?

2 Your _____ is five kilos over the limit. 짐이 제한 무게를 5킬로 초과하네요.

3 I would like to book a _____ to Boston for September 15.
9월 15일의 보스턴행 왕복 항공권을 예약하려 합니다.

4 Passengers for Madrid should proceed to _____ 27 for _____ immediately.
마드리드행 승객들은 탑승을 위해 즉시 27번 게이트로 가시기 바랍니다.

Work / Job 직장

3-010

employment 고용	staff meeting 직원 회의
promote 승진하대[승진시키다] (cf. promotion 승진)	conference 컨퍼런스, 회의
sales manager 영업부장	workshop 워크숍
department 부서	be held (회의 등이) 열리다
position 지위, 직	main office 본사
hire 고용하다, 채용하다	employee 고용인 (cf. employer 고용주)
fire 해고하다	venue (경기, 회담, 콘서트 등의) 장소
interview 면접을 보다	downsize 사업을 축소하다, 직원수를 줄이다

?✓! Check-Up 7

1 I heard the new _____ is starting this week.
새 영업부장이 이번 주에 일을 시작한다고 들었어요.

2 What are your chances of being _____? 당신이 승진할 가능성은 얼마나 되나요?

3 It will _____ in the reception hall in the main office building.
그것은 본사 건물의 리셉션 홀에서 열릴 거예요.

4 Do you know that the _____ starts at 2:00 P.M. today?
직원 회의가 오늘 오후 2시에 시작하는 것을 알고 있나요?

● 대화를 듣고 질문에 가장 알맞은 정답을 고르세요.

1. Where does the man probably work?

(A) At a post office
(B) At a clothing store
(C) At a fitness center

2. What does the woman want to do?

(A) Try on dresses
(B) Exercise for fitness
(C) Buy some drinks

3. Where does this conversation most likely take place?

(A) At a bank
(B) At a shop
(C) At a hospital

4. What will the woman probably do next?

(A) Ask the man to pay with cash.
(B) Ask the man to enter his PIN correctly.
(C) Reset the card reader.

5. Where does this conversation most likely take place?

(A) At a hotel
(B) At an airport
(C) At a bank

6. What does the woman imply about the man's luggage?

(A) The man has to cancel the ticket.
(B) The man should remove some of his luggage.
(C) The man can take the luggage with him if he pays an additional charge.

7. Where does the conversation most likely take place?

(A) A fast food restaurant
(B) A theater
(C) A French restaurant

8. What is the problem?

(A) The man has to wait for his order.
(B) The woman gave the wrong drink.
(C) The hot chocolate is sold out.

어휘

1 clothing store 옷가게 **2** drink 음료 **4** reset 다시 시작하다 **5** take place 발생하다, 일어나다 **6** cancel 취소하다[취소시키다]
remove 제거하다 luggage 짐, 수하물 additional charge 추가 요금 **7** theater 영화관 **8** wait for ~을 기다리다 sold out 매진된, 다 팔린

◐ 실전 적응 연습의 스크립트를 다시 한 번 듣고 빈칸을 완성하세요.

[1-2]

W   Excuse me. Where can I find the _____ ?

M   There's one on the left behind that counter.

W   How many _____ can I _____ at a time?

M   You can take three at a time.

[3-4]

M   These are all _____ . I am going to _____ .

W   Thank you, sir. Please _____ and enter your PIN.

M   Okay… Wait a minute. There is an error sign on the screen. I don't think _____

_____ .

W   Don't worry. I _____ the card reader.

[5-6]

M   Here are my ticket and _____ .

W   How many pieces of _____ do you have?

M   Two. I also have one carry-on _____ .

W   Your luggage is three kilos _____ the _____ . You have to _____ an extra

_____ .

[7-8]

M   I'd _____ to _____ a double cheeseburger, small French fries, and a hot

chocolate.

W   I'm sorry. We've _____ hot chocolate today. Would you like to try another

drink _____ ?

M   I'll have a coffee then.

W   All right. So that's a double cheeseburger, small French fries, and a coffee. Would you like

_____ ?

○ 대화를 듣고 질문에 가장 알맞은 정답을 고르세요.

1. Where do the speakers probably work?

(A) At a travel agency
(B) At a restaurant
(C) At an insurance company
(D) At an online shopping company

travel agency 여행사
insurance company 보험회사

2. What does the woman say about their business?

(A) They are moving to another office.
(B) They are expecting a lot of orders.
(C) They will be closed next week.
(D) They should cut down expenses.

expect 예상하다, 기대하다
cut down 삭감하다, 깎다
expenses 비용, 지출

3. What does the woman suggest doing?

(A) Having special sales on Valentine's Day
(B) Ordering more products from wholesalers
(C) Sending all the package to a delivery company before two o'clock
(D) Delivering all orders to their customers before two o'clock

wholesaler 도매업자
package 소포, 꾸러미
delivery company 운송회사

4. Where does the conversation most likely take place?

(A) In an office
(B) At an airport
(C) At a railway station
(D) At a university

railway station 철도역

5. What do the speakers say about Mr. Phillips?

(A) He will move to London office.
(B) He has received a promotion.
(C) He is a new staff member.
(D) He studied modern marketing techniques.

receive a promotion 승진하다, 진급하다
modern 현대의

6. What will happen in the Marketing Department?

(A) Its head office will move to London.
(B) The department will be downsized.
(C) They will hire some new employees.
(D) The man's friend will be transferred to the department.

head office 본사, 본점
downsize (기업이 인원을) 축소하다
transfer 전근 가다

7. Where is the conversation most likely taking place?

(A) At an office
(B) At a university campus
(C) At a restaurant
(D) On the street

8. Why is the woman going to Tokyo?

(A) To attend a conference
(B) To meet a client
(C) To visit an old friend
(D) To visit a former colleague

a former colleague 옛 직장 동료

9. What did the woman do last week?

(A) She contacted her client.
(B) She organized a meeting.
(C) She traveled to Tokyo.
(D) She worked on reports

10. Where does the woman probably work?

(A) At a hotel
(B) At an airport
(C) At a supermarket
(D) At a real estate agency

11. What does the man want?

(A) He wants to sell a house.
(B) He wants to buy a house.
(C) He wants to rent a house.
(D) He wants to buy white goods.

12. When will the speakers probably meet?

(A) On Friday
(B) On Saturday
(C) On Sunday
(D) On Monday

13. What are the speakers discussing?

(A) A hotel reservation

(B) A travel arrangements

(C) A product order

(D) A restaurant reservation

travel arrangements 여행 계획[준비]
product order 제품 주문

14. What does the woman suggest the man do?

(A) Pay in advance

(B) Come with fewer people

(C) Come one hour earlier

(D) Bring his credit card

pay in advance 미리 지불하다

15. What information does the woman need?

(A) The man's work address

(B) The man's telephone number

(C) The man's e-mail address

(D) The man's name

16. Where does the conversation most likely take place?

(A) In an airport

(B) In a pharmacy

(C) In an office

(D) In a supermarket

17. What is implied about the man?

(A) He is a senior manager.

(B) He is a comparatively new employee.

(C) He has used all of his annual vacation.

(D) He is not much interested in taking holidays.

18. What does the Linda suggest that the man do?

(A) Submit the application

(B) Change the destination

(C) Rearrange the month

(D) Visit his parents

Unit 02
Who · What 의문문 /
When 의문문 / How 의문문

학습 포인트

■ Who와 What은 사람의 신원이나 직책, 직업, 근무지 등을 물을 때 사용된다.

■ When은 시간과 관련된 내용을 묻는 질문으로 시간, 요일, 날짜가 답으로 제시된다.

■ How의 경우 How long / How far / How often과 같은 형태로 걸리는 시간, 거리, 빈도를 묻는다. How many로 물을 때에는 인원 수나 요청하는 사물의 수 등 숫자가 답으로 제시된다.

◀) 3-014

예제 다음을 듣고 질문에 답하세요.

1 How many people will be in the party?

(A) Five
(B) Six
(C) Eight
(D) Ten

2 Who most likely is the woman?

(A) A teacher
(B) A tour guide
(C) A police officer
(D) A restaurant manager

1 일행은 몇 명이 될 것 같은가?

(A) 5명
(B) 6명
(C) 8명
(D) 10명

2 여자는 누구일 것 같은가?

(A) 교사
(B) 관광 가이드
(C) 경찰관
(D) 식당 지배인

스크립트

M 1) 2-1) **Can I reserve a table for five people at eight o'clock tonight?**

W Wait a second, please. I'll check for you. 2-2) **We have a table available at a quarter to eight. Is that okay for you?**

M Yes, that's fine with me.

M 오늘 밤 8시에 5명을 위한 테이블을 예약할 수 있나요?

W 잠깐만 기다리세요. 확인해 드릴게요. 7시 45분에 한 테이블이 있어요. 괜찮으세요?

M 네, 좋아요.

풀이 전략 및 해설

- 날짜, 시간, 요일, 기간 등 숫자와 관련된 내용은 바로 기록해 두고, 숫자가 여러 번 나올 때에는 각각의 숫자가 무엇과 관련되어 있는지를 잘 구분해야 한다. 사람의 신원이나 직업 등을 묻는 질문에 대한 답은 키워드(keywords)를 듣고 유추하거나 대화 내용 전체를 듣고 이해한 내용을 바탕으로 추론해야 하는 경우가 많다.
- 1) Can I reserve a table for five people at eight o'clock tonight?에서 'five'와 'eight', 두 개의 숫자가 나온다. '사람 (people)'과 연관된 것은 five이고, eight은 '시각 (o'clock)'과 연관되어 있다. 정답은 (A)이다. 각 숫자가 무엇과 연관되어 있는지를 파악하며 들어야 한다.
- 2-1) 'Can I reserve a table for five people at eight o'clock tonight? (오늘 밤 8시에 다섯 사람을 위한 테이블을 예약할 수 있나요?)'과 2-2) 'We have a table available at a quarter to eight. (7시 45분에 한 테이블이 있습니다.)'이라는 말을 통해서 이 대화가 식당의 자리를 예약하려는 손님과 식당 직원 간의 대화라는 것을 알 수 있다.

질문 유형 분석

❶ Who·What 의문문 유형

(1) 화자의 신원(직위, 직책)을 묻는 질문

Who are the speakers? 화자들은 누구인가?
Who most likely is the man? 남자는 누구일 것 같은가?
Who most likely is the woman? 여자는 누구일 것 같은가?
Who most likely are the speakers? 화자들은 누구일 것 같은가?
Who is the man speaking[talking] to? 남자는 누구에게 말하고 있는가?
Who is the woman probably speaking to? 여자는 누구에게 말하고 있는 것 같은가?

(2) 화자의 직업, 직장, 근무지를 묻는 질문

What is the man's job? 남자의 직업은 무엇인가?
What most likely is the man doing? 남자는 무엇을 할 것 같은가?
What most likely is the man's job? 남자의 직업은 무엇일 것 같은가?
What most likely is the woman's job? 여자의 직업은 무엇일 것 같은가?
What type of business does the woman most likely work in?
여자는 어떤 종류의 사업에 종사하고 있을 것 같은가?

유형 공략법

▶ 사람에 관한 질문은 크게 두 가지 유형으로 나뉜다.
  (1) who를 사용: 화자의 신원이나 직위/직책 또는 인간 관계를 묻는 경우
  (2) what을 사용: 근무지나 일하고 있는 장소를 묻는 경우

▶ 대화의 내용 중 업무와 연관된 단어나 표현을 주의해서 청취한다. 화자들의 관계를 파악하여 화자들 중 어느 쪽에 해당되는 질문인가를 정확하게 구분할 줄 알아야 혼동을 피할 수 있다.

❷ When 의문문 유형

(1) 시간, 날짜를 묻는 질문

When will the meeting be held? 회의는 언제 열릴 것인가?

When is the party most likely taking place? 파티는 언제 열릴 것 같은가?

When will the speakers attend the conference? 화자들은 언제 컨퍼런스에 참석할 것인가?

When is the man's appointment? 남자의 약속은 언제인가?

❸ How 의문문 유형

(1) 기간을 묻는 질문: How long

How long does the flight take? 비행은 얼마나 걸리는가?

How long have the speakers been waiting? 화자들은 얼마 동안 기다리고 있는가?

How long will the course run? 그 코스[과정]는 얼마 동안 운영될 것인가?

How long did it take to finish the work? 그 일을 끝내는 데 얼마나 걸렸는가?

(2) 수, 거리, 빈도를 묻는 질문: How many / How far / How often

How many people will attend the meeting? 회의에는 몇 명이 참석할 것인가?

How many people do the speakers expect at the party?
화자들은 파티에 사람들이 몇 명이나 올 것이라고 예상하는가?

How far should the man go? 남자는 얼마나 멀리 가야 하는가?

How often does the bus run? 버스는 얼마나 자주 운행하는가?

유형 공략법

▶ 문제를 미리 읽고, 어떤 정보를 중점적으로 들어야 하는지 파악하여 중요한 숫자, 거리, 시간, 요일 등을 메모한다.

▶ 시간 및 숫자와 관련된 문제의 경우 대화 중에 혼동을 유발하는 정보가 언급된다. 즉, 대화 중에 정답이 아닌 시간, 날짜, 숫자가 언급되므로, 질문의 요점을 잘 파악하고 대화를 끝까지 듣는 것이 중요하다.

Who·What 의문문 ◀) 3-015

다음을 듣고 알맞은 답을 고른 다음, 다시 한 번 들으며 빈칸을 채우세요.

1 Who most likely is the woman?

(A) A job applicant　　　　(B) A customer

W　I want to _____ the position of _____.
Where should I go?

M　The Personnel Department is on the second floor.

2 Who most likely is the man?

(A) A doctor　　　　(B) A security guard

W　I have a terrible _____. I couldn't sleep last night.

M　Let me _____. You have a high _____.

3 What most likely is the woman's job?

(A) Ticket agent　　　　(B) Traffic warden

M　Excuse me. Can I _____ for the airport shuttle
bus here?

W　Yes, you can. The ticket price is 7 dollars per person. The airport
limousine will be here _____. So you'd better
hurry up.

4 What most likely is the man's job?

(A) A security guard　　　　(B) A police officer

M　Excuse me, ma'am. You cannot park here. Please _____ your
car right now or I'll have to _____ you a _____.

W　I'm sorry. I'll move to another spot.

어휘

1 applicant 지원자
position 직위, 직, 자리
Personnel
Department 인사부

2 security guard 경비원,
보안 요원
terrible 심한, 끔찍한

3 had better ~하는 것이
좋다
traffic wardon
주차 단속원

4 park 주차하다
right now 당장

When 의문문 / How 의문문

🔊 3-016

다음을 듣고 알맞은 답을 고른 다음, 다시 한 번 들으며 빈칸을 채우세요.

어휘

1 How often does the bus run?

(A) Every 20 minutes   (B) Every 30 minutes

M Excuse me. Where can I get a bus to the airport?

W There is a bus stop just across the street. Take bus number 940.
It .... minutes.

1 bus stop 버스 정류장
across 건너편에, 가로질러

2 When will the man take his flight?

(A) At 11:00 A.M.   (B) At 5:00 P.M.

M I'd like to book a flight to Los Angeles on Saturday.

W There are two flights on Saturday. One leaves at .... in the
.... and the other at .... o'clock in the ....

M I'll take the .... flight.

2 flight 항공편
book 예약하다
leave 떠나다
one... the other ~
하나는 …, 또 다른 하나는 ~

3 How long does the woman have to wait for the next train?

(A) One hour   (B) Two hours

W Excuse me. I just .... to London. How long do
I have to .... the next one?

M I'm sorry to hear that, but don't worry. The train to London
....

3 miss 놓치다

4 When is the man leaving for the workshop?

(A) On Tuesday   (B) On Wednesday

M I'm going to attend a training workshop for new employees at
headquarters in Washington. It is a .... -day session
starting on ....

W When are you going to leave?

M .... the workshop. I've already booked my flight.

4 training workshop
직무 연수회
employee 직원, 고용인
headquarters
본사, 본부
session 회의, 모임; 기간

◉ 주어진 어휘와 표현을 들은 다음, 문장을 들으면서 빈칸을 채우세요.

Job 일(자리), 직업   ◀) 3-017

job applicant 취업 지원자
interviewee 면접인
interviewer 면접관
job interview 취업 면접
director 이사
manager 부장
boss 사장, 상사
president 사장, 회장

assistant manager 차장
vice president 부사장, 부회장
colleague 동료
position 직위, 직책
report 보고서
secretary 비서
assistant 조수, 보좌관, 비서
apply for ~에 지원하다[신청하다]

?✓! Check-Up 1

1 I'm Lewis Hamilton, the _____. What can I do for you?
인사부장인 루이스 해밀턴입니다. 무엇을 도와드릴까요?

2 This is Richard, the _____ of the Planning Department. 기획 팀 이사인 리차드입니다.

3 I have a _____ tomorrow. 내일 (취업) 면접이 있어요.

4 I want to apply for a _____ as a computer programmer at this company.
나는 이 회사의 컴퓨터 프로그래머의 자리에 지원하고 싶어요.

5 I am Jenifer Ross, his _____. Do you want me to take a message for him?
저는 비서인 제니퍼 로스입니다. 전하실 말씀이 있나요?

6 Have you finished your _____ for tomorrow's meeting? 내일 회의를 위한 보고서는 마무리했나요?

Distance / Time 거리 / 시간   ◀) 3-018

cost 비용이 들다, 가격이 ~이다
run 운행되다
be back 돌아오다

wait for + 시간 ~ 동안 기다리다
How long will it take to...?
~하는 데 (시간이) 얼마나 걸리나요?

?✓! Check-Up 2

1 It _____ 75 dollars per night. 하룻밤에 75달러예요.

2 I won't _____ until Friday. 저는 금요일까지는 돌아오지 못해요.

3 The bus _____ every 15 minutes. 그 버스는 15분마다 운행돼요.

4 _____ get to the museum? 박물관까지 가는 데 얼마나 걸리나요?

5 We have been _____ half an hour. 우리는 30분 동안 기다리고 있어요.

Meeting / Appointment 회의 / 약속

🔊 3-019

free 자유로운, 시간이 있는

available 시간이 있는, 이용 가능한

if it is okay for ~에게 괜찮은지

have an appointment with 인물
~와 약속을 정하다

attend a meeting 회의에 참석하다

copy 사본, 복사본; 복사하다

start at ~에 시작하다 (시간)

be scheduled for ~로 예정되다 (시간)

confirm one's attendance 참석할 것을 확인하다

previous appointment 선약, 사전 약속

the board of directors 이사회

❓✅! Check-Up 3

1   Are you _____ tomorrow? 내일 시간이 있으세요?

2   Is he _____ at 10:00 A.M. tomorrow? 내일 오전 10시에 그가 시간이 있을까요?

3   Can you please ask if 2:00 P.M. on Tuesday is _____ her?
화요일 오후 2 시가 그녀에 괜찮은지 물어볼 수 있나요?

4   I have _____ my client at 3:00 this afternoon. 오늘 오후 3시에 고객과 약속이 있어요.

5   The staff meeting will _____ 10:00 tomorrow morning. 직원 회의는 내일 오전 10시에 시작해요.

6   The board of directors is _____ 9:00 A.M. on Friday. 이사회는 금요일 오전 9시로 예정되어 있어요.

7   Twelve people have _____ their _____ so far.
지금까지 열두 분이 참석을 확인해 왔어요.

8   Please let me know how many _____ we need at the meeting.
회의에 복사본이 몇 부 필요한지 알려 주세요.

Trip / Fight 여행 / 비행

🔊 3-020

away from ~로부터 얼마 떨어진

starting ~부터, ~을 시작으로

arrive at ~에 도착하다 (장소)

business trip to ~로의 출장

❓✅! Check-Up 4

1   City Hall is five miles _____ here. 시청은 여기에서 5마일 떨어져 있어요.

2   You will _____ Narita Airport at 6:00. 당신은 나리타 공항에 6시에 도착할 거예요.

3   I'd like to make a reservation for two nights _____ this Tuesday.
이번 주 화요일부터 이틀 밤 동안 묵을 방을 예약하고 싶어요.

4   She is on a _____ Chicago and will be back tomorrow afternoon.
그녀는 시카고로 출장 중이며 내일 오후에 돌아올 거예요.

대화를 듣고 질문에 가장 알맞은 정답을 고르세요.

1. Who most likely is the man?

(A) An interviewer

(B) A colleague

(C) A job applicant

2. What does the man want to do?

(A) Let her rewrite the report

(B) Ask her to cancel the appointment

(C) Give her some advice on the report

3. How many people did the man send invitations to?

(A) Fifteen

(B) Twenty

(C) Nineteen

4. When is the party most likely taking place?

(A) Sunday

(B) Saturday

(C) Friday

5. Where does the conversation most likely take place?

(A) At a clothing shop

(B) At an Internet café

(C) At an electronics store

6. What does the woman want?

(A) She wants to buy a new product.

(B) She wants to exchange a faulty product.

(C) She wants to get a refund for a faulty product.

7. When will the man meet Mr. Tanaka?

(A) At 4:00 P.M.

(B) At 6:00 P.M.

(C) At 7:00 P.M.

8. How long does the flight take?

(A) One hour

(B) Two hours

(C) Three hours

어휘

1 interviewer 면접관 colleague 동료   **2** rewrite 다시 쓰다 advice 조언, 충고   **4** take place 일어나다, 발생하다   **5** electronics store 전자제품 판매점   **6** faulty product 결함 제품

◑ 실전 적응 연습의 스크립트를 다시 한 번 듣고 빈칸을 완성하세요.

[1-2]

> **M** Rachel, you have not handed in your market _____ yet.
>
> **W** I'm afraid I am a bit _____ . I'm having trouble with the _____ .
>
> **M** Do you want to _____ me?
>
> **W** Yes, that would be a great help. Thanks, Steve.

[3-4]

> **W** How many people do you expect to come to the party?
>
> **M** I sent invitations to _____ people. I think _____ of _____ will come _____ James. He is _____ his parents in Boston.
>
> **W** Have you checked the weather on _____ ?
>
> **M** Yes. It is supposed to be warm and sunny.

[5-6]

> **M** Good morning, ma'am. _____ today?
>
> **W** Good morning. I want to talk to someone in _____ , please.
>
> **M** I think I can help you. Can you please tell me _____ you have?
>
> **W** I bought these wireless earbuds last Friday, but only one side works. I tried to reset them, but _____ . So I think they are faulty. Can I get a replacement?

[7-8]

> **M** What time is the _____ with Mr. Tanaka tonight?
>
> **W** It is at _____ o'clock, Mr. Branson. Your plane is scheduled to leave at _____ . It will take _____ to arrive at Narita Airport. So you will have _____ to get to the hotel restaurant.
>
> **M** How long does it take from the airport to the hotel?
>
> **W** I think it takes about _____ minutes by taxi.

🔹 대화를 듣고 질문에 가장 알맞은 정답을 고르세요.

1. What does the man want to do?

(A) Make a dinner reservation
(B) Buy a concert ticket
(C) Open a bank account
(D) Run a business

open a bank account 계좌를 개설하다
run a business 사업을 운영하다

2. What does the woman suggest the man do?

(A) Go to the main office
(B) Make an appointment
(C) Come back after twelve o'clock
(D) Open a personal account

main office 본사, 본점
personal account 개인 계좌

3. When will the man meet the manager?

(A) Nine o'clock Monday
(B) Ten o'clock Monday
(C) Nine o'clock Wednesday
(D) Ten o'clock Wednesday

4. Who most likely is the woman?

(A) A nurse
(B) A surgeon
(C) A dentist
(D) A receptionist

5. According to the woman, how long will it take until the man's symptom disappears?

(A) A week
(B) Two weeks
(C) Three weeks
(D) A month

6. What will the man most likely do?

(A) Stay awake until midnight
(B) Buy peppermint candies
(C) Drink fruit juice with sugar in it
(D) Brush his teeth twice a day

7. What type of business does the woman probably work in?

(A) A hotel
(B) A car dealership
(C) A repair shop
(D) A car rental agency

dealership 판매 대리점
rental agency 대여점

8. How long does the man need the car?

(A) Three days
(B) Five days
(C) A week
(D) Two weeks

9. What is the man's major concern with the car?

(A) Equipment
(B) Price
(C) Space
(D) Comfort

major concern 주된 관심사
equipment 장비
space 공간
comfort 안락함, 편안함

10. Where does this conversation most likely take place?

(A) At a restaurant
(B) At a theater
(C) At an office
(D) At a bank

11. How many people are in the man's group?

(A) Two
(B) Three
(C) Four
(D) Six

12. What will the man probably do after having lunch?

(A) Go to another restaurant
(B) Go to see a movie
(C) Go back to work
(D) Go to meet a client

client 고객

13. What most likely is the man's job?

(A) A hotel receptionist
(B) A traffic officer
(C) A salesperson
(D) A car mechanic

receptionist 접수 직원
traffic officer 교통 경찰
car mechanic 자동차 정비공

14. What does the woman want?

(A) Rent a car
(B) Buy a car
(C) Repair her car
(D) Sell her car

rent 임대하다, 빌리다
repair 수리하다
sell 팔다

15. When is the woman's appointment?

(A) Monday morning
(B) Monday afternoon
(C) Friday morning
(D) Friday afternoon

16. Where does the conversation most likely take place?

(A) In the office
(B) On the street
(C) At a restaurant
(D) At a conference

17. How long have the man and woman waited for their bus?

(A) At least ten minutes
(B) Over twenty minutes
(C) Almost thirty minutes
(D) Approximately an hour

18. When is Martha leaving on a trip?

(A) Today
(B) Tomorrow
(C) As soon as possible
(D) Next Wednesday

Unit 03

Why 의문문 / Why · What 인용문

학습 포인트

- Why 의문문은 행위 또는 발생한 일에 대한 이유를 묻는 질문이다. 대화의 전체적인 흐름을 이해하지 못하면 정답을 찾기 힘들기 때문에 난이도가 높은 편이다.

- 인용문은 'Why'나 'What'으로 시작하는 두 가지 형태가 있는데, 화자 중 한 사람의 표현을 인용하여 왜 그러한 표현을 사용했는지 묻는다. 인용문 문제는 문장 자체의 의미가 아닌 문맥을 파악해야 풀 수 있다. 상황에 따라 여러 가지 해석이 가능한 관용적 표현이 인용문으로 제시되기도 한다.

◁ 3-024

예제 다음을 듣고 질문에 답하세요.

1 Why does the man want to meet Mr. Jacobs?

(A) To sign a contract

(B) To attend a job interview

(C) To interview Mr. Jacobs

(D) To deliver a package

2 Why does the woman say, "I've been expecting you"?

(A) She has been waiting for the man.

(B) The man is late for the appointment.

(C) The man falls short of her expectation.

(D) The man matches up to her expectations.

1 남자는 왜 제이콥스 씨를 만나려 하는가?

(A) 계약을 체결하기 위해

(B) 취업 면접에 참석하기 위해

(C) 제이콥스 씨를 면접하기 위해

(D) 소포를 배달하기 위해

2 여자는 왜 "I've been expecting you"라고 말하는가?

(A) 여자는 남자를 기다리고 있었다.

(B) 남자는 약속 시간에 늦었다.

(C) 남자는 여자의 기대에 미치지 못한다.

(D) 남자는 여자의 기대에 부응한다.

스크립트

M Excuse me. Can you tell me where Mr. Jacobs's office is?

W Do you have an appointment with Mr. Jacobs?

M Yes, I do. ¹⁾ **I am here for a job interview.** ²⁻¹⁾ **I was told to be here at two o'clock.**

W ²⁻²⁾ **You must be Mr. Hamilton.** Good to see you, Mr. Hamilton. I've been expecting you.

M 실례합니다. 제이콥스 씨의 사무실이 어디인지 말씀해 주시겠어요?

W 제이콥스 씨와 약속은 정하셨나요?

M 네, 그래요. 면접 때문에 왔어요. 2시까지 오라고 들었어요.

W 당신이 해밀턴 씨군요. 안녕하세요, 해밀턴 씨. 기다리고 있었습니다.

풀이 전략 및 해설

- Why 의문문 문제의 경우 대화의 첫 부분에서 질문과 관련된 정보가 언급된다. 그리고 정답의 단서는 대화의 중후반부에 제시되는 경우가 많다.
- [1] I am here for job interview.(면접을 보러 왔다)는 남자의 말을 통해 정답은 (B)의 To attend a job interview임을 알 수 있다. (C)의 interview는 명사가 아닌 '~을 인터뷰하다'라는 의미의 동사로 사용되었다.
- 인용문 문제의 단서는 인용된 문장 앞의 내용에 제시된다. 대화 장소는 면접 장소로, 여자가 두 시 약속이라는 남자의 말을 듣고 그 즉시 남자의 이름을 떠올리는 것으로 보아 그녀는 남자를 기다리고 있었다는 것을 알 수 있다. 대화에서 expect는 '기다리다'라는 의미로 사용되었다.

질문 유형 분석

❶ Why 의문문 유형

(1) 전화를 거는 이유 / 전화를 받지 못하는 이유

Why is the man calling the woman? 남자는 왜 여자에게 전화하는가?

Why did the man call the woman? 남자는 왜 여자에게 전화했는가?

Why is Mr. Watson unable to answer the man's call? 왓슨 씨는 왜 남자의 전화를 받지 못하는가?

(2) 회의에 늦는 이유 / 회의를 여는 이유 / 회의에 참석하는 (하지 못하는) 이유

Why will the man be late for the meeting? 남자는 왜 회의에 늦게 될 것인가?

Why does the woman want to have a meeting? 여자는 왜 회의를 소집하려 하는가?

Why does the woman want to cancel the appointment? 여자는 왜 약속을 취소하려 하는가?

Why is the man unable to attend the meeting this morning? 남자는 왜 오늘 아침 회의에 참석할 수 없는가?

(3) 행위나 상태에 대한 이유

Why is the man leaving the company? 남자는 왜 회사를 그만두는가?

Why is the man riding the bus? 남자는 왜 버스를 타는가?

Why is the man staying in his office? 남자는 왜 사무실에 있는가?

Why did the woman leave her office early? 여자는 왜 사무실에서 일찍 나왔는가?

유형 공략법

▶ Why 의문문의 경우 정답의 단서는 주로 대화의 중후반부에 제시되므로 대화를 끝까지 들어야 한다.

▶ 주로 특정인과의 전화 통화를 요구하는 이유, 또는 meeting(회의) / appointment(약속)와 연관된 질문이 많다. 따라서 대화 중 cancel(취소하다) / miss(놓치다) / move(옮기다) / rearrange(재조정하다) / leave(떠나다) / order(주문하다) / delay(연기하다) 등의 동사와 연관된 내용에 특히 주의해야 한다.

▶ 대화의 길이가 긴 경우가 많기 때문에, 내용에 대한 정확한 이해, 또는 그 내용의 흐름에 대한 전반적인 이해 없이는 정답을 찾기가 어렵다. 따라서, 문제를 먼저 읽고 정답을 찾는 데 필요한 정보를 파악한 다음, 집중력을 잃지 않고 대화의 내용을 들어야 한다.

❷ Why·What 인용문 유형

(1) 화자가 말한 것에 대한 이유

Why does the man say, "Hold on for a second"? 남자는 왜 "Hold on for a second"라고 말하는가?

Why does the woman say, "That's all for now"? 여자는 왜 "That's all for now"라고 말하는가?

(2) 화자의 표현에 대한 문맥상의 이유

What does the man mean when he says, "Go ahead"?

남자가 "Go ahead"라고 말할 때 그는 무엇을 의미하는가?

What does the woman mean when she says, "Here you go."

여자가 "Here you go"라고 말할 때 그녀는 무엇을 의미하는가?

유형 공략법

▶ 인용문 문제는 문장 그대로의 의미를 묻는 문제가 아니다. 대화의 내용을 파악하면서 화자가 의미하는 숨은 뜻이 무엇인지를 찾아야 한다.

▶ 인용되는 문장은 여러 가지 해석이 가능한 관용적인 표현인 경우가 많다. 정답을 찾기 위해서는 문맥의 전반적인 흐름을 이해한 후, 그 상황을 바탕으로 문장의 의미를 유추해야 한다. 인용문 문제는 근본적으로 인용된 문장의 '문맥상 의미 (contextual meaning)'를 묻는 문제이다.

Why 의문문 / Why·What 인용문　🔊 3-025

다음을 듣고 알맞은 답을 고른 다음, 다시 한 번 들으며 빈칸을 채우세요.

어휘

1　Why is Mr. Johnson unable to answer the man's call?

　(A) He left his office a few minutes ago.

　(B) He is attending a meeting.

　M　Hello. I'd like to speak to Mr. Johnson.

　W　I'm sorry. Mr. Johnson is ＿＿＿＿＿＿＿＿＿. Would you like to leave a message?

1　unable ~할 수 없는
answer a call
전화를 받다
attend 참석하다, 출석하다
leave a message
메시지를 남기다

2　Why are the speakers stuck in a traffic jam?

　(A) They took the wrong road.

　(B) There is a car accident on the road.

　M　We ＿＿＿＿＿＿＿ in traffic for almost an hour. What is happening up there?

　W　There must have been a ＿＿＿＿＿＿＿ up ahead.

2　traffic accident
교통 사고

3　Why does the woman want to reschedule the meeting?

　(A) To analyze some new information

　(B) To go on an urgent business trip

　M　I heard you requested to ＿＿＿＿＿ today's meeting. Can you tell me why?

　W　We just received some ＿＿＿＿＿＿＿. Therefore, we need ＿＿＿＿＿＿＿ it before making any decisions at the meeting.

3　request 요청하다
reschedule
일정을 변경하다
analyze 분석하다

4　Why will the man be late for the meeting?

　(A) He has to meet someone.

　(B) His flight will be delayed.

　M　I may be a little late for the meeting. I have to ＿＿＿＿＿ to the ＿＿＿＿＿＿＿ Mr. Chan from Hong Kong.

　W　Don't worry. I will tell the CEO where you are.

4　may ~일지도 모른다
be late for ~에 늦다,
지각하다
CEO 최고경영자
(chief executive
officer)

어휘

5 Why is the man calling?

(A) To order a television   (B) To inquire about a delivery

M   Hello. I _____ a television from your company last week but have still not _____ it.

W   I'm sorry, sir. Let me check on that for you. Can you tell me your _____, please?

5 inquire 문의하다, 묻다
delivery 배송, 배달
still 여전히, 아직

6 Why is the man riding on the bus?

(A) His car is being repaired.

(B) He lives close to the bus stop.

W   James, I didn't expect to see you on the bus. Where is your car?

M   It's at the _____. I couldn't get it _____ yesterday.

6 close to ~와 가까운
expect 기대하다, 예상하다

7 Why does the woman want to have a meeting?

(A) The sales team did an excellent job.

(B) There was a sharp decline in sales.

W   We recently spent a lot of money on advertisements for our products, _____ total sales _____ by nearly 20 percent last month. What do you think the problem is?

M   Well… I thought the sales team _____ quite well. I never would have expected such a result.

W   Arrange a meeting with the sales team right now.

7 sharp 급격한
decline in sales
판매 감소
advertisement 광고
product 제품
total sales 총 판매액
nearly 거의
result 결과, 성과
arrange 마련하다,
준비하다

8 Why does the man say, "Be my guest"?

(A) He wants to invite the woman as his guest.

(B) He does not mind if the woman uses his computer.

W   Jay, can you help me install a program on my new computer?

M   Sorry, but I have to attend _____ in ten minutes. Can I do that after the meeting? It will not take more than an hour.

W   That's fine. I will wait until you come back. Can I use your computer to _____ while you are away? I am expecting an important message from my client.

M   Be my guest.

8 install 설치하다
check one's e-mail
이메일을 확인하다
while you are away
당신이 없는 동안

◯ 주어진 어휘와 표현을 들은 다음, 문장을 들으면서 빈칸을 채우세요.

Meeting / Appointment 회의 / 약속

◀) 3-026

be in a meeting 회의 중이다
cancel a meeting 회의를 취소하다
arrange a meeting 회의를 준비하다
call a meeting 회의를 소집하다
chair a meeting 회의의 의장을 하다
a productive meeting 성과가 있는 회의

make (have) an appointment 약속을 정하다
keep an appointment 약속을 지키다
break an appointment 약속을 어기다
miss an appointment 약속을 지키지 못하다
reschedule an appointment 약속을 재조정하다
put off an appointment 약속을 연기하다

ⓘ Check-Up 1

1 He is _____. 그는 회의 중이에요.

2 The meeting has been _____, so I will stay in my office.
   회의가 취소되어서, 저는 사무실에 있을 거예요.

3 We should _____ with him. 우리는 그와의 회의를 주선해야 해요.

4 I have to _____ tomorrow morning. 저는 내일 이사회의 의장을 맡아야 해요.

5 Once you _____, you have to _____ it.
   일단 약속을 정했으면 지켜야 해요.

Repair / Maintenance 수리 / 정비

◀) 3-027

repair 수리, 보수
car repair center / garage 차량 정비소
* 개인 주택의 차고도 garage라고 함.
breakdown 고장 (cf. break down 고장나다)
fix 고치다, 해결하다

charge 요금, 요금을 청구하다
under warranty 보증기간 중인
inspection 조사, 검사
maintenance 정기적 점검 및 유지 보수

ⓘ Check-Up 2

1 My car is _____. 제 차는 수리 중이에요.

2 I need to stop at the _____ for a moment. 자동차 정비소에 잠시 들러야 해요.

3 I _____ my car _____ at the garage last month.
   지난달에 정비소에서 차를 수리했어요.

4 Your car is still _____; therefore, we can fix it without _____.
   고객님의 차는 아직 보증기간이 지나지 않았습니다; 따라서 수리 비용은 없습니다.

5 Your car needs _____ and _____ regularly.
   당신의 차량은 정기적으로 검사와 유지 보수를 해야 합니다.

Order / Delivery 주문 / 배송

◀) 3-028

take (시간이) 걸리다	**in stock** 재고로
order 주문	**drop off** 도중에 내려놓다
payment 지불	**return** 반품, 반납
refund 환불	**replacement** 교체, 대체
delivery 배달	**faulty** (제품에) 결함이 있는
place an order 주문하다	**damaged** 손상된, 파손된
receive an order 주문을 받다	**carrier** 운송회사
inquire about a delivery 배송에 관해 문의하다	**in transit** 수송 중에, 운송 도중에

?✔! Check-Up 3

1 I _____ for a copy machine last week. 지난주에 복사기 한 대를 주문했어요.

2 Delivery usually _____ two or three days after we _____ your
_____. 배송은 주문을 받은 후 2일에서 3일 정도 걸립니다.

3 We do not currently have it _____. 지금은 남아 있는 재고가 없습니다.

4 The _____ person will _____ it _____ at your office tomorrow afternoon.
배달원이 내일 오후에 귀하의 사무실에 들러 그것을 두고 갈 것입니다.

5 We require _____ in advance for all goods purchased. 구입한 상품은 미리 대금을 지불해야 합니다.

Traffic 교통

◀) 3-029

delay 지연시키다, 미루다	**pull over** 인도 또는 갓길 쪽으로 차를 세우다
be stuck 막히다	**fine** 벌금, 범칙금
parking lot[space] 주차장	**tow-away zone** 견인 지역
speed limit 제한 속도	**road sign** 도로 표시
ticket (교통 위반자에 대한) 딱지	**zebra crossing** 보행자 우선 횡단 보도

?✔! Check-Up 4

1 My train has been _____. 기차가 연착되었어요.

2 I _____ in traffic on my way to the office. 사무실 가는 길에 차가 막혀요.

3 If you do not move your car right now, I'll have to give you a _____.
차를 당장 옮기지 않으면 (위반) 딱지를 떼겠습니다.

4 You exceeded the _____. 제한 속도를 넘으셨습니다.

5 The police ordered him to _____ for speeding.
경찰은 그에게 차를 갓길에 세우게 했다.

◐ 대화를 듣고 질문에 가장 알맞은 정답을 고르세요.

1. Why did the man cancel his appointment?

(A) His train was delayed.

(B) His car broke down.

(C) His new car has not arrived yet.

2. What does the man mean when he says, "You can say that again"?

(A) He didn't hear what the woman said.

(B) Having his car serviced regularly can prevent accidents.

(C) Purchasing a new car can save him time and money in the long run.

3. Why is the woman staying in the office?

(A) Her meeting has been canceled.

(B) She is expecting a call from her client.

(C) She has a meeting in the office.

4. What does the woman want to know?

(A) Why the meeting has been canceled

(B) What time the man meets his dentist

(C) What she needs to tell the man's client

5. Why did the man call?

(A) He has an appointment with Mr. Anderson.

(B) He is going to deliver a desk to Mr. Anderson's office.

(C) He wants to meet the building manager.

6. Who will the woman call?

(A) Mr. Anderson

(B) The furniture company

(C) The building manager

7. Why is the woman disappointed?

(A) The flight has been delayed.

(B) They cannot travel together.

(C) The conference has been rescheduled.

8. Why does the man say, "I'll take a rain check"?

(A) Their airfare will be paid by check.

(B) They will go to London together next month.

(C) The conference will be cancelled in case of rain.

 어휘

1 appointment 약속   2 regularly 정기적으로   prevent 막다, 예방하다   in the long run 장기적으로   3 expect 기다리다, 예상하다
client 고객   4 dentist 치과 의사   5 deliver 배달하다, 배송하다   building manager 건물 관리자   7 reschedule 일정을 변경하다

Dictation

정답 p.070

3-031

◆ 실전 적응 연습의 스크립트를 다시 한 번 듣고 빈칸을 완성하세요.

[1-2]

M My car _____ again this morning, so I had to _____ an appointment with my clients.

W If you have such frequent trouble with your car, why don't you _____ ?

M I can't _____ to buy one now.

W You can _____ one in _____ . Then you won't have to pay for _____ and _____ . So in the long run, you will _____ .

M You can say that again.

[3-4]

M Clara, are you going to be in the office this afternoon?

W Yes, I should be. The _____ for three o'clock today has been _____ . Why are you asking?

M I'm expecting a call from one of my clients, but I _____ with my dentist.

W Okay, don't worry. I'll handle your call. What do you _____ ?

[5-6]

M Good afternoon. Can I talk to Mr. Anderson, please?

W Mr. Anderson is not here at the moment. I'm Jenifer Ross, his _____ . Do you want me to _____ a _____ for him?

M This is Mike Jackson from Mighty Jackson Furniture. We are supposed to _____ a _____ to your office this afternoon.

W Oh, I see. You can come by. I'll call the _____ and tell him to let you _____ .

[7-8]

M Have you _____ your _____ to London for the international trade conference?

W Not yet. I am going to do that this afternoon. How about you? Are you going to London on Friday?

M I should go to Paris one day before the conference. I _____ my client there and will go to London the next morning.

W That's disappointing. I thought we could travel to London together.

M We are going to London again for another seminar next month, aren't we? I'll _____ a _____ .

○ 대화를 듣고 질문에 가장 알맞은 정답을 고르세요.

1. Why is the man at the building?

(A) To drop off a parcel
(B) To sign a contract
(C) To attend a conference
(D) To have a job interview

drop off 갖다 놓다, 내려 놓다
parcel 소포, 꾸러미
conference 회의, 컨퍼런스

2. What does the man request?

(A) Directions to an office
(B) A signature for a delivery
(C) The date for an interview
(D) The name of interviewer

3. What does the woman ask the man to do?

(A) Show his ID
(B) Tell his name
(C) Get out of the car
(D) Sign the visitor's book

ID(identification) 신분증
get out of ~에서 벗어나다

4. What did the man order?

(A) A coffee maker
(B) A copy machine
(C) A voice recorder
(D) A fax machine

copy machine 복사기
voice recorder 녹음기
fax machine 팩스기

5. Why did the man call?

(A) To place an order
(B) To confirm his address
(C) To inquire about a delivery
(D) To find out the location of a store

place an order 주문하다
confirm 확인하다
inquire 문의하다, 묻다
location 위치

6. Why does the woman say, "Here it is"?

(A) She has found the copy machine.
(B) She brings the man a cup of coffee.
(C) She shows the man the warehouse.
(D) She found the man's order record.

7. Why is the man calling the woman?

(A) To reserve airline tickets
(B) To reserve a hotel room
(C) To rearrange an appointment
(D) To arrange a business meeting

airline ticket 비행기표
rearrange 다시 조정하다

8. What is the man doing tomorrow?

(A) Visiting the health clinic
(B) Going to New York
(C) Having a business meeting with his client
(D) Returning from a business trip

health clinic 병원
return 돌아오다
business trip 출장

9. When will the man see the doctor?

(A) 10:00 A.M. tomorrow
(B) 2:00 P.M. Tuesday
(C) 11:00 A.M. Thursday
(D) 3:00 P.M. Friday

see the doctor 병원에 가다
의사에게 진찰을 받다

10. Why did the man call?

(A) To register for a conference
(B) To reschedule a conference
(C) To cancel his hotel reservation
(D) To change his hotel reservation

11. When will the man most likely arrive at the hotel?

(A) On Wednesday the 6th
(B) On Friday the 8th
(C) On Wednesday the 13th
(D) On Friday the 15th

12. What does the woman mean when she says, "All done"?

(A) All of the rooms are booked.
(B) She canceled the man's reservation.
(C) She changed the man's reservation.
(D) She has just finished her workday.

13. Where does the conversation most likely take place?

(A) At an office
(B) At a garage
(C) At a hospital
(D) At a police station

14. Why was the man so late this morning?

(A) He overslept this morning.
(B) He did not feel well this morning.
(C) He missed his train this morning.
(D) He had a car accident this morning.

15. Why does the woman say, "It could have been a lot worse"?

(A) She tries to ignore him.
(B) She tries to console him.
(C) She tries to reprimand him.
(D) She tries to understand him.

console 위로하다
reprimand 질책하다

16. Where did James work before?

(A) London
(B) Boston
(C) New York
(D) Los Angeles

17. Why does James say, "I'm sure you are right"?

(A) He misses London.
(B) The work facilities are excellent.
(C) Boston will be his favorite place.
(D) He has traveled to a lot of foreign countries.

18. Who most likely is the woman?

(A) A tour guide
(B) The men's colleague
(C) A tenant
(D) A real estate agent

colleague 동료
tenant 임차인, 세입자
real estate agent 부동산 중개인

시각 정보 의문문

학습 포인트

- 지도: 대화를 듣고 화자가 의도한 방향이나 가고자 하는 목적지를 묻는 문제가 출제된다.
- 탑승권: 항공권에 표시된 정보에 근거하여 출발 시간이나 탑승구 등에 관한 질문이 출제된다.
- 행사 일정표: 세미나 또는 컨퍼런스 등의 일정표에 근거하여 정확한 정보나 부정확한 정보, 또는 변경된 사항이 무엇인지를 묻는 문제가 출제된다.
- 가격표 / 주문서 / 청구서 등: 제품이나 서비스의 품목, 가격, 또는 주문 수량에 관한 대화를 듣고 올바른 정보나 잘못된 정보를 묻는 문제가 출제된다.

3-033

예제 다음을 듣고 질문에 답하세요.

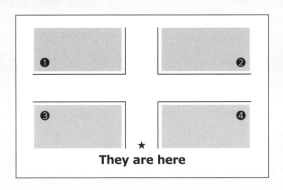

They are here

1 Look at the graphic. Where is the post office located?

(A) 1
(B) 2
(C) 3
(D) 4

2 How long does it take to get to the post office?

(A) About 10 minutes
(B) About 15 minutes
(C) About 20 minutes
(D) About half an hour

1 시각 정보를 보시오. 우체국은 어디에 위치해 있는가?

(A) 1
(B) 2
(C) 3
(D) 4

2 우체국까지는 얼마나 걸리는가?
(A) 약 10분
(B) 약 15분
(C) 약 20분
(D) 약 반 시간

M Excuse me. Can you tell me where the post office is?

W Yes, **1-1) go straight ahead down the street. 1-2) Then, turn right at the first intersection, and… um… go down to the end of the block. 1-3) You will see a bookstore on your right. 1-4) The post office is opposite the bookstore.**

M Thank you so much. How long does it take?

W It's not far from here. **2) I think it takes just fewer than 10 minutes.**

M 죄송하지만, 우체국이 어디에 있는지 아세요?

W 네, 이 길을 따라 똑바로 가세요. 그 다음 첫 교차로에서 오른쪽으로 돌아서… 음… 그 블록 끝까지 내려가세요. 오른쪽에 서점이 보일 거예요. 우체국은 서점 맞은 편에 있고요.

M 정말 고마워요. 시간은 얼마나 걸리나요?

W 여기에서 멀지 않아요. 아마 10분도 걸리지 않을 거예요.

풀이 전략 및 해설

● 대화를 듣기 전에, 먼저 지도를 보고 문제를 읽는다. 'post office (우체국)'가 대화의 주요 장소라는 것을 예상할 수 있다.

● 시각 정보의 종류에 따라 청취할 때 집중해야 할 대상이 달라진다. 지도가 제시되었으므로, 방향을 설명하는 표현에 집중해야 한다.

● 만약 탑승권이 제시되었다면, 출발 시간이나 탑승 게이트 번호가 무엇인지 확인한 후 이와 관련된 표현에 집중해야 한다. 주문서였다면, 품목, 가격, 주문 수량 등이 주요 집중 대상이 된다.

● 여자의 첫 번째 대화에서 우체국의 위치를 설명하고 있다. 여자는 현재 위치에서 직진하다가 첫 번째 교차로에서 우회전한 다음 끝까지 가면 오른쪽에 서점이 있는데, 우체국은 서점의 맞은편에 있다고 했다. 따라서 정답은 (B)이다.

● 2) I think it takes just fewer than 10 minutes.에서 여자는 남자에게 우체국까지 가는 데 10분이 채 걸리지 않을 것이라고 말했다.

❶ 지도, 주문서, 탑승권 등

(1) 지도와 관련된 질문

Look at the graphic. Which bus stop should the man go to?
시각 정보를 보시오. 남자는 어느 버스 정류장으로 가야 하는가?

Look at the graphic. Where is the woman's office located?
시각 정보를 보시오. 여자의 사무실은 어디에 위치해 있는가?

Look at the graphic. Which way does the woman recommend the man go?
시각 정보를 보시오. 여자는 남자가 어느 길로 갈 것을 권하는가?

(2) 주문서와 관련된 질문

Look at the graphic. What item has been changed?
시각 정보를 보시오. 어느 품목이 변경되었는가?

Look at the graphic. What item has been incorrectly printed?
시각 정보를 보시오. 어느 품목이 잘못 인쇄되었는가?

Look at the graphic. If the man place an order, what will the unit price be?
시각 정보를 보시오. 만약 남자가 주문을 한다면, 제품 단가는 얼마가 될 것인가?

Look at the graphic. What information is incorrectly stated?
시각 정보를 보시오. 어느 정보가 잘못 언급되었는가?

(3) 탑승권과 관련된 질문

Look at the graphic. When will the plane take off?
시각 정보를 보시오. 비행기는 언제 이륙할 것인가?

Look at the graphic. How long will the flight be delayed?
시각 정보를 보시오. 비행기는 얼마나 오랫동안 지연될 것인가?

Look at the graphic. What information is incorrectly printed on the boarding pass?
시각 정보를 보시오. 탑승권의 어느 정보가 잘못 인쇄되었는가?

유형 공략법

▶ 방향과 위치에 관한 어휘 및 표현들을 익혀 둔다. 녹음이 시작되기 전에 문제를 미리 읽고, 지도에 나타난 주요 지형 지물의 위치 및 방향을 파악해 둔다.

▶ 제품의 가격이나 주문 수량 등 숫자와 관련된 부분을 집중해서 듣는다. 녹음을 듣고 주문 숫자 또는 판매 가격이 일치하지 않거나 변경된 품목이 무엇인지 파악한다.

▶ 탑승권 이미지나 비행 일정표가 제시될 수도 있다. 탑승권의 경우 출발 시간, 탑승 게이트, 좌석 등과 관련된 숫자에 집중한다. 이러한 경우, 주로 탑승권에 나타난 정보를 바탕으로 지연된 출발 시간이나 변경된 탑승구에 관한 질문이 출제될 수 있다. 또한 항공기 번호나 목적지에 관한 질문이 등장할 수도 있으므로 이 부분도 미리 파악해 두는 것이 좋다. 비행 일정표가 제시되는 경우에는 그 일정표에 근거하여 항공기 번호, 출발 및 도착 시간, 혹은 목적지에 관한 질문이 출제될 수 있다.

❷ 행사 일정표, 호텔 및 숙박 시설 등

(1) 세미나 또는 컨퍼런스와 같은 행사 일정에 관한 질문

Look at the graphic. When will Mr. Smith start his speech?

시각 정보를 보시오. 스미스 씨는 언제 강연을 시작하는가?

Look at the graphic. Who is the last speaker in the seminar?

시각 정보를 보시오. 세미나의 마지막 강연자는 누구인가?

Look at the graphic. When does the session the man is interested in start?

시각 정보를 보시오. 남자가 관심을 가지고 있는 강의는 언제 시작하는가?

(2) 호텔, 숙박 등과 관련된 질문

Look at the graphic. How much should the man pay for the room per night?

시각 정보를 보시오. 남자는 하루에 얼마의 숙박료를 지불해야 하는가?

Look at the graphic. How much is the woman paying for the room per night?

시각 정보를 보시오. 여자는 하루 숙박료로 얼마를 지불할 것인가?

Look at the graphic. How much is the weekly charge for the accommodation the man want?

시각 정보를 보시오. 남자가 원하는 숙소의 일주일 요금은 얼마인가?

유형 공략법

▶ 행사의 일정 변경 또는 취소되는 행사 일정에 관한 질문이 주로 출제된다. 화자들의 대화 중, 순서가 변경되거나 취소된 사항에 관해 주의를 기울여야 한다. 청취할 때 순서에 관한 표현(first, second, last 등), 행사 시작 시간, 행사 제목, 그리고 언급되는 사람 이름 등에 집중해야 한다.

▶ 호텔과 같이 숙박 시설과 관련된 문제가 출제되는 경우에는 주로 가격이나 체류 기간 등에 관한 문제가 출제된다. 시각 자료에는 숙박 및 서비스의 유형에 따른 다양한 가격이 제시되는 경우가 많다. 특히 대화의 내용에 근거하여 화자가 선택한 항목의 가격이 얼마인지를 맞히는 문제가 많이 출제되는 편이다.

주문서 / 가격표

3-034

다음을 듣고 알맞은 답을 고른 후, 다시 한 번 듣고 빈칸을 채우세요.

어휘

Room Type	Price per night
Single Room	$80
Double Room	$120
Suite	$250

1 Look at the graphic. How much should the man pay for the room per night?

(A) $80

(B) $120

W How can I help you?

M I'd like to .... for June 5 and 6.

1 per night 1박에
a single room 1인실

Product Description	Unit Price	Quantity	Total
Tennis Racket	$150	1	$150
Tennis Ball (4 balls)	$5	3	$15
Trainers (Size 7)	$45	1	$45

2 Look at the graphic. How much will the man get back?

(A) $15

(B) $45

M Hello. I received my order today, but you sent me .... trainers. Can I .... if I send them back to you?

W I .... the error. Please send the trainers back to us. We will give you a refund.

2 trainer 운동화
refund 환불

지도 / 일정표

🔊 3-035

다음을 듣고 알맞은 답을 고른 다음, 다시 한 번 듣고 빈칸을 채우세요.

★ They are here

1 | 2

1 Look at the graphic. Where is the bank located?

(A) 1

(B) 2

M Excuse me. Can you tell me where the bank is?

W Go straight down the street. _____ at the first corner. The bank is _____ .

9:00 A.M.	Meeting with Mr. Kim	Noon	Lunch Beak
10:00 A.M.	Meeting with Mr. Tanaka	1:00 P.M.	Sales report
11:00 A.M.	Staff meeting	2:00 P.M.	…

2 Look at the graphic. When is the man going to meet Mr. Kim?

(A) 10:00 A.M.

(B) 11:00 A.M.

M Hello, Susan. It's me, Julian. I _____ Mr. Kim at 9:00 this morning. Can I move it back by one hour?

W You have another appointment at 10:00 A.M., but you are free for an hour after that because the staff meeting _____ .

M All right, I will ask him if that time is okay with him.

어휘

1 at the first corner
첫 번 째 코너에서
on your right
당신의 오른 쪽에

2 staff meeting 직원 회의

비행 일정표 / 항공권

다음을 듣고 알맞은 답을 고른 후, 다시 한 번 듣고 빈칸을 채우세요.

Flight No.	Departure	Arrival
CF214	7:00 A.M	9:30 A.M.
CF312	8:00 A.M	10:30 A.M.
CF423	9:00 A.M	11:30 A.M.

1 Look at the graphic. What flight is the man going to take?

(A) CF214

(B) CF312

W When do you want to leave?

M I have to arrive at my _____ before 10:00 A.M. Are there _____ available?

어휘

1 destination 목적지
available 이용 가능한

BOARDING PASS

BOARDING PASS

Sky Airlines **BS224**
Seoul to **Paris**

Passenger **Jones / Tom**

Sky Airlines
BS224

Seat
15A

Gate	Departure		
21C	**14:25**	**7th**	**May**

Departure
14:25

2 Look at the graphic. What information should be changed on the boarding pass?

(A) 21C

(B) 15A

M Did you hear the airport announcement just a minute ago?

W Yes, I did. Our _____ has _____ to 17B.

2 boarding pass 항공권
boarding gate 탑승구

◐ 주어진 어휘와 표현을 들은 다음, 문장을 들으면서 빈칸을 채우세요.

Direction 방향

◐ 3-037

go straight 똑바로 가다	turn left at ~에서 왼쪽으로 돌다
walk straight 직진하다	turn right at ~에서 오른쪽으로 돌다
walk along 길을 따라 가다	turn left into 왼쪽으로 돌아서 ~으로 가다
walk down 길을 내려 가다	turn right into 오른쪽으로 돌아서 ~으로 가다

☑! Check-Up 1

1 _____ this street. 이 길을 따라 걸어 가세요.

2 _____ this road for five miles. 이 도로를 따라 5마일을 운전해 가세요.

3 _____ at the first corner. 첫 번째 코너에서 오른쪽으로 도세요.

4 Go _____ for two blocks and then turn left. 직진으로 두 블록을 가서 왼쪽으로 도세요.

5 Walk _____ the road _____ you see a convenience store _____.
이 길을 따라 내려 가면 왼편에서 편의점을 하나 발견할 거예요.

6 _____ at the first intersection. 첫 번째 교차로에서 좌회전하세요.

7 _____ onto Main Street. 우회전해서 메인 가로 들어가세요.

Location 위치

◐ 3-038

on your right 당신의 오른쪽에	near 가까이
on your left 당신의 왼쪽에	in between ~ 사이에, 가운데
beside 옆에	opposite 반대편에
in front of ~ 앞에	across the street 길 건너
behind ~ 뒤에	at the corner of ~의 코너에

☑! Check-Up 2

1 It is right _____ you. 그것은 바로 당신 앞에 있어요.

2 It is _____ this street. 그곳은 이 거리의 코너에 있어요.

3 You will see the post office _____. 오른쪽에서 우체국을 볼 수 있을 거예요.

4 The coffee shop is right _____. 커피숍은 바로 길 건너에 있어요.

5 The museum is _____ City Hall. 박물관은 시청 맞은 편에 있어요.

6 There is a street café _____ the river. 강가에 노천 카페가 있어요.

7 The parking lot is _____ the building. 주차장은 건물 뒤편에 있어요.

Schedule / Time / Order Change 일정 / 시간 / 주문 변경

3-039

cancel 취소하다
be canceled 취소되다
be delayed 지연되다
schedule 일정을 정하다
reschedule 일정을 변경하다
replace 대신하다, 교체되다

change 바꾸다, 교환하다
put off 미루다, 연기하다
make a change 바꾸다, 변경하다
be scheduled to ~할 예정이다, ~하기로 되어 있다
advance (일정을) 앞당기다
at[on] short notice 급히, 예고 없이

?✔! Check-Up 3

1 I will _____ my appointment. 약속을 취소하겠습니다.

2 I'd like to _____ the meeting. 회의 일정을 변경하고 싶습니다.

3 I'd like to _____ a few _____ to my order. 주문에 몇 가지 사항을 변경하고 싶습니다.

4 I have to _____ the meeting _____ until the afternoon.
회의를 오후로 미루어야만 합니다.

5 Your boarding gate has _____ to 27B.
귀하의 탑승 게이트는 27B로 변경되었습니다.

6 The flight has _____ due to bad weather.
그 비행기편은 악천후로 인해 연착되고 있습니다.

7 The plane _____ to leave at 8:00 A.M., but the departure has _____
_____ by a maintenance issue.
그 비행기는 오전 8시에 출발할 것으로 예정되어 있었지만, 정비 문제로 출발이 지연되고 있습니다.

8 Our flight _____ due to some unknown reason.
알 수 없는 이유로 인해 우리의 비행편이 취소되었습니다.

9 The time of the board meeting has been _____ from 2:00 P.M. to 10:00 A.M.
이사회의 시간이 오후 2시에서 오전 10시로 당겨졌습니다.

10 I am sorry, but we are unable to attend the meeting _____ such _____.
죄송하지만 그렇게 촉박하게 소집된 회의에는 참석할 수 없습니다.

◇ 대화를 듣고 질문에 가장 알맞은 정답을 고르세요.

7th June

9:00 A.M.	Team meeting
10:00 A.M.	Mr. Clark from DS Electronics
12:00 P.M.	Lunch with the marketing team
2:00 P.M.	Dentist's appointment

Lavender Perfume
Medium (50 ml)

Order Quantity	Unit Price
50	$15
100	$14
250	$12
500	$10

1. Where is the man?

(A) In his office
(B) In the meeting room
(C) On the road

2. Look at the graphic. When will the team meeting take place?

(A) 9:00 A.M.
(B) 10:00 A.M.
(C) 2:00 P.M.

3. Who most likely are the speakers?

(A) A salesperson and a customer
(B) A retailer and a supplier
(C) Colleagues

4. Look at the graphic. What will the unit price of the order be?

(A) $14
(B) $12
(C) $10

어휘

1 office 사무실 meeting room 회의실 2 meeting 회의 take place 일어나다, 개최하다 3 sales person 판매원 customer 고객
retailer 소매업자 supplier 공급업자 colleague 동료

◆ 대화를 듣고 질문에 가장 알맞은 정답을 고르세요.

Room Type	Price per night
Single Room	$125
Regular Double Room	$185
Deluxe Double Room	$225
Suite	$350

5. Look at the graphic. Which bus stop should the man go to?

(A) Bus stop 1
(B) Bus stop 2
(C) Bus stop 3

6. How far is the city museum from the place they are?

(A) 2 miles away
(B) 3 miles away
(C) 5 miles away

7. How long will the man stay at the hotel?

(A) Two nights
(B) Three nights
(C) Four nights

8. Look at the graphic. How much should the man pay for a room per night?

(A) $125
(B) $185
(C) $225

어휘

5 bus stop 버스정류장　6 museum 박물관　7 stay 머무르다　8 pay 지불하다　per night 1박에

◆ 실전 적응 연습의 스크립트를 다시 한 번 듣고 빈칸을 완성하세요.

[1-2]

M   Hello, Ms. McCall. I am _____ . I'm afraid I won't get to the office on time.

W   Is there anything you want me to do?

M   I have a team meeting at 9 o'clock this morning. Can you move it back an hour?

W   Just a minute. Let me check your diary. Um... I am afraid that it is not possible. You have an appointment with Mr. Clark at ten o'clock.

M   Oh, sorry. I forgot. I'll have to _____ the afternoon then. What do I have in the afternoon?

W   There is a lunch meeting with the marketing team at noon, and you have a dentist's appointment at 2:00 P.M.

M   Okay, I will cancel my _____ .

[3-4]

M   Hi, Jennifer. Have you checked how many bottles of lavender perfume _____ _____ ?

W   Yes, I have. We still have plenty of large- and small-sized bottles in stock, but the medium-sized bottles are _____ .

M   We have to _____ for that size immediately then. Do you remember how many medium-sized bottles we ordered the last time?

W   We purchased 100 bottles two weeks ago.

M   _____ do you think _____ ?

W   I think we can sell a lot more this time, so 250 bottles will be enough.

[5-6]

M Excuse me. Can you tell me how I can get to the city museum?

W It is in the city center, which is _____ from here. You have to take a bus to get there.

M There are several bus stops nearby. Which way should I go?

W Cross the street, turn left, and... walk past the bus stop in front of you. Go _____ _____. Then, you will see another bus stop. Take a bus via the city center at the bus stop and tell the bus driver you are going to City Hall. The museum _____ City Hall.

[7-8]

W White Swan Inn. Sharon speaking. How can I help you?

M Hello. I'd like to _____ for two nights starting on Tuesday this week.

W Thank you, sir. I will check for you. That's from the 15th to the 17th. What type of room do you want?

M Can you tell me what types you have?

W You can choose a single room, a double room, or a suite. We also have two different types of double rooms: regular doubles and deluxe doubles.

M I'd like to have a regular double room. Is a room _____ available?

W Of course. All our double rooms have ocean views.

◆ 대화를 듣고 질문에 가장 알맞은 정답을 고르세요.

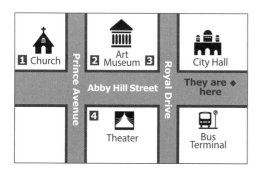

BOARDING PASS

Alfa Airlines FX31
Hong Kong to Seoul

Passenger   Jones / Peter
Gate   Departure
E17   7:15 A.M.

BOARDING PASS

Alfa Airlines FX31

Passenger
Jones / Peter

Seat   Departure
26C   7:15 A.M.

1. Where does the man want to go?

(A) Doctor's office
(B) Museum
(C) Theater
(D) Church

2. Look at the graphic. Where is the place the man wants to go located?

(A) 1
(B) 2
(C) 3
(D) 4

3. How long does it take to get to the place?

(A) 5 minutes
(B) 10 minutes
(C) 15 minutes
(D) 20 minutes

4. What caused the delay?

(A) Heavy snow
(B) Strong wind
(C) Heavy rain
(D) Dense fog

dense fog 짙은 안개

5. Look at the graphic. When did the plane take off?

(A) 8:15 A.M.
(B) 9:15 A.M.
(C) 10:15 A.M.
(D) 11:15 A.M.

6. How long is the man going to stay in Seoul?

(A) One day
(B) Three days
(C) Seven days
(D) Nine days

Item Number	Item	Price
DL224	Lunch Box	$15.00
WG434	Wine Glass Set	$45.00
TS745	T-shirt	$24.00
PS927	Placemat Set	$12.00

7. Why is the man calling the woman?

(A) To place an order
(B) To cancel his order
(C) To update his billing address
(D) To report quantity discrepancies

quantity 양
discrepancy 차이, 불일치

8. How many lunchboxes does the woman have to send?

(A) 10
(B) 15
(C) 20
(D) 25

9. Look at the graphic. Which item does the delivery team have to collect?

(A) Lunchbox
(B) Wine Glass Set
(C) T-shirt
(D) Placemat Set

placemat 식탁용 접시 받침

Flight Schedule (Miami → New York)

Fight No.	Departure	Arrival
DA322	8:20 A.M.	11:20 A.M.
DA415	8:45 A.M.	11:45 A.M.
DA364	4:30 P.M.	7:30 P.M.
DA432	6:30 P.M.	9:30 P.M.

10. Who most likely is the woman?

(A) A flight attendant
(B) A travel agent
(C) A ticket inspector
(D) A hotel receptionist

flight attendant 승무원
ticket inspector 검표원
hotel receptionist 호텔 접수원

11. When is the man scheduled to arrive in Miami?

(A) 10:00 A.M.
(B) 10:30 A.M.
(C) 10:00 P.M.
(D) 10:30 P.M.

12. Look at the graphic. What flight is the man taking when he returns to New York?

(A) DA322
(B) DA415
(C) DA364
(D) DA432

Time	Topic	Speaker
10:00 A.M. – 11:00 A.M.	Social Media	Jean Morrison
11:00 A.M. – 12:00 P.M.	Negotiations	Berry Posner
1:00 P.M. – 2:00 P.M.	Leadership	Chris Wilson
2:00 P.M. – 3:00 P.M.	Management	Keith Monroe

13. Where does this conversation most likely take place?

(A) At a party

(B) At a seminar

(C) At an office

(D) At a concert

14. Look at the graphic. When does the session the woman is interested in start?

(A) 10:00 A.M.

(B) 11:00 A.M.

(C) 1:00 P.M.

(D) 2:00 P.M.

15. Why hasn't Berry Posner arrived yet?

(A) He has been ill.

(B) He has a car accident.

(C) His flight has been delayed.

(D) His flight has been canceled.

PART 4

담화문

▶ PART 4에서는 다양한 종류의 담화(report, announcement, message, advertisement, speech 등)를 듣고 각 담화와 관련된 세 개의 질문에 답해야 한다. 71번부터 100번까지 총 30문항으로 구성된다. PART 3에서와 마찬가지로, 도표나 그래프와 같은 시각 정보를 이용한 문제도 등장한다.

▶ 지문과 문제는 모두 음원으로 들을 수 있는데, 문제는 시험지에도 나와 있다. 녹음을 듣기 전에 미리 문제와 선택지를 읽어 질문의 유형을 파악해 두면, 담화를 듣는 동안 어떤 정보에 집중해야 하는지를 쉽게 알 수 있다.

▶ 주제에 관한 문제의 경우 대개 지문의 첫 부분에 단서가 제공되므로 담화의 첫 문장을 제대로 듣는 것이 중요하다. 담화를 반복해서 들려 주지 않기 때문에, 정보와 숫자, 날짜, 기간 등 세부 사항을 묻는 문제를 풀 때에는, 문제와 관련된 정보를 미리 파악한 다음 이를 놓치지 않고 들어야 한다.

▶ 문제를 푸는 방법은 PART 3의 경우와 비슷하지만 PART 4에서는 두 사람이 대화를 서로 주고 받는 대신 한 사람이 계속해서 이야기하기 때문에 더 높은 청취력이 요구된다. 청취력에서 가장 중요한 것 중 하나는 문장을 이해하는 속도이다. 따라서 PART 4에서 어려움을 겪는 초보자라면, 평소 듣기 연습을 할 때 스크립트를 함께 보면서 주어진 시간 내에 지문의 내용을 이해하는 연습을 하는 것이 청취력 향상에 큰 도움이 된다.

Unit 01 Where 의문문 / What 의문문

학습 포인트

- Where 의문문에서는 담화 장소, 회의 장소, 근무지, 주거지 또는 건물의 위치 등을 묻는 질문이 출제된다.
- What 의문문은 담화의 주제나 목적을 묻는 질문으로서 출제 빈도가 가장 높은 문제 유형에 속한다. 그 외에도 담화의 내용에 근거한 추론, 암시, 혹은 담화 이후의 행동을 묻는 문제도 What 의문문에 속한다.

4-001

예제 다음을 듣고 질문에 답하세요.

1 What does the speaker want to do on Friday?

(A) He wants to dine out.
(B) **He wants to go to a concert.**
(C) He wants to interview the woman.
(D) He wants the woman to drop by his house.

2 Where most likely is the speaker?

(A) **In his office**
(B) In a bus
(C) At home
(D) On the street

1 화자는 금요일에 무엇을 하고 싶어 하는가?
(A) 외식하기를 원한다.
(B) 콘서트에 가기를 원한다.
(C) 여자를 면접하기를 원한다.
(D) 여자가 자신의 집에 들르기를 원한다.

2 화자는 어디에 있는 것 같은가?
(A) 사무실에
(B) 버스 안에
(C) 집에
(D) 거리에

스크립트

M Hello, Rebecca. It's me, Tim. [1] **I'm calling to find out if you're interested in going to the concert on Friday.** When you receive this message, please call me back. [2] **I will stay in my office until five thirty this evening.** I'll talk to you later. Bye.

M 여보세요, 레베카, 팀이에요. 금요일 콘서트에 갈 생각이 있는지 알아보려고 전화하는 거예요. 이 메시지를 받으면 저한테 전화해 주세요. 저는 오늘 저녁 5시 30분까지 사무실에 있을 거예요. 나중에 통화해요. 끊을게요.

- 1) if you're interested in going to the concert on Friday를 통해 남자는 금요일 콘서트에 가려고 계획 중임을 알 수 있다.
- 2) I will stay in my office until five thirty this afternoon.에서 현재 그가 사무실에 있다는 것을 알 수 있다. until은 '~까지'라는 의미의 전치사로 특정 시간까지 계속 어떤 행위가 이어진다는 것을 나타낸다.

질문 유형 분석

❶ Where 의문문 유형

(1) 담화의 장소를 묻는 질문

Where is the announcement taking place? 방송은 어디에서 이루어지는가?
Where is the talk most likely taking place? 담화는 어디에서 이루어지는 것 같은가?
Where most likely is the speaker? 화자는 어디에 있는 것 같은가?

(2) 화자의 근무지(회사 / 부서 / 직종)를 묻는 질문

Where does the speaker most likely work? 화자는 어디에서 일하는 것 같은가?
Which department does the speaker work in? 화자는 어느 부서에서 일하고 있는가?
What field does the speaker work in? 화자는 어느 분야에서 일하고 있는가?

* 근무지, 부서, 직종을 묻는 질문의 의문사는 where, which, what이 모두 사용될 수 있다.
Where do you work? / Which company do you work for? / What company do you work for?
어디에서 근무하나요? / 어느 회사에서 일하나요? / 어떤 회사에서 일하나요?

(3) 담화에 언급된 회의/행사 장소를 묻는 질문

Where did the meeting take place? 회의는 어디에서 열렸는가?
Where will the event be held? 행사는 어디에서 개최될 것인가?
Where is the conference taking place? 컨퍼런스는 어디에서 열리는가?

(4) 기타

Where does the speaker want to go? 화자는 어디에 가기를 원하는가?
Where are the listeners going? 청자들은 어디로 가고 있는가?
Where is the office located? 사무실은 어디에 위치해 있는가?
Where can the listeners find the schedules? 청자들은 어디에서 일정을 알 수 있는가?

▶ 질문을 미리 읽어 두고 그 질문과 연관되어 나올 단어나 표현을 예상한다.

▶ 장소와 연관된 어휘와 표현에 집중한다. 담화에서 장소를 직접적으로 드러내는 어휘나 표현은 함정일 경우가 많으므로 주의 해야 한다.

▶ 앞 부분에서 단서를 놓치더라도 침착하게 나머지 내용을 들으면 장소에 관한 단서를 다시 찾을 수 있는 경우가 많으므로 당황하지 말고 담화를 끝까지 잘 듣는다.

❷ What 의문문 유형

(1) 주제 또는 목적을 묻는 질문

What is the topic of the speech? 연설의 주제는 무엇인가?

What is the purpose of the call? 전화의 목적은 무엇인가?

What is the talk mainly about? 담화는 주로 무엇에 관한 내용인가?

What is the subject of the message? 메시지의 주제는 무엇인가?

(2) 추천 또는 제안에 관한 질문

What does the speaker recommend? 화자는 무엇을 추천하는가?

What does the speaker suggest? 화자는 무엇을 제안하는가?

What are the listeners asked to do? 청자들은 무엇을 하도록 요청 받는가?

→ 청자에게 추천, 권고, 또는 제안하는 내용에 관한 질문이다. 혼동할 수 있는 내용이 함께 언급되는 경우가 많으므로 화자가 제안하는 것이 무엇인지 정확하게 파악할 수 있어야 한다. 질문의 동사는 suggest, recommend, advice, invite, offer 등이 사용된다.

(3) 가능성 또는 미래의 행위에 관한 질문

What will the listeners probably do next? 청자들은 다음에 무엇을 할 것 같은가?

What will most likely happen next? 다음에 어떤 일이 일어날 것 같은가?

If the project is successful, what will be the result? 만약 프로젝트가 성공적이면 그 결과는 어떨 것인가?

(4) 광고 / 방송 분야에 관한 질문

What kind of business is being advertised? 어떤 종류의 사업이 광고되고 있는가?

What kind of business is the announcement about? 방송은 어떤 사업에 관한 내용인가?

What does the report mainly concern? 보도는 주로 무엇에 관한 것인가?

(5) 사실(fact) 및 세부 사항에 관한 질문

What is true about the speaker? 화자에 관해 사실인 내용은 무엇인가?

What is the weather like in Florida? 플로리다의 날씨는 어떠한가?

According to the speaker, what is being featured? 화자에 의하면 무엇이 특징으로 다루어지고 있는가?

What additional information does the speaker provide? 화자는 어떤 부가 정보를 제공하는가?

(6) 추론 또는 암시와 관련된 문제

What does the speaker imply about the job? 화자는 그 직업에 관해 무엇을 암시하는가?

What can be inferred about the policy? 그 정책에 관해 무엇을 추측[추론]할 수 있는가?

유형 공략법

▶ what으로 시작하는 의문문은 대부분 담화의 목적/주제나 (세부) 내용에 관한 질문이다. 세부 내용에 관한 질문은 담화의 내용을 분석하거나 의미를 유추하는 능력보다 정확한 청취력과 이해력을 요구한다. 목적/주제에 대한 대답은 다음과 같이 크게 다섯 가지로 구분할 수 있다.
① 출발 또는 도착 시간을 알려주기 위한 것
② 약속을 정하거나 수정하기 위한 것
③ 어떤 정보를 제공하기 위한 것
④ 사건, 사고 혹은 뉴스나 날씨를 알려주기 위한 것
⑤ 홍보나 광고를 위한 것

▶ 주제는 대부분 담화의 첫 부분에 나온다. 만약 첫 부분을 놓쳤거나, 들었지만 이해가 잘 되지 않았을 때에는 마지막 부분에 주목하자. 마지막 부분에서 주제에 관해 한 번 더 언급해주는 경우가 많다.

▶ 추론 및 암시 문제는 담화에서 직접적으로 언급되지 않은 내용을 묻는 문제이다. 이러한 문제를 풀기 위해서는 담화의 내용을 토대로 상황을 유추하여 정답을 찾아야 한다. PART 3의 imply 문제와 유사하지만, PART 4에서는 대화가 아닌 담화가 제시된다는 점에서 정답을 찾는 것이 더 까다로울 수 있다.

Where 의문문

◎ 4-002

다음을 듣고 알맞은 답을 고른 다음, 다시 한 번 들으며 빈칸을 채우세요.

어휘

1 Where is the announcement taking place?

(A) At an airport   (B) At a train station

> W   May I have your _____, please? We are sorry that the 11:30 train to Chicago will be _____ by approximately 45 minutes. This delay is due to a _____ because of ice on the railroad tracks. We apologize for the _____ this may cause you.

1 restriction 제한
inconvenience 불편

2 Where is the announcement being made?

(A) At a library   (B) At a supermarket

> M   Good evening. The time is 9:00 P.M., and the _____ now _____. Please make your final selections at this time and bring them to the front. Thank you for _____ at MNS and have a good night.

2 selection 선택, 선택물
front 앞

3 Where is the announcement probably taking place?

(A) On a tour bus   (B) On a plane

> M   Hello, everybody. _____ Copenhagen. My name is Tim Jordan. I am your _____ and will accompany you throughout the _____. We will arrive at the _____ in approximately twenty minutes.

3 accompany 동행하다
throughout 시종일관, 죽
approximately 대략, 약

4 Where is the talk most likely taking place?

(A) At a theater   (B) At a conference

> W   Our _____ today is Steve Mitchell. He is the _____ at the Riverside Hotel and has been _____ experimental cooking for 20 years. Mr. Mitchell will be talking about the _____ in Asia.

4 speech 말, 발언, 연설
theater 극장
experimental
cooking 실험적인 요리

What 의문문

🔊 4-003

다음을 듣고 알맞은 답을 고른 다음, 다시 한 번 들으며 빈칸을 채우세요.

어휘

1 What is the purpose of the announcement?

(A) To report a new departure time

(B) To report a new arrival time

W The flight has been _____ due to _____.
However, the snowstorm is _____. Our new
_____ is 11:00 A.M.

1 purpose 목적
report 전하다, 말하다
departure time
출발 시간
arrival time 도착 시간
flight (항공)편
snowstorm 눈보라

2 What kind of business is the advertisement for?

(A) A coffee shop

(B) A computer shop

M This is to _____ you that our store on Stoneham Avenue is
now open. We provide a _____ line of _____
for our customers.

2 offer 제공하다, 제의하다
line 상품의 종류
customer 고객

3 What does the speaker want the listener to bring?

(A) A résumé   (B) A reference

W Thank you for _____ the position of Web designer. We would
like to invite you to an interview at our Washington office. Your
interview will _____ about an hour. Please _____
_____ with you when you come.

3 apply for ~에 지원하다
reference 추천서

4 What does the speaker imply about the Daisy Garden?

(A) It is a tourist attraction.

(B) It is a safety zone.

W In the event of an _____, you will be alerted by an _____
signal. You will also hear a public announcement to evacuate the
premises. Security guards will direct you. Please _____
_____ to one of the nearest emergency exits. The exits are located
at the south end and the north end of the building. After exiting the
building, please _____ in the Daisy Garden, which is located
on the east side of the building.

4 audible 들리는,
들을 수 있는
evacuate 비우다,
피난하다
premise 건물, 저택, 가택
proceed 나아가다
calmly 침착하게
assemble 모이다,
집합하다

◇ 주어진 어휘와 표현을 들은 다음, 문장을 들으면서 빈칸을 채우세요.

Telephone 전화

◀) 4-004

call 전화하다; 전화 통화	charge / recharge 충전하다 / 재충전하다
message 메시지	dial 다이얼을 돌리다
hold the line 수화기를 들고 있다	landline 일반 전화, 유선 전화
hang up 전화를 끊다	mobile phone / cell phone 휴대폰
line is busy 통화 중	text message 문자 메시지
operator 교환원	voicemail / voice message 음성 메일
pick up 전화를 받다, 수화기를 들다	touchscreen 터치 스크린
answering machine 자동 응답기	ringtone 신호음

?✓! Check-Up 1

1 Please _____. 수화기를 들고 기다리세요.

2 Please do not _____. 전화를 끊지 마세요.

3 May I take a _____? 말씀을 전해드릴까요?

4 I am not available now. If you want to leave a _____, please press 1.
   지금은 전화를 받을 수가 없습니다. 음성 메일을 남기시려면, 1번을 누르세요.

5 My smartphone _____ does not work after I dropped it in the water.
   스마트 폰을 물에 떨어트린 후부터 터치 스크린이 작동하지 않아요.

Shop / Supermarket / Department Store 상점 / 슈퍼마켓 / 백화점

◀) 4-005

customer 고객, 손님	open (문을) 열다
shopping 쇼핑	a range of 일련의, 다양한
salesperson 판매원	benefit 이익, 혜택
counter 계산대	expire 종료하다
special price[discount] 특별 할인 가격[특별 할인]	opening hours 개장 시간
deal 거래	up to ~까지
discount rate 할인율	reduce 줄이다, 감소시키다
checkout (요금) 정산	fruit[dairy / vegetable / meat / clothing] section
close (문을) 닫다	과일[유제품 / 채소 / 육류 / 의류] 코너[매장]

Check-Up 2

1   You will find a variety of great _____ throughout the store.

매장 곳곳에서 다양한 특별 할인 가격을 발견하실 것입니다.

2   We are offering a _____ on all dairy products.

우리는 모든 유제품에 대한 특별 할인 행사를 합니다.

3   Enjoy _____ at the M&S Store. M&S 상점에서 쇼핑을 즐기십시오.

4   These _____ will _____ at the end of the month. 이 혜택들은 이달 말에 종료됩니다.

5   The store will _____ in 10 minutes. 상점은 10분 후에 문을 닫습니다.

6   Our _____ are from nine to five on weekdays.

우리 가게의 개장 시간은 주중에 9시부터 5시까지입니다.

7   In our _____, children's clothes are _____ by 20 percent.

우리 의류 매장에서는 아동복을 20퍼센트 할인하고 있습니다.

Theater / Concert Hall / Museum 극장 / 콘서트 홀 / 박물관   ◑ 4-006

performance 공연
concert 콘서트
ticket reservation 표 예매
box office 매표소
artist 화가, 예술가
painting 그림

sculpture 조각
collection 수집품, 전시품
line up 줄을 서다
exhibition 전시회
modern 현대의, 현대적인
contemporary 동시대의

Check-Up 3

1   Photography is not permitted during the _____. 공연 중에 사진촬영은 금지입니다.

2   This is a _____ of _____ by leading _____ from the past and
present. 이것은 현재와 과거의 선도적인 예술가들의 조각품 전시회입니다.

3   The music _____ will be broadcast live at 7:00 P.M. on Saturday.

그 음악회는 토요일 오후 7시부터 생방송으로 중계됩니다.

4   A lot of people are _____ at the _____ to buy tickets for the concert.

콘서트 입장권을 구입하기 위해 많은 사람들이 매표소 앞에 줄을 서 있습니다.

5   The gallery is holding an _____ of _____ paintings.

그 화랑에서 현대 미술 전시회가 열리고 있습니다.

Gym / Sport Center 체육관 / 스포츠 센터

⍾ 4-007

fitness 건강; 운동
exercise 운동; 운동하나
enrollment fee 등록비 (cf. enrollment 등록)
member / membership 회원
swimming pool 수영장

tennis court 테니스 코트
sports facilities 스포츠 시설
cardio / cardiovascular exercise 심근 강화 운동, 유산소 운동
top-of-the-line 최신식의, 최고급의

Check-Up 4

1 Courses begin at as little as 25 dollars a month, and there is no _____.
각 코스는 한 달에 단돈 25달러부터 있으며 등록비는 없습니다.

2 Our center has the most state-of-the-art _____ with 12 _____.
우리 센터는 12개의 테니스 코트와 최신 스포츠 시설을 갖추고 있습니다.

3 Our training session emphasizes _____ and stamina. 우리의 훈련 과정은 건강과 체력을 강조합니다.

4 _____ fees begin at just $25 a month. 회원권 회비는 한 달에 25달러부터 시작합니다.

5 Our facility includes _____ strength training and _____ equipment.
우리의 시설은 최신식 근력 운동 장비와 유산소 운동 장비를 보유하고 있습니다.

Weather Report 일기 예보

⍾ 4-008

move away / move into 옮겨가다 / 진입하다
expect 기대하다, 예상하다
forecast 예보하다
temperature 온도, 기온
snowstorm 눈보라
storm 폭풍
thunderstorm 뇌우
frigid 매우 추운, 혹한의
severe (태풍이) 맹렬한
shower 소나기

rainfall 강우량
heavy rain 폭우
heavy snow 폭설
breeze 미풍, 산들바람
sunny 화창한, 햇살이 비치는
chilly 쌀쌀한, 차가운
drizzle 부슬부슬 내리다; 이슬비, 가랑비
fog 안개 / foggy 안개가 낀
scorching 타는 듯이 더운
heat wave 폭염 ↔ cold wave 한파

Check-Up 5

1 The storm is _____. 폭풍이 옮겨가고 있습니다.

2 A few showers and some _____ are likely in Florida on Saturday.
토요일 플로리다에 몇 차례의 소나기와 뇌우가 있을 것 같습니다.

3 None of the _____ is forecast to reach severe levels.
눈보라가 심각한 사태까지 도달할 것으로 예상되지는 않습니다.

4 You can ＿＿＿＿＿＿＿＿＿ clear skies with mild temperatures tomorrow.

내일은 온화한 기온과 맑은 하늘을 기대하셔도 좋습니다.

5 Clear skies and ＿＿＿＿＿＿ weather are expected to continue, but the air will be ＿＿＿＿＿＿.

구름 없는 화창한 날씨가 계속될 것으로 예상됩니다만, 공기는 차가울 것입니다.

6 We can enjoy a cool ＿＿＿＿＿＿＿＿ coming from the west throughout this weekend.

우리는 주말 내내 서쪽에서 불어오는 시원한 산들바람을 즐길 수 있을 것입니다.

7 It ＿＿＿＿＿＿＿＿＿ all night, but the weather is turning better. It is now ＿＿＿＿＿＿.

밤새 폭우가 내렸지만 날씨가 좋아지고 있습니다: 현재는 가랑비가 내리고 있습니다.

8 It will be ＿＿＿＿＿＿, icy, and ＿＿＿＿＿＿ all day tomorrow.

내일은 하루 종일 바람이 불고, 추우며, 그리고 안개가 낄 것입니다.

9 A ＿＿＿＿＿＿＿＿ will hit most parts of the country.

타는 듯한 폭염이 전국 대부분의 지역을 강타할 것입니다.

Traffic / Airport / Airplane 교통 / 공항 / 비행기

4-009

interstate (주와 주를 연결하는) 고속 도로

pave 도로를 포장하다 (cf. repave 다시 포장하다)

shoulder 도로의 갓길

bumper to bumper 교통 체증

flat tire 타이어 펑크

traffic lights 신호등

green light 청신호, 파란 불 ↔ red light 빨간 불

intersection 교차로

overpass 육교

attendant / crew 승무원

captain 기장

seatbelt 안전 벨트

gate 탑승구

arrival 도착

departure 출발

board 탑승하다 (cf. boarding 탑승, 승선)

Check-Up 6

1 The cars involved in the accident have been moved to the ＿＿＿＿＿＿＿.

그 사고에 연루된 차들은 도로의 갓길로 옮겨졌습니다.

2 Interstate 9 is ＿＿＿＿＿＿＿＿＿＿ on the bridge crossing the river.

9번 고속도로는 강을 건너는 다리 위로 줄지어 꼬리를 물고 있습니다.

3 I had a ＿＿＿＿＿＿ on my way to work this morning. 오늘 아침 출근 길에 타이어 펑크가 났어요.

4 Stop the car! The ＿＿＿＿＿＿＿ turned ＿＿＿＿＿.

차를 멈추세요! 신호등이 빨간 불로 변했어요.

5 You can enter the ＿＿＿＿＿＿. The traffic light turned ＿＿＿＿＿.

교차로로 진입하세요. 신호등이 파란 불로 바뀌었어요.

Advertisement 광고

◀ 4-010

advertise 광고하다
agency 대행사
target 목표, 대상; 대상으로 삼다
product 상품, 제품
collection 컬렉션,수집품
feature 특징, 특색
launch (상품을) 출시하다
charge 비용, 수수료

promote 홍보하다, 촉진하다
air 방송하다, 방송되다
prime time 황금 시간대
commercial 상업의, 상업적인; 광고
circulation 순환, 유통
flyer / flyer sheet 전단지
pop-up 팝업, 화면에 뜨는 광고용 작은 창
telemarketing 전화 판매 또는 전화 판촉

?✔! Check-Up 7

1   I have been working for an _____ for three years.
    저는 광고 대행사에서 3년째 일하고 있어요.

2   It is not clear who this advertisement is _____. 이 광고의 대상이 누구인지 확실치 않아요.

3   A new _____ will be _____ next month. 신제품이 다음 달에 출시됩니다.

4   Most courses are _____ with a 25-dollar membership fee for the year.
    대부분의 과정은 무료이며 연회비는 25달러입니다.

5   The commercials will be _____ during _____.
    그 광고는 황금 시간대에 방송될 것입니다.

◇ 담화를 듣고 질문에 가장 알맞은 정답을 고르세요.

1. What is the purpose of the advertisement?

(A) To introduce dance courses
(B) To introduce a dance competition
(C) To introduce a newly opened fitness Club

2. Where can the listeners find the lesson schedules?

(A) In the pamphlet
(B) On the bulletin board
(C) On the Internet

3. Where is the announcement being made?

(A) At a bank
(B) At a supermarket
(C) At an airport

4. What can be inferred about counters 1 and 2?

(A) You can use cash only.
(B) You can reduce waiting time.
(C) You can return faulty goods for a refund.

5. Where most likely is the speaker?

(A) At a bookstore
(B) At a theater
(C) At a radio station

6. According to the speaker, what will happen after the speech?

(A) Some energy-saving tips will be given.
(B) A fund-raising event for charity will take place.
(C) Listeners will call with their questions.

7. What is the purpose of the report?

(A) To provide traffic information
(B) To provide weather information
(C) To provide stock market information

8. Where does the red-flag warning cover?

(A) The eastern region
(B) The western region
(C) The southern region

어휘

1 introduce 소개하다 competition 대회, 경기 newly 새로이   2 pamphlet 팜플렛 bulletin board 게시판   4 faulty goods 불량품 refund 환불   6 speech 연설, 강연 fund-raising 기금, 모금[조성] charity 자선기금; 자선단체   7 provide 제공하다 stock market 주식 시장   8 red-flag warning 폭염주의보

○ 실전 적응 연습의 스크립트를 다시 한 번 듣고 빈칸을 완성하세요.

[1-2]

M Are you interested in _____ salsa dance? Then _____
at the Academia Salsa Dance School! Our salsa dance _____ are for _____
and fun! Salsa dancing is an opportunity for you to _____ some _____
and to make friends. Our salsa dance _____ are for people of _____ and
abilities. _____ at as little as 25 dollars _____, and there
is no _____. _____ our _____ for details and
lesson schedules today.

[3-4]

W Good evening, ladies and gentlemen. This is a _____ announcement.
The time is 9:50, and the store will be closing in ten minutes. All remaining customers, please
_____ our checkout counters to _____. If you have ten
items or fewer, you can use counters 1 and 2. They are express counters and _____
our cashiers to _____ faster service. Thank you for shopping at All Mart.

[5-6]

M Good evening. We have an exciting _____ for our _____ today. In fact, I
have been eagerly waiting for this night for a month now. It is a rare and valuable opportunity
to _____ Dr. Sara Finch in person. She is an _____ with an international
_____. Today, she will explain how we can _____ in our
daily lives. After her _____, we look forward to _____
that _____ may _____.

[7-8]

W Good morning. This is Susan Park. Extreme heat across the nation is likely to have a
_____ on our daily lives this week and early next week. To that
end, the weather center has issued a _____ for extreme heat.
Currently, the warning covers the _____, but all areas throughout
the country will have _____. Today, temperatures are likely to peak
at 34°C with warm weather likely to continue this weekend, and temperatures will increase
early next week. On Tuesday, temperatures are likely to be above 38°C.

◆ 담화를 듣고 질문에 가장 알맞은 정답을 고르세요.

1. Where is the announcement most likely being made?

(A) At a sports center
(B) At a hospital
(C) At a stadium
(D) At a museum

stadium 경기장
museum 박물관

2. What will happen on October 15?

(A) The swimming pool will reopen.
(B) The fitness room will be closed.
(C) The timetable will be revised.
(D) The new Web site will go online.

swimming pool 수영장
reopen 다시 열다
timetable 시간표
revise 개정하다, 고치다

3. What can the listeners find on the Web site?

(A) The location
(B) The club fees
(C) A timetable
(D) A discount coupon

location 위치
club fee 클럽 회비

4. Where is the announcement being made?

(A) At a restaurant
(B) At a theater
(C) On an airplane
(D) On a train

theater 영화관

5. What does the speaker say about the weather?

(A) The weather is very cold outside.
(B) Heavy rain is expected.
(C) A strong wind is approaching.
(D) The weather is favorable for the flight.

expect 예상하다
approach 다가오다
favorable 알맞은, 좋은

6. What will happen next?

(A) Drinks will be served.
(B) Music will be played.
(C) The plane will take off.
(D) The seat belt sign will be turned on.

serve 대접하다, 접대하다
take off 이륙하다
turn on 켜다

7. What is the news report mainly about?

(A) The construction of a new highway
(B) A traffic accident
(C) A heavy rain warning
(D) The opening of a local hospital

8. Where were the children going?

(A) Back home
(B) Back to school
(C) Back to the hotel
(D) Back to the hospital

9. What additional information does the speaker provide?

(A) The truck driver was arrested.
(B) The bus driver fell into a coma.
(C) School trips can be dangerous for children.
(D) No one was severely injured in the accident.

10. What is The Hive?

(A) A coffee shop
(B) A restaurant
(C) An information center
(D) A reception hall

reception hall 영빈관, 리셉션 홀

11. Where is The Hive located?

(A) In a shopping mall
(B) In a museum
(C) In the City Hall
(D) In a company building

12. Who is the announcement intended for?

(A) Tourists
(B) Employees
(C) Students
(D) Customers

intended 의도된
tourist 관광객

13. Where does the speech most likely take place?

(A) On the radio

(B) On the telephone

(C) At a board meeting

(D) At a department store

board meeting 이사회

14. What is the speaker mainly discussing?

(A) A new board member

(B) A board member's retirement

(C) A new employee

(D) A new agenda

retirement 은퇴, 퇴직
agenda 안건, 의제

15. What is mentioned about James Campton?

(A) He first started his career at another company after graduation.

(B) He was the general manager of the L.A. office until last month.

(C) He has worked for the company for 25 years.

(D) He earned his MBA at Austin University.

start one's career 일[경력]을 시작하다
graduation 졸업

Unit 02

Who 의문문 / When 의문문 / How 의문문 (수량·기간·빈도 등)

학습 포인트

- Who 의문문은 화자, 청자, 또는 담화에서 언급되는 제3자의 신원을 묻는다.
- When 의문문은 시간, 요일, 날짜 등을 묻는 질문이 출제되므로, 이와 관련된 정보를 집중해서 들어야 한다.
- 수량·기간·빈도 등을 묻는 How 의문문의 경우 수치[수량], 가격, 어떤 일을 하는 데 걸리는 시간[기간], 빈도나 회수, 거리 등을 묻는다. 이러한 의문문의 예시로는 「How much, How many, How often, How far, How long」 등이 있다.

4-014

예제 다음을 듣고 질문에 답하세요.

1 Who most likely is the speaker?

(A) A delivery person

(B) A gardener

(C) A housekeeper

(D) A designer

2 When will the speaker start to work?

(A) This afternoon

(B) This morning

(C) Tomorrow afternoon

(D) Tomorrow morning

1 화자는 누구일 것 같은가?

(A) 배달부

(B) 정원사

(C) 가사 도우미

(D) 디자이너

2 화자는 언제 일을 시작할 것인가?

(A) 오늘 오후

(B) 오늘 아침

(C) 내일 오후

(D) 내일 아침

스크립트

W Hello. This is Olivia Spencer. I am calling to confirm that [1-1] [2-1] **we will start to work on your garden tomorrow.** We will [2-2] **be at your house at 8:30 A.M.** and [1-2] **start our work by cutting the lower branches from the trees around your house.**

W 안녕하세요, 올리비아 스펜서입니다. 내일 저희가 귀하의 정원에서 작업을 시작할 것임을 확인해 드리기 위해 전화를 드립니다. 우리는 귀하의 댁에 오전 8시 30분에 가서 집 주변에 있는 나무들의 낮은 가지를 자르는 일부터 시작할 것입니다.

어휘 confirm 확인하다   branch 가지

풀이 전략 및 해설

- ¹⁻¹⁾ we will start to work on your garden과 ¹⁻²⁾ start our work by cutting the lower branches from the trees 를 통해 화자가 정원을 관리하는 사람인 것을 알 수 있다.

- ²⁻¹⁾ we will start to work on your garden tomorrow와 ²⁻²⁾ be at your house at 8:30 A.M.을 통해 화자가 전화를 건 다음날 아침부터 일을 시작할 것이라는 사실을 알 수 있다.

질문 유형 분석

❶ Who 의문문 유형

(1) 화자가 누구인지 묻는 질문

Who is the speaker? 화자는 누구인가?

Who most likely is the speaker? 화자는 누구일 것 같은가?

Who most likely is the caller? 전화를 건 사람은 누구일 것 같은가?

Who is making the announcement? 누가 방송을 하고 있는가?

(2) 청자가 누구인지 묻는 질문

Who most likely are the listeners? 청자는 누구일 것 같은가?

Who is the message probably for? 누구를 위한 메시지일 것 같은가?

Who is the announcement for? 누구를 위한 방송인가?

Who most likely is the audience for the speech? 어떤 청중을 위한 연설일 것 같은가?

Who most probably is the talk intended for? 누구를 위해 의도된 담화일 것 같은가?

(3) 담화에 언급된 제3자의 신원을 묻는 질문

Who most likely is Mr. Brown? 브라운 씨는 누구일 것 같은가?

Who does the speaker want to meet? 화자는 누구를 만나고 싶어 하는가?

Who is the caller trying to reach? 전화를 한 사람은 누구와 연락하려 하는가?

Who is the speaker scheduled to talk with? 화자는 누구와 말하기로 일정이 잡혀 있는가?

(4) 화자가 일하는 곳[분야], 직업을 묻는 질문

Who does the speaker work for? 화자는 누구를 위해 일하는가?

Who does the speaker most likely work for? 화자는 누구를 위해 일할 것 같은가?

▶ Who 의문문은 질문에서 알고자 하는 대상을 기준으로 크게 세 가지 질문 유형으로 구분된다.

① '화자'를 묻는 질문

Who is the speaker? / Who is making the announcement?
화자는 누구인가? / 방송을 하는 사람은 누구인가?

② '청자'를 묻는 질문

Who is[are] the listener(s)? / Who is the audience for the announcement?
청자는 누구인가? / 이 방송을 듣는 청중은 누구인가?

③ '담화에 언급되는 제 3자'를 묻는 질문

Who does the speaker want to talk with? 화자는 누구와 이야기하고 싶어 하는가?

▶ 담화의 종류가 무엇인지 구분한 다음, 담화의 내용을 듣고 담화의 목적과 화자와 청자의 관계를 파악한다. 특히 직업이나 장소 또는 직위, 직책에 관한 표현은 놓치지 않아야 한다.

❷ When 의문문 유형

(1) 시간, 날짜, 요일 등을 묻는 질문

When does the store close[open]? 상점은 언제 문을 닫는가[여는가]?

When will the order arrive? 주문한 것은 언제 도착할 것인가?

When will the speaker arrive at the office? 화자는 언제 사무실에 도착하는가?

When will the speaker leave for the airport? 화자는 언제 공항으로 떠날 것인가?

❸ How 의문문 유형 (수량·기간·빈도 등)

(1) 수를 묻는 질문: How many

How many offices does the company have? 그 회사의 지사는 몇 개인가?

How many tennis courts does the sports center have? 그 스포츠 센터에는 테니스 코트가 몇 개 있는가?

How many floors does the building have? 그 건물은 몇 층인가?

How many bridges does the city have now? 그 도시에는 현재 다리가 몇 개 있는가?

(2) 가격/양을 묻는 질문: How much

How much do the customers pay a month? 고객들은 한 달에 얼마를 지불하는가?

How much does the repair work cost? 수리 비용은 얼마인가?

How much is the administration fee? 관리비는 얼마인가?

How much is the discount rate on clothing? 의류의 할인율은 얼마인가?

(3) 빈도를 묻는 질문: How often

How often does the group meet? 그 그룹은 얼마나 자주 만나는가?

How often will the conference be held? 회의는 얼마나 자주 열릴 것인가?

(4) 기간을 묻는 질문: How long

How long does it take to finish the work? 그 일을 마치는 데 얼마나 걸리는가?

How long has the speaker worked in the field? 화자는 그 분야에서 얼마나 일해 왔는가?

How long has the business been in operation? 그 사업은 얼마 동안 운영되고 있는가?

How long does the program last? 그 프로그램은 얼마나 지속되는가?

유형 공략법

▶ 문제를 미리 읽고 정답을 찾는 데 필요한 숫자나 날짜, 요일이 무엇인지를 파악한다.

▶ 질문에서 요구하는 특정 날짜나 시간을 찾을 때에는 들리는 숫자를 메모해 둔다.

▶ 두 개 이상의 숫자나 요일 등으로 함정을 만들어 제시하는 경우도 있다.

▶ 수, 날짜, 요일, 달 또는 기간을 나타내는 문장들을 많이 듣고 기록하는 연습을 한다. 요일에서는 Tuesday, Thursday를, 숫자에서는 thirteen과 thirty, fourteen과 forty 등을 구분할 수 있도록 주의하자.

▶ 개수, 횟수, 빈도, 기간, 가격 등을 묻는 질문 또한 담화에서 여러 가지 수치가 함께 언급되는 경우가 많다. 따라서 각 수치와 수치의 대상을 제대로 연결시킬 수 있어야 한다.

질문 유형 연습

Who 의문문

◀ 4-015

다음을 듣고 알맞은 답을 고른 다음, 다시 한 번 들으며 빈칸을 채우세요.

어휘

1 Who most likely is the speaker?

    (A) A weather reporter   (B) A highway engineer

W It will be partly _____ for most of the weekend, but the
_____ should _____ by Sunday evening.
You can expect _____ on Monday.

1 weather reporter
날씨 리포터
highway engineer
고속도로 기술자
partly 부분적으로
expect 기대하다, 예상하다

2 Who most likely is the talk intended for?

    (A) Lawyers   (B) Clients

M We provide _____ for the construction sector.
Our _____ has over 30 years of experience and will help you
_____ with in-depth expertise.

2 lawyer 변호사, 법률가
client 의뢰인
construction sector
건설 분야
experience 경력
in-depth 상세한, 면밀한
expertise 전문적 기술
[지식]

3 Who most likely is the speaker?

    (A) A restaurant owner   (B) A garden center owner

W Having a nice lawn at your home is _____ . If you have
an _____ weed problem, contact us right now. Our
specialists will _____ everything. What you need
to do is just sit back, relax, and _____ in your
weed-free yard.

3 out-of-control
통제 불능의
weed 잡초

4 Who most likely is the talk intended for?

    (A) Someone who wants to buy a car
    (B) Someone who wants to rent a car

M Do not _____ a car without first letting us _____
for you. If you need a quality car _____ for your
trip to New York, then visit one of our nearby locations today!

4 book 예약하다
intended for
~을 위해 의도된
without ~이 없이
quality 훌륭한, 일류의
nearby 가까운

When 의문문 / How 의문문 (수량·기간·빈도 등) 🔊 4-016

다음을 듣고 알맞은 답을 고른 다음, 다시 한 번 들으며 빈칸을 채우세요.

어휘

1 How much should a customer pay for Internet each month?

(A) $25   (B) $29

W Don't _____ on this opportunity. If you _____ before
   August 25, you can enjoy the most revolutionary and reliable
   broadband Internet for _____, and what is more, there is no
   setup fee.

1 opportunity 기회
sign up 등록하다
revolutionary 획기적인
reliable 믿을 만한

2 When can the representatives be contacted?

(A) 24 hours every day   (B) 24 hours except weekends

M Our representatives are _____ to answer your questions
   _____ hours a day from _____ to _____. They will
   settle your claims quickly and efficiently.

2 representative
담당 직원
settle 처리하다, 해결하다
claim 요구, 청구
efficiently 효율적으로

3 How many graduates took part in the training program this year?

(A) 108   (B) 162

W Last year, _____ graduates _____ divisional training
   programs. This year, we _____ graduates for
   our program. We admit a range of graduates who have studied
   engineering, architecture, finance, and IT.

3 graduate 졸업생
divisional training
programs 지역 연수
프로그램
a range of 일련의
engineering 공학
architecture 건축
finance 재무, 재정학

4 When does Matisse close?

(A) At 9:25 P.M.   (B) At 9:30 P.M.

M Good evening, Matisse customers. This is a customer information
   announcement. The time is _____ and the store will _____
   _____ in _____ minutes. Please make your way to the
   checkout counter and _____ your _____. Thank you
   for _____ at Matisse.

4 customer
information
announcement
고객 안내 방송
make one's way to
~로 나아가다
checkout counter
계산대, 정산대

◈ 주어진 어휘와 표현을 들은 다음, 문장을 들으면서 빈칸을 채우세요.

Business 사업

4-017

client 고객
property service 부동산 서비스
real estate agent 부동산 매매 중개인
legal service[advice] 법률 상담
construction 건설, 건축업
gardening 정원 가꾸기, 원예
laundry 세탁소

car rental 자동차 대여
experience 경력, 경험
sales increase 매출[판매] 증가
quarter 분기
system 조직, 편성, 시스템
deal with 다루다, 거래하다
industry 산업, 산업 분야

?✓! Check-Up 1

1 This is Ian from King _____. 킹 부동산 서비스의 이안입니다.

2 We provide _____ to the _____ sector.
우리는 건설 분야에 관한 법률 서비스를 제공합니다.

3 We have over 11 years' _____ in the _____.
우리는 원예 분야에서 11년 이상의 경험을 갖고 있습니다.

4 The new _____ will start next month.
새 시스템은 다음 달부터 시작될 것입니다.

Shop / Supermarket / Department Store 상점 / 슈퍼마켓 / 백화점

4-018

account 계좌
savings 저금, 저축
balance 예금의 잔고, 예탁금
interest rate 이자율 (cf. interest 이자)

manage one's account 계좌를 관리하다
credit history 신용 상태
loan 대출
option 선택 사항

?✓! Check-Up 2

1 The more your _____ build up, the higher _____ you will get.
당신의 저축이 많아지면 많아질수록, 높은 이자율을 적용 받을 수 있습니다.

2 We will add all the _____ to the _____ of your _____.
저희는 선생님의 은행 계좌 잔고에 모든 이자를 넣어드릴 것입니다.

3 If you have a good _____, Instant Loan Plus may be the right lender
for you. 만약 당신의 신용 상태가 좋다면 인스턴트 대출 플러스가 바로 당신에게 맞는 대부업체일 것입니다.

4 There are various _____ open to you. 여러 가지 선택 사항이 당신에게 열려 있습니다.

◐ 담화를 듣고 질문에 가장 알맞은 정답을 고르세요.

1. Who is the speaker?

(A) A tour guide
(B) A flight attendant
(C) An airline pilot

2. When will the listeners land at the airport?

(A) Exactly on time
(B) Earlier than the scheduled arrival time
(C) Later than the scheduled arrival time

3. How much is the discount on the annual fee?

(A) 5 percent
(B) 10 percent
(C) 15 percent

4. When does the introductory package offer end?

(A) September 24
(B) October 24
(C) November 24

5. Who most likely is the audience for the announcement?

(A) Patients
(B) Visitors
(C) Construction workers

6. When is the new parking lot expected to open?

(A) On Monday
(B) Next year
(C) In June

7. How many floors does the building have?

(A) Five
(B) Fifteen
(C) Fifty

8. How long did it take to complete the building?

(A) Six days
(B) Nine days
(C) Fifteen days

어휘

1 flight attendant 승무원   2 on time 제시간에   3 discount 할인 annual fee 연회비   4 introductory package 시작 패키지 상품
5 audience 청중 patient 환자 visitor 방문객 construction worker 공사장 인부   6 parking lot 주차장 be expected to V ~할 예
정이다   7 floor 층   8 complete 완성하다, 완료하다

◑ 실전 적응 연습의 스크립트를 다시 한 번 듣고 빈칸을 완성하세요.

[1-2]

M Ladies and gentlemen, this is your captain speaking. We are presently flying at thirty-eight thousand feet on our flight from Seoul to London. The weather ahead is good, and we _____ at Heathrow Airport 30 minutes _____. I will talk to you again before we _____. Until then, enjoy your flight.

[3-4]

M Hello. This is Michael Ruston from the Total Gym sports club. We are currently offering a special introductory package to new members. This includes a _____ discount off the _____ plus _____ month's free membership. Hurry because this offer will expire on the _____ of _____.

[5-6]

W Nordic Hospital is building a new _____. The hospital will close the current _____ on Monday. The new _____ is expected to open at the same location in _____. Until construction is completed, all _____ are recommended to use the temporary _____. It is located on the left side of the main building.

[7-8]

M A construction crew in China completed a _____ in just _____. Yes, _____. That's how long it took to build the _____ building. The building is earthquake resistant and completely soundproof. The hotel is located in Changsha, a south-central Chinese city. The _____ were already built, but it's still impressive. Despite the fast speed of construction, _____ workers were _____.

🔊 4-021

🔵 담화를 듣고 질문에 가장 알맞은 정답을 고르세요.

1. Who is the speaker?

(A) A jeweler
(B) A car dealer
(C) A real estate agent
(D) A furniture supplier

2. How long has the speaker's company been in business?

(A) Since 1990
(B) Since 2000
(C) Since 2010
(D) Since 2020

3. What can listeners most likely find in the showroom?

(A) Kitchenware
(B) Paintbrushes
(C) Dining table sets
(D) Desktop computers

4. Who most likely is the speaker?

(A) An interviewer
(B) An interviewee
(C) A reporter
(D) An analyst

analyst 분석가, 애널리스트

5. What is the purpose of the talk?

(A) To introduce a new manager
(B) To discuss the result of an interview
(C) To give details on a hiring procedure
(D) To report the results of a board meeting

result 결과
details 세부 사항
hiring procedure 채용 과정

6. How long has Catherine Howard worked in the Chicago office?

(A) Three years
(B) Four years
(C) Five years
(D) Six years

7. Who most likely is the talk intended for?

(A) Job applicants
(B) Customers
(C) Employees
(D) Visitors

job applicant 구직자

8. By how much does the speaker plan to increase sales this year?

(A) 7 percent
(B) 15 percent
(C) 20 percent
(D) 25 percent

9. Who most likely is Hale Moore?

(A) An interviewee
(B) A hotel guest
(C) A guest speaker
(D) A branch manager

guest speaker 초청 연사
branch 지사, 지점

10. What type of business is being advertised?

(A) A supermarket
(B) A bank
(C) An insurance company
(D) A telecom company

insurance company 보험 회사
telecom company 통신 회사

11. How much does a person need to open an account?

(A) $100
(B) $150
(C) $175
(D) $200

12. How often will a person receive interest payments?

(A) Monthly
(B) Quarterly
(C) Annually
(D) At the end of the contract

quarterly 분기별로
annually 매년

13. Who most likely are the listeners?

(A) Biologist
(B) Tourists
(C) Zookeepers
(D) Park staff

biologist 생물학자
zookeeper 사육사

14. What does the speaker imply about wildlife?

(A) Flourishing
(B) Dangerous
(C) Diverse
(D) Dynamic

flourishing 번창하는
diverse 다양한
dynamic 역동적인

15. How far should the listeners keep away from bears?

(A) 25 yards
(B) 50 yards
(C) 75 yards
(D) 100 yards

keep away from ~에 가까이 하지 않다

Unit 03

Why 의문문 / Why·What 인용문 / How 의문문 (방법)

학습 포인트

■ Why 의문문에는 전화, 방송, 또는 공지 사항의 이유를 묻는 질문 등이 있다. 선택지에는 이유를 나타내는 접속사와 전치사(구) 또는 '~하기 위하여'라는 의미의 to부정사 구문을 이용한 표현들이 주로 사용된다.

■ Why·What 인용문에서는 화자의 표현을 인용하여 그 표현이 구체적으로 의미하거나 암시하는 것이 무엇인지 묻는다. 한 사람에 의한 담화가 제시된다는 것을 제외하면 질문의 성격이나 정답을 찾는 과정은 PART 3의 인용문 문제와 동일하다.

■ 방법을 묻는 How 의문문은 어떤 일을 성취하거나 결론에 도달한 과정, 정보를 얻는 방법 등을 묻는 유형이다.

🔊 4-022

예제 다음을 듣고 질문에 답하세요.

1 Why is the announcement made?

(A) To explain how to inline skate

(B) To recruit new members

(C) To promote a new Web site

(D) To describe the benefits of inline skating

2 How can listeners find lesson schedules?

(A) By calling the speaker

(B) By sending an e-mail to the speaker

(C) By referring to the brochure

(D) By checking the Web site

1 방송을 하는 이유는 무엇인가?

(A) 인라인 스케이트를 타는 방법을 설명하려고

(B) 새로운 회원을 모집하려고

(C) 새 웹사이트를 홍보하려고

(D) 인라인 스케이팅의 이점을 설명하려고

2 청자들은 레슨 일정을 어떻게 알 수 있는가?

(A) 화자에게 전화를 해서

(B) 화자에게 이메일을 보내서

(C) 브로슈어를 참조해서

(D) 웹사이트를 확인해서

스크립트

W Would you like to learn how to inline skate? [1-1)] **Our beginner's inline skating lesson is just for you.** We will teach you theory and inline skating essentials. We start gently on the grass and then move onto concrete. [1-2) 2)] **If you are interested in learning inline skating, visit our Web site for further details.**

W 인라인 스케이트 타는 법을 배우고 싶으신가요? 우리의 초급 인라인 스케이팅 수업이 바로 당신을 위한 것입니다. 이론과 인라인 스케이팅의 기본을 가르쳐 드리겠습니다. 우리는 약하게 풀밭 위에서 시작하여 그 다음에 콘크리트로 이동할 것입니다. 만약 인라인 스케이팅을 배우는 데 관심이 있으시다면 우리의 웹사이트에 방문하셔서 상세한 내용을 확인하세요.

풀이 전략 및 해설

- [1-1)] Our beginner's inline skating lesson is just for you와 [1-2)] If you are interested in learning inline skating 을 통해 인라인 스케이팅 회원을 모집하는 광고라는 것을 알 수 있다.

- 상세한 사항은 [2)] If you are interested in learning inline skating, visit our Web site for further details에 언급된 것처럼, 웹사이트를 방문하면 알 수 있다.

❶ Why 의문문 유형

(1) 담화의 이유를 묻는 질문

Why is the announcement made? 이 공지를 하는 이유는 무엇인가?

Why is the speaker calling? 화자는 왜 전화를 하는가?

Why is the speaker making the announcement? 화자는 왜 이 방송을 하는가?

Why is the man giving the speech? 남자는 왜 연설을 하는가?

Why did the man leave the message? 남자는 왜 메시지를 남겼는가?

(2) 담화 내용의 개별 사항에 관한 질문

Why is the traffic moving slowly on the highway? 고속도로에서 왜 차량이 천천히 움직이는가?

Why have the prices jumped up? 가격은 왜 뛰었는가?

Why is the speaker going to be late? 화자는 왜 늦을 것인가?

Why is the Wednesday meeting being organized? 왜 수요일에 회의가 잡혔는가?

Why was the departure rescheduled? 출발 시간은 왜 재조정되었는가?

Why is the deadline being changed? 마감 시간은 왜 변경되었는가?

Why does the problem have to be resolved quickly? 문제는 왜 신속히 해결되어야 하는가?

❷ Why·What 인용문 유형

(1) 화자가 한 말의 의미를 묻는 문제 (화자의 의도)

Why does the man say, "It is important"? 남자는 왜 "It is important"라고 말하는가?

Why does the woman say, "That's all for now"? 여자는 왜 "That's all for now"라고 말하는가?

What does the speaker mean when he says, "Don't bring it up"?
화자가 말한 "Don't bring it up"은 무엇을 의미하는가?

③ 방법을 묻는 How 의문문 유형

(1) 방법에 관해 묻는 질문

How can the listeners get information? 청자들은 어떻게 정보를 얻을 수 있는가?

How should the listener contact the company? 청자는 어떻게 회사에 연락할 수 있는가?

How can the information be obtained? 정보를 어떻게 입수할 수 있는가?

How did the speaker draw the conclusions? 화자는 어떻게 결론에 도달했는가?

유형 공략법

▶ 이유나 방법을 묻는 질문은 PART 4에서 난이도가 높은 유형에 속한다. 이유를 묻는 질문은 내용을 알아듣지 못한다면 정답을 찾을 수 없기 때문에 높은 수준의 청취력이 요구된다.

▶ Why 의문문의 유형은 크게 두 가지로 구분할 수 있다.
① 담화의 개괄적인 이유를 묻는 질문: 주로 담화의 앞부분에 정답의 단서가 주어짐
② 담화의 세부적인 내용을 묻는 질문: 담화의 중간 또는 마지막 부분에 단서가 제시됨 (중간 부분이 더 많음)

▶ Why 의문문의 경우 관련 내용에 대한 문장들에 나오는 전치사, 접속사, 관계사와 같은 연결어를 통해 정답의 단서를 찾을 수 있다. 문장이 '이유'를 의미하는 전치사 for, with, due to 또는 접속사 as, because 등으로 연결되면, 그 연결된 문장에서 정답의 실마리를 찾을 수 있다. 그밖의 의미를 나타내는 연결어는 정답의 단서가 될 수 없는데, 예를 들면, '시간'을 의미하는 접속사인 after 또는 while 등으로 연결되는 경우 그 뒤에 오는 문장이 정답이 될 확률은 적다.

▶ 화자의 의도를 묻는 질문은 인용된 표현의 문맥상 의미를 파악하는 문제이다. 담화의 상황과 전체적인 맥락을 이해해야 정답을 찾을 수 있다. 문맥을 통해 간접적으로 드러나는 화자의 의도를 찾는 문제이므로 답안 추리 과정은 암시(implication)나 추론(inference) 문제의 경우와 유사하다.

▶ 방법을 묻는 How 의문문 유형은 문제를 미리 읽고 질문에서 요구하는 특정 정보가 무엇인지를 먼저 파악해야 한다. 과정이나 수단을 묻는 문제이므로, 이와 관련된 정보에 집중하면서 들어야 한다.

Why 의문문 / Why·What 인용문 / How 의문문 (방법) 4-023

다음을 듣고 알맞은 답을 고른 다음, 다시 한 번 들으며 빈칸을 채우세요.

1 Why is the speaker calling?

(A) To know the customer's address

(B) To confirm the customer's order

M Hello, Ms. Jonson. This is Mathew Arnold from Arnold Electronics. We noticed that your _____ is incomplete. Please call me back as soon as possible to provide me with your full _____.

2 Why is the speaker making the announcement?

(A) To encourage customers to come back

(B) To inform customers that the store is closing

M Ladies and gentlemen, this store will _____ in 10 minutes. Please _____ your purchases and _____ the cashier's desk. Thank you for shopping with us. We hope to see you again.

3 What does the speaker mean when he says, "Have I really been here for 25 years"?

(A) Time flies so fast.　　　　(B) The calculation is incorrect.

M Thank you, Mr. Robinson, for your _____. Have I really been here for 25 years? That sounds like a long time. It is _____ this day has finally come. This is the last time I'll be addressing you as the president of this company. I have enjoyed my time here, and I know we have _____ some _____.

4 How can listeners get information?

(A) Over the phone　　　　(B) Over the Internet

W If you are looking for information on flights, hotels, and renting cars, _____. We also have information on over 2,000 cities, towns, and villages across Europe.

어휘

1 address 주소
notice 알아차리다
full 완전한

2 purchase 구매
cashier's desk 계산대

3 calculation 계산
address 말하다, 연설하다
do great things 큰일을 하다, 대견한 일을 하다

4 look for ~을 찾다
information 정보
over 이상, ~이 넘는
village 마을
across 전역에 걸쳐

5 Why is the speaker making this announcement?

    (A) To promote a special discount

    (B) To announce opening hours

> M We are starting our _____ at 9:00 A.M. on Monday. You will find _____ on items ranging from fashion to furniture throughout the store. All women's clothes are being sold at 30 percent _____ their regular prices. This lasts until Sunday.

5 range from A to B
(영역이) A에서 B에 이르다
furniture 가구

6 Why is the speaker making the announcement?

    (A) To get rid of an illegally parked vehicle

    (B) To explain what to do in an emergency

> W Attention, please! A car in the south side of the building is blocking the _____. The car is a blue SUV with the license plate number GE72 KTY. We need the owner to _____ immediately. Ladies and gentlemen, please respect the _____ posted in emergency zones. These zones are to be kept _____ for emergency vehicles at all times.

6 block 막다
emergency exit 비상구
license plate number
자동차 등록 번호
immediately 즉시

7 Why was the announcement made?

    (A) To report weather conditions   (B) To report delivery delays

> M Due to heavy rain in New South Wales, Australia, Australia Post has announced that all _____ to impacted areas will be _____. The UK Post Office also announced that _____ weather conditions will _____ to London and other areas.

7 weather condition
날씨 상태
impacted area
영향을 받은 지역

8 Why did the speaker call the specialists?

    (A) To check electricity   (B) To remove snow

> W We are closing our store due to snow concerns and power outages. It is a precautionary step to _____ the _____ of our customers and staff. We have called specialists and structural engineers to _____ the _____ from the _____. The store will reopen to the public on Wednesday.

8 specialist 전문가
electricity 전기
power outage 정전
precautionary step
예방 조치
structural engineer
구조 공학자
public 일반 대중

◆ 주어진 어휘와 표현을 들은 다음, 문장을 들으면서 빈칸을 채우세요.

Shopping 쇼핑

◀ 4-024

off one's regular price 정상 가격에서 할인하여
reopen 다시 열다, 재개장하다
customer satisfaction 고객 만족

special price 특가
sale 세일, 특가 판매
for sale 판매 중인

?✔! Check-Up 1

1 We are starting our summer _____ at 9:00 A.M. on Monday.
우리는 월요일 오전 9시부터 여름 세일을 실시합니다.

2 All women's clothes are being sold at 30 percent _____.
모든 여성복은 정가에서 30퍼센트 할인됩니다.

3 The store will _____ to the public on Wednesday. 매장은 수요일에 일반 고객들에게 다시 개장됩니다.

4 We have a _____ on large free-range chickens: $2.99 each.
우리는 자연 방목한 큰 사이즈의 닭고기를 한 마리당 특가인 2.99달러에 판매합니다.

5 We take pride in our work, and _____ is very important to us.
우리는 우리의 일에 자부심을 갖고 있으며 고객 만족은 우리에게 매우 중요합니다.

Parking / Driving 주차 / 운전

◀ 4-025

designated area 지정된 장소
fire lane 소방 도로
remove 치우다, 옮기다
tow 견인하다

vehicle 차, 탈것 (cf. emergency vehicle 구급차)
parking lot[space] 주차장
parking garage 주차장 건물
park 주차하다 (cf. parking 주차)

?✔! Check-Up 2

1 Please _____ your _____ only in the _____.
차량을 지정된 장소에만 주차하세요.

2 Please _____ your vehicle, or it will be _____.
차량을 즉시 옮겨주시지 않으면 견인될 것입니다.

3 We want to remind all customers that no _____ is allowed in the _____.
우리는 모든 고객님들께 소방도로에 주차가 허용되지 않는다는 것을 상기시키고자 합니다.

4 These lanes must be kept free for fire trucks and other _____.
이 도로는 소방차와 다른 긴급 구호 차량들을 위해 비워져 있어야 합니다.

5 City Hospital is replacing its _____ with a new, larger one.
시립 병원은 (현재의) 주차장 건물을 더 넓고 새로운 주차장 건물로 교체할 것입니다.

Accommodations 숙박 (시설)

4-026

deposit 보증금, 적립금

furnished 가구가 비치된

rent 임대하다; 임대료

share with ~와 함께 사용하다

property 부동산, 건물, 주택

townhouse 타운하우스, 도시주택, 연립주택

flat / apartment 아파트, 공동주택

single story / two-story 1층 / 2층

residential area 주택가, 주택지구

on the outskirts 시외에, 변두리에

backyard 뒷마당, 뒤뜰

driveway (주택의) 진입로

up for sale 팔려고 내놓다, 매물로 나오다

Check-Up 3

1 The _____ is 450 dollars per month with a one-month _____.

집세는 한 달 보증금과 함께 매달 450달러입니다.

2 The room available is a good size and comes _____.

이용 가능한 방은 공간이 넓으며 가구가 비치되어 있습니다.

3 Conveniently located near the city center, this _____ is suitable for a young couple.

시내 중심가 가까이 편리하게 위치해 있어서, 이 주택은 젊은 부부에게 적합합니다.

4 We are looking for a house _____ of the city. 우리는 교외에 있는 주택을 찾고 있어요.

Employment / Retirement 고용 / 퇴직

4-027

retirement 퇴직

recruit 모집하다, 채용하다

department head 부서장

(medical) leave of absence (병으로 인한) 휴직, 휴가

shareholder / stockholder 주주

résumé / curriculum vitae 이력서

personnel 인사부, 인사과

fire 해고하다

retire 은퇴하다

retirement 은퇴

resign 사임하다

pension 연금, 생활 보조금

retirement pay / severance pay 퇴직금

benefits package 복리후생제도

Check-Up 4

1 Today, I announce the _____ of Mr. Nicholson as the _____.

오늘 저는 부서장 니콜슨 씨의 퇴임을 발표합니다.

2 Mr. Donovan has announced that he is taking a medical _____.

도노반 씨는 그가 병가를 낼 것이라고 발표했습니다.

3 The _____ meeting is scheduled for March 23.

주주 회의는 3월 23일로 예정되어 있습니다.

4 Each applicant is required to submit a _____ no later than July 5.

지원자들은 7월 5일까지 이력서를 제출해야 합니다.

Insurance 보험

4-028

insurance company 보험 회사
best deal 가장 싼 가격
no-claim bonus 무사고 할인
no-claim history 무사고 경력
(insurance) premium 보험료
feature 특질, 특성; 보험에서 주는 혜택
quotation 견적, 가격 산정
claim 청구; 청구하다

coverage 보험 적용 (범위), 보험의 보상 (범위)
installment 할부
in full 일시불로
policy 보험 계약; 보험 증권
insurance policy 보험 약관
reduction 할인
comprehensive 종합적인, 포괄적인
renew 갱신하다

?✓! Check-Up 5

1 You can pay your _____ either _____ or in _____ .
당신은 보험료를 일시불 또는 할부로 지불할 수 있습니다.

2 If you want to cancel the _____ , you must advise us of that.
보험 계약을 취소하고 싶으시면 우리에게 알려 주셔야 합니다.

3 Your policy will _____ automatically next year.
내년에 당신의 보험은 자동적으로 갱신될 것입니다.

4 We could begin _____ on the date you want.
당신이 원하는 날짜에 보험 보상을 해 드릴 수 있었습니다.

5 You have a good driving record with a _____ for 5 years.
당신은 5년 무사고 운전이라는 좋은 운전 기록을 갖고 있네요.

6 If you are involved in a car accident, you can file a _____ on your car _____ .
자동차 사고를 당했다면, 당신의 자동차 보험 약관에 따라 보험료를 청구할 수 있습니다.

7 A _____ is a _____ on your insurance premium if you have not made any claims in a specified period.
무사고 보너스는 당신이 일정 기간 동안 (보험금을) 청구하지 않았다면 받을 수 있는 보험료 할인 혜택입니다.

📀 담화를 듣고 질문에 가장 알맞은 정답을 고르세요.

1. Why is the speaker calling?

(A) To provide legal advice
(B) To rearrange an appointment
(C) To report a meeting schedule

2. What does the speaker suggest the listener do?

(A) Come to her office
(B) Ask her secretary
(C) Give her a call

3. Why is the speaker making the announcement?

(A) To divide passengers into two groups
(B) To inform passengers of a change in departure times
(C) To find a business class passenger for flight 726

4. What is the expected departure time?

(A) 4:30 P.M.
(B) 4:45 P.M.
(C) 5:15 P.M.

5. Why is the speaker making the announcement?

(A) To inform customers of discount deals
(B) To inform customers of opening times
(C) To inform customers new arrivals

6. How much will shoppers pay for a free-range chicken?

(A) $2.99
(B) $3.99
(C) $5.99

7. Why is the speaker unable to answer the call?

(A) He is out on sick leave.
(B) He is on holiday leave.
(C) He is on a business trip.

8. Who is Emily Stacey?

(A) The speaker's assistant
(B) The speaker's immediate boss
(C) The speaker's client

어휘

1 provide 제공하다 legal advice 법률적 자문 rearrange 다시 정리하다 2 suggest 제안하다 secretary 비서 3 divide into ~로 나누다 inform 알리다, 알려 주다 change 변화 business class 비즈니스석 5 customer 고객 discount 할인 deal 거래 new arrival 신상품 6 free range 놓아 기르는, 방목의 7 sick leave 병가 business trip 출장 8 assistant 조수 immediate boss 직속 상사 client 고객, 의뢰인

◆ 실전 적응 연습의 스크립트를 다시 한 번 듣고 빈칸을 완성하세요.

[1-2]

W Hello, Mr. Hopkins. This is Emily Brown from Insight Legal Services. I heard you want to
_____ our _____ on Wednesday from eleven to two o'clock.
Unfortunately, that time _____ for me. I have _____
at that time. Is four o'clock okay for you? If not, we should _____ it to Monday morning
next week. Please _____, and let me know what works best for you.

[3-4]

M Attention, passengers. Swissair Flight 726 for Los Angeles scheduled to depart at 2:45 P.M.
has been delayed. Once again Flight 726 for Los Angeles at 2:45 P.M. has been delayed. The
_____ time is scheduled for _____ P.M. We will be _____
premium class and business passengers at _____ P.M. Economy passengers
will be boarding at _____ P.M. The gate will be closed at 5:00 P.M.,
_____ minutes before departure time. We apologize for any inconvenience caused and thank you
for your cooperation.

[5-6]

W Good morning, ladies and gentlemen. Thank you for visiting Shop-N-Save. In our meat
department, we have a _____ on large size free-range chickens: $2.99
each. That's _____ the normal price. We also have a wide range of beef on
_____ for $3.99 per kilogram, which gives you _____. In our dairy
section, all butter and cheese are _____ their regular prices. You will also find a
variety of other great deals throughout the store. Thank you for shopping at Shop-N-Save.

[7-8]

M Hello. You have reached the voicemail of Neil Johnson. I am sorry I am unable to _____
_____ right now. I am currently out of the office _____
and will return on May 25. Please leave a message with your name and phone number after
the beep. I will _____ as soon as I return. If your _____
_____, please contact my assistant, Emily Stacey, at 914-251-3457 extension 1221.
If your call is regarding a recent order, please contact the Customer Service Department at
914-251-3451. It is open from Monday through Friday from 9:00 A.M. to 5:00 P.M. Thank you
for calling.

◆ 담화를 듣고 질문에 가장 알맞은 정답을 고르세요.

1. Who most likely is the speaker?

(A) An announcer
(B) A delivery person
(C) A housekeeper
(D) A sales representative

announcer 아나운서
housekeeper 가정부
sales representative 영업직원

2. Why did the speaker leave the message?

(A) The customer's order is incomplete.
(B) The payment is still not finished.
(C) The customer's address is incorrect.
(D) The delivery has been delayed.

leave a message 메시지를 남기다
incomplete 불완전한
payment 지불
incorrect 부정확한

3. How should the listener contact the speaker?

(A) By phone
(B) In person
(C) By e-mail
(D) By fax

contact 연락하다
in person 직접 만나서

4. Where does the speaker probably work?

(A) At a museum
(B) At a concert hall
(C) At a cinema
(D) At a travel agency

travel agency 여행사

5. Why is the speaker calling?

(A) To reserve a ticket
(B) To confirm a reservation
(C) To introduce a special offer
(D) To rearrange an appointment

reserve 예약하다
confirm 확인하다
reservation 예약
rearrange 재조정하다

6. How can the listener make a reservation?

(A) By visiting the Web site
(B) By dropping by the center
(C) By sending a letter
(D) By making a call

drop by ~에 들르다
make a call 전화 걸다

🎧 4-031

7. Why is the speaker making the announcement?

(A) To organize a group tour

(B) To promote a new exhibition

(C) To announce a new store opening

(D) To announce the temporary closure of the museum

8. When did the museum first open?

(A) Ten years ago

(B) Twenty years ago

(C) Twenty-five years ago

(D) Thirty years ago

9. How can visitors get further information?

(A) By making a phone call

(B) By searching the Internet

(C) By attending a performance

(D) By asking at the reception desk

10. Who most likely is the announcement for?

(A) Local residents

(B) College students

(C) Company employees

(D) Tourists

11. What does the speaker mean when he says, "It isn't dramatically new"?

(A) It can't be cured in the same way.

(B) It can be prevented in the same way.

(C) It has existed for a long time.

(D) It has not significantly changed.

12. What does the speaker recommend if a person gets infected?

(A) Contact the community center

(B) Wash your hands frequently

(C) Call an ambulance

(D) Do not go out

13. What is the purpose of the talk?

(A) To announce a car accident

(B) To clarify an error in a previous report

(C) To inform drivers of traffic conditions

(D) To report a failure in a traffic light

clarify 정정하다, 명백히 밝히다
error 오류, 실수
previous 이전의
failure 결함, 고장
traffic light 교통 신호(등)

14. What is happening on Highway 9?

(A) Road repair work is being done.

(B) The exit is closed.

(C) The road has been cleared.

(D) Traffic is flowing smoothly.

highway 고속도로
exit 출구
clear 처리하다, 제거하다
flow (차 등이) 물 흐르듯 지나가다
smoothly 원활하게

15. Why is traffic moving slowly near the city center?

(A) There has been an accident.

(B) People are working on the road.

(C) It is rush hour.

(D) A traffic signal is broken.

rush hour 러시아워
traffic signal 교통 신호
broken 고장 난

Unit 04 시각 정보 의문문

◀ 4-032

학습 포인트

- 지도가 주어지는 경우 담화에서 언급되는 상황이 일어나는 지역이나 위치를 묻는 문제가 출제된다.
- 그래프가 주어지는 경우 그래프의 정보가 담화의 내용과 일치하거나 일치하지 않는 것을 묻는 문제가 출제된다.
- 그 밖에, 세미나 일정, 여행 일정, 탑승권, 영수증, 전단지 등에 기록된 정보가 변경되거나 사실과 일치하지 않는 내용을 묻는 문제가 출제된다.

예제 다음을 듣고 질문에 답하세요.

BOARDING PASS	BOARDING PASS
ACE AIRLINES FLIGHT 123	**ACE AIRLINES FLIGHT 123**
Seoul to Hong Kong	Seoul to Hong Kong
Passenger James Hwang	Passenger
Gate C15	**James Hwang**
Boarding Zone B1	Seat **23A**
Boarding Time 12:25 P.M.	
Departure Time 12:45 P.M.	

1 Why is the flight being delayed?

(A) Due to heavy snow

(B) **Due to heavy rain**

(C) Due to dense fog

(D) Due to strong wind

2 Look at the graphic. Which information on the boarding pass should be changed?

(A) Boarding gate

(B) Boarding time

(C) **Departure time**

(D) Flight number

1 비행기는 왜 지연되고 있는가?

(A) 폭설 때문에

(B) 폭우 때문에

(C) 짙은 안개 때문에

(D) 강풍 때문에

2 시각 정보를 보시오. 탑승권의 어느 정보가 변경되어야 하는가?

(A) 탑승구

(B) 탑승 시간

(C) 이륙 시간

(D) 항공기 번호

M Welcome on board, ladies and gentlemen. This is your captain speaking. ¹⁾ **Our flight is currently being delayed due to the heavy rain.** We expect that it will stop raining soon. ²⁾ **We are going to take off at 1:15 P.M.** We apologize for any inconvenience caused. While we wait for takeoff, please remain seated and keep your seatbelts fastened.

M 탑승을 환영합니다. 승객 여러분. 저는 기장입니다. 우리가 탑승한 항공기는 현재 폭우로 인해 지연되고 있습니다. 비는 곧 그칠 것으로 예상됩니다. 우리는 오후 1시 15분에 이륙할 예정입니다. 불편을 드려서 죄송합니다. 출발을 기다리는 동안, 좌석에 앉으셔서 안전벨트를 착용하시기 바랍니다.

어휘 currently 현재, 지금　takeoff 출발, 이륙　dense fog 짙은 안개

풀이 전략 및 해설

- 담화라는 것을 제외하면, PART 3의 시각 자료 문제의 경우와 문제를 푸는 방법이 기본적으로 동일하다. 탑승권이 제시되었으므로 출발 시간, 탑승 게이트, 탑승 시간 등의 정보를 확인한 후, 청취할 때 이와 관련된 내용에 집중한다.
- 1번의 경우, ¹⁾ Our flight is currently being delayed due to heavy rain outside.에서 단서를 찾을 수 있다. 이 문장을 통해서 폭우 때문에 비행기 출발이 지연되고 있음을 알 수 있다.
- 2번의 경우, ²⁾ We are going to take off at 1: 15 P.M.에 정답의 단서가 제공되고 있다. 탑승권에 기록된 출발 시간은 12시 45분이므로, 비행기 이륙 시간이 변경되었음을 알 수 있다.

질문 유형 분석

❶ 시간 또는 기간을 묻는 유형

(1) 일정에 관한 질문

Look at the graphic. When will Benn Jonson start his speech?
시각 정보를 보시오. 벤 존슨 씨는 언제 강연을 시작하는가?

Look at the graphic. When will the last session end? 시각 정보를 보시오. 마지막 강연은 언제 끝나는가?

Look at the graphic. When is Thomas Jones going to start his speech?
시각 정보를 보시오. 토마스 존스 씨는 언제 강연을 시작할 예정인가?

Look at the graphic. How long will the presenters speak in each session?
시각 정보를 보시오. 강연자들의 강연 시간은 얼마나 걸리는가?

(2) 출발 또는 도착에 관한 질문

Look at the graphic. When do you need to be in the seminar room?
시각 정보를 보시오. 세미나실에는 언제 들어가야 하는가?

Look at the graphic. When should the listeners arrive at the airport?
시각 정보를 보시오. 청자들은 언제 공항에 도착해야 하는가?

Look at the graphic. When do the listeners need to arrive at the boarding gate?
시각 정보를 보시오. 청자들은 언제 탑승구에 도착해야 하는가?

(3) 비행기 연착 또는 지연에 관한 질문

Look at the graphic. How long has the flight been delayed?
시각 정보를 보시오. 비행기는 얼마나 지연되었는가?

Look at the graphic. How long will the flight being delayed?
시각 정보를 보시오. 비행기는 얼마나 지연될 것인가?

Look at the graphic. How long is the flight expected to be delayed?
시각 정보를 보시오. 비행기는 얼마나 지연될 것으로 예상되는가?

(4) 사업 또는 신제품 출시에 관한 질문

Look at the graphic. When did the company start its new business?
시각 정보를 보시오. 회사는 언제 신규 사업을 시작했는가?

Look at the graphic. When did the company introduce its new product?
시각 정보를 보시오. 회사는 언제 신제품을 출시했는가?

Look at the graphic. When did the company release its new product?
시각 정보를 보시오. 회사는 언제 신제품을 출시했는가?

Look at the graphic. When did the company launch its new product line?
시각 정보를 보시오. 회사는 언제 신제품 라인을 출시했는가?

유형 공략법

▶ 시간 또는 일정 변경에 관한 질문은, 강연자의 이름, 강의 제목, 그리고 이들의 순서에 집중하면 어렵지 않게 정답을 찾을 수 있다. 일정표의 정보를 보고, 담화자가 언급하는 이례적인 상황이나 변경된 내용이 무엇인지 파악한다.

▶ 출발 시간이나 지연 시간에 관한 문제는 시각 자료에 기록된 시간과 담화자가 언급하는 시간의 차이에 집중해야 한다. 특히 arrive, delay, change 등과 같은 일정 변경과 관련된 단어가 사용되는 문장을 주의해서 청취하도록 한다.

▶ 상품 판매나 제품 출시에 관한 문제는 대부분 그래프와 함께 제시되며, 이때 상품 판매량이나 제품이 출시된 시기를 묻는 질문이 주로 출제된다. 그래프의 상승이나 하락과 같은 변화가 시작되는 지점에 특히 주의하도록 한다.

❷ 방향, 위치 및 기타 정보를 묻는 유형

(1) 방향 또는 위치에 관해 질문하는 유형

Look at the graphic. Which boarding gate should the listeners go to?
시각 정보를 보시오. 승객들은 어느 탑승구로 가야 하는가?

Look at the graphic. Which way should the listeners go to travel north?
시각 정보를 보시오. 북쪽으로 여행한다면, 어느 길로 가야 하는가?

Look at the graphic. Which road should the listeners take to go to the city center?
시각 정보를 보시오. 시내로 가려고 한다면 어느 길로 가야 하는가?

Look at the graphic. At which intersection will the new traffic signals be installed?
시각 정보를 보시오. 어느 교차로에서 새 신호등이 설치될 것인가?

Look at the graphic. Which street is being closed during the construction?
시각 정보를 보시오. 공사 기간 중에는 어느 도로가 폐쇄될 것인가?

(2) 세부 정보에 관해 질문하는 유형

Look at the graphic. When will the plane take off?
시각 정보를 보시오. 비행기는 언제 이륙하는가?

Look at the graphic. Which information is no longer available?
시각 정보를 보시오. 어느 정보를 더 이상 이용할 수 없는가?

Look at the graphic. Which information has been changed on the time table?
시각 정보를 보시오. 시간표의 어느 정보가 변경되었는가?

Look at the graphic. When do the listeners need to be in the meeting room?
시각 정보를 보시오. 청자들은 몇 시에 회의실로 가야 하는가?

Look at the graphic. Who will be the last speaker?
시각 정보를 보시오. 마지막 강연자는 누구인가?

유형 공략법

▶ 음원을 듣기 전에 지도에 표시된 도로명이나 건물명과 같은 주요 지형지물을 미리 관찰한다. 이를 근거로 담화자가 언급하는 장소, 위치, 그리고 방향을 추적한다.

▶ 시각 정보에 나타난 자료를 읽는 능력과 청취 능력을 함께 갖추어야 정답을 찾을 수 있다. 도표의 정보가 화자의 담화 내용과 다른 경우, 그 변경된 사항의 상세한 내용에 대해서도 질문할 수 있다.

시간표 / 일정

◀ 4- 033

다음을 듣고 알맞은 답을 고른 다음, 다시 한 번 들으며 빈칸을 채우세요.

Time	Topic	Speaker
1:00 P.M. – 3:00 P.M.	Leadership Skills	Ben Johnson

1 Look at the graphic. When is the leadership skills seminar going to start?

(A) At 1:30 P.M.　　　　　(B) At 2:30 P.M.

M May I have your _____, please? We are _____ installing the presentation equipment in the seminar room. Therefore, the leadership skills seminar will start 30 minutes _____.

1:00 P.M. – 1:50 P.M.	Marketing	John Dally
2:00 P.M. – 2:50 P.M.	Finance	Brian Smith

2 Look at the graphic. When is Brian Smith going to start his speech?

(A) 1:00 P.M.　　　　　(B) 2:00 P.M.

W There is a change in the speech order. Brian Smith _____ _____, so he will speak first.

9:00 A.M. – 10:00 A.M.	Planning	Paul Clinton
10:00 A.M. – 11:00 A.M.	Promotion	Alan Matt
11:00 A.M. – 12:00 P.M.	Social Media	Sara Bell

3 Look at the graphic. When is Sara Bell going to start her speech?

(A) 9:00 A.M.　　　　　(B) 11:00 A.M.

M There is a change in the speech order. Paul Clinton has not arrived yet. His plane has been delayed _____ _____. Sara Bell will _____.

어휘

1 install 설치하다
   equipment 장비

2 leave early 일찍 떠나다

3 due to unforeseen
   circumstances
   예기치 못한 상황으로 인해

탑승권 / 지도

🔊 4-034

다음을 듣고 알맞은 답을 고른 다음, 다시 한 번 들으며 빈칸을 채우세요.

어휘

BOARDING PASS

Flight: Virgin 217
Destination: Los Angeles to Seoul

Passenger   Jay Lee
Gate   B31
Departure   8:15 P.M.

BOARDING PASS

Flight: Virgin 217

Passenger
Jay Lee

Seat   Departure
26C   8:15 P.M.

1 Look at the graphic. When does the listener need to arrive at the airport?

(A) Before 5:15 P.M.   (B) Before 6:15 P.M.

W We recommend that you arrive at the airport _____
_____ your scheduled departure time so that you have _____
_____ .

1 scheduled departure time 예정된 출발 시간
check in 탑승 수속을 밟다

Oak Street   Pine Street

East ↑

High Avenue -

West ↓

2 Look at the graphic. Which street should the listeners take if they want to travel east?

(A) Oak Street   (B) Pine Street

M Road repair work will start next Monday on High Avenue. It is expected to _____ . During this period, Oak Street will be temporarily closed. Therefore, _____
_____ must _____ onto Pine Street.

2 temporarily 일시적으로, 임시로
eastbound 동쪽으로 이동하는
take a detour 우회하다

그래프

🔊 4-035

다음을 듣고 알맞은 답을 고른 다음, 다시 한 번 들으며 빈칸을 채우세요.

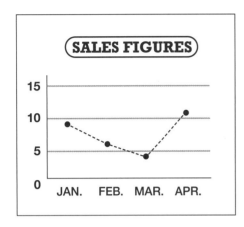

1   Look at the graphic. When did the company start improving the quality of its products?

(A) February   (B) March

M   Slow sales continued for several months. However, we have been _____ the slump rapidly after we started _____ of our products. This accomplishment is _____ and professionalism. Well done and thank you for all the hard work.

1   recover 회복하다
improve 향상시키다
accomplishment
업적, 성취
professionalism 전문성

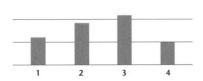

2   Look at the graphic. Which bar is the romance movies?

(A) 3   (B) 4

W   A consumer group recently _____ what kinds of movies people like. The results are shown on the graph. We can see _____ are the _____ and _____ are the _____. According to the graph, the largest number of people like romance movies while the fewest like science-fiction movies.

2   conduct a survey to
~하기 위해 조사를 실시하다
sci-fi (science-fiction)
공상 과학
documentary
다큐멘터리, 기록물

◆ 주어진 어휘와 표현을 들은 다음, 문장을 들으면서 빈칸을 채우세요.

도표/그래프에 등장하는 변화/변경을 표현하는 어휘: 동사(구)   ◀》 4-036

increase 증가하다
rise 오르다, 상승하다
remain unchanged 변하지 않다
hit a record high 최고를 기록하다
hit a record low 최저를 기록하다

be steady 지속적이다
decrease 줄다, 감소하다
go down 내려가다
decline 줄다, 하강하다
improve 향상되다, 개선되다

?✔! Check-Up 1

1 Our sales are gradually _____. 우리 회사의 매출이 점점 증가하고 있다.

2 The situation started to _____ in July. 7월부터 상황이 호전되기 시작했다.

3 Market conditions will _____ until next year. 시장 상황은 내년까지 변하지 않을 것이다.

4 The crude oil price _____ on the global market on Monday.
원유 가격이 월요일 국제 시장에서 최고치를 기록했다.

5 The undergraduate population has been gradually _____ for the last five years.
지난 5년 동안 대학생 인구는 점점 감소해왔다.

도표/그래프에 등장하는 변화/변경을 표현하는 어휘: 형용사/부사   ◀》 4-037

steady 꾸준한
slight 약간의
gradually 점차적으로, 단계적으로
sharp 날카로운, 급격한
steep 가파른

steadily 꾸준히
sharply 가파르게
slightly 약간, 조금
upward 위로
downward 아래로

?✔! Check-Up 2

1 The situation has been _____ improving since last year.
작년 이후로 상황이 점차적으로 나아지고 있다.

2 The number of people in the store _____ increased until 2:00 P.M.
매장 내 사람들의 수는 오후 2시까지 꾸준히 증가했다.

3 Wholesale commodity prices moved _____ from June to August.
6월부터 8월까지 도매 가격이 상승했다.

4 The trend in customer numbers is _____. 고객의 수는 감소하는 추세이다.

5 The number of visitors _____ increased until early July. 7월 초까지 방문객 수는 약간 증가했다.

도표/그래프에 등장하는 변화/변경을 표현하는 어휘: 명사

◀ 4-038

trend 경향, 추세
fluctuation 변화, 변동폭, 불안징
peak 정점
steep rise 가파른 상승
decline / drop / fall 하락, 감소
diagram / graph / chart 도표, 그래프, 차트
vertical axis 세로축, 수직축

horizontal axis 가로축, 수평축
curve 곡선
outline 윤곽, 개요
majority (집단 내의) 가장 많은 다수
proportion 부분, 비
trend 동향, 추세

?✓! Check-Up 3

1 There were wild _____ in interest rates. 금리 변동이 극심했다.

2 Viewing rates hit their _____ on Wednesday. 수요일 시청률이 가장 높다.

3 There was a _____ in the viewing rates on Saturday. 토요일 시청률이 가파른 상승선을 그렸다.

4 There was a gradual _____ in the number of children visiting the amusement park.
놀이 공원을 방문하는 어린이들의 수가 점점 감소했다.

5 The _____ shows how housing prices have changed since 2000.
이 차트는 2000년 이후로 주택 가격이 어떻게 변화했는지 보여 줍니다.

6 The _____ shows how the temperature rises and falls during the day.
이 그래프는 하루 동안 온도가 어떻게 상승하고 하락했는지 보여 줍니다.

7 The _____ illustrates that the _____ of residents in the city voted against the bill.
이 도표는 도시 주민들의 대다수가 그 법안에 반대했음을 보여 줍니다.

8 The _____ shows the temperature, and the _____ shows
the time. 세로축은 온도를 보여 주고 가로축은 시간을 나타냅니다.

9 You will see the _____ in fuel consumption during the past five years.
여러분은 지난 5년 동안의 유류 소비 동향을 보시게 될 것입니다.

10 According to these figures, young people spend a large _____ of their free time on
social media. 이 수치에 의하면 청소년들은 자신들의 자유시간의 많은 부분을 소셜미디어에 씁니다.

정답 및 해설 p.105

◀) 4-039

◉ 담화를 듣고 질문에 가장 알맞은 정답을 고르세요.

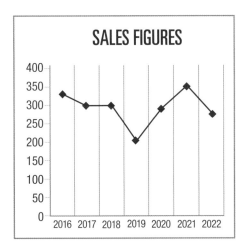

SALES FIGURES

BOARDING PASS ✈

Alpha Airline FLIGHT 377

Passenger   Mathew Seaman
From   Seoul   To   Amsterdam
Gate   G27
Departure Time   11:15 A.M.

1. Look at the graphic. What year does the speaker want to talk about?

(A) 2019
(B) 2020
(C) 2021

2. According to the talk, what happened in 2020?

(A) The recession continued.
(B) The economic situation improved.
(C) Sales are rising despite the recession

3. Why is the flight being delayed?

(A) Due to a technical problem
(B) Due to strong winds
(C) Due to heavy snow

4. Look at the graphic. When is the plane expected to take off?

(A) 10:15 A.M.
(B) 11:15 A.M.
(C) 12:15 P.M.

어휘

2 recession 경기 침체 continue 계속되다 situation 상황 improve 나아지다 despite ~에도 불구하고   3 delay 연장하다 technical 기술적인 heavy snow 폭설   4 take off 이륙하다

IT Training Seminar

Time	Topic	Speaker
11:00 A.M. – 11:50 A.M.	Networking	John Ross
12:00 P.M. – 1:00 P.M.	Lunch	
1:00 P.M. – 1:50 P.M.	Programming	Michael Lloyd
2:00 P.M. – 2:50 P.M.	Data management	Nick Byron

5. How long will the presenters speak in each session?

(A) 30 minutes
(B) 50 minutes
(C) 60 minutes

6. Look at the graphic. When will Nick Byron start his session?

(A) 11:00 A.M.
(B) 1:00 P.M.
(C) 2:00 P.M.

어휘

5 presenter 발표자 session (특정 활동을 위한) 시간

Dictation

4-040

◆ 실전 적응 연습의 스크립트를 다시 한 번 듣고 빈칸을 완성하세요.

[1-2]

W Hello, everyone. Please look at the graph. It shows the sales figures at our store between 2016 and 2022. Until 2019, the number _____, which means that there was a gradual decrease in sales. The nation's economy experienced _____ in these years. If we take a closer look, we can see that the sales figures in 2017 moved downward and remained unchanged in 2018. However, the situation gradually improved in 2020, and our sales increased accordingly. The increase continued until 2021, but there was _____ in 2022. Now, let's talk about the year when we had the highest sales figures.

[3-4]

M Ladies and gentlemen, this is your captain speaking. I'd like to welcome you _____. Our flying time today will be 13 hours and 20 minutes. While you get comfortable in your seats, please make sure that all carry-on baggage fits either in one of the _____ or under the seat in front of you. Unfortunately, we will have a slight delay _____. Our ground crew is working to get it solved as soon as possible. We expect that our plane will _____ than its scheduled time. We apologize for any inconvenience caused.

[5-6]

M Welcome to the training seminar. We are _____ this training course. We hope that all of you will benefit from being here. This training course is designed to _____ skills and competence in the IT sector. Before we get started, I'd like to tell you a few things you need to _____. Each session will last for 50 minutes. The presenter will speak for 30 minutes, and you will have 20 minutes to respond and to have a discussion. _____, there will be a break for 10 minutes, and… there is a change in the speaking order. Nick Byron has to leave early, so he will speak before Michael Lloyd.

◐ 담화를 듣고 질문에 가장 알맞은 정답을 고르세요.

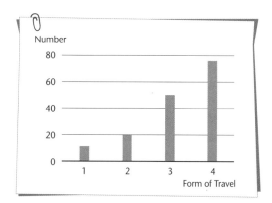

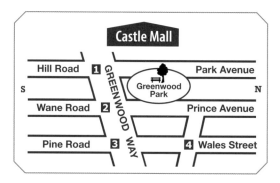

1. Who are the subjects of the survey?

(A) A worker group
(B) An elderly group
(C) A female group
(D) A student group

2. How many people took part in the survey?

(A) 150
(B) 155
(C) 160
(D) 165

3. Look at the graphic. Which group does the speaker want to talk about?

(A) 1
(B) 2
(C) 3
(D) 4

4. According to the talk, what is the purpose of the development project?

(A) To build an amusement park
(B) To build a new shopping center
(C) To make traffic flow smoothly
(D) To convert a rotary road to signals

convert 개조하다, 전환시키다

5. Which road should the listeners go on if they are traveling north?

(A) Hill Road
(B) Park Avenue
(C) Prince Avenue
(D) Wales Street

6. Look at the graphic. At which intersection will new traffic signals be installed?

(A) 1
(B) 2
(C) 3
(D) 4

install 설치하다

◑ 4-041

BOARDING PASS ✈

Flight	**Destination**
AB203	New York JFK to Munich
Passenger	**Gate**
Jeremy Hunt	B12
Departure	**Boarding Zone**
15 DEC. 14:25	A3

Time	Lecturer	Seminar Room
10:00 A.M. – 10:50 A.M.	Joe Anderson	B202
11:00 A.M. – 11:50 A.M.	Kate Young	B208
1:00 P.M. – 1:50 P.M.	Jerry Lee	C312
2:00 P.M. – 2:50 P.M.	Albert Johnson	C318

7. Who most likely are the listeners?

(A) Flight attendants
(B) Pilots
(C) Passengers
(D) Airport officials

8. Look at the graphic. Which information is no longer correct?

(A) AB203
(B) Jeremy Hunt
(C) B12
(D) A3

9. How long has the flight been delayed?

(A) An hour
(B) One and a half hours
(C) Two hours
(D) Two and a half hours

10. Who most likely are the listeners?

(A) New college students
(B) Prospective university graduates
(C) New employees
(D) Retired workers

11. What is Jerry Lee going to talk about in his seminar?

(A) How to choose the right career
(B) How to make an impressive résumé
(C) How to improve interview skills
(D) How to learn the latest trends in the job market

12. Look at the graphic. When will Albert Johnson's seminar end?

(A) 11:50 A.M.
(B) 1:50 P.M.
(C) 2:50 P.M.
(D) 3:50 P.M

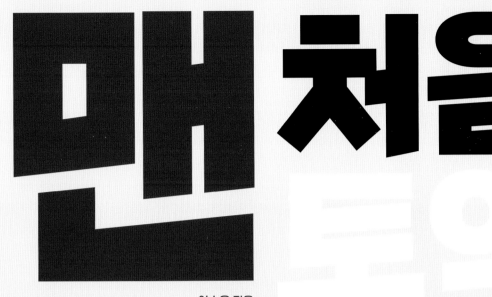

맨 처음 토익

이수용 지음

최 신 개 정 판

토익의 ABC를 알려드립니다!

철저한 문제 유형 분석과 효율적인 학습 전략 제시
꼭 알아야 할 파트별 필수 어휘 완벽 정리
최신 경향을 반영한 실전 연습 문제

MP3 바로듣기 및
무료 다운로드

입문편

LC
정답 및 해설

다락원

맨처음 토익

최신개정판

입문편

LC

정답 및 해설

다락원

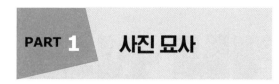

PART 1 사진 묘사

Unit 01 | 인물 묘사

문제 유형 연습

p.022

🔊 1-006

| 1 (A) | 2 (B) | 3 (C) | 4 (B) |
| 5 (A) | 6 (A) | 7 (C) | 8 (B) |

1
(A) 남자는 꽃에 물을 주고 있다.
(B) 남자는 세차를 하고 있다.
(C) 남자는 땅을 파고 있다.

해설 사진에 보이는 인물이 꽃에 '물을 주고 있다'고 설명한 (A)가 정답으로, water가 '물을 주다'라는 의미의 동사로도 쓰임을 기억하자. 남자가 물을 뿌리고 있기는 하지만, 세차하고 있는 것은 아니므로 (B)는 오답이고, 사진의 남자는 땅을 파고 있지 않으므로 (C)도 답이 될 수 없다.

2
(A) 몇 사람이 길을 걷고 있다.
(B) 몇 명의 사람들이 자전거를 타고 언덕을 올라가고 있다.
(C) 자전거가 길을 따라 세워져 있다.

해설 2인 이상의 인물이 나오는 사진이다. 선택지 (A)와 (B)는 사람 주어로 시작하고 (C)는 사물 주어로 시작하므로 각 사람의 행동과 주변 배경을 동시에 살펴 보아야 한다. 사람들이 자전거를 타고 어딘가를 올라가고 있는 사진이므로 (A)는 답이 될 수 없고, 사진에 보이는 자전거는 세워져 있는 상태가 아니기에 (C)도 답이 될 수 없다.

3
(A) 채소들이 식탁 위에 놓여지고 있다.
(B) 음식이 여자의 쇼핑 카트에 담겨 있다.
(C) 그녀는 농산물을 쇼핑하고 있다.

해설 채소는 가게 판매 진열대 위에 놓여져 있는 상태이므로 (A)는 답이 될 수 없고, 쇼핑 카트도 찾아볼 수 없으므로 (B)도 오답이다. '쇼핑하고 있다(is shopping)'라고 한 (C)가 정답으로, produce가 명사로 쓰일 때 '농산물'이라는 의미이다.

4
(A) 그들은 엘리베이터를 타고 내려가고 있다.
(B) 그들은 에스컬레이터를 타고 내려가고 있다.
(C) 그들은 계단을 걸어 내려가고 있다.

해설 사진에는 복수의 사람이 있고, 선택지의 주어가 모두 사람을 나타내는 대명사 they이다. 사진 속 인물들이 타고 있는 것은 에스컬레이터이므로 '엘리베이터를 타고 있다'는 (A)와 '계단을 걸어서 내려가고 있다'는 (C)는 오답이다. elevator, escalator를 구분해서 들어야 하며, steps가 '계단'이라는 의미임을 알아두어야 한다.

5
(A) 남자가 차에서 내리고 있다.
(B) 남자가 차 옆에 서 있다.
(C) 남자가 주차하고 있다.

해설 선택지의 주어가 모두 the man으로, 사진 속 한 인물의 행동을 올바르게 묘사하는 문장을 골라야 하는 문제이다. 사진 속 남자는 현재 차에서 '내리고' 있으므로 '차 옆에 서 있다(is standing)'라고 한 (B)와 '주차하고 있다(is parking)'라고 묘사한 (C)는 오답이다.

6
(A) 그들은 일렬로 이동하고 있다.
(B) 그들은 땅바닥에 앉아 있다.
(C) 그들은 벽을 넘고 있다.

해설 복수의 인물이 등장하며, 이 인물들은 하이킹을 하고 있는 것으로 보인다. 선택지의 주어는 모두 they로, 사진 속 인물들의 행동을 올바로 묘사한 문장을 찾아야 한다. 사람들이 줄을 맞춰 걷고 있는 모습이기 때문에 '앉아 있다(are sitting)'라고 한 (B)와 사진 속에는 없는 '벽을 넘고 있다(are climbing over the wall)'라고 묘사한 (C)는 오답이다.

7
(A) 트럭 한 대가 길 아래로 이동하고 있다.
(B) 거리에는 차가 가득하다.
(C) 거리는 사람들로 붐빈다.

해설 사진에 트럭은 보이지 않으므로 (A)는 오답이고, 길에 차가 몇 대 있기는 하지만 '가득한(filled with)' 상태는 아니므로 (B)도 정답이 될 수 없다. 거리에 많은 사람들이 있으므로 (C)가 정답이다.

8
(A) 남자가 담장에 페인트를 칠하고 있다.
(B) 남자가 지붕 위에서 작업하고 있다.
(C) 남자가 사다리 위에 서 있다.

해설 사진을 보면 남자가 담장에 페인트를 칠하고 있는 모습은 보이지 않으므로 (A)는 오답이고, 사다리 위에 서 있지도 않으므로 (C)도 틀린 보기이다. 지붕 위에 있는 남자가 정확히 무엇을 하고 있는지는 알 수 없으나 작업을 하고 있는 것으로 보이므로, '지붕에서 일하고 있다(is working on the roof)'는 내용의 (B)가 정답이다.

꼭 알아야 할 필수 어휘 ❶

p.024

❓✅❗ Check-Up 1

🔊 1-007

1 looking at   2 looking in   3 looking out
4 looking through   5 sitting   6 working
7 wearing   8 playing

❓✅❗ Check-Up 2

🔊 1-008

1 carrying   2 crossing   3 examining   4 handling
5 packing   6 reaching for   7 talking

❓✅❗ Check-Up 3

🔊 1-009

1 changing   2 cleaning   3 cooking

4 doing　　5 entering　　6 fishing

7 focusing　　8 gathered　　9 gazing at

✅ Check-Up 4　　🔊 1-010

1 getting out of　　2 going up　　3 greeting　　4 laying

5 leaning　　6 lighting　　7 lifting　　8 signing

✅ Check-Up 5　　🔊 1-011

1 operating　　2 passing　　3 pointing　　4 pouring

5 putting　　6 repairing　　7 resting　　8 reviewing

✅ Check-Up 6　　🔊 1-012

1 running　　2 trimming　　3 typing　　4 unloading

5 washing　　6 watering　　7 wheeling　　8 wiping

✅ Check-Up 7　　🔊 1-013

1 adjusting　　2 cutting　　3 delivering　　4 driving

5 filling　　6 fixing　　7 picking　　8 rearranging

✅ Check-Up 8　　🔊 0-014

1 riding　　2 shaking　　3 shopping　　4 viewing

5 waiting　　6 watching　　7 writing

실전 적용 연습　　p.028

🔊 1-015

1 (A)	2 (B)	3 (B)	4 (A)
5 (B)	6 (C)	7 (C)	8 (B)
9 (A)	10 (C)	11 (B)	12 (A)

1

(A) She is walking up the stairs.

(B) She has both hands on the handrail.

(C) She is descending the stairs.

(A) 그녀는 계단을 올라가고 있다.

(B) 그녀는 두 손을 모두 난간 위에 놓고 있다.

(C) 그녀는 계단을 내려가고 있다.

어휘 both 양쪽의　descend 내려가다

해설 선택지의 주어는 모두 사람을 가리키는 주어인 she로서, 사진 속 인물의 행동을 올바로 묘사한 문장을 골라야 하는 문제이다. 사진 속 여성이 계단을 오르고 있으므로 'She is walking up the stairs.'라고 표현한 (A)가 정답이다. 한 손만 난간을 잡고 있으므로 '양손(both hands)'을 난간 위에 놓고 있다'는 내용의 (B)는 오답이며, '계단을 내려가고 있다(is descending)'라고 한 (C) 또한 오답이다.

2

(A) She is holding a newspaper.

(B) She is taking a book from the shelf.

(C) She is reading a book at a library.

(A) 그녀는 신문을 들고 있다.

(B) 그녀는 책장에서 책 한 권을 뽑고 있다.

(C) 그녀는 도서관에서 책을 읽고 있다.

해설 선택지의 주어가 모두 she로 시작하므로 사진 속 여성의 행동을 올바로 묘사한 문장을 찾아야 하는 문제임을 알 수 있다. 여자의 손에 들린 것은 '신문(newspaper)'이 아니므로 (A)는 오답이고, 여자가 책을 '읽고(is reading)' 있는 것이 아니므로 (C)도 답이 될 수 없다. 사진 속 여자의 행동을 가장 잘 묘사한 것은 '선반에서 책을 뽑고 있다(is taking a book from the shelf)'라고 한 (B)이다.

3

(A) A film is being played on the screen.

(B) A man is pointing at the screen.

(C) Some people are talking on their phones.

(A) 영화 한 편이 화면에 재생되고 있다.

(B) 한 남자가 화면을 가리키고 있다.

(C) 몇 사람이 전화 통화를 하고 있다.

어휘 film 영화　point at ~을 가리키다

해설 장소가 사무실이며, 사진의 분위기로 보아 회의를 하고 있는 것으로 보인다. 스크린에서 보이는 것은 '영화(film)'가 아니므로 (A)는 오답이고, 사진 속에서 전화 통화를 하고 있는 사람은 없으므로 (C)도 정답이 될 수 없다. '한 남자가 화면을 가리키고 있다'라고 묘사한 (B)가 정답이다.

4

(A) The man is packing a suitcase.

(B) The man is putting on a suit.

(C) The man is sitting on the sofa.

(A) 남자는 여행 가방을 싸고 있다.

(B) 남자는 정장을 입고 있다.

(C) 남자는 소파에 앉아 있다.

어휘 pack (짐을) 꾸리다[싸다]　put on 입다, 쓰다, 신다

해설 선택지의 주어가 모두 the man이므로, 남자의 행동을 가장 잘 묘사한 문장을 찾는다. (B)에 사용된 put on은 '입다'라는 의미인데, 사진 속의 남자는 옷을 '입고 있는' 것이 아니라 이미 '입은' 상태이므로 (B)는 오답이다. 또한 남자가 소파에 앉아 있는 것이 아니므로 (C)도 정답이 될 수 없다. 남자는 현재 가방을 싸거나 푸는 것으로 보이므로 '여행 가방을 싸고 있다'라고 묘사한 (A)가 정답이다.

5

(A) They have just crossed the finish line.

(B) The bikers are wearing helmets.

(C) The bicycles have baskets on the front.

(A) 그들은 막 결승선을 통과했다.

(B) 자전거를 탄 사람들은 헬멧을 착용하고 있다.

(C) 자전거들 앞에는 바구니가 있다.

어휘 cross 가로지르다, 건너가다　wear 쓰다, 입다, 신다

해설 finish line은 '결승선'이라는 의미인데 사진에 결승선은 보이지 않으므로 (A)는 오답이고, 사진 속 자전거들은 경기용으로서 앞에 바구니가 매달려 있지 않으므로 (C) 또한 답이 될 수 없다. 사진 속 인물들이 '헬멧을 쓰고 있다'라고 표현한 (B)가 정답이다.

6
(A) The man is <u>lying on</u> the lawn.
(B) The man is <u>moving</u> some <u>plants</u>.
(C) The man is <u>mowing the grass</u>.

(A) 남자는 잔디 위에 누워 있다.
(B) 남자는 화초들을 운반하고 있다.
(C) 남자는 잔디를 깎고 있다.

어휘 lie 눕다 mow 베다, 깎다 grass 잔디, 풀

해설 lie는 '눕다'라는 의미의 동사로서 진행형은 lying이다. 남자가 잔디 위에 '누워 있다'고 묘사한 (A)는 오답이고, 화초를 '옮기고(move)' 있다고 한 (B)도 틀린 답이다. 사진 속 남자는 잔디 깎는 기계를 통해 잔디를 깎고 있으므로 이를 묘사한 (C)가 정답이다.

7
(A) A woman is <u>brushing</u> the floor.
(B) A woman is <u>vacuuming</u> the floor.
(C) A woman is <u>mopping</u> the floor.

(A) 한 여자가 바닥을 쓸고 있다.
(B) 한 여자가 진공청소기로 바닥을 청소하고 있다.
(C) 한 여자가 바닥을 대걸레로 닦고 있다.

어휘 brush 바닥을 쓸다 vacuum 진공청소기로 청소하다 mop 대걸레로 닦다

해설 여자가 대걸레로 바닥을 닦고 있다는 내용의 (C)가 정답이다. mop이라는 단어는 '대걸레[자루걸레]'라는 명사의 의미와 '걸레로 닦다'라는 동사의 의미를 가진다. 여기에서는 동사로 사용되어 '주어(A woman) + be동사(is) + V-ing(mopping) + 목적어(the floor)'로 상황을 묘사하고 있다.

8
(A) A group of people <u>are performing</u> indoors.
(B) A group of people are <u>gathered</u> in a circle.
(C) A group of people are <u>marching</u> in step.

(A) 한 그룹의 사람들이 실내에서 공연하고 있다.
(B) 한 그룹의 사람들이 원형으로 모여 있다.
(C) 한 그룹의 사람들이 발맞추어 행진하고 있다.

어휘 perform 공연하다 indoors 실내에서 gather 모으다; 모이다 march 행진하다

해설 (A)의 indoors가 '실내에서'라는 의미의 부사라는 것을 모르면 (A)가 정답이라고 생각하기 쉽다. indoors의 반대는 outdoors(야외에서)라는 것도 참고로 알아두자. 사진 속 인물들은 원을 그리며 모여 연주하고 있지 '행진하고(are marching)' 있지는 않으므로 (C)는 오답이다.

9
(A) She is <u>looking at the clothing item</u>.
(B) She is <u>trying on</u> the item.
(C) She is <u>changing clothes</u>.

(A) 그녀는 옷을 보고 있다.
(B) 그녀는 상품을 입어보고 있다.
(C) 그녀는 옷을 갈아 입고 있다.

어휘 try on 입어 보다 change 갈아입다 clothes 옷

해설 (B)의 try on은 '입어 보다'라는 의미의 숙어이고, (C)의 change clothes는 '옷을 갈아입다'라는 의미의 표현이다. 사진 속 여성은 옷을 입어 보거나 갈아입고 있는 것이 아니라 옷을 '살펴보고 있는 (is looking at)' 것이므로 (A)가 정답이다.

10
(A) He is <u>mailing</u> some <u>letters</u>.
(B) He is <u>wrapping</u> some <u>packages</u>.
(C) He is <u>carrying</u> some <u>boxes</u>.

(A) 그는 몇 통의 편지를 부치고 있다.
(B) 그는 소포 몇 개를 포장하고 있다.
(C) 그는 몇 개의 상자들을 나르고 있다.

어휘 mail 우편으로 보내다 wrap ~을 싸다[포장하다] package 소포 carry 나르다, 운반하다

해설 사진 속 남자는 상자를 나르고 있는 모습이므로 이를 제대로 묘사한 (C)가 정답이다. (A)는 '편지(letters)'를 부치고 있다(is mailing)'라고 묘사했으므로 오답이고, (B)는 소포를 '포장하고(is wrapping)' 있다고 했으므로 틀린 답이다.

11
(A) She is <u>preparing</u> a <u>meal</u>.
(B) She is <u>sitting at the table</u>.
(C) She is <u>having</u> some <u>dessert</u>.

(A) 그녀는 식사를 준비하고 있다.
(B) 그녀는 테이블에 앉아 있다.
(C) 그녀는 후식을 먹고 있다.

어휘 prepare 준비하다 meal 식사 seat 착석시키다, 앉히다 dessert 디저트, 후식

해설 사진 속 여성은 테이블에 앉아 메뉴를 보고 있다. 따라서 '테이블에 앉아 있다(is sitting at the table)'라고 묘사한 (B)가 사진을 가장 잘 설명하고 있다. '식사를 준비하고 있다(is preparing her meal)'라는 내용의 (A)와 '후식을 먹고 있다(is having some dessert)'라는 내용의 (C)는 오답이다.

12
(A) They are sitting <u>across from</u> each other.
(B) They are <u>standing</u> by the <u>desk</u>.
(C) The flowerpot <u>is on</u> the <u>desk</u>.

(A) 그들은 서로 마주 보고 앉아 있다.
(B) 그들은 책상 옆에 서 있다.
(C) 화분이 책상 위에 있다.

어휘 across from ~의 맞은편에

해설 사진 속 남자들은 서로 마주 보고 앉아 있는데 이것을 가장 잘 묘사한 것이 (A)이다. 책상에 앉아 있으므로 (B)는 오답이고 화분은 책상 '위'가 아니라 창가 쪽에 있으므로 (C)도 답이 될 수 없다.

🔊 1 - 016

1 (D)	2 (B)	3 (D)	4 (D)
5 (A)	6 (D)		

1

(A) The woman is trying on the jacket.

(B) The woman is paying for the clothes.

(C) The woman is buying a sweater.

(D) The woman is examining the clothing.

(A) 여자는 재킷을 입어 보고 있다.

(B) 여자는 옷 값을 지불하고 있다.

(C) 여자는 스웨터를 구입하고 있다.

(D) 여자는 옷을 살펴보고 있다.

어휘 pay for ～의 대금을 지불하다 examine 검사하다, 살피다 clothing 옷, 의류

해설 선택지의 문장 패턴이 모두 현재 진행되는 행동을 나타내는 'be 동사 + V-ing'로 쓰였으므로, 여자의 현재 행동을 제대로 묘사한 문장을 정답으로 골라야 한다. 여자는 옷을 살펴보고 있으므로 이를 가장 잘 묘사한 선택지는 (D)이다. (A)는 '입어 보다'라는 try on이 사용되었기 때문에 오답이고, (B)는 '지불하다'라는 의미의 pay가 쓰였기 때문에 사진과는 관련이 없다. 여자는 옷을 구매하고(buy) 있지 않으므로 (C) 또한 틀린 답이다.

2

(A) The moving van is full of items.

(B) They are moving the furniture.

(C) A man is walking up the stairs.

(D) A ladder is leaning against the furniture.

(A) 이사 트럭이 물건들로 가득 차 있다.

(B) 그들은 가구를 운반하고 있다.

(C) 한 남자가 계단을 올라가고 있다.

(D) 사다리가 가구에 기대어 있다.

어휘 van 밴, 운반차 be full of ～으로 가득 차다 item 물건, 제품, 품목 furniture 가구 lean against ～에 기대다

해설 사람 주어로 시작하는 선택지와 사물 주어로 시작하는 선택지가 혼용되어 있는 문제이므로 인물들의 행동과 배경, 주변 상황을 잘 살펴보아야 한다. 사진 속 인물들은 트럭 안으로 가구를 옮기고 있는데, 이것을 가장 잘 묘사한 것은 (B)이다. 트럭 안이 '물건으로 가득 차 있지(is full of)' 않고, '한 남자가 계단을 오르고 있지(is walking up the stairs)' 않으며, 사다리는 가구가 아니라 트럭에 기대어 있으므로 (A), (C), (D)는 답이 될 수 없다.

3

(A) A man is rubbing his head.

(B) All of the chairs are occupied.

(C) A man is raising his hand.

(D) A group of people is sitting around the table.

(A) 한 남자가 머리를 문지르고 있다.

(B) 모든 의자에 사람들이 앉아 있다.

(C) 한 남자가 손을 들고 있다.

(D) 한 그룹의 사람들이 테이블에 둘러 앉아 있다.

어휘 rub 문지르다, 비비다 occupy 차지하다 raise 들어올리다

해설 사진의 인물들의 행동 및 주변 상황을 잘 살펴보아야 한다. 사진에서 머리를 '문지르고(is rubbing)' 있는 남자는 보이지 않으므로 (A)는 정답이 될 수 없다. 손을 들고 있는 사람 또한 보이지 않으므로 (C)도 틀린 답이다. 남은 것은 (B)와 (D)인데, 남자 옆에 빈 자리가 보이므로 '모든 자리가 차 있다(all of the chairs are occupied)'라고 한 (B)는 오답이다. 따라서 '한 그룹의 사람들이 테이블에 둘러 앉아 있다'라고 묘사한 (D)가 정답이다.

4

(A) The blinds have been pulled down.

(B) All the men are sitting down.

(C) Two men are exchanging business cards.

(D) One man is sitting beside the window.

(A) 블라인드가 내려져 있다.

(B) 남자들은 모두 앉아 있다.

(C) 두 남자는 명함을 교환하고 있다.

(D) 한 남자는 창문 옆에 앉아 있다.

어휘 blind 블라인드 pull down 끌어 내리다 exchange 교환하다 business card 명함 beside ～옆에

해설 블라인드가 쳐져 있지 않으므로 (A)는 오답이고, 사진에서 한 사람은 앉아 있지만 두 사람은 일어서서 악수하고 있으므로 (B)와 (C)도 틀린 답이다. 앉아 있는 한 남자는 창가쪽에 있으므로 (D)가 정답이다.

5

(A) The passengers are boarding the airplane.

(B) The passengers are taking their seats.

(C) The pilot is preparing the plane for takeoff.

(D) The flight attendants are collecting boarding passes.

(A) 승객들이 비행기에 타고 있다.

(B) 승객들이 자리에 앉아 있다.

(C) 조종사가 비행기 이륙을 준비하고 있다.

(D) 승무원들이 탑승권을 받고 있다.

어휘 passenger 승객 board (배, 비행기 등에) 타다 take one's seat 자리에 앉다, 착석하다 pilot 조종사 prepare 준비하다 takeoff 이륙 flight attendant 승무원 collect 모으다; 수집하다 boarding pass 탑승권

해설 승객들이 비행기에 탑승하고 있다는 것이 사진의 핵심적인 묘사인데, 이를 반영한 것이 (A)이다. 비행기 내부 상황을 묘사한 (B), (C), (D)는 정답이 될 수 없다.

6

(A) The workers are building a new house.

(B) The workers are having tea.

(C) The workers are repairing a highway overpass.

(D) The workers are lifting a heavy load with a crane.

(A) 인부들이 새 집을 짓고 있다.

(B) 인부들이 차를 마시고 있다.

(C) 인부들이 고가도로를 보수하고 있다.

(D) 인부들이 크레인으로 무거운 것을 들어 올리고 있다.

어휘 repair 수리, 보수 overpass 고가도로 crane 기중기, 크레인

해설 사진 속에는 도로에서 작업하는 인부들과 트럭, 크레인의 모습이 보인다. 크레인으로 무거운 건설 자재를 들어 올리고 있으므로 정답은 (D)이다. 인부들이 새 집을 짓고 있지 않기 때문에 (A)는 정답이 될 수 없으며, 티타임을 가지고 있다는 내용의 (B)도 정답이 될 수 없다. 공사가 진행되는 장소는 도로이므로 고가도로(overpass)를 보수하고 있다는 내용의 (C) 역시 오답이다.

Unit 02 | 사물 및 풍경 묘사

문제 **유형 연습**

p.042

🔊 1-022

1 (C)	2 (A)	3 (B)	4 (A)
5 (C)	6 (B)	7 (B)	8 (C)

1

(A) 몇 사람이 벤치에 앉아 있다.

(B) 길에 자전거 한 대가 있다.

(C) 빌딩 몇 채가 공원을 내려다본다.

해설 벤치에 앉아 있는 사람은 없으므로 (A)는 오답이고, 길에 자전거가 없으므로 (B)도 틀린 답이다. '빌딩 몇 채가 공원을 내려다본다'라는 (C)가 정답인데, overlook은 '내려다보다'라는 의미의 동사이다.

2

(A) 배가 부둣가에 묶여 있다.

(B) 몇 사람이 의자에 앉아 있다.

(C) 한 남자가 물 속에서 수영을 하고 있다.

해설 사람이 주어로 쓰인 선택지와 사물이 주어로 쓰인 선택지가 혼합되어 있는 문제이다. 이런 문제는 사람의 행위와 주변 상황을 잘 살펴보아야 정답을 찾을 수 있다. 사진 속의 사람들은 대부분 길을 걷고 있으므로 (B)는 오답이며, 물 속에서 '수영하고 있는(is swimming)' 사람은 없기 때문에 (C)도 틀린 답이다. 사진 속의 배는 묶여 있는 상태이기 때문에 '배가 부둣가에 묶여 있다'라고 묘사한 (A)가 정답이다.

3

(A) 남자가 망원경으로 보고 있다.

(B) 책상 위에 현미경이 있다.

(C) 의사는 환자의 (진료) 기록을 읽고 있다.

해설 telescope(망원경)와 microscope(현미경)라는 단어를 구분하지 못하면 풀 수 없는 문제이다. 사진 속의 남자는 '환자의 진료 기록(patient's record)'을 보고 있는 것이 아니라 책상 위에 놓인 현미경을 보고 있으므로 (C)는 오답이다.

4

(A) 기차 승강장은 비어 있다.

(B) 기차 문들은 열려 있다.

(C) 기차를 타려고 기다리고 있는 승객들이 있다.

해설 사진을 보면 승강장에 들어선 기차 문은 닫혀 있는 상태이므로 (B)는 오답이고, 승강장에는 사람이 한 명도 보이지 않으므로 (C)도 오답이다. 사람이 보이지 않으므로 '승강장은 비어 있다'라고 묘사한 (A)가 정답이다.

5

(A) 식당은 사람들로 가득하다.

(B) 한 커플이 자리에 앉으려고 기다리고 있다.

(C) 몇몇 테이블은 창가에 있다.

해설 식당 안에는 손님이 없는 상태이기 때문에 (A)와 (B)는 오답이다. 창가를 따라 여러 개의 테이블이 놓여 있으므로 (C)가 정답이다.

6

(A) 사람들이 비행기에 탑승하고 있다.

(B) 차량 한 대가 비행기 앞에 주차되어 있다.

(C) 비행기가 지상에 착륙하고 있다.

해설 사진에서 사람은 없고 차량 한 대가 비행기 앞에 있는 모습이 보인다. 따라서 '사람들이 비행기에 탑승하고 있다'라고 묘사한 (A)는 오답이며, 비행기는 이미 지상에 착륙해 있는 상태이기 때문에 '착륙하고 있다'는 현재진행형으로 묘사한 (C)도 틀린 답이다.

7

(A) 상자 몇 개가 바닥에 놓이고 있다.

(B) 진열된 과일들이 있다.

(C) 정원에 과일 나무들이 가득하다.

해설 (A)는 수동 진행형인 'be동사 + being + 과거분사 + 전치사구'로 쓰인 문장인데, 과일이 담긴 상자가 바닥에 '놓이고(are being placed)' 있는 게 아니라 이미 '놓여진' 상태이므로 이는 오답이다. 또한 '과일 나무(fruit trees)'도 찾아볼 수 없고 장소도 '정원(garden)'이 아니므로 (C)도 틀린 답이다. 진열대 위에 과일이 가득 진열되어 있으므로 (B)가 정답이다.

8

(A) 건물 앞에 울타리가 있다.

(B) 남자가 사다리에 올라가고 있다.

(C) 사다리 몇 개가 건물에 기대어 있다.

해설 건물 앞에 '울타리(fence)'가 보이지 않으므로 (A)는 틀린 답이고, 남자는 사다리 앞에 '서' 있지 '올라가고(climb up)' 있지 않으므로 (B)도 오답이다. 몇 개의 사다리가 건물에 기대어 있는 것이 보이므로 정답은 (C)이다. '~에 기대다'라는 의미의 표현 lean against를 알아두자.

꼭 알아야 할 **필수 어휘 ②**

p.044

❓✅❗ Check-Up **1**

🔊 1-023

1 ship 2 train 3 vehicles 4 bicycles

5 boat, bridge 6 stair

❓✅❗ Check-Up **2**

🔊 1-024

1 chairs, table 2 clocks 3 sofa, armchairs

4 drawer 5 Lights 6 Lamps

6

Check-Up 3
🔊 1-025

1 shelves 2 merchandise 3 box 4 suitcase
5 guitar 6 ladder

Check-Up 4
🔊 1-026

1 plants 2 fruit 3 Flower 4 lawn, shrubs
5 Crops 6 apples 7 Dishes

Check-Up 5
🔊 1-027

1 parked 2 arranged 3 placed 4 unoccupied
5 lined up 6 connected 7 stacked

Check-Up 6
🔊 1-028

1 filled with 2 organized 3 posted 4 stocked
5 surrounded 6 turned on 7 laid out

Check-Up 7
🔊 1-029

1 hanging 2 leaning 3 casting 4 crossing
5 floating 6 growing 7 approaching

Check-Up 8
🔊 1-030

1 on display 2 on the ground 3 on a cart
4 on the highway 5 on the hill 6 on either side of
7 in the corner

Check-Up 9
🔊 1-031

1 near 2 near 3 near 4 near 5 beside
6 beside 7 by 8 by 9 by size

Check-Up 10
🔊 1-032

1 around 2 at 3 behind 4 between 5 over
6 under 7 under construction 8 under repair

실전 적용 연습
p.049

🔊 1-033

1 (B)	2 (B)	3 (B)	4 (C)
5 (A)	6 (B)	7 (C)	8 (A)
9 (C)	10 (C)	11 (A)	12 (A)

1
(A) The woman is baking some bread.
(B) Different kinds of bread are laid out for sale.
(C) The woman is pushing a shopping cart.

(A) 여자는 빵을 굽고 있다.
(B) 다양한 종류의 빵이 진열되어 판매되고 있다.
(C) 여자는 쇼핑 카트를 밀고 있다.

어휘 bake 굽다 lay out 진열하다
해설 사진 속 여성은 빵을 굽고 있지 않고, 손에 장바구니를 들고 있지

만 쇼핑 카트를 밀고 있지 않다. 따라서 (A)와 (C)는 오답이다. '다양한 빵들이 진열되어 판매되고 있다'라고 묘사한 (B)가 정답이다.

2
(A) The middle door is wide open.
(B) There are plants on both sides of the stairs.
(C) A man is walking down the stairs.

(A) 중간 문은 활짝 열려 있다.
(B) 계단 양쪽에 화초가 있다.
(C) 한 남자가 계단을 내려가고 있다.

어휘 middle 중앙(의) side 쪽, 편
해설 중간 문은 닫혀 있으므로 '활짝 열려 있다(is wide open)'라고 표현한 (A)는 오답이며, 사진에서 사람은 보이지 않으므로 남자의 행동을 언급한 (C)도 틀린 답이다. 사진 속 계단 양측으로 화분이 보이므로 '계단 양쪽에 화초가 있다'라고 표현한 (B)가 정답이다.

3
(A) Some people are riding their bikes.
(B) Bicycles are parked at the bicycle rack.
(C) Some of the bikes have baskets.

(A) 몇몇 사람이 자전거를 타고 있다.
(B) 자전거들이 자전거 거치대에 세워져 있다.
(C) 자전거 몇 대에는 바구니가 있다.

해설 사진에 사람의 모습은 보이지 않으므로 사람의 행위를 언급한 (A)는 오답이고, 바구니가 달려 있는 자전거도 보이지 않으므로 (C)도 틀린 답이다. 여러 자전거가 거치대에 주차되어 있는 것이 보이므로 '자전거들이 자전거 거치대에 세워져 있다'라고 묘사한 (B)가 정답이다.

4
(A) One woman is holding a cup of water.
(B) One man is writing in a notebook.
(C) There are some cups on the table.

(A) 한 여자는 물컵을 들고 있다.
(B) 한 남자는 노트에 필기하고 있다.
(C) 테이블 위에는 컵이 몇 개 있다.

해설 사진 속에 복수의 인물이 보이므로 인물의 행위에 주의해야 한다. 컵을 들고 있는 사람은 없으므로 (A)는 오답이고, 가운데 앉아 있는 남자는 아무 것도 쓰고 있지 않으므로 (B)도 틀린 답이다. '테이블 위에 몇 개의 컵이 놓여 있다'라고 묘사한 (C)가 정답이다.

5
(A) Some food is on the table.
(B) The tables are all occupied.
(C) A waiter is setting the table.

(A) 음식들이 테이블 위에 있다.
(B) 모든 테이블에 사람들이 앉아 있다.
(C) 웨이터가 테이블을 차리고 있다.

어휘 occupied 사용 중인 set the table 상[식탁]을 차리다

해설 사진 속에 사람의 모습은 보이지 않으므로 '테이블을 차리고 있다(is setting the table)'라고 사람의 동작을 묘사한 (C)나 '모든 테이블에 사람들이 앉아 있다(are occupied)'라는 (B)는 오답이다. 테이블 위에 음식이 있으므로 이를 묘사한 (A)가 정답이다.

6

(A) The woman is opening her suitcase.
(B) The suitcase is on the floor.
(C) The porter is carrying the bag.

(A) 여자가 여행 가방을 열고 있다.
(B) 여행 가방은 바닥에 있다.
(C) 짐꾼이 가방을 나르고 있다.

해설 여자는 프런트 앞에 서 있으므로 '여행 가방을 열고 있다'라는 내용의 (A)는 오답이다. 또한 가방을 옮기고 있는 짐꾼의 모습은 사진에 없으므로 (C)도 틀린 답이다. '여행 가방은 바닥에 있다'라고 묘사한 (B)가 정답이다.

7

(A) The flowers are being planted.
(B) The wagon is full of food.
(C) There are several types of flowers.

(A) 꽃들이 심어지고 있다.
(B) 짐마차에 음식이 가득하다.
(C) 여러 종류의 꽃들이 있다.

어휘 plant 심다
해설 선택지의 주어가 모두 사물이므로 주변 상황이나 사물의 상태를 제대로 묘사한 문장을 선택해야 한다. 꽃들은 짐마차에 있으므로 '꽃이 심어지고 있다(are being planted)'라고 묘사한 (A)와, 짐마차에 꽃이 아닌 음식이 가득하다고 표현한 (B)는 오답이다. 사진 속의 꽃의 종류는 다양하므로 '여러 종류의 꽃이 있다'라고 묘사한 (C)가 정답이다.

8

(A) The vehicle is in the driveway.
(B) The garage door is open.
(C) A woman is entering the house.

(A) 차량이 진입로에 있다.
(B) 차고 문은 열려 있다.
(C) 한 여자가 집에 들어가고 있다.

어휘 driveway (도로에서 집까지의) 진입로, 차도 enter ~에 들어가다
해설 차고 문은 닫혀 있으므로 (B)는 틀린 답이고, 사진에 사람이 보이지 않기 때문에 여자의 행동을 묘사한 (C)도 오답이다. 사진에서 차량 한 대가 진입로(driveway) 위에 있기 때문에 '차가 진입로에 있다'라고 묘사한 (A)가 정답이다.

9

(A) There are some cars on the bridge.
(B) The river is crowded with boats.
(C) A ship is floating under the bridge.

(A) 다리 위에 몇 대의 차가 있다.
(B) 강은 배들로 붐비고 있다.
(C) 배 한 척이 다리 밑에 떠 있다.

어휘 be crowded with ~로 붐비다, 가득하다 float (물 위에) 뜨다
해설 다리 위에 차량은 보이지 않으므로 '다리 위에 차가 몇 대 있다'라고 묘사한 (A)는 오답이며, 배도 한 척밖에 보이지 않으므로 '배들로 붐빈다(is crowded with boats)'라고 표현한 (B)도 오답이다. 사진에서 큰 배 한 척이 다리 밑에 있는 모습을 확인할 수 있으므로 '배 한 척이 다리 밑에 떠 있다(is floating)'라고 묘사한 (C)가 정답이다.

10

(A) There are no clouds in the sky.
(B) People are wheeling carts out of the building.
(C) The statue is taller than the building.

(A) 하늘에는 구름이 없다.
(B) 사람들은 건물 밖으로 카트를 밀고 있다.
(C) 조각상은 건물보다 더 높다.

어휘 cloud 구름
해설 하늘에 구름이 있으므로 '구름이 없다(no clouds in the sky)'라고 묘사한 (A)는 오답이다. 사진을 자세히 보면 사람들이 한가하게 걷고 있고, 잔디밭에 앉아 있지 '건물 밖으로 카트를 밀고 있는(are wheeling carts out of the building)' 사람은 없으므로 (B)도 오답이다. 사진 중앙에 보이는 조각상이 건물보다 더 높으므로 이를 묘사한 (C)가 정답이다.

11

(A) There are monitors all over the wall.
(B) All of the people are watching the same channel.
(C) The men are displaying monitors.

(A) 벽면 가득 모니터가 있다.
(B) 사람들은 모두 같은 채널을 보고 있다.
(C) 남자들은 모니터를 진열하고 있다.

어휘 display 진열하다
해설 사진에 나오는 인물들의 시선이 각각 다른 방향을 향하고 있으므로 '모두 같은 채널을 보고 있다'고 표현한 (B)는 오답이다. 모니터들은 이미 '진열되어' 있는 상태이므로 '남자들이 모니터를 진열하고 있다(are displaying)'라고 묘사한 (C)도 틀린 답이다. 정답은 벽면 전체를 가득 채운 모니터를 묘사한 (A)이다.

12

(A) Many plants are growing in the ground.
(B) The wheelbarrow is sitting on the path.
(C) The gardener is planting flowers.

(A) 많은 화초가 땅에서 자라고 있다.
(B) 손수레는 길에 세워져 있다.
(C) 정원사가 꽃을 심고 있다.

어휘 sit 방치되어 있다, 그대로 있다
해설 사진에서 한 남자가 손수레를 밀고 어딘가로 이동하고 있으므로 '손수레가 길 위에 세워져 있다'고 표현한 (B)나 '정원사가 꽃을 심고 있다'라고 인물의 행위를 잘못 묘사한 (C)는 오답이다. 사진을 보면 많은 꽃과 풀이 자라고 있으므로 그것을 묘사한 (A)가 정답이다.

토익 실전 연습

p.053

◉ 1 - 034

1 (B)	2 (C)	3 (C)	4 (A)
5 (D)	6 (A)		

1

(A) The buildings are being constructed.
(B) Cars are parked along the street.
(C) A park is surrounded by a fence.
(D) People are taking a walk in the park.

(A) 건물들이 건설되고 있다.
(B) 차들은 길을 따라 주차되어 있다.
(C) 공원은 울타리로 둘러쳐져 있다.
(D) 사람들이 공원에서 산책을 하고 있다.

어휘 construct 건설하다, 세우다 along ~을 따라서 surround 둘러싸다 take a walk 산책하다

해설 사진 속의 건물들은 이미 다 지어져 있는 상태이므로 '건물이 지어지고(are being constructed) 있다'라고 묘사한 (A)는 오답이다. 사람의 모습은 보이지 않으므로 사람의 행위를 묘사한 (D)와 보이지 않는 울타리를 언급한 (C)도 오답이다. 사진을 보면 차들이 길을 따라 주차되어 있으므로 그것을 묘사한 (B)가 정답이다.

2

(A) Some people are window shopping.
(B) The clock is hanging on the wall.
(C) The clock face is round.
(D) Some windows are being cleaned.

(A) 몇 사람이 윈도우 쇼핑을 하고 있다.
(B) 시계가 벽면에 걸려 있다.
(C) 시계 문자판은 동그랗다.
(D) 일부 창문이 청소되고 있다.

어휘 window shopping 윈도우 쇼핑(물건을 안 사고 구경만 하는 쇼핑) clock face 시계 문자판 round 둥근

해설 사진에 사람이 없으므로 몇 사람이 '윈도우 쇼핑을 하고 있다(are window shopping)'라고 묘사한 (A)는 오답이다. 사진 속의 시계는 봉 같은 것 위에 있기 때문에 '벽면에 걸려 있다(is hanging on the wall)'라고 표현한 (B)도 잘못된 묘사이며, 현재 창문이 '청소되고 있는' 상태가 아니기 때문에 (D)도 오답이다. 사진의 시계는 동그란 모양이므로 '시계 문자판이 동그랗다'라고 묘사한 (C)가 정답이다.

3

(A) The farmers are watering the crops.
(B) The plants are growing in the fields.
(C) Some plants are hanging in the air.
(D) There is no space to walk in the greenhouse.

(A) 농부들이 농작물에 물을 주고 있다.
(B) 화초가 들판에서 자라고 있다.
(C) 일부 화초는 공중에 매달려 있다.
(D) 온실 안에는 걸어 다닐 공간이 없다.

어휘 farmer 농부 water 물을 주다 crop 농작물 field 들판 hang 매달리다; 걸다, 달아매다 space 공간 greenhouse 온실

해설 사진 속의 사람들은 물을 뿌리는 행위를 하고 있지 않으므로 (A)는 오답이고, 사진의 장소가 들판이 아니라 온실로 보이므로 (B)도 틀린 답이며, 여자가 사람이 걸어 다닐 만한 공간에 서 있는 모습이 보이므로 (D)도 오답이다. 공중에 매달려 있는 화초의 모습이 보이므로 그것을 묘사한 (C)가 정답이다.

4

(A) The river runs through the city.
(B) There are buildings on only one side of the river.
(C) Some ships are floating in the water.
(D) There are no vehicles on the bridge.

(A) 강이 도시를 관통해 흐른다.
(B) 강 한쪽에만 건물들이 있다.
(C) 몇 척의 배들이 물 위에 떠 있다.
(D) 다리 위에는 차량이 없다.

어휘 run through (강이) ~을 관통해 흐르다 ship 배 float (물 위에) 뜨다

해설 강의 양쪽으로 건물이 보이므로 (B)는 오답이고, 강 위에 배가 보이지 않으므로 '배들이 물 위에 떠 있다(are floating)'라고 묘사한 (C)는 오답이다. 또한 다리 위를 지나가는 차들이 있으므로 '다리 위에 차량이 없다'라고 표현한 (D)는 틀린 답이다. 강의 양쪽으로 시가지가 발달해 있는 모습을 볼 때 '강이 도시를 관통해 흐른다(the river runs through the city)'라고 묘사한 (A)가 정답이다.

5

(A) The store is full of customers.
(B) All of the clothes are on the table.
(C) The clerk is looking at the mannequins.
(D) Merchandise is on display for sale.

(A) 가게는 손님들로 가득하다.
(B) 옷은 전부 탁자 위에 있다.
(C) 점원이 마네킹들을 보고 있다.
(D) 상품들이 판매용으로 진열되어 있다.

어휘 cloth 옷, 의복 clerk 점원 mannequin 마네킹 merchandise 상품 on display 진열하여[전시하여]

해설 사진에는 사람의 모습이 보이지 않으므로, '가게 안에 손님이 가득하다'라고 묘사한 (A)나 '점원이 마네킹을 보고 있다'고 한 (C)는 오답이다. 옷은 옷걸이에도 걸려 있으므로 '옷이 전부 탁자 위에 있다'고 한 (B)도 틀린 답이다. 사진을 보면 옷을 비롯한 여러 상품들이 잘 진열되어 있으므로 '물건들이 판매용으로 진열되어 있다'라고 묘사한 (D)가 정답이다. merchandise가 '상품'이라는 의미의 단어임을 기억해두자.

6

(A) There is a picture on the wall.
(B) The bed has not been made.
(C) There is a lamp on the floor.
(D) The door to the room is open.

9

(A) 벽에 그림이 한 점 (걸려) 있다.

(B) 침대는 정돈되어 있지 않다.

(C) 바닥에 전등이 있다.

(D) 방문은 열려 있다.

어휘 make 정돈하다 (cf. make bed 잠자리를 정돈하다; 잠자리를 깔다) lamp 전등

해설 사진 속 침대는 정돈되어 있으므로 '침대가 정돈되어 있지 않다'라고 표현한 (B)는 오답이다. 전등은 바닥이 아니라 천장에 설치되어 있으므로 (C)도 틀린 답이며, 방문은 닫혀 있으므로 (D) 또한 오답이다. 사진을 보면 벽에 그림이 걸려 있으므로 (A)가 정답이다.

PART 2 │ 질의-응답

Unit 01 │ Who 의문문

질문 패턴 분석　　p.059

패턴 1 Check-Up　　2-003

1 (A) 모르겠어요.　　(B) 제 책상 위에 있어요.

2 (A) 스미스 씨요.　　(B) 1년에 한 번요.

패턴 2 Check-Up　　2-005

1 (A) 당신 말이 맞아요.　　(B) 제가 그랬어요.

2 (A) 포드 씨였어요.　　(B) 주방에서요.

패턴 3 Check-Up　　2-007

1 (A) 괜찮아요.　　(B) 아직 결정을 내리지 못했어요.

2 (A) 제가 할 수 있을 것 같아요. (B) 네, 보통은 그래요.

질문 패턴 연습 ❶　　p.062

연습 A　　2-008

| 1 (A) | 2 (B) | 3 (B) |
| 4 (A) | 5 (B) | 6 (B) |

1

Who is that tall man?

(A) He is our new manager.

(B) He is not as tall as you think.

저 키 큰 남자는 누구인가요?

(A) 그는 우리 매니저예요.

(B) 그는 당신이 생각하는 것만큼 크지 않아요.

2

Who is going to visit us today?

(A) We are going to visit New York today.

(B) Mr. Smith is visiting us this afternoon.

오늘 누가 우리를 방문하나요?

(A) 우리는 오늘 뉴욕을 방문할 거예요.

(B) 스미스씨가 오늘 오후 우리를 방문해요.

3

Who is supposed to pay the bill?

(A) The office building is downtown.

(B) The Maintenance Department is in charge of it.

누가 그 청구서를 지불하기로 되어 있나요?
(A) 사무실 건물은 시내에 있어요.
(B) 관리부가 담당하고 있어요.

4
Who will organize the annual meeting?
(A) I have no idea.
(B) Once a year.

누가 연례 회의를 주관할 건가요?
(A) 잘 모르겠어요.
(B) 1년에 한 번요.

5
Who has a copy of the contract?
(A) I'm on vacation.
(B) I gave it to your manager.

계약서 사본을 누가 가지고 있죠?
(A) 저는 휴가 중이에요.
(B) 당신의 부장님께 드렸어요.

6
Who is going to repair the copy machine?
(A) At the coffee shop across the street.
(B) Ask Steven in the maintenance office.

누가 복사기를 수리할 거죠?
(A) 길 건너 커피숍에서요.
(B) 관리부의 스티븐에게 문의하세요.

연습 B
🔊 2-009

| 1 (A) | 2 (A) | 3 (A) |
| 4 (B) | 5 (A) | 6 (B) |

1
Who is going to visit us today?
(A) Someone from the head office will be here.
(B) I would like to visit the museum someday.

오늘 누가 우리를 방문하나요?
(A) 본사에서 누군가 여기로 올 거예요.
(B) 저는 언젠가 그 박물관을 방문하고 싶어요.

2
Who is supposed to pay the bill?
(A) Please leave it to me.
(B) My office is in the city center.

누가 그 청구서를 지불할 건가요?
(A) 저에게 주세요.
(B) 저의 사무실은 도심에 있어요.

3
Who is that tall man?
(A) I have never seen him before.
(B) He is going to attend the meeting.

저 키 큰 남자는 누구인가요?
(A) 그를 한 번도 본적이 없어요.
(B) 그는 회의에 참석할 거예요.

4
Who will organize the annual meeting?
(A) Once a month.
(B) The Planning Department is responsible for it.

누가 연례 회의를 주관할 건가요?
(A) 한 달에 한 번요.
(B) 기획부에서 담당하고 있어요.

5
Who is going to repair the copy machine?
(A) A technician will fix it tomorrow.
(B) At the hospital across the street.

누가 복사기를 수리할 건가요?
(A) 내일 기술자가 고칠 거예요.
(B) 길 건너 병원에서요.

6
Who has a copy of the contract?
(A) I'm free now.
(B) Mr. Smith has it.

계약서 사본을 누가 가지고 있죠?
(A) 저는 지금 한가해요.
(B) 스미스 씨가 가지고 있어요.

질문 패턴 분석
p.063

패턴 4 Check-Up
🔊 2-011

1 (A) 라디오에서요.
   (B) 제가 하겠다고 말씀 드렸어요.

2 (A) 동료들 중 한 명이 해 줄 거예요.
   (B) 사실이에요.

패턴 5 Check-Up
🔊 2-013

1 (A) 그것은 그의 보고서예요.   (B) 인사과의 톰슨 이사님요.

2 (A) 그것은 저의 업무예요.   (B) 좋은 생각이군요.

패턴 6 Check-Up
🔊 2-015

1 (A) 잘 모르겠어요.
   (B) 오전 9시 정도예요.

2 (A) 네, 아주 재미있군요.
   (B) 연구개발부의 마크의 것 같아요.

연습 A 　　　　　◀》 2-016

1 (B)	2 (A)	3 (A)
4 (A)	5 (B)	6 (A)

1

Who is driving you to the train station?
(A) It <u>will take</u> 10 minutes.
(B) I <u>called</u> a taxi.

누가 당신을 기차역까지 태워다 줄 건가요?
(A) 10분 걸릴 거예요.
(B) 택시를 불렀어요.

2

Who should I contact to confirm the reservation?
(A) <u>Ask</u> the receptionist.
(B) I <u>reserved</u> a <u>hall</u> for this weekend.

예약을 확인하려면 누구에게 연락해야 하나요?
(A) 접수원에게 물어보세요.
(B) 이번 주말에 홀을 예약했어요.

3

Who does this suitcase belong to?
(A) I <u>thought</u> it was <u>yours</u>.
(B) You have to <u>carry</u> your <u>belongings</u> with you.

이 여행 가방은 누구의 것인가요?
(A) 저는 당신 것이라고 생각했어요.
(B) 당신의 소유물은 당신이 직접 운반해야 합니다.

> **어휘** belong to ~에 속하다, 소유이다　belongings 재산, 소유물

4

Who is in charge of the new research project?
(A) Dr. Jones will <u>be in charge of</u> it.
(B) Don't forget to <u>charge</u> your <u>cell phone</u>.

새 연구 프로젝트는 누가 담당하나요?
(A) 존스 박사님이 담당하실 거예요.
(B) 휴대폰 충전하는 것을 잊지 마세요.

5

Who is responsible for hiring salespeople?
(A) You <u>should not go</u> any higher.
(B) Mr. Conner usually <u>takes care of</u> that.

영업 직원 채용을 담당하는 사람이 누구죠?
(A) 더 이상 올라가시면 안 됩니다.
(B) 그 일은 대개 코너 씨가 처리해요.

6

Who is coming to the party tonight?
(A) Some <u>old friends</u> from college.
(B) It is a <u>garden</u> party.

오늘 밤 파티에는 누가 오나요?
(A) 예전 대학 시절 친구들요.
(B) 가든 파티예요.

연습 B 　　　　　◀》 2-017

1 (B)	2 (A)	3 (B)
4 (A)	5 (B)	6 (B)

1

Who is <u>in charge of</u> the new research project?
(A) I want you to <u>do some research</u>.
(B) Someone will <u>be appointed at the next meeting</u>.

새 연구 프로젝트는 누가 담당하나요?
(A) 저는 당신이 조사하기를 원해요.
(B) 다음 회의에서 누군가가 임명될 거예요.

2

Who does this <u>suitcase belong to</u>?
(A) I believe it belongs to <u>your manager</u>.
(B) I want my <u>belongings returned to</u> me immediately.

이 여행 가방은 누구의 것인가요?
(A) 당신의 매니저 것이라고 생각해요.
(B) 저는 저의 소유물들이 즉시 저에게 되돌아오기를 원해요.

3

Who should I <u>contact to</u> confirm the reservation?
(A) I reserved a <u>double room</u>.
(B) <u>Call this number</u>.

예약을 확인하려면 누구에게 연락해야 하나요?
(A) 2인실을 예약했어요.
(B) 이 번호로 전화하세요.

4

Who is <u>coming to</u> the <u>party</u> tonight?
(A) The <u>new employees</u> in the Marketing Department.
(B) The <u>party starts</u> at ten.

오늘 밤 파티에는 누가 오나요?
(A) 마케팅부의 신입 사원들요.
(B) 파티는 10시에 시작해요.

5

Who is <u>driving</u> you to the <u>train station</u>?
(A) It will <u>take an hour</u>.
(B) Mr. Johnson will <u>go</u> with me.

누가 당신을 기차역까지 태워다 줄 건가요?
(A) 한 시간 걸릴 거예요.
(B) 존슨 씨가 저와 함께 갈 거예요.

6

Who is responsible for hiring salespeople?
(A) You should not be there.
(B) That would be the personnel director.

영업 직원 채용을 담당하는 사람이 누구죠?
(A) 거기에 계시면 안 됩니다.
(B) 인사과 이사님일 거예요.

꼭 알아야 할 필수 어휘 ❶

p.067

ⓆⓋ❗ Check-Up 1

🔊 2-018

1 organize 2 revise 3 present 4 review
5 repaired

ⓆⓋ❗ Check-Up 2

🔊 2-019

1 assigned 2 address 3 attend

ⓆⓋ❗ Check-Up 3

🔊 2-020

1 Personnel Department, marketing director
2 executive officers 3 Shipping Department
4 sales manager 5 Customer Service Department

실전 적용 연습

p.070

🔊 2-021

1 (A)	2 (B)	3 (B)	4 (A)
5 (A)	6 (A)	7 (A)	8 (B)
9 (A)	10 (B)		

1

Who asked you to attend the meeting?
(A) My boss.
(B) The meeting will be held at two o'clock.

누가 당신에게 그 회의에 참석하라고 요청했나요?
(A) 제 상사께서요.
(B) 그 회의는 2시에 열릴 거예요.

어휘 attend 참석하다, 출석하다 boss 상사, 사장, 보스
해설 회의에 참석하라고 한 사람이 누구인지 묻고 있는 Who 의문문이다. 따라서 사람의 직책 boss를 언급한 (A)가 정답이다.

2

Who designed the new building?
(A) It was built recently.
(B) Didn't I tell you?

누가 그 새 건물을 설계했나요?
(A) 그것은 최근에 건설되었어요.
(B) 내가 말하지 않았던가요?

어휘 design 설계하다, 디자인하다 recently 최근에

해설 건물을 설계한 사람을 묻고 있다. Who 의문문이지만 사람 이름이나 직책으로 대답하는 대신 (B)와 같이 반문하는 식의 답변으로도 대화가 성립된다.

3

Who has the key to the meeting room?
(A) The meeting has been canceled.
(B) I gave it to Stephanie.

누가 회의실 열쇠를 가지고 있나요?
(A) 회의는 취소되었어요.
(B) 제가 스테파니에게 줬어요.

어휘 meeting room 회의실 cancel 취소하다
해설 열쇠를 가진 사람이 누구인지를 묻고 있으므로 사람 이름인 Stephanie를 언급한 (B)가 정답이다. 여기에서 it은 질문에서 언급된 열쇠(the key)를 가리킨다.

4

Who will notify the employees of the new policy?
(A) One of the directors.
(B) Yes, they are new employees.

누가 새 규정을 직원들에게 알려줄 건가요?
(A) 이사님 중 한 분요.
(B) 네, 그들은 신입 직원들이에요.

어휘 notify A of B A에게 B를 알리다[통보하다] employee 직원, 피고용인 policy 정책, 방침 director 이사
해설 규정을 알려줄 사람을 묻고 있으므로, 사람 이름이나 직책이 언급될 수 있다. 따라서 directors(이사들)라는 직책으로 답한 (A)가 정답이다. 'one of the 복수명사'는 '복수명사 중 하나'라는 의미이다.

5

Who is responsible for the accident?
(A) I am responsible for what happened.
(B) Please call me at your convenience.

그 사고에 대한 책임은 누구에게 있나요?
(A) 발생한 일에 대한 책임은 저에게 있어요.
(B) 편하실 때 전화해 주세요.

해설 책임자가 누구인지 묻는 질문이므로 대답은 책임을 지고 있는 사람이 자기 자신임을 밝히고 있는 (A)가 정답이다.

6

Who is the woman next to Mr. Thomas?
(A) That is Rebecca.
(B) She left an hour ago.

토마스 씨 옆에 계신 여자분은 누구인가요?
(A) 그 사람은 레베카예요.
(B) 그녀는 한 시간 전에 떠났어요.

어휘 next to ~ 옆에 있는 leave 떠나다
해설 사람의 신원을 묻는 Who 의문문이므로 사람 이름인 Rebecca로 답한 (A)가 정답이다.

7

Who is organizing the conference for this session?
(A) The planning manager is responsible for it.
(B) It is a charity organization.

이번 회기의 회의는 누가 주관하나요?
(A) 기획 부장이 책임을 맡고 있어요.
(B) 그곳은 자선 단체예요.

어휘 organize 준비하다, 주관하다 session 회기, 회의 기간 planning 기획, 계획 be responsible for ~의 책임을 맡다 charity 자선, 구호 (단체) organization 조직, 단체

해설 회의를 준비하는 주체를 묻고 있으므로 사람 이름이나 직책이 정답일 가능성이 높다. 직책명인 'planning manager(기획 부장)'를 언급한 (A)가 정답이다.

8

Who should I call to order office supplies?
(A) His office is on the first floor.
(B) Ask Ms. Johnson.

사무용품을 주문하려면 누구에게 전화해야 하나요?
(A) 그의 사무실은 1층에 있어요.
(B) 존슨 씨에게 문의하세요.

어휘 order 주문하다 office supplies 사무용품

해설 전화를 걸어야 하는 대상을 묻고 있는 질문이므로, 사람 이름 Ms. Johnson을 언급한 (B)가 정답이다.

9

Who is going to speak at the conference next week?
(A) I thought it was you.
(B) It is scheduled for Thursday afternoon.

다음주 컨퍼런스에서 누가 발표를 하나요?
(A) 당신이라고 생각했는데요.
(B) 목요일 오후로 예정되어 있어요.

어휘 order 주문하다 office supplies 사무용품

해설 발표하는 사람이 누구인지 묻는 질문이다. 정답은 사람을 언급한 (A)인데, (A)의 'it'은 'Who is going to speak' 전체를 받는 대명사이다.

10

Who is responsible for sending the invitations?
(A) I have not sent them yet.
(B) That would be Richard.

누가 초청장 발송 담당자인가요?
(A) 저는 아직 초청장을 보내지 않았어요.
(B) 리차드일 거예요.

어휘 invitation 초청장, 초대장

해설 'Who is responsible for ~?'는 'Who is in charge of ~?'와 마찬가지로 책임자를 묻는 질문이다. 따라서 사람 이름 Richard로 대답한 (B)가 정답이다.

토익 실전 연습 p.071

🔊 2 - 022

1 (B)	2 (C)	3 (C)	4 (C)
5 (B)	6 (A)	7 (A)	8 (A)
9 (A)	10 (A)	11 (B)	12 (C)
13 (C)	14 (B)	15 (C)	

1

Who is the new manager of the department?
(A) Mr. Schneider can help you with that.
(B) Her name is Marge Jackson.
(C) I think I can manage.

그 부서의 신임 부장이 누구죠?
(A) 슈나이더 씨가 그 일을 도와줄 수 있을 거예요.
(B) 그녀의 이름은 마지 잭슨이에요.
(C) 제가 할 수 있을 것 같아요.

어휘 department 부서, 부 help A with B A가 B하는 것을 돕다 manage 다루다, 관리하다

해설 부서의 '신임 부장(new manager)'이 누구인지 묻는 질문이므로 사람 이름을 알려준 (B)가 정답이다. (A)도 Mr. Schneider라는 사람 이름으로 시작하지만 help(돕다)라는 동사가 쓰여 질문과는 의미가 맞지 않는다.

2

Who explained this report to you?
(A) Randy will.
(B) It has already been reported.
(C) Mr. Robinson did.

누가 이 보고서를 당신에게 설명했나요?
(A) 랜디가 할 거예요.
(B) 그것은 이미 보고되었어요.
(C) 로빈슨 씨가 했어요.

어휘 explain 설명하다 report 보고서; 보고하다

해설 who 다음에 과거동사 explained가 나왔으므로 과거에 일어났던 일을 누가 했는지 묻고 있다. 사람 이름이나 직책이 답변으로 나오면 되는데, 질문에서 과거 시제를 사용했으므로 답변도 과거 시제로 해야 한다. 따라서 정답은 (C)이다.

3

Who can pick Mr. Roper up from the airport?
(A) I suppose it is possible.
(B) Before five o'clock.
(C) I am free this afternoon.

누가 공항으로 로퍼 씨를 마중 나갈 수 있나요?
(A) 아마 가능할 것 같아요.
(B) 5시 전이에요.
(C) 제가 오늘 오후에 시간이 있어요.

어휘 pick up 데리고 오다, 모시고 가다; (물건을) 가져오다 suppose 가정하다, 상상하다 free 한가한, 선약이 없는

14

해설 공항으로 Mr. Roper를 마중 나갈 수 있는 사람이 있는지 묻고 있다. (C)는 자기가 시간이 있으니 공항에 데리러 가겠다는 뜻을 우회적으로 나타낸 것이다.

4

Who oversees the Sales Department?
(A) Until the next meeting.
(B) It is under construction.
(C) It is Mr. Edward.

누가 영업부를 감독하나요?
(A) 다음 회의 때까지요.
(B) 공사 중이에요.
(C) 에드워드 씨요.

어휘 oversee 감독하다, 관리하다 Sales Department 영업부, 판매부 under construction 공사 중인

해설 부서를 감독하는 사람이 누구인지 묻고 있으므로 Mr. Edward라는 사람 이름으로 답한 (C)가 정답이다.

5

Who is going to review the report before its publication?
(A) It will be published on a large scale.
(B) The project manager.
(C) We will have a press conference.

발표 전에 누가 그 보고서를 검토할 건가요?
(A) 그것은 대규모로 출판될 거예요.
(B) 프로젝트 매니저요.
(C) 우리는 기자 회견을 가질 거예요.

어휘 review 검토[조사]하다 publication 발표, 공표; 출판 publish 발표하다; 출판하다 large scale 대규모 press conference 기자 회견

해설 질문의 'be going to 동사원형'은 '~할 예정이다'라는 미래 시제 표현이다. 미래에 일어날 행위를 누가 할 것인지 묻는 의문문으로, 직책 project manager(프로젝트 매니저)로 답한 (B)가 정답이다.

6

Who is responsible for organizing the welcome party?
(A) That would be the planning director.
(B) You will be more than welcome.
(C) You are responsible for what you said.

환영회 준비는 누가 책임지고 있나요?
(A) 기획부 이사님일 거예요.
(B) 당신은 큰 환영을 받을 거예요.
(C) 당신이 한 말에 책임을 져야 해요.

어휘 organize (행사를) 준비하다, 주관하다; 조직하다 welcome party 환영회 welcome 환영, 환대 planning director 기획 이사

해설 'Who is responsible for ~?'는 책임자가 누구인지를 묻는 질문이다. 흔히 사람 이름 또는 직책이 답으로 나오는데, 상황에 따라서는 팀이나 단체가 정답이 될 때도 있다. 이 문제에서는 'planning director(기획부 이사)'라는 직책으로 답한 (A)가 정답이다.

7

Who is going to move into the office on the second floor?
(A) An online game company will.
(B) Mr. Brown is responsible.
(C) They will move in tomorrow.

누가 2층 사무실로 이사 오나요?
(A) 온라인 게임 회사가 올 거예요.
(B) 브라운 씨에게 책임이 있어요.
(C) 그들은 내일 이사 올 거예요.

어휘 move into ~로 옮기다, 이사하다 responsible 책임이 있는

해설 이사하는 대상을 묻고 있으므로 사람뿐 아니라 회사나 단체가 정답이 될 수 있다. 따라서 '온라인 게임 회사(online game company)'라고 답한 (A)가 정답이다.

8

Who is supposed to pick me up at the airport?
(A) I'll pick you up at three.
(B) You are supposed to be here at five.
(C) Let's pick up where we left off last week.

공항에 저를 데리러 나올 사람은 누구인가요?
(A) 3시에 제가 당신을 데리러 갈게요.
(B) 당신은 5시까지 이곳으로 와야 해요.
(C) 우리가 지난주에 다하지 못했던 것을 마저 해요.

해설 'be supposed to 동사원형'은 '~하기로 되어 있다'라는 뜻으로, 미래의 예정을 묻는 Who 의문문이다. 따라서 사람이 정답으로 언급되어야 하는데, 공항에 마중 나올 사람이 누구인지 묻는 질문이므로 본인이 가겠다고 답한 (A)가 정답이다. 화자 본인이나 제 삼자인 누가 데리러 갈 것이라는 표현 등이 정답이 될 수 있다.

9

Who will represent the company at the annual stockholders' meeting?
(A) The president of our Seoul branch.
(B) Because the prices continued to fall today.
(C) It will not take very long.

연례 주주 총회에서 누가 회사를 대표할 건가요?
(A) 서울 지사의 지사장요.
(B) 오늘 계속해서 가격이 떨어졌기 때문이에요.
(C) 아주 오래 걸리지는 않을 거예요.

어휘 represent 대표하다; 나타내다 annual stockholders' meeting 연례 주주 총회 (annual 연간의, 1년의 stockholder 주주) president 사장 branch 지사, 지부 continue to V 계속해서 ~하다 fall 떨어지다, 하락하다

해설 누가 회사를 대표할 것인지 묻고 있으므로 회사를 대표할 수 있는 사람이나 직책이 정답이 될 수 있다. 직책 president(사장)가 언급된 (A)가 정답이다.

10

Who is supposed to go to New York for the conference?

(A) The vice president.
(B) Next Friday.
(C) To the airport.

뉴욕에서 열릴 회의는 누가 가기로 되어 있나요?
(A) 부사장님요.
(B) 다음 주 금요일이에요.
(C) 공항으로요.

해설 누가 가기로 되어 있냐고 물었으므로 사람 이름이나 직책이 정답이 될 수 있다. 직책명인 'vice president(부사장)'로 답한 (A)가 정답이다.

11

Who is in charge of hiring new employees?
(A) It is available free of charge.
(B) I'm the person in charge.
(C) We are going to need some more employees.

신규 직원 채용은 누가 담당하고 있나요?
(A) 그것은 무료로 제공돼요.
(B) 제가 담당자예요.
(C) 우리는 조금 더 많은 직원이 필요하게 될 거예요.

해설 담당자가 누구인지 묻는 질문에 대해 본인이 담당하고 있다고 대답하고 있는 (B)가 정답이다.

12

Who should I talk to about the project schedule?
(A) We will talk about it later.
(B) The project is scheduled for completion in three weeks.
(C) Why don't you ask at the information desk?

그 프로젝트 계획에 관해서 누구에게 말해야 하나요?
(A) 우리는 그것에 관해 다음에 말할 거예요.
(B) 그 프로젝트는 3주 내로 완성될 예정이에요.
(C) 안내 데스크에 문의하시는 게 어떨까요?

해설 'Who should I talk to'에서 who는 to의 목적어이다. 즉, '누구에게 … 을 묻다'라는 의미이므로 정답은 묻는 대상이 누구라는 대답이어야 한다. 정답은 (C)이다. 참고로, 정답이 될 수 있는 대상은 사람일 수도 있고 부서일 수도 있다.

13

Who will be making the opening speech at the convention?
(A) It will open at 9:00 A.M.
(B) At the Hilltop Hotel.
(C) The president will.

회의에서 누가 개회사를 할 건가요?
(A) 오전 9시에 열어요.
(B) 힐탑 호텔에서요.
(C) 사장님께서 하실 거예요.

어휘 make a speech 연설하다 opening speech 개회사 convention 컨벤션, 회의, 집회

해설 개회사를 할 사람을 묻고 있으므로 president(사장)라는 직책을 언급한 (C)가 정답이다. 질문에 will이 있으므로 답변도 미래 시제가 된다. (A)에 사용된 동사 open(열다)을 질문에 나온 opening speech의 opening과 연결시키지 않도록 주의한다.

14

Who is responsible for sending the invitations to our clients?
(A) All of our clients will be invited.
(B) Sandra, the president's secretary.
(C) At the conference room on the first floor.

고객들에게 초청장을 보내는 일은 누구 담당인가요?
(A) 우리 고객들 모두가 초청될 거예요.
(B) 사장님 비서인 산드라예요.
(C) 1층 회의실에서요.

어휘 send something to someone ~에게 …를 보내다 invitation 초대장 secretary 비서

해설 책임자가 누구인지 묻는 질문으로, 사람 이름과 직책으로 답한 (B)가 정답이다.

15

Who should I contact to get a password for the computer lab?
(A) You will have your own password.
(B) The computer lab is in the main building.
(C) Go to the main office.

컴퓨터실의 비밀번호를 받으려면 누구에게 연락해야 하나요?
(A) 당신은 개인 비밀번호를 갖게 될 거예요.
(B) 컴퓨터실은 본관 건물에 있어요.
(C) 본사로 가세요.

어휘 contact 연락하다, 접촉하다 get a password 비밀번호를 받다 computer lab 컴퓨터실 own 자기 자신의

해설 비밀번호를 발급해 줄 수 있는 사람, 직책, 또는 부서나 장소가 정답이 될 수 있다. 따라서 '본사(main office)'라는 장소로 가보라고 답한 (C)가 정답이다.

Unit 02 | Where 의문문

질문 패턴 분석   p.073

패턴 1 Check-Up   ◁ 2-025
1 (A) 싱가포르에요.   (B) 몇 시간 동안요.
2 (A) 알려 주셔서 감사합니다.   (B) 다음 길모퉁이에요.

패턴 2 Check-Up   ◁ 2-027
1 (A) 우리는 맨해튼에 위치하고 있어요.
  (B) 이른 토요일 저녁이에요.
2 (A) 제 친구와 함께요.   (B) 샌프란시스코에서요.

◀패턴 **3** Check-Up   🔊 2-029

1 (A) 제가 한 부 가지고 올게요.
   (B) 저는 어제 이곳으로 막 이사했어요.

2 (A) 잡지 섹션에 있어요.
   (B) 제 생각에는 가능할 것 같아요.

질문 **패턴 연습** ❶   p.076

연습 A   🔊 2-030

1 (A)   2 (A)   3 (A)
4 (B)   5 (A)   6 (B)

1
Where is the copy machine?
(A) On the <u>second floor</u>.
(B) I need <u>two copies</u>.

복사기는 어디에 있어요?
(A) 2층에요.
(B) 2부가 필요해요.

2
Where are we headed?
(A) You <u>will see</u> soon.
(B) I am feeling <u>dizzy</u> and <u>lightheaded</u>.

우리는 어디로 가고 있나요?
(A) 곧 알게 될 거예요.
(B) 어지럽고 현기증이 나는군요.

3
Where can I get a parking permit?
(A) Please ask for one <u>at the reception desk</u>.
(B) No problem. I can <u>take you to the park</u>.

주차 허가증을 어디에서 받을 수 있나요?
(A) 안내 데스크에서 달라고 하세요.
(B) 괜찮아요. 제가 당신을 공원까지 데려다 줄게요.

> **어휘** reception desk 접수처, 안내 데스크 (front desk)

4
Where is the closest supermarket around here?
(A) I will <u>buy</u> some <u>eggs</u>.
(B) Next to the <u>post office</u>.

이 근처에 가장 가까운 슈퍼마켓은 어디에 있나요?
(A) 계란을 살 거예요.
(B) 우체국 옆에요.

5
Where is the guest list for Friday's reception?
(A) Mr. Smith <u>probably</u> knows.
(B) It will be <u>held in</u> the banquet hall.

금요일 환영회의 손님 명단이 어디에 있죠?
(A) 스미스 씨가 아마 알 거예요.
(B) 연회장에서 열릴 거예요.

6
Where is your new office located?
(A) Yes, his office is <u>in</u> New York.
(B) In the <u>city center</u>.

당신의 새 사무실은 어디에 위치해 있나요?
(A) 네, 그의 사무실은 뉴욕에 있어요.
(B) 도심에 있어요.

연습 B   🔊 2-031

1 (A)   2 (B)   3 (A)
4 (A)   5 (B)   6 (A)

1
Where are we <u>headed</u>?
(A) We are <u>going to meet</u> Tom in Boston.
(B) We are going to <u>move the head office</u> soon.

우리는 어디로 가고 있나요?
(A) 우리는 보스턴에서 톰을 만날 거예요.
(B) 우리는 곧 본사를 옮길 거예요.

2
Where is your <u>new office located</u>?
(A) <u>Yes</u>, <u>his office</u> is in L.A.
(B) <u>Next</u> to the convention <u>center</u>.

당신의 새 사무실은 어디에 위치해 있나요?
(A) 네, 그의 사무실은 LA에 있어요.
(B) 컨벤션 센터 옆에요.

3
Where is the <u>copy machine</u>?
(A) <u>Next to</u> Michael's office.
(B) I need <u>four</u> copies.

복사기는 어디에 있나요?
(A) 마이클의 사무실 옆에요.
(B) 4부가 필요해요.

4
Where can I get a <u>parking permit</u>?
(A) It is a <u>free-parking zone</u>, so you don't <u>need</u> one.
(B) We can <u>go out</u> tomorrow if the <u>weather permits</u>.

주차 허가증을 어디에서 받을 수 있나요?
(A) 이곳은 무료 주차 구역이어서, (주차 허가증은) 필요 없어요.
(B) 날씨가 좋다면 우리는 내일 외출할 수 있어요.

5

Where is the closest supermarket around here?
(A) I will buy some cheese.
(B) Just across the road.

이 근처에 가장 가까운 슈퍼마켓은 어디에 있나요?
(A) 치즈를 좀 살 거예요.
(B) 바로 길 건너편에요.

6

Where is the guest list for Friday's reception?
(A) The vice president has it.
(B) It will be held at the Hill Hotel.

금요일 환영회의 손님 명단이 어디에 있나요?
(A) 부사장님께서 갖고 계세요.
(B) 힐 호텔에서 열릴 거예요.

질문 패턴 분석　　　　　　　　p.077

패턴 4 Check-Up　　　　🔊 2-033
1 (A) 정말 감사합니다.　　　(B) 뒤에 있는 방에요.
2 (A) 저쪽에요.　　　　　　(B) 공원이 멋지네요.

패턴 5 Check-Up　　　　🔊 2-035
1 (A) 캐비닛 안에요.　　　　(B) 정오에요.
2 (A) 그가 책상 위에 두었어요.　(B) 시드니로 출발할 거예요.

패턴 6 Check-Up　　　　🔊 2-037
1 (A) 네, 그럴 거예요.　　　(B) 라스베가스에서 열릴 거예요.
2 (A) 아직 결정되지 않았어요.　(B) 놀랍군요.

질문 패턴 연습 ❷　　　　　　p.080

연습 A　　　　　　　　🔊 2-038

1 (A)　　2 (A)　　3 (A)
4 (B)　　5 (A)　　6 (B)

1

Where did you hear the news?
(A) A friend of mine told me.
(B) He will be here in a minute.

그 소식을 어디에서 들었어요?
(A) 제 친구가 말해줬어요.
(B) 그는 여기에 곧 올 거예요.

2

Where should I sign?
(A) Right here, please.
(B) It is not a good sign.

어디에 서명해야 하나요?
(A) 바로 여기에 하시면 돼요.
(B) 좋은 징조는 아니에요.

3

Where are you traveling to next summer?
(A) I haven't decided yet.
(B) Welcome to the Bahamas!

내년 여름에 어디로 여행하실 거예요?
(A) 아직 결정하지 못했어요.
(B) 바하마에 오신 것을 환영합니다!

4

Where will the trade show be held?
(A) To show some new clothing lines.
(B) In Chicago.

무역 박람회는 어디에서 열릴 예정인가요?
(A) 몇 종의 새로운 의류 상품들을 선보이려고요.
(B) 시카고에서요.

5

Where are you going to stay in New York?
(A) I am going to stay at a hotel.
(B) I can't stay awake any longer.

뉴욕에서는 어디에서 지낼 예정인가요?
(A) 호텔에서 지낼 예정이에요.
(B) 더 이상 깨어 있을 수가 없군요.

6

Where did Samantha leave the application form?
(A) She left an hour ago.
(B) In the cabinet.

사만다가 신청서를 어디에 두었나요?
(A) 그녀는 한 시간 전에 떠났어요.
(B) 캐비닛 안에요.

연습 B　　　　　　　　🔊 2-039

1 (B)　　2 (B)　　3 (A)
4 (B)　　5 (B)　　6 (A)

1

Where will the trade show be held?
(A) To show new product lines.
(B) At the trade center.

무역 박람회는 어디에서 열릴 예정인가요?
(A) 신제품들을 선보이려고요.
(B) 무역 센터에서요.

2

Where <u>are</u> you <u>going to stay</u> in New York?

(A) Whatever happens, you have to <u>stay calm</u>.

(B) Do you <u>have</u> a place <u>in mind</u>?

뉴욕에서는 어디에서 지낼 예정인가요?

(A) 어떤 일이 일어나더라도 침착해야 해요.

(B) 생각하고 있는 장소가 있나요?

3

Where did you <u>hear</u> the <u>news</u>?

(A) Everyone <u>knows</u> it.

(B) He will be <u>here tomorrow</u>.

그 소식을 어디에서 들었어요?

(A) 모두가 알고 있어요.

(B) 그는 이곳에 내일 올 거예요.

4

Where <u>should</u> I <u>sign</u>?

(A) I <u>can't see any stop signs</u>.

(B) At the bottom of the page.

어디에 서명해야 하나요?

(A) 일단 정지 표지는 어디에도 보이지 않아요.

(B) 페이지 하단에 하시면 돼요.

5

Where did Samantha <u>leave</u> the <u>application form</u>?

(A) She left <u>ten minutes</u> ago.

(B) I have no <u>idea</u>.

사만다가 신청서를 어디에 두었나요?

(A) 그녀는 10분 전에 떠났어요.

(B) 모르겠는데요.

6

Where are you <u>traveling</u> to next summer?

(A) Hawaii.

(B) It's <u>in</u> Hong Kong.

내년 여름에 어디로 여행하실 거예요?

(A) 하와이요.

(B) 그것은 홍콩에 있어요.

꼭 알아야 할 필수 어휘 ❷   p.081

?!? Check-Up 1   2-040

1 buy, Try   2 held   3 go on your vacation
4 keep   5 located

?!? Check-Up 2   2-041

1 find   2 file   3 purchase

?!? Check-Up 3   2-042

1 storage room, shelf   2 closet   3 floor
4 drawer   5 branch office

실전 적용 연습   p.084

    2-043

1 (A)	2 (B)	3 (A)	4 (B)
5 (B)	6 (A)	7 (A)	8 (B)
9 (A)	10 (B)		

1

Where is City Hall?

(A) Just across the street.

(B) The hall is overcrowded.

시청은 어디에 있나요?

(A) 바로 길 건너편예요.

(B) 홀은 만원이에요.

어휘 City Hall 시청 hall 회관; 복도 overcrowded 혼잡한, 너무 붐비는

해설 시청의 위치를 물어보고 있는 where 의문문이다. 장소/위치를 설명하는 기본적인 형태인 '전치사(across) + 장소명사(the street)'로 표현한 (A)가 정답이다.

2

Where can I get my plane ticket refund?

(A) It can take around seven days.

(B) You can get it back online.

항공권 환불을 어디에서 할 수 있나요?

(A) 약 7일 정도 걸려요.

(B) 온라인으로 환불하실 수 있어요.

해설 어디에서 항공권을 환불할 수 있는지 묻는 질문이다. 따라서 기간에 대해 설명한 (A)는 정답이 아니다. '온라인으로 할 수 있다'는 내용의 (B)는 컴퓨터를 사용해서 온라인으로 처리할 수 있다는 의미로서 정답으로 적절하다.

3

Where was this picture taken?

(A) In my office.

(B) I will take it out.

이 사진은 어디서 찍었나요?

(A) 제 사무실에서요.

(B) 제가 꺼낼게요.

어휘 take the picture 사진을 찍다 take out 꺼내다

해설 사진이 찍힌 장소를 묻고 있으므로 '전치사(in) + 장소명사(my office)'로 답한 (A)가 정답이다.

4

Where will you stay when you go to Manhattan?

(A) I will stay there for one week.

19

(B) I will be at the Wallace Hotel.

맨하튼에 가면 어디에서 지내실 건가요?

(A) 그곳에서 일주일 동안 머무를 거예요.

(B) 월러스 호텔에서 지낼 거예요.

해설 머무를 장소를 묻고 있으므로 Wallace Hotel이라는 호텔 이름을 언급한 (B)가 정답이다.

5

Where did you park your car?

(A) The park is not far from here.

(B) Behind the building.

차를 어디에 주차하셨나요?

(A) 공원은 여기에서 멀지 않아요.

(B) 건물 뒤에요.

어휘 park 주차하다; 공원 far 먼

해설 차를 주차한 장소를 물었으므로 '전치사(behind) + 장소명사(the building)'로 주차한 위치를 설명한 (B)가 정답이다.

6

Where should I get off to go to the national museum?

(A) At the next stop.

(B) It opens at 9:00 A.M.

국립 박물관에 가려면 어디서 내려야 하나요?

(A) 다음 정거장에서 내리시면 돼요.

(B) 9시에 개장합니다.

해설 버스나 지하철에서 내려야 하는 장소를 묻는 질문이다. 따라서 '다음 정거장'이라고 답한 (A)가 정답이 될 수 있다.

7

Where are you transferring to next month?

(A) To the Hong Kong office.

(B) By electronic transfer.

다음 달에 어디로 전근 가시나요?

(A) 홍콩 지사로요.

(B) 온라인 이체로요.

어휘 transfer 옮기다, 전근 가다; 이전, 이동 electronic transfer 온라인 이체

해설 전근 가는 장소를 묻고 있으므로 '전치사(to) + 장소명사(the Hong Kong office)'로 답한 (A)가 정답이다.

8

Where does she come from?

(A) She will come soon.

(B) Her hometown is in Texas.

그녀는 어디 출신인가요?

(A) 그녀는 곧 올 거예요.

(B) 그녀의 고향은 텍사스에 있어요.

해설 come from은 '~출신이다'라는 뜻이므로 출신지나 고향

을 묻는 질문이다. 따라서 주 이름인 Texas를 언급하면서 '고향(hometown)'이라고 응답한 (B)가 정답이다.

9

Where is the nearest post office?

(A) It is one mile away from here.

(B) Post it as soon as possible.

가장 가까운 우체국이 어디에 있나요?

(A) 여기서 1마일 떨어진 곳에 있어요.

(B) 가능한 한 빨리 발송하세요.

어휘 away from ~에서 떨어진 post 우체통에 넣다, 우송하다, 편지를 보내다 as soon as possible 가능한 한 빨리

해설 장소의 위치를 묻고 있으므로, 떨어져 있는 거리를 설명한 (A)가 정답이다.

10

Where are you going to send this letter?

(A) Yes, it is written in this letter.

(B) To our central office.

이 편지를 어디로 보낼 건가요?

(A) 네, 이 편지에 쓰여 있어요.

(B) 본사로요.

어휘 central office 본사

해설 편지를 보낼 장소를 묻고 있다. 따라서 '~로'라는 의미의 전치사 to를 이용하여 '전치사(to) + 장소명사(our central office)'의 형태를 취한 (B)가 정답이다.

토익 실전 연습 p.085

◀》 2-044

1 (C)	2 (A)	3 (B)	4 (C)
5 (A)	6 (A)	7 (C)	8 (B)
9 (A)	10 (B)	11 (B)	12 (B)
13 (C)	14 (A)	15 (B)	

1

Where is the nearest grocery store around here?

(A) Yes, you can store your groceries here.

(B) Okay. I will buy some food for you at the grocery store.

(C) Turn left at the next corner, and you will see it on your right.

이 근처 가장 가까운 식료품 점은 어디에 있나요?

(A) 네, 식료품은 이곳에 보관하시면 돼요.

(B) 좋아요. 당신을 위해 식료품점에서 음식을 조금 사 올게요.

(C) 다음 코너에서 좌회전하시면 오른쪽에서 볼 수 있을 거예요.

해설 가까운 식료품점의 위치를 묻고 있으므로, 해당 장소까지 찾아가는 방법을 설명하고 있는 (C)가 정답이다.

2

Where is the final destination of this train?

(A) Boston.
(B) It is on the third floor.
(C) In twenty minutes.

이 기차의 종착지가 어디인가요?

(A) 보스턴이에요.
(B) 3층에 있어요.
(C) 20분 후에요.

어휘 final destination 최종 목적지, 종착역

해설 기차의 '종착지(final destination)'를 묻고 있으므로 지명 Boston으로 답한 (A)가 정답이다. (B)도 3층(the third floor)이라는 장소를 언급했지만 질문과는 관계없는 대답이므로 답이 될 수 없다.

3

Where do you want me to put these documents?

(A) Let's meet at the hotel reception desk.
(B) Leave them on my desk.
(C) I am still working on it.

이 서류들을 어디에 둘까요?

(A) 호텔 안내 데스크에서 만나요.
(B) 저의 책상 위에 두세요.
(C) 아직 작업 중이에요.

어휘 document 서류 reception desk 안내 데스크 work on ~을 작업하다

해설 서류를 놓을 장소로 적합한 장소를 언급한 응답을 찾으면 된다. 질문에서 나온 put(놓다)과 비슷한 의미의 단어 leave(놓다)로 답한 (B)가 정답이다.

4

Where can I catch the bus to the airport?

(A) I will catch you in an hour.
(B) Every 15 minutes.
(C) There is a bus stop over there.

공항으로 가는 버스는 어디에서 탈 수 있나요?

(A) 한 시간 내로 따라 갈게요.
(B) 15분마다요.
(C) 저쪽에 버스 정류장이 있어요.

해설 버스를 탈 수 있는 곳을 묻고 있으므로, '버스 정류소(bus stop)'의 위치를 설명하는 (C)가 알맞은 응답이다. (A)는 질문에 나온 catch를 다시 언급하고 있는 함정이다.

5

Where did you save the market research file?

(A) I did it on my laptop.
(B) Yes, I did some market research.
(C) It says the market is getting more and more competitive.

시장조사 파일을 어디에 저장했나요?

(A) 저의 휴대용 컴퓨터에 저장했어요.
(B) 네, 약간의 시장조사를 했어요.
(C) 시장에서 경쟁이 점점 더 심해지고 있다는 것을 보여주고 있어요.

해설 파일을 저장한 장소를 묻는 질문에 대해 자신의 휴대용 컴퓨터에 저장했다고 답한 (A)가 정답이다. 'the market research file'에서 마지막 단어인 'file'을 정확히 듣지 못하면 정답을 찾기가 어려워진다.

6

Where should I file these documents?

(A) In the cabinet.
(B) It is empty.
(C) You can fill it with this.

이 서류들을 어디에 보관해야 하나요?

(A) 캐비닛 안에요.
(B) 그것은 비어 있어요.
(C) 이것으로 채우시면 돼요.

어휘 file (문서 등을) 보관하다[철하다] empty 텅 빈

해설 서류를 정리해 놓을 장소를 묻고 있다. 따라서 '전치사(in) + 장소명사(the cabinet)'로 답한 (A)가 정답이다.

7

Where is Cathy going?

(A) Yesterday.
(B) I won't go.
(C) To her manager's office.

캐시는 어디에 가나요?

(A) 어제요.
(B) 저는 안 갈 거예요.
(C) 부장님 사무실에요.

해설 어디에 가는지 묻고 있으므로 질문에 나온 동사 go(가다)와 연결될 수 있는 전치사 to를 사용해 '전치사(to) + 장소명사(her manager's office)'의 형태로 답한 (C)가 정답이다.

8

Where is your office located?

(A) Two years ago.
(B) In downtown Tokyo.
(C) The office opens at 8:30 A.M.

당신의 사무실은 어디에 위치하고 있나요?

(A) 2년 전에요.
(B) 도쿄 시내에요.
(C) 사무실은 오전 8시 30분에 열어요.

어휘 be located 위치하다 downtown 시내

해설 '사무실(office)'이 있을 수 있는 장소나 위치가 정답이 되므로 정답은 (B)이다. (A)와 (C)는 모두 시간과 연관된 대답이므로 정답에서 제외된다.

9

Where will the meeting be held?

(A) In the conference room.
(B) I have not met him yet.
(C) Please hold the line.

회의는 어디서 열릴 예정인가요?
(A) 회의실에서요.
(B) 그를 아직 만나지 못했어요.
(C) 끊지 말고 기다려 주세요.

어휘 hold (회의, 행사 등을) 개최하다, 열다   Please hold the line. (전화를 끊지 말고) 잠시만 기다려 주세요.

해설 회의 장소를 묻는 질문이다. Where 의문문의 기본 답변 형태인 '전치사(in) + 장소 명사(the conference room)'를 취하고 있는 (A)가 정답이다.

10
Where did you leave your umbrella?
(A) I don't think so.
(B) I can't remember.
(C) It is raining now.

우산을 어디에 두셨나요?
(A) 그렇게 생각하지 않아요.
(B) 기억이 나지 않네요.
(C) 지금 비가 내리고 있어요.

해설 우산을 둔 장소를 묻고 있는데, 해당 장소가 '기억이 나지 않는다'고 답한 (B)가 정답이다.

11
Where are you going to spend your vacation?
(A) I don't want to spend too much money.
(B) I am going to visit Spain for two weeks.
(C) I am going to take a vacation next week.

당신은 휴가를 어디에서 보낼 예정인가요?
(A) 저는 너무 많은 돈을 쓰는 것을 원하지 않아요.
(B) 저는 2주 동안 스페인을 방문할 예정이에요.
(C) 저는 다음주에 휴가를 내려고 해요.

해설 휴가 갈 장소가 어디인지 묻는 질문이므로, 지역, 도시, 또는 국가 명이 나와야 정답이 될 수 있다. 정답은 (B)이다.

12
Where can I get my identification card?
(A) By credit card.
(B) Talk to your manager.
(C) I don't need one.

사원증을 어디에서 받을 수 있나요?
(A) 신용카드로요.
(B) 부장님께 말씀하세요.
(C) 저는 필요하지 않아요.

어휘 identification card 신분증, 사원증   credit card 신용카드

해설 사원증을 발급해주는 장소나 사람이 정답이 될 수 있다. Where 의문문이지만 (B)처럼 'talk to + 사람(~에게 말해라)'도 적절한 답변으로 쓰일 수 있다.

13
Where was your article published?
(A) I left it on the shelf.
(B) It was published last week.
(C) On the second page in the paper.

당신의 기사는 어디에 실렸나요?
(A) 선반 위에 두었어요.
(B) 지난주에 출판되었어요.
(C) 신문의 두 번째 페이지예요.

해설 '기사(article)'가 실릴 수 있는 장소를 언급한 (C)가 정답이다.

14
Where should we put this cabinet?
(A) In the left corner.
(B) Kevin is in a meeting.
(C) For two weeks.

이 캐비닛을 어디에 두어야 하나요?
(A) 왼쪽 구석에요.
(B) 케빈은 회의 중이에요.
(C) 2주 동안요.

어휘 article 기사, 논설   publish 출판하다, 출간하다   shelf 선반   paper 신문; 짧은 글, 연구 논문

해설 캐비닛을 둘 수 있는 장소를 묻고 있으므로 '전치사(in) + 장소명사(the left corner)'로 답한 (A)가 정답으로 적절하다.

15
Where can I get the shuttle bus to the convention center?
(A) Less than twenty minutes.
(B) In front of the hotel.
(C) I will get you one.

컨벤션 센터로 가는 셔틀 버스는 어디에서 탈 수 있나요?
(A) 20분이 채 걸리지 않아요.
(B) 호텔 앞에서요.
(C) 제가 하나 구해드릴게요.

어휘 shuttle bus 셔틀버스   convention center 컨벤션 센터

해설 질문의 핵심은 앞부분인 'Where can I get the shuttle bus' 로, 버스를 탈 수 있는 장소를 언급한 '전치사(in front of) + 장소명사 (the hotel)' 형태의 (B)가 정답이 된다. (C)는 어떤 사물을 찾는 질문에 대한 대답이다.

Unit 03 ┃ When 의문문

질문 패턴 분석   p.087

패턴 1 Check-Up   🔊 2-047
1 (A) 다섯 시에요.   (B) 전화로요.
2 (A) 기차를 타고 싶어요.   (B) 내일 아침 7시까지는 없어요.

패턴 2 Check-Up　　　　🔊 2-049

1 (A) 제 전화기를 쓰셔도 돼요. 　(B) 이달 말까지요.

2 (A) 며칠 더 여유가 있어요. 　(B) 저희에게 계획이 있어요.

패턴 3 Check-Up　　　　🔊 2-051

1 (A) 지난주에 결정했어요. 　(B) 다음 달에요.

2 (A) 사흘 전에요. 　(B) 1번 플랫폼에서요.

패턴 4 Check-Up　　　　🔊 2-053

1 (A) 다음 주 금요일에요. 　(B) 사무실에서요.

2 (A) 뉴욕에서요. 　(B) 2시에요.

질문 패턴 연습 ❶ 　　　　p.091

연습 A 　　　　🔊 2-054

1 (B)　　2 (A)　　3 (B)
4 (A)　　5 (A)　　6 (B)

1
When is the next bus to Manhattan?
(A) It's your turn.
(B) At five.

맨해튼행 다음 버스는 언제 있나요?
(A) 당신 차례예요.
(B) 다섯 시에요.

2
When is your appointment with the dentist?
(A) This afternoon.
(B) In the center of town.

치과 진료 예약이 언제인가요?
(A) 오늘 오후요.
(B) 도심에서요.

3
When does the next bus arrive?
(A) I will get off at the next bus stop.
(B) It will be here in ten minutes.

다음 버스는 언제 도착하나요?
(A) 저는 다음 정류소에서 내려요.
(B) 10분 이내에 이곳에 도착할 거예요.

4
When did you submit your application?
(A) I did it last Friday.
(B) It does not apply to me.

지원서는 언제 제출했나요?
(A) 지난 금요일에 제출했어요.
(B) 그것은 저에게 적용되지 않아요.

5
When do you move into your new office?
(A) In two weeks.
(B) It's on the second floor.

새 사무실로 언제 이사 가세요?
(A) 2주 후에요.
(B) 2층에 있어요.

6
When is the deadline for the gas bill payment?
(A) By credit card.
(B) February 15.

가스 요금 납부 마감일이 언제죠?
(A) 신용카드로요.
(B) 2월 15일이에요.

연습 B 　　　　🔊 2-055

1 (B)　　2 (B)　　3 (A)
4 (B)　　5 (A)　　6 (A)

1
When did you submit your application?
(A) It is open to almost everyone.
(B) I did it just before the deadline.

지원서는 언제 제출했나요?
(A) 그것은 거의 모든 사람들에게 열려 있어요.
(B) 마감 직전에 제출했어요.

2
When is the deadline for the gas bill payment?
(A) In cash.
(B) Next Wednesday.

가스 요금 납부 마감일이 언제예요?
(A) 현금으로요.
(B) 다음 주 수요일이에요.

3
When do you move into your new office?
(A) No later than October 10.
(B) It's on the third floor.

새 사무실로 언제 이사 가세요?
(A) 10월 10일을 넘기지는 않을 거예요.
(B) 3층에 있어요.

4
When is your appointment with the dentist?
(A) At the hospital.
(B) I have to be there by three.

치과 진료 예약이 언제인가요?
(A) 병원에서요.
(B) 3시까지 가야 해요.

5
When does the next bus arrive?
(A) Here it comes.
(B) It is your turn.

다음 버스는 언제 도착하나요?
(A) 지금 오는군요.
(B) 당신 차례예요.

6
When is the next bus to Manhattan?
(A) Not until tomorrow morning.
(B) It's my turn.

맨해튼행 다음 버스는 언제 있나요?
(A) 내일 아침에나 있어요.
(B) 제 차례예요.

질문 패턴 분석   p.092

패턴 5 Check-Up   ◁》 2-057
1 (A) 2층이에요.   (B) 다음 주에요.
2 (A) 2주 후에요.   (B) 전혀 그렇지 않아요.

패턴 6 Check-Up   ◁》 2-059
1 (A) 그는 바빴어요.   (B) 다음 주 화요일에요.
2 (A) 일주일에 나흘요.   (B) 금요일에요.

패턴 7 Check-Up   ◁》 2-061
1 (A) 오래 걸리지는 않을 거예요.
  (B) 네, 괜찮아요.
2 (A) 인사부장님께요.   (B) 이번 달 말까지요.

질문 패턴 연습 ❷   p.095

연습 A   ◁》 2-062

1 (A)	2 (B)	3 (A)
4 (A)	5 (B)	6 (B)

1
When is your plane scheduled to leave?
(A) My plane leaves at 7:30 P.M. today.
(B) I have to get to the boarding gate in time.

당신의 비행기는 언제 출발할 예정인가요?
(A) 저의 비행기는 오늘 오후 7시 30분에 출발해요.
(B) 저는 시간에 맞게 탑승구에 도착해야 해요.

2
When are you taking your driving test?
(A) I failed three times.
(B) Two weeks from now.

운전 면허 시험을 언제 볼 건가요?
(A) 저는 세 번 떨어졌어요.
(B) 지금부터 2주 후에요.

3
When will your new book be published?
(A) Early next month, I hope.
(B) That sounds fine.

당신의 새 책은 언제 출간되나요?
(A) 다음 달 초이기를 희망해요.
(B) 좋습니다.

4
When are you going to start the work?
(A) At noon tomorrow.
(B) First come, first served.

일은 언제 시작할 예정인가요?
(A) 내일 정오에요.
(B) 선착순이에요.

5
When is the construction scheduled to be finished?
(A) I'm finished with it.
(B) Not for another three weeks.

공사가 언제 마무리될 예정인가요?
(A) 저는 그것을 끝냈어요.
(B) 3주 후에나 될 거예요.

6
When can I expect my order to arrive?
(A) I ordered a new printer.
(B) It will take a few days.

제가 주문한 물건은 언제쯤 도착할까요?
(A) 저는 새 프린터를 주문했어요.
(B) 며칠 걸릴 거예요.

연습 B   ◁》 2-063

1 (A)	2 (B)	3 (A)
4 (B)	5 (A)	6 (A)

1
When are you taking your driving test?
(A) At twelve tomorrow.
(B) I will pass the test.

운전 면허 시험을 언제 볼 건가요?

(A) 내일 12시에요.
(B) 저는 시험에 붙을 거예요.

2
When are you going to start the work?
(A) Let's start with a simple question.
(B) Next Friday is the earliest day I can do it.

일은 언제 시작할 예정인가요?
(A) 쉬운 문제부터 시작해 보도록 하죠.
(B) 다음 주 금요일이 제가 할 수 있는 가장 빠른 날짜예요.

3
When can I expect my order to arrive?
(A) Tomorrow afternoon, I think.
(B) I ordered a new cabinet.

제가 주문한 물건은 언제쯤 도착할까요?
(A) 내일 오후가 될 것 같아요.
(B) 저는 새 캐비닛을 주문했어요.

4
When is the construction scheduled to be finished?
(A) Of course not.
(B) At the end of next month.

공사가 언제 마무리될 예정인가요?
(A) 물론 그렇지 않아요.
(B) 다음 달 말에요.

5
When is your plane scheduled to leave?
(A) My plane is leaving at 9:00 A.M. tomorrow.
(B) You have to arrive at the airport one hour before the flight.

당신의 비행기는 언제 출발할 예정인가요?
(A) 저의 비행기는 내일 오전 9시에 출발해요.
(B) 당신은 비행 출발 한 시간 전에 공항에 도착해야 해요.

6
When will your new book be published?
(A) Sometime next week.
(B) At the end of the street.

당신의 새 책은 언제 출간되나요?
(A) 다음 주 중에요.
(B) 거리 끝에서요

꼭 알아야 할 필수 어휘 ❸   p.096

Check-Up **1**   ◀) 2-064

1 hire   2 returns   3 relocate   4 expect, approved

Check-Up **2**   ◀) 2-065

1 flight   2 application   3 proposal   4 deadline

실전 적용 연습   p.098

◀) 2-066

1 (B)	2 (A)	3 (B)	4 (B)
5 (A)	6 (B)	7 (A)	8 (A)
9 (B)	10 (B)		

1
When is the board meeting?
(A) It was really boring.
(B) At nine o'clock tomorrow.

이사회는 언제인가요?
(A) 정말 지루했어요.
(B) 내일 9시요.

어휘 board meeting 이사회

해설 이사회의 시간을 물어보는 When 의문문이므로 'At nine o'clock tomorrow.(내일 9시요)'라는 시간으로 답한 (B)가 정답이다.

2
When is our next payment due?
(A) The end of the month.
(B) Please pay the bill.

다음 납부 기한은 언제까지인가요?
(A) 이번 달 말이요.
(B) 대금을 지불해 주세요.

어휘 payment 지불, 납입 bill 청구서, 계산서

해설 due는 '지불 기일이 된'이란 뜻으로 기한을 묻는 질문이다. 따라서 구체적인 기한을 명시한 (A)가 정답이다.

3
When do you start your new job?
(A) Yes, let's get started.
(B) They will let me know soon.

새 일은 언제 시작하나요?
(A) 네, 시작하죠.
(B) 그들이 곧 알려 주기로 했어요.

해설 새 일을 언제 시작하게 될지 아직 모르며 통보를 기다리고 있다는 의미를 나타내는 (B)가 정답이다.

4
When do we have to announce the company merger?
(A) Not until they find the right person.
(B) It is scheduled for Monday.

우리가 기업 합병을 언제 발표해야 하나요?
(A) 그들이 적절한 사람을 찾을 때까지는 하지 않아요.
(B) 월요일로 예정되어 있어요.

어휘 announce 발표하다 merger 합병 right 알맞은, 옳은

해설 'When do we have to 동사원형?'은 미래의 의무 사항을 언제 해야 하는지 묻는 질문이다. 미래의 예정을 나타내는 표현 'be scheduled for(~로 예정되어 있다)'를 써서 Monday라는 시간으로 답한 (B)가 정답이다.

5

When will the new product be released?

(A) The exact date has not been confirmed yet.

(B) It was delivered yesterday.

신제품은 언제 발매되나요?

(A) 정확한 날짜는 아직 확정되지 않았어요.

(B) 어제 배달됐어요.

어휘 release 발표하다, 방출하다, 발매하다 exact 정확한 confirm 확정하다; 확인하다 deliver 배달하다

해설 신제품 발매 시기를 묻는 질문이다. 날짜 등의 시간이 답변으로 올 수도 있지만, (A)처럼 날짜가 결정되지 않았다는 답변도 가능하다.

6

When did you first meet her?

(A) At a party.

(B) During my freshman year.

그녀를 언제 처음 만났나요?

(A) 파티에서 만났어요.

(B) 대학 신입생일 때요.

해설 그녀를 처음 만났던 시기를 묻는 질문이다. 시간이나 시기에 관한 표현으로 대답하는 것이 적절하므로 정답은 (B)이다.

7

When is Samantha moving into her new apartment?

(A) Probably next weekend.

(B) She hasn't come in yet.

사만다는 언제 새 아파트로 이사 가나요?

(A) 아마 다음 주말일 거예요.

(B) 그녀는 아직 도착하지 않았어요.

어휘 come in 도착하다; 집에 들어가다

해설 현재 진행형은 가까운 미래의 일을 나타낼 때도 쓰인다. 이사할 시기를 물었으므로 미래의 시점인 next weekend라고 답한 (A)가 정답이다.

8

When are you going to apply for the job?

(A) I have already done that.

(B) I am quite certain that I can finish the job on time.

당신은 언제 그 직장에 지원할 예정인가요?

(A) 이미 지원했어요.

(B) 저는 제시간에 일을 끝낼 수 있다고 확신해요.

해설 '언제 지원할 것인가요?'라는 질문에 대해 논리적으로 가장 적절한 대답이 될 수 있는 표현을 찾는다. 이미 지원했다는 내용의 (A)가 적절한 대답이다.

9

When are we supposed to hear from them?

(A) They have already left.

(B) Someday next week, I hope.

언제 그들로부터 연락이 올까요?

(A) 그들은 이미 떠났어요.

(B) 다음 주쯤일 거라고 생각해요.

해설 'be supposed to 동사원형'은 '~하기로 되어 있다'라는 뜻으로 미래의 일을 나타낸다. 따라서 연락이 올 미래의 시점 next week를 언급한 (B)가 정답이다.

10

When is the flight from Los Angeles supposed to arrive?

(A) At the Incheon International Airport.

(B) At 7:15 P.M.

로스앤젤레스발 비행기는 언제 도착할 예정인가요?

(A) 인천 국제 공항에요.

(B) 오후 7시 15분에요.

어휘 international 국제의

해설 비행기의 도착 시각을 묻고 있으므로, 오후 7시 15분이라는 시간을 언급한 (B)가 정답이다.

토익 실전 연습 p.099

◀) 2-067

1 (B)	2 (A)	3 (A)	4 (B)
5 (A)	6 (C)	7 (A)	8 (C)
9 (A)	10 (C)	11 (A)	12 (B)
13 (B)	14 (B)	15 (C)	

1

When is the training session?

(A) In the conference room.

(B) Next Monday at 3:00 P.M.

(C) I will take a train.

연수 교육은 언제인가요?

(A) 회의실에서요.

(B) 다음 주 월요일 오후 3시요.

(C) 기차를 탈 거예요.

어휘 training session 연수 교육

해설 연수 교육이 언제인지 묻고 있으므로 요일과 시간으로 답한 (B)가 정답이다.

2

When does the shipment arrive?

(A) Between 10:00 A.M. and noon.

(B) All of them.

(C) By ship.

선적 화물은 언제 도착하나요?

(A) 10시부터 정오 사이예요.

(B) 그것들 전부요.

(C) 배로요.

어휘 shipment 선적 화물; 배송, 수송 arrive 도착하다 delay 지연시키다

해설 현재 시제를 사용하여 미래에 일어날 사항에 관해 묻는 when 의문문이다. 여기서는 '오전 10시와 정오 사이'라는 구체적인 시간을 언급한 표현이 있으므로 (A)를 정답으로 선택한다. 이 문제와 같이 일반적으로는 시간을 구체적으로 언급하여 답하지만 시간 언급 없이 상황을 설명하는 답변이 나올 수도 있다.

3

When did you first start to work for the company?

(A) Right after graduation.

(B) I started work as an apprentice.

(C) I am going to start work as soon as possible.

언제 그 회사를 위해 일을 처음 시작했나요?

(A) 졸업한 직후예요.

(B) 저는 견습생으로 일을 시작했어요.

(C) 가능한 한 빨리 일을 시작할게요.

해설 회사에서 일을 처음 시작한 시기를 묻는 질문이므로, 선택지 중에서 '졸업한 직후'라는 표현만이 적절한 답변이 될 수 있다. 정답은 (A)이다.

4

When will the rent increase take effect?

(A) 15 percent.

(B) From November.

(C) The room has been rented out.

집세는 언제부터 오르게 되나요?

(A) 15퍼센트요.

(B) 11월부터요.

(C) 그 방은 이미 임대되었어요.

어휘 rent 집세 increase 증가, 상승; 증가하다 take effect 효과가 나타나다, 시행되다 rent out ~을 임대하다

해설 집세가 오를 미래의 시점을 묻는 질문이다. November라고 시기를 말한 (B)가 정답이다.

5

When are you going abroad?

(A) Next Tuesday.

(B) To Spain.

(C) For two weeks.

해외에는 언제 나가세요?

(A) 다음 주 화요일에요.

(B) 스페인으로요.

(C) 2주 동안요.

어휘 go abroad 외국에 가다

해설 현재 진행 시제는 가까운 미래에 일어날 일을 나타내기도 한다. 따라서 미래의 시점을 나타내는 표현 'next + 요일(Tuesday)'로 답한 (A)가 정답이다. 참고로 last는 과거 시점에 사용되며, this는 상황에 따라 과거, 미래에 모두 사용될 수 있다. (this morning 오늘 아침 〈현재 또는 과거〉 / this weekend 이번 주말 〈미래〉)

6

When is the company planning to hire a new receptionist?

(A) At the reception desk.

(B) I have not seen her yet.

(C) Next month.

그 회사는 언제 새 안내원을 채용할 계획인가요?

(A) 안내 창구에서요.

(B) 아직 그녀를 만나지 못했어요.

(C) 다음 달에요.

어휘 hire 고용하다, 채용하다 receptionist 안내원, 접수 계원 reception desk 안내 창구

해설 'be planning to 동사원형'은 미래의 계획을 나타내는 표현이다. 따라서 미래 시점인 'Next month.'로 답한 (C)가 정답이다.

7

When do we have to hand in the application form?

(A) Wednesday at the latest.

(B) It is a handmade product.

(C) Several people applied for the position.

언제까지 지원서를 제출해야 하나요?

(A) 늦어도 수요일까지요.

(B) 그것은 수제품이에요.

(C) 여러 명이 그 자리에 지원했어요.

어휘 have to ~해야 하다 hand in 제출하다 application form 지원서, 신청서 at the latest 늦어도 handmade 손으로 만든 apply for ~에 지원하다 position 직책, 직위

해설 'When do we have to ~?'는 미래에 의무적으로 해야 할 일의 시점을 묻는 의문문이다. 따라서 Wednesday라는 미래 시점을 언급한 (A)가 정답이다.

8

When can you upload the file to our Web site?

(A) I will show you how to upload it.

(B) It is one of the most popular Web sites.

(C) It will be done by next Monday at the latest.

당신은 언제 우리 웹사이트에 그 파일을 업로드할 수 있나요?

(A) 그것을 업로드하는 방법을 알려드릴게요.

(B) 그것은 가장 인기있는 웹사이트들 중 하나예요.

(C) 늦어도 다음주 월요일까지는 업로드 될 거예요.

해설 '언제까지 할 수 있는지?'를 묻는 질문에 대한 대답이 될 수 있는 표현을 찾아야 한다. 정답은 다음주 월요일까지 될 것이라는 내용의 (C)이다. 시간적으로 '~까지'의 의미를 표현하고자 할 때 전치사 by를 사용하는데, 'by Monday(월요일까지)', 'by tomorrow at the latest(늦어도 내일까지)' 등이 그 예이다.

9

When is the train scheduled to depart?
(A) At 7:30 P.M.
(B) It will arrive soon.
(C) It is from Chicago.

기차는 언제 출발할 예정인가요?
(A) 오후 7시 30분에요.
(B) 곧 도착할 거예요.
(C) 시카고에서 와요.

어휘 depart 출발하다

해설 'be scheduled to 동사원형'은 '~하기로 예정되어 있다'라는 의미이다. 따라서 미래 시점으로 설명하거나 시간이나 날짜가 정답이 되므로, 시간으로 답한 (A)가 정답이다. (B)에 나오는 arrive(도착하다)는 질문의 depart(출발하다)의 반대어이다.

10

When do you expect to publish the result of your review?
(A) Before lunch yesterday.
(B) I have to be there by six.
(C) By the end of this month.

검토 결과를 언제 발표할 예정인가요?
(A) 어제 점심 전에요.
(B) 6시까지는 그곳에 가야 해요.
(C) 이달 말까지요.

어휘 publish 발표하다; 출판하다 result 결과 review 검토; 비평

해설 'expect to 동사원형'은 '~할 것을 예상하다'라는 뜻으로 미래의 행위와 연관된 표현이다. 발표 예정일을 묻고 있으므로, 시간 전치사 by(~까지)와 함께 쓰여 미래의 시점을 나타내는 (C)가 정답이다.

11

When should I call you back?
(A) How about tomorrow morning?
(B) Yes, she will be back soon.
(C) Through the back gate.

당신에게 언제 전화하면 될까요?
(A) 내일 아침은 어떠세요?
(B) 네, 그녀는 곧 돌아올 거예요.
(C) 뒷문을 통해서요.

어휘 How about ~? ~하는 게 어때요? be back 돌아오다 through ~을 통해서 back gate 뒷문

해설 'When should ~?'는 가까운 미래에 해야 할 의무적인 행위에 대해 묻는 의문문이다. 따라서 tomorrow morning이라는 미래 시점을 제안한 (A)가 정답이다.

12

When are you going to send the budget report?
(A) I will come back tomorrow.
(B) By noon at the latest.
(C) To the Personnel Department.

예산 보고서는 언제 보내실 건가요?
(A) 저는 내일 돌아올 거예요.
(B) 늦어도 정오까지요.
(C) 인사과로요.

어휘 budget 예산 Personnel Department 인사과

해설 미래를 나타내는 'be going to 동사원형' 구문으로 질문했으므로 적절한 미래 시점을 나타내는 표현을 찾는다. '정오까지'라고 답한 (B)가 정답이다. (A)에 tomorrow라는 미래 시점이 나타나 있지만 질문과는 상관 없는 답변이므로 오답이다.

13

When is the book scheduled for publication?
(A) It is about time travel.
(B) Next month.
(C) We are too busy with our schedule.

그 책은 언제 출판될 예정인가요?
(A) 그 책은 시간 여행에 관한 것이에요.
(B) 다음 달에요.
(C) 우리는 일정이 매우 바빠요.

해설 'be scheduled'는 '~할 예정이다'라는 뜻이므로 답변에는 미래 시점이 언급되어야 한다. 미래의 시점 next month로 답한 (B)가 정답이다.

14

When will you be done with the filing?
(A) You can leave the file here.
(B) By Thursday afternoon.
(C) Yes, I'm free now.

언제 서류 정리를 끝마칠 건가요?
(A) 서류는 여기에 두시면 돼요.
(B) 목요일 오후까지요.
(C) 네, 저는 지금 시간이 있어요.

어휘 be done with ~을 끝내다 filing (서류 등의) 철하기, 서류 정리 free 한가한

해설 서류 정리를 끝마칠 미래의 시점을 묻고 있으므로 'by + 시점 (Thursday afternoon)'으로 답한 (B)가 정답이다.

15

When is the proposal due?
(A) That's enough for now.
(B) Due to heavy rain.
(C) Early next week.

제안서는 언제까지인가요?
(A) 지금은 그걸로 충분해요.
(B) 폭우 때문에요.
(C) 다음 주 초까지요.

어휘 proposal 신청(안), 제안(서) due 지불 기일이 된, (언제) ~하기로 되어 있는 heavy rain 폭우 enough 충분한

해설 질문의 마지막에 나오는 due(지불 기일이 된)만 잘 들어도 마감일을 묻고 있음을 파악할 수 있다. 마감 시점을 언급한 (C)가 정답이다. (B)의 due to는 '~때문에'라는 의미의 전치사 표현이다.

Unit 04 | Why 의문문

질문 패턴 분석
p.101

패턴 1 Check-Up
🔊 2-070

1 (A) 날씨가 나빠서요.　(B) 너무 늦었어요.
2 (A) 여기 있어요.　(B) 면접을 보러 왔습니다.

패턴 2 Check-Up
🔊 2-072

1 (A) 보고서를 끝내야 해서요.　(B) 그는 항상 지각하는군요.
2 (A) 더 빨리 일할게요.　(B) 막차를 타야 하거든요.

패턴 3 Check-Up
🔊 2-074

1 (A) 저의 일정이 변경되었거든요.
　(B) 그녀가 그 자리에 임명되었어요.
2 (A) 제 책상 위에 있어요.
　(B) 그들이 처음에 보낸 것을 분실했거든요.

질문 패턴 연습 ❶
p.104

연습 A
🔊 2-075

1 (A)　2 (A)　3 (A)
4 (B)　5 (B)　6 (B)

1
Why does Rachel want to move to Boston?
(A) She got a better job there.
(B) Because she likes public transportation.

레이첼은 왜 보스턴으로 이사 가기를 원하나요?
(A) 그곳에 더 나은 직장을 구했어요.
(B) 그녀가 대중 교통을 좋아하기 때문이에요.

2
Why are you so late?
(A) My train was delayed.
(B) I haven't seen him of late.

왜 그렇게 늦었나요?
(A) 기차가 연착되었어요.
(B) 최근에 그를 보지 못했어요.

3
Why do we have to move our office?
(A) This building needs a complete renovation.
(B) I will be back in the office in an hour.

왜 사무실을 이전해야 하나요?
(A) 이 건물은 전반적인 수리가 필요해요.
(B) 한 시간 내로 사무실에 돌아올게요.

4
Why was the meeting canceled?
(A) The meeting starts at 10:30.
(B) Our manager had a car accident.

회의가 왜 취소된 건가요?
(A) 회의는 10시 30분에 시작해요.
(B) 우리 부장님이 교통사고를 당했어요.

5
Why is the parking lot so empty today?
(A) You should not park your car here.
(B) Today is a holiday.

오늘은 왜 주차장이 텅 비어 있나요?
(A) 여기에 주차하시면 안 돼요.
(B) 오늘은 휴일이서요.

6
Why is the company moving its office?
(A) My office is on the second floor.
(B) The current office building is too old.

그 회사는 왜 사무실을 옮기나요?
(A) 제 사무실은 2층에 있어요.
(B) 지금 사무실 건물이 너무 낡아서요.

연습 B
🔊 2-076

1 (B)　2 (B)　3 (A)
4 (B)　5 (B)　6 (B)

1
Why is the parking lot so empty today?
(A) You can use this parking lot.
(B) Most people left early.

오늘은 왜 주차장이 텅 비어 있나요?
(A) 이 주차장을 사용하시면 돼요.
(B) 사람들 대부분이 일찍 퇴근했어요.

2
Why is the company moving its office?
(A) My office is on the third floor.
(B) They built a new building.

그 회사는 왜 사무실을 옮기나요?
(A) 제 사무실은 3층에 있어요.
(B) 회사에서 새 건물을 지었거든요.

3

Why does Rachel want to move to Boston?
(A) She wants to live with her family.
(B) Because she likes traveling.

왜 레이첼은 보스턴으로 이사 가기를 원하나요?
(A) 그녀는 가족과 함께 지내고 싶어 해요.
(B) 그녀가 여행을 좋아하기 때문이에요.

4

Why are you so late?
(A) I don't like you staying out late.
(B) My car broke down on the way.

왜 그렇게 늦었나요?
(A) 저는 당신이 늦게 귀가하는 것이 싫어요.
(B) 차가 길에서 고장 났어요.

5

Why do we have to move our office?
(A) We need to move on to the next topic.
(B) Our lease ends at the end of this month.

왜 사무실을 이전해야 하나요?
(A) 다음 주제로 넘어가겠습니다.
(B) 이달 말이면 우리 임대 계약이 끝나거든요.

6

Why was the meeting canceled?
(A) The meeting starts at noon.
(B) The president's flight has been delayed.

회의가 왜 취소된 건가요?
(A) 회의는 정오에 시작해요.
(B) 사장님이 탑승한 비행기가 연착되었어요.

질문 패턴 분석 　　　　　p.105

패턴 4 Check-Up 　　　　　🔊 2-078
1 (A) 그래야 할 것 같군요.　　(B) 비행기는 곧 이륙합니다.
2 (A) 좋은 생각이에요.　　　　(B) 택시를 불렀거든요.

패턴 5 Check-Up 　　　　　🔊 2-080
1 (A) 그것은 작동하지 않아요.　(B) 기차가 연착되었어요.
2 (A) 그는 의사예요.　　　　　(B) 그는 다른 일자리를 구했어요.

패턴 6 Check-Up 　　　　　🔊 2-082
1 (A) 그는 곧 떠날 거예요.
　(B) 어머니께서 병원에 입원하셨어요.
2 (A) 휴가 중이에요.
　(B) 그녀는 상당히 열심히 일해요.

질문 패턴 연습 ❷ 　　　　　p.108

연습 A 　　　　　🔊 2-083

1 (A)　　2 (B)　　3 (B)
4 (A)　　5 (B)　　6 (A)

1

Why don't you get some rest?
(A) Let me finish this first.
(B) I will take a bus.

잠시 쉬는 게 어때요?
(A) 우선 이것부터 끝낼게요.
(B) 버스를 탈 거예요.

2

Why didn't James show up for the meeting today?
(A) He thinks the show is over.
(B) He is on a business trip in Tokyo.

제임스는 왜 오늘 회의에 참석하지 않았나요?
(A) 그는 쇼가 끝났다고 생각해요.
(B) 그는 도쿄 출장 중이에요.

3

Why did Mr. Thompson leave the company?
(A) He left his office this morning.
(B) It was due to his bad health.

톰슨 씨는 왜 회사를 그만둔 건가요?
(A) 그는 오늘 아침에 사무실을 나갔어요.
(B) 그의 건강이 나빠졌기 때문에요.

4

Why did Linda send the letter?
(A) She invited us to her party.
(B) At the hospital.

린다는 왜 편지를 보냈나요?
(A) 그녀가 우리를 파티에 초대했어요.
(B) 병원에서요.

5

Why don't you come over to my office?
(A) You can leave your office now.
(B) When is a good time for you?

저의 사무실로 오시는 것이 어때요?
(A) 이제 퇴근해도 좋습니다.
(B) 언제 가는 것이 좋을까요?

6

Why did you stay up so late?
(A) I had some work to do.
(B) I will not stay very long.

왜 늦게까지 깨어 있었나요?

(A) 몇 가지 할 일이 있었어요.

(B) 저는 그렇게 오래 있지는 않을 거예요.

연습 B

1	(A)	2	(B)	3	(A)
4	(B)	5	(B)	6	(A)

1

Why don't you come over to my office?

(A) I will be there in an hour.

(B) I suggest you take a day off tomorrow.

저의 사무실로 오시는 것이 어때요?

(A) 한 시간 내로 갈게요.

(B) 내일 하루 휴가를 낼 것을 제안합니다.

2

Why did Mr. Thompson leave the company?

(A) He left a message for you.

(B) He started his own business.

톰슨 씨는 왜 회사를 그만둔 건가요?

(A) 그가 당신에게 메시지를 남겼어요.

(B) 그는 자신의 사업을 시작했어요.

3

Why did Linda send the letter?

(A) To inform her of the change in the schedule.

(B) At the hotel.

린다는 왜 편지를 보냈나요?

(A) 그녀에게 일정상의 변경을 알려주기 위해서요.

(B) 호텔에서요.

4

Why did you stay up so late?

(A) I stayed there for two weeks.

(B) I had to finish my report.

왜 늦게까지 깨어 있었나요?

(A) 거기에 2주간 머물렀어요.

(B) 보고서를 끝내야 했거든요.

5

Why don't you get some rest?

(A) I will take the subway.

(B) The deadline is just one hour away.

잠시 쉬는 게 어때요?

(A) 지하철을 탈 거예요.

(B) 마감이 한 시간밖에 남지 않았어요.

6

Why didn't James show up for the meeting today?

(A) He had some urgent business to deal with.

(B) The meeting has to be rescheduled for next week.

제임스는 왜 오늘 회의에 참석하지 않았나요?

(A) 그는 급하게 처리해야 할 일이 있었어요.

(B) 회의는 다음주로 일정을 변경해야 해요.

꼭 알아야 할 필수 어휘 ❹

p.109

🔐✅❗ Check-Up 1

1 contact   2 cancel, changed   3 bring

4 delayed   5 closed

🔐✅❗ Check-Up 2

1 stopped   2 reject   3 join

🔐✅❗ Check-Up 3

1 late, stuck   2 urgent   3 promotion

4 tired   5 air conditioner

실전 적용 연습

p.112

1	(B)	2	(B)	3	(A)	4	(B)
5	(A)	6	(A)	7	(B)	8	(A)
9	(B)	10	(B)				

1

Why didn't you inform me of the results?

(A) Go to the information desk.

(B) I tried to contact you.

왜 그 결과를 저에게 알려 주지 않은 거죠?

(A) 안내 데스크로 가세요.

(B) 연락하려고 했어요.

어휘 inform A of B A에게 B를 알리다   information desk 안내 데스크   try to V ~하려고 노력하다   contact 연락하다

해설 'Why didn't ~?'는 과거에 어떤 일을 하지 않은 이유를 묻는 질문이다. 따라서 '연락을 하려고 했다'고 변명하는 내용의 (B)가 답변으로 가장 알맞다.

2

Why have you applied for this job?

(A) You are the right person for this job.

(B) This job enables me to do the work I like the most.

왜 이 직장에 지원하셨나요?

(A) 당신은 이 일에 적합한 사람이에요.

(B) 이 직장은 제가 가장 좋아하는 일을 할 수 있게 해 주거든요.

해설 응답자가 직장에 지원한 이유가 될 수 있는 표현을 찾는다. 따라서, '가장 좋아하는 일을 할 수 있기 때문이다'라는 의미의 (B)가 적절한 대답이다.

3

Why are you leaving so early?
(A) I have to catch the first train.
(B) I will leave it to you.

왜 그렇게 일찍 떠나려고 하세요?
(A) 첫 기차를 타야 하거든요.
(B) 그것은 당신에게 맡길게요.

해설 일찍 떠나는 이유를 묻는 질문에 대해 첫 기차를 타야 한다는 이유를 설명하고 있는 (A)가 정답이다. 이유를 묻는 why 의문문에 대한 답변은 반드시 because나 since일 필요는 없다. 정답을 찾는 요령은 질문에 대해 논리적으로 타당한 응답이 될 수 있는 표현을 선택하는 것이다.

4

Why did he retire from his job?
(A) It has been two months now.
(B) His health was getting worse.

왜 그는 퇴직했나요?
(A) 이제 두 달 됐네요.
(B) 그의 건강이 점점 나빠졌거든요.

어휘 retire 퇴직하다, 은퇴하다   health 건강   get worse 나빠지다, 악화되다

해설 retire(퇴직하다, 은퇴하다)가 질문의 핵심 단어이다. '건강이 나빠졌다'고 답한 (B)가 은퇴의 이유로 적절하다.

5

Why was the new project canceled so suddenly?
(A) Due to a lack of funds.
(B) His project was a great success.

왜 신규 프로젝트가 그렇게 갑자기 취소되었나요?
(A) 자금이 부족해서요.
(B) 그의 프로젝트가 대성공을 거두었어요.

어휘 cancel 취소하다   suddenly 갑자기   lack of ~의 부족   fund 자금

해설 프로젝트가 취소된 이유에 대한 적절한 답변은, 이유를 설명하는 전치사 due to(~때문에)를 이용해 '자금이 부족해서'라고 답한 (A)이다.

6

Why don't you go shopping with me tomorrow?
(A) What time is good for you?
(B) I will check on ticket availability.

내일 나와 함께 쇼핑하러 가는 거 어때요?
(A) 몇 시가 좋으세요?
(B) 표를 구할 수 있는지 알아볼게요.

어휘 availability (입수) 가능성; 유효성

해설 'Why don't you ~?(~하는 게 어때요?)'는 상대방에게 제안을 할 때 쓰는 표현이다. 따라서 승낙의 의미로 몇 시가 좋겠냐고 되묻는 (A)가 정답이다.

7

Why is Tom taking a new job?
(A) From January to November.
(B) He has been offered a better position.

왜 톰은 새 직장으로 옮기려 하나요?
(A) 1월에서 11월까지예요.
(B) 더 나은 자리를 제안 받았어요.

어휘 take a new job 새로운 직장을 택하다   offer 제안하다; 제공하다   position 자리, 위치

해설 왜 새 직장으로 옮기려 하는지 묻는 질문에 대해 더 좋은 자리를 제안 받았다고 답한 (B)가 정답이다.

8

Why did you cancel your magazine subscription?
(A) I have no time to read it.
(B) I have to buy a copy this week.

왜 잡지 구독을 취소했나요?
(A) 읽을 시간이 없어서요.
(B) 이번 호 호를 구입해야 해요.

어휘 magazine 잡지   subscription 예약 구독, 신청   copy (책, 잡지의) 부, 권

해설 잡지 구독을 취소한 이유로 적절한 것은 읽을 시간이 없다고 답한 (A)이다.

9

Why haven't you asked Mr. Gibson to come to the party?
(A) At the Imperial Hotel.
(B) I will do that tonight.

왜 깁슨 씨에게 파티에 오라고 말하지 않았나요?
(A) 임페리얼 호텔에서요.
(B) 오늘 밤에 말할 거예요.

해설 'Why haven't ~?'는 아직 하지 않은 일에 대한 이유를 묻는 질문이다. 밤에 그 일을 하겠다(do = ask)고 답하는 (B)가 정답이다.

10

Why do we have to depart so early?
(A) I could hardly sleep last night.
(B) We must get to the station before eight o'clock.

왜 그렇게 일찍 출발해야 하는 거죠?
(A) 어젯밤에 잠을 거의 잘 수가 없었어요.
(B) 8시 전에 역에 도착해야 해요.

어휘 depart 출발하다, 떠나다   hardly 거의 ~ 않다   get to ~에 도착하다

해설 일찍 출발해야 하는 이유로 적절한 것은 역에 일찍 도착해야 하기 때문이라고 답한 (B)이다. (B)의 must는 질문의 have to(~해야 한다)와 비슷한 의미를 가진 조동사이다.

🔊 2-089

1 (A)		2 (C)		3 (C)		4 (C)	
5 (B)		6 (A)		7 (A)		8 (B)	
9 (A)		10 (C)		11 (B)		12 (B)	
13 (A)		14 (C)		15 (C)			

1

Why do we have to send the application again?
(A) They have not received the first one.
(B) It will take two days.
(C) Yes, it is the second one.

왜 신청서를 다시 보내야 하나요?
(A) 그들이 첫 번째 것을 받지 못했어요.
(B) 이틀 걸릴 거예요.
(C) 네, 두 번째 신청서예요.

어휘 application 신청서; 신청, 지원

해설 질문의 have to는 '~해야 한다'라는 의무를 나타내는 조동사이다. 신청서를 다시 보내야 하는 이유에 대해 상대방이 처음 보낸 것을 받지 못했기 때문이라고 답한 (A)가 정답이다.

2

Why was the staff meeting postponed this morning?
(A) At nine o'clock.
(B) To discuss a new project.
(C) Traffic was blocked by the heavy snow.

왜 오늘 아침에 직원 회의가 연기된 건가요?
(A) 9시에요.
(B) 새 프로젝트를 논의하기 위해서요.
(C) 폭설 때문에 교통이 정체됐거든요.

어휘 staff meeting 직원 회의 postpone 미루다, 연기하다(= put off) traffic 교통 block 막다, 차단하다 heavy snow 폭설

해설 질문의 postpone(연기하다, 미루다)의 의미를 알아야 제대로 풀 수 있는 문제이다. 직원 회의가 연기된 이유로, 폭설로 인해 교통이 막혀 직원들이 제때 도착하지 못했다는 의미의 (C)가 적절하다. (B)는 회의가 취소된 이유가 아닌, 회의를 여는 이유에 적절한 답변이다.

3

Why didn't you report the accident immediately?
(A) That's a good idea.
(B) Two weeks from now.
(C) I am really sorry.

왜 그 사고를 즉시 보고하지 않았나요?
(A) 좋은 생각이에요.
(B) 지금부터 2주 후에요.
(C) 정말 죄송합니다.

어휘 report 보고하다; 신고하다 accident 사고 immediately 즉시

해설 'Why didn't ~?'는 과거에 행하지 않은 일에 대한 이유를 묻는 질문이다. 따라서 (C)처럼 사과하는 내용이 답변으로 나올 수 있다. (A)는 흔히 제안이나 권유를 수락할 때 하는 답변이고, 구체적인 시간을 언급한 (B)는 When 의문문에 알맞은 답변이다.

4

Why do you need to install a new system?
(A) In my office.
(B) It will start next week.
(C) We had too much trouble with the old one.

왜 새 시스템을 설치해야 하나요?
(A) 제 사무실에 있어요.
(B) 다음 주에 시작할 거예요.
(C) 구 시스템에 문제가 너무 많았어요.

어휘 install 설비하다, 설치하다 trouble 문제, 어려움

해설 새 시스템을 설치해야 하는 이유를 묻고 있으므로 '구 시스템(the old one)'에 문제가 많았다는 이유를 제시한 (C)가 적절한 답변이다.

5

Why have you decided on him as a member of your group?
(A) That's a good idea.
(B) I have wanted to work with him for a long time.
(C) Yes, there is a membership fee.

왜 그를 그룹의 일원으로 결정했나요?
(A) 좋은 생각이에요.
(B) 저는 오랫동안 그와 함께 일하고 싶었거든요.
(C) 네, 회비가 있어요.

어휘 member 회원 membership fee 회비

해설 질문이 완료형 의문문이므로 과거 시점에서부터 현재까지 계속 그와 함께 일하고 싶었다고 완료형으로 대답한 (B)가 정답이다.

6

Why were you late for the meeting?
(A) I missed the first train.
(B) That would be okay with me.
(C) I really don't know.

왜 회의에 늦었나요?
(A) 첫 기차를 놓쳤어요.
(B) 저는 괜찮아요.
(C) 정말 모르겠어요.

어휘 miss 놓치다; 그리워하다

해설 '회의에 늦은(late for the meeting)' 것에 대한 이유가 설명되어야 하므로 기차를 놓쳤다고 답한 (A)가 정답이다. (C)는 정답으로 자주 출제되는 표현이지만 여기서는 자신이 늦은 이유를 본인이 알지 못한다고 하면 어색하므로 오답이다.

7

Why do we have to apply for new passwords?

(A) A new security system has been installed.

(B) You should apply before Wednesday.

(C) For one week.

왜 새 패스워드를 신청해야 하나요?

(A) 새 보안 시스템이 설치되었거든요.

(B) 수요일 전에 신청해야 해요.

(C) 일주일 동안이에요.

어휘 apply for ~을 신청하다, 지원하다   password 패스워드, 암호   security 안전; 보안; 방어, 경비

해설 패스워드를 신청해야 하는 이유로, 새 보안 시스템이 설치되었다는 (A)가 가장 적절하다. (B)와 (C)는 시간이나 기간을 묻는 질문에 대한 답변이다.

8

Why are you standing outside in the hall?

(A) For two hours.

(B) I am waiting for someone here.

(C) It is still raining outside.

왜 홀 밖에 서 있어요?

(A) 두 시간 동안요.

(B) 여기에서 누구를 기다리고 있어요.

(C) 밖에 아직도 비가 오고 있어요.

어휘 outside 밖에, 바깥에   hall 회관; 현관; 복도

해설 홀 밖에 서 있는 이유로 가장 적당한 것은 누군가를 기다린다는 (B)이다. 여기서 here는 outside in the hall을 뜻한다.

9

Why has our profit margin dropped recently?

(A) The prices of raw materials have gone up.

(B) It is very profitable.

(C) By 5 percent.

왜 최근에 수익률이 하락한 건가요?

(A) 원자재 가격이 올랐어요.

(B) 상당히 수익성이 있어요.

(C) 5퍼센트요.

어휘 profit margin 이윤, 이익, 수익률   drop 떨어지다, 하락하다   raw material 원자재   go up 오르다   profitable 수익성이 있는

해설 profit margin(수익률)이나 raw material(원자재), profitable(이익이 되는, 수지 맞은)과 같은 어휘를 모르면 풀기 어려운 문제이다. 수익률이 하락한 원인을 '원자재 가격(prices of raw materials) 상승' 때문이라고 답한 (A)가 정답이다. (B)는 질문의 profit과 연관 있는 profitable을 사용한 오답이고, 수치상의 대답은 이유를 묻는 질문에 적절하지 않으므로 (C)도 틀린 답이다.

10

Why are you wearing a suit today?

(A) I am so tired today.

(B) It is raining outside.

(C) I have a job interview today.

당신은 오늘 왜 정장을 입었나요?

(A) 저는 오늘 매우 피곤해요.

(B) 밖에는 비가 오고 있어요.

(C) 오늘 취업 면접이 있어요.

해설 정장을 입은 이유를 묻는 질문에 대한 답이 될 수 있는 표현인 (C)가 정답이다.

11

Why didn't you show up for the meeting yesterday?

(A) The show will start in an hour.

(B) I didn't feel well.

(C) I will show you later.

왜 어제 회의에 나오지 않았어요?

(A) 공연은 한 시간 후에 시작해요.

(B) 몸이 좋지 않았어요.

(C) 나중에 보여 드릴게요.

어휘 show up 나타나다, 출현하다   show 쇼, 공연

해설 'Why didn't ~?'는 과거에 하지 않은 행위에 대한 이유를 묻는 질문이다. (A)와 (C)는 미래 시제이며 내용 또한 질문과 관련이 없으므로 모두 오답이다. 과거 시제를 써서 '몸이 안 좋았다'고 답한 (B)가 회의에 나오지 않은 이유로 알맞다.

12

Why don't you tell me what happened?

(A) No, you should not go there.

(B) It is a long story.

(C) I don't know why yet.

어떤 일이 일어났었는지 말해줄 수 있나요?

(A) 아니요, 당신은 그곳에 가면 안 돼요.

(B) 이야기하자면 길어요.

(C) 저는 아직 그 이유를 몰라요.

해설 'Why don't you ~?'는 '~하는 게 어때요?'라고 제안/권유하는 질문이다. 보기 중에서 '이야기하자면 길다'고 답한 (B)가 의미상 가장 적절한 대답이다.

13

Why don't we start the board meeting at 8:00 tomorrow morning?

(A) Isn't that too early?

(B) We are on board.

(C) It will last an hour or so.

내일 아침 8시에 이사회를 시작하는 게 어떨까요?

(A) 너무 이르지 않나요?

(B) 우리는 탑승했어요.

(C) 한 시간쯤 계속될 거예요.

어휘 board meeting 이사회   on board (배, 비행기에) 탑승한   last 지속하다, 계속하다   or so ~쯤[정도]

해설 아침 8시에 이사회를 시작하자는 제안에 '너무 이르지 않나요' 라고 이의를 제기하는 (A)가 적절한 답변이다.

14

Why did you come back so early?

(A) Okay, let's get back to the point.

(B) No, he didn't come yet.

(C) The meeting was canceled.

왜 이렇게 일찍 돌아왔나요?

(A) 좋아요. 본론으로 돌아가도록 하죠.

(B) 아니요, 그는 아직 오지 않았어요.

(C) 회의가 취소되었어요.

해설 일찍 돌아온 것의 이유가 될 수 있는 표현인 (C)가 정답이다.

15

Why hasn't the product I ordered arrived yet?

(A) They are checking their belongings.

(B) They have already ordered the products.

(C) The delivery has been delayed by the heavy snow.

제가 주문한 상품이 왜 아직 도착하지 않은 건가요?

(A) 그들은 소지품을 확인하고 있어요.

(B) 그들이 이미 상품을 주문했어요.

(C) 폭설 때문에 배송이 지연되었어요.

어휘 belongings 소지품 order 주문하다 delivery 배송, 배달 delay 연기시키다, 지연시키다 heavy snow 폭설

해설 완료형 시제로 된 질문에는 과거 시제 또는 완료형 시제를 사용한 답변이 와야 한다. has가 아닌 hasn't라는 것을 정확히 들어야 질문의 의미를 파악할 수 있다. '폭설 때문에 배송이 지연되었다'라고 답한 (C)가 정답이다.

Unit **05** ┃ What 의문문

p.115

패턴 1 Check-Up 2-092

1 (A) 부모님을 뵈러 갈 거예요. (B) 비행기로요.

2 (A) 이번 주말에요. (B) 10달러입니다.

패턴 2 Check-Up 2-094

1 (A) 날씨 사정에 달려있어요. (B) 2시간 정도 걸려요.

2 (A) 10시에요. (B) 회의실에서요.

패턴 3 Check-Up 2-096

1 (A) 택시를 타세요. (B) 3시 정각에요.

2 (A) 여기 부장님 전화번호가 있어요.
    (B) 그는 영업부장이에요.

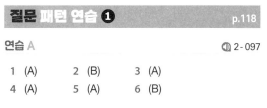

p.118

연습 A 2-097

1 (A)   2 (B)   3 (A)

4 (A)   5 (A)   6 (B)

1

What is the problem with my computer?

(A) It isn't plugged in.

(B) Sure, you can use mine.

제 컴퓨터에 무슨 문제가 있는 거죠?

(A) 전원이 연결되지 않았네요.

(B) 물론이죠. 저의 것을 쓰세요.

2

What time are you leaving the office today?

(A) It takes about an hour.

(B) After finishing this report.

오늘 몇 시에 퇴근하실 거예요?

(A) 1시간 정도 걸려요.

(B) 이 보고서를 끝낸 다음에요.

3

What is Mr. Jackson's position at the company?

(A) He is a sales manager.

(B) In the left corner.

잭슨 씨의 사내 직책은 무엇인가요?

(A) 그는 영업부장이에요.

(B) 왼쪽 구석에 있어요.

4

What time does the store open?

(A) It opens at 7:00 A.M.

(B) It is still wide open.

그 상점은 언제 문을 여나요?

(A) 오전 7시에 문을 열어요.

(B) 그것은 여전히 활짝 열려 있어요.

5

What is the best way to get to the conference center from here?

(A) Take the shuttle bus over there.

(B) The conference will start in 10 minutes.

여기에서 컨퍼런스 센터로 가는 가장 좋은 방법은 무엇인가요?

(A) 저쪽에 있는 셔틀 버스를 타세요.

(B) 컨퍼런스는 10분 후에 시작해요.

6

What is the total cost of the construction?

(A) It will take at least six months.

(B) It is estimated at 20,000 dollars.

총 공사비는 얼마인가요?
(A) 최소한 6개월은 걸릴 거예요.
(B) 2만 달러로 추정돼요.

연습 B ◀》 2-098

1 (B)	2 (A)	3 (A)
4 (B)	5 (A)	6 (A)

1

What is the best way to get to the conference center from here?
(A) The conference center is on the second floor.
(B) There is regular bus service from the airport to the conference center.

여기에서 컨퍼런스 센터로 가는 가장 좋은 방법은 무엇인가요?
(A) 컨퍼런스 센터는 2층에 있어요.
(B) 공항에서 컨퍼런스 센터로 가는 정규 버스 노선이 있어요.

2

What time does the store open?
(A) It does not open today.
(B) We still have a lot of storage space.

그 상점은 언제 문을 여나요?
(A) 오늘은 문을 열지 않아요.
(B) 우리는 여전히 많은 저장 공간을 갖고 있어요.

3

What is the problem with my computer?
(A) I think it's infected with a virus.
(B) Of course.

제 컴퓨터에 무슨 문제가 있는 거죠?
(A) 바이러스에 감염된 것 같아요.
(B) 물론이죠.

4

What time are you leaving the office today?
(A) That sounds like a good plan.
(B) In ten minutes.

오늘 몇 시에 퇴근하실 건가요?
(A) 좋은 계획 같군요.
(B) 10분 후에요.

5

What is the total cost of the construction?
(A) It will not exceed one million dollars.
(B) It will take at least three months.

총 공사비는 얼마인가요?
(A) 백만 달러를 넘지는 않을 거예요.
(B) 최소한 3개월은 걸릴 거예요.

6

What is Mr. Jackson's position at the company?
(A) He is in charge of the Planning Department.
(B) The manager contacted me.

잭슨 씨의 사내 직책은 무엇인가요?
(A) 그는 기획부의 책임자예요.
(B) 부장님이 저에게 연락했어요.

질문 패턴 분석 p.119

패턴 4 Check-Up ◀》 2-100
1 (A) 따뜻해요. (B) 한 달 동안요.
2 (A) 3시부터 7시까지요. (B) 흐리고 바람이 불 거예요.

패턴 5 Check-Up ◀》 2-102
1 (A) 잘 모르겠어요. (B) 정말 고마워요.
2 (A) 당신이 원할 때 언제든지요. (B) 좋은 아이디어인 것 같군요.

패턴 6 Check-Up ◀》 2-104
1 (A) 그는 어제 왔어요.
  (B) 그는 자신의 사업을 시작할 계획이에요.
2 (A) 보고서를 다 썼어요. (B) 그것을 검토해 주세요.

패턴 7 Check-Up ◀》 2-106
1 (A) 제가 처리할게요.
  (B) 소형 트럭을 염두에 두고 있어요.
2 (A) 이탈리아 음식요. (B) 점심을 먹도록 하죠.

질문 패턴 연습 ❷ p.123

연습 A ◀》 2-107

1 (A)	2 (A)	3 (B)
4 (B)	5 (A)	6 (A)

1

What do you think of recruiting new employees?
(A) It does not seem necessary.
(B) Yes, we have to create a new Web site.

신입 사원들을 채용하는 것을 어떻게 생각하세요?
(A) 필요한 것 같지 않아요.
(B) 네, 우리는 새로운 웹사이트를 만들어야 해요.

2

What did they discuss at the meeting?
(A) A new product.
(B) They will discuss it later.

그들은 회의에서 무엇을 논의했나요?
(A) 신제품에 관해서요.

(B) 그것을 나중에 논의할 거예요.

3

What is the weather forecast for Thursday?
(A) I don't <u>know</u> whether <u>she</u> will <u>come</u>.
(B) It's going to be pretty <u>hot</u> then.

목요일 날씨는 어떨 것 같나요?
(A) 그녀가 올지 안 올지 잘 모르겠어요.
(B) 그때는 꽤나 더울 것 같아요.

4

What kind of work are you doing?
(A) I work <u>really hard</u>.
(B) I work in the <u>Sales Department</u>.

당신은 어떤 종류의 일을 하시나요?
(A) 저는 매우 열심히 일해요.
(B) 저는 영업 부서에서 일해요.

5

What should I do with these books?
(A) <u>Give them</u> to Mr. Jones.
(B) Yes, he is a <u>great writer</u>.

이 책들을 어떻게 해야 하나요?
(A) 존스 씨에게 주세요.
(B) 네, 그는 훌륭한 작가예요.

6

What do you think of the new plan?
(A) I <u>don't think</u> it is a good idea.
(B) I think we should <u>close</u> the window.

그 새로운 계획을 어떻게 생각하세요?
(A) 좋은 생각은 아닌 것 같아요.
(B) 창문을 닫아야 할 것 같은데요.

연습 B ◀)) 2-108

1 (B)	2 (B)	3 (A)
4 (A)	5 (A)	6 (B)

1

What is the weather forecast <u>for Thursday</u>?
(A) I will <u>take</u> a <u>break</u>.
(B) I <u>heard</u> it will be <u>sunny</u>.

목요일 날씨는 어떨 것 같나요?
(A) 저는 쉴 거예요.
(B) 화창할 거라고 들었어요.

2

What do you <u>think</u> of the <u>new plan</u>?
(A) I have a <u>special plan</u>.
(B) I don't think it is <u>viable</u>.

그 새로운 계획을 어떻게 생각하세요?
(A) 저에게 특별한 계획이 있어요.
(B) 그것이 실현 가능하다고 생각하지 않아요.

3

What did they <u>discuss at</u> the meeting?
(A) <u>Pay raises</u>.
(B) They have <u>already discussed</u> it.

그들은 회의에서 무엇을 논의했나요?
(A) 임금 인상요.
(B) 그들은 이미 그것에 대해 논의를 끝냈어요.

4

What do you think of <u>recruiting</u> new employees?
(A) How many people do we <u>need to hire</u>?
(B) What should we include <u>in the orientation for new employees</u>?

신입 사원들을 채용하는 것을 어떻게 생각하세요?
(A) 몇 명을 채용해야 하나요?
(B) 신입 사원 오리엔테이션에는 어떤 것을 포함시켜야 하나요?

5

What kind of work <u>are you doing</u>?
(A) I work as a <u>computer programmer</u>.
(B) You should <u>talk more politely</u> to your clients.

당신은 어떤 종류의 일을 하시나요?
(A) 저는 컴퓨터 프로그래머로서 일해요.
(B) 당신은 고객들에게 더 공손하게 말해야 해요.

6

What should I <u>do with</u> these <u>books</u>?
(A) Yes, he is a <u>famous writer</u>.
(B) I'll <u>take care of</u> them.

이 책들을 어떻게 해야 하나요?
(A) 네, 그는 유명한 작가예요.
(B) 제가 처리할게요.

꼭 알아야 할 필수 어휘 ⑤ p.124

❓✅❗ Check-Up 1 ◀)) 2-109

1 happened 2 installing 3 serve
4 recommend

❓✅❗ Check-Up 2 ◀)) 2-110

1 receipts 2 retirement 3 impression
4 leave of absence

🔊 2-111

1 (B)	2 (A)	3 (B)	4 (A)
5 (B)	6 (B)	7 (A)	8 (B)
9 (B)	10 (A)		

1

What's the problem with the project?
(A) It is broken.
(B) We can't finish it on time.

그 프로젝트에 무슨 문제가 있나요?
(A) 망가졌어요.
(B) 제시간에 마칠 수가 없겠어요.

어휘 broken 망가진, 고장 난 on time 제시간에
해설 What's 뒤에 나오는 명사 problem이 질문의 핵심 단어이다. 프로젝트의 문제가 무엇인지 묻고 있으므로 시간 안에 끝낼 수 없다고 답한 (B)가 정답이다.

2

What did you order?
(A) Pizza.
(B) Yes, it will be in order.

무엇을 주문했나요?
(A) 피자요.
(B) 네, 정리될 거예요.

어휘 order 주문하다 in order 정리되어, 정돈되어
해설 주문한 메뉴를 묻고 있으므로 간단하게 '피자'라고 대답한 (A)가 정답이다.

3

What time will the flight from Tokyo arrive?
(A) It took two hours.
(B) In twenty minutes.

도쿄발 비행기는 몇 시에 도착할 예정인가요?
(A) 2시간 걸렸어요.
(B) 20분 후에요.

어휘 flight 항공편; 비행
해설 'What time ~?'은 시간을 묻는 표현으로, 뒤에 나온 동사 arrive(도착하다)를 잘 들어야 한다. 두 선택지 모두 시간이 나와 있지만 비행기의 도착 시간을 묻고 있으므로 '~후에'라는 뜻의 전치사 in을 써서 '20분 후에 도착한다'고 답한 (B)가 정답이다.

4

What kind of book are you reading?
(A) I am reading a comic book.
(B) I am leading the research team.

어떤 종류의 책을 읽고 있나요?
(A) 만화책을 읽고 있어요.
(B) 저는 연구조사 팀을 이끌고 있어요.

해설 '어떤 종류의 책(What kind of book)'을 읽고 있는지 묻고 있다. 따라서 읽고 있는 책의 종류로 답을 한 (A)가 정답이다.

5

What should we do to avoid traffic?
(A) It looks like someone had a car crash.
(B) Let's take a detour.

교통 혼잡을 피하기 위해서 우리는 무엇을 해야 하나요?
(A) 누군가가 교통사고를 낸 것 같군요.
(B) 우회하도록 하죠.

해설 우리가 해야 할 일이 무엇인지 묻는 질문이므로 'Let's…'를 사용한 표현인 (B)가 정답이 될 수 있다.

6

What is the purpose of this meeting today?
(A) We did it on purpose.
(B) It is to promote our sales.

오늘 회의의 목적은 무엇인가요?
(A) 우리는 의도적으로 그것을 했어요.
(B) 판매를 촉진시키기 위한 목적이에요.

해설 회의의 목적이 될 수 있는 표현을 정답으로 선택해야 한다. 정답은 (B)이다.

7

What ingredients do you need to make it?
(A) I will show you the recipe.
(B) I don't need it anymore.

그것을 만들려면 어떤 재료가 필요한가요?
(A) 조리법을 알려드리죠.
(B) 더 이상 필요하지 않아요.

어휘 ingredient (요리의) 재료, 성분 show 보여주다; 가르쳐주다 recipe 조리법, 요리법 anymore 이제는, 더 이상
해설 요리의 '재료(ingredients)'가 무엇인지 묻고 있으므로, '조리법(recipe)'을 가르쳐 주겠다고 답한 (A)가 자연스러운 답변이다.

8

What is the weather forecast for the weekend?
(A) I am considering whether to buy or not.
(B) We are expecting to have sunny days.

주말의 날씨는 어떻다고 하던가요?
(A) 살지 말지 생각 중이에요.
(B) 화창한 날씨를 예상하고 있어요.

어휘 weather forecast 일기예보 consider 숙고하다, 잘 생각하다 whether ~인지 아닌지 expect to V ~할 것을 예상하다
해설 날씨를 묻고 있는 질문이므로 sunny(맑은, 화창한)라는 날씨로 답한 (B)가 답변으로 적절하다. (A)의 whether(~인지 아닌지)는 질문에 나온 weather(날씨)와 발음은 같지만 완전히 다른 뜻의 단어로, 동음이의어를 이용한 오답이다.

9

What type of training programs does the company

provide?

(A) I am in the construction business.

(B) It varies from department to department.

회사에서 어떤 종류의 교육 프로그램을 제공하나요?

(A) 저는 건설업에 종사하고 있어요.

(B) 각 부서별로 달라요.

어휘 training 훈련, 교육 construction business 건설업 vary 다르다; 바뀌다 department 부서, 부

해설 질문에서 물은 '교육 프로그램의 종류(type of training programs)'를 답변에서 언급하는 대신 부서별로 다르다고 답한 (B)가 정답이다. (A)는 종사하는 업종을 묻는 질문에 적절한 대답이다.

10

What is the best way to get information on the new product?

(A) Visit our Web site.

(B) The service is very poor.

신제품에 관한 정보를 얻는 가장 좋은 방법은 무엇인가요?

(A) 저희 웹사이트를 방문하세요.

(B) 서비스가 매우 나빠요.

어휘 poor (질이) 나쁜, 형편없는; 가난한

해설 'What is the best way to ~?'는 '방법'을 묻는 질문이다. 정보를 얻는 최선의 방법으로 '우리 회사의 웹사이트를 방문하라'고 답한 (A)가 정답이다.

토익 실전 연습
p.127

🔊 2- 112

1 (C)	2 (B)	3 (B)	4 (A)
5 (A)	6 (B)	7 (C)	8 (C)
9 (A)	10 (B)	11 (B)	12 (C)
13 (C)	14 (B)	15 (A)	

1

What is Linda's job?

(A) She lives in Washington.

(B) She has not finished her work yet.

(C) She is a doctor.

린다의 직업이 뭐죠?

(A) 그녀는 워싱턴에 살고 있어요.

(B) 그녀는 아직 일을 끝마치지 못했어요.

(C) 그녀는 의사예요.

해설 직업을 묻는 질문은 What is her job? 혹은 What does she do?이다. 직업명인 doctor를 언급한 (C)가 정답이다.

2

What time does the concert start?

(A) Once in a while.

(B) At 7:00 P.M.

(C) It will last for two hours.

콘서트는 몇 시에 시작하나요?

(A) 가끔씩요.

(B) 오후 7시예요.

(C) 두 시간 동안 계속할 거예요.

해설 콘서트는 몇 시에 시작하는지를 묻는 질문이므로 구체적인 시간을 나타내는 표현인 (B)가 정답이다.

3

What sort of business are you involved in?

(A) Don't involve me in the business.

(B) I work in the travel industry.

(C) I have not done it yet.

어떤 종류의 사업에 종사하시나요?

(A) 그 일에 저를 끌어들이지 마세요.

(B) 여행 산업에 종사하고 있어요.

(C) 아직 끝내지 못했어요.

어휘 business 사업 be involved in ~에 종사하다; ~에 연루되다 travel industry 여행 산업

해설 'What sort[kind/type] of ~?'는 이어지는 명사의 종류를 묻는 의문문이다. 종사하고 있는 사업 분야가 무엇인지 묻는 질문이므로, travel industry(여행 산업)라고 답한 (B)가 정답이다.

4

What does the package include?

(A) A book of instructions.

(B) Yes, I will send the package to her.

(C) You should pack them in groups of dozens.

그 소포에는 무엇이 들어 있어요?

(A) 설명서요.

(B) 네, 소포를 그녀에게 배송할게요.

(C) 그것들을 12개씩 포장해야 해요.

어휘 package 패키지, (기계, 기구의) 단위 완성품; 소포 include 포함하다 instructions 설명서, 안내(서); 명령, 지시 pack 포장하다 dozen 12개

해설 소포에 들어 있는 것이 무엇인지 묻고 있으므로 '설명서(A book of instructions)'라고 답한 (A)가 적절한 답변이다.

5

What is your estimated budget for the plan?

(A) It will be in the range of 30,000 to 40,000 dollars.

(B) We will need at least 30 workers.

(C) It will take about an hour.

그 계획을 위해 당신이 추정하는 예산은 얼마인가요?

(A) 3만에서 4만 달러 사이가 될 거예요.

(B) 최소한 30명의 작업자들이 필요할 거예요.

(C) 한 시간 정도 걸릴 거예요.

어휘 estimated 추측의, 견적의 (cf. estimate 추정하다, 추산하다) budget 예산 in the range of ~의 범위 내에

해설 질문에서 what 뒤에 budget(예산)이 나오므로 금액을 제시한 답변을 한 (A)가 정답이다.

6

What will you do after graduation?
(A) Before the summer ends.
(B) I will go to Germany.
(C) It will be finished on time.

졸업 후에 무엇을 할 건가요?
(A) 여름이 끝나기 전에요.
(B) 독일에 갈 거예요.
(C) 시간에 맞게 끝날 거예요.

해설 '졸업 후(after graduation)' 무엇을 할 것인가를 묻는 질문이다. 이에 독일로 갈 것이라고 답한 (B)가 정답이다.

7

What would you like to drink?
(A) That's a great idea.
(B) Don't drink and drive.
(C) Can I have some lemonade?

무엇을 마시겠어요?
(A) 좋은 생각이군요.
(B) 음주 운전을 하지 마세요.
(C) 레모네이드를 주시겠어요?

어휘 drink and drive 음주 운전을 하다   lemonade 레모네이드
해설 'What would you like to ~?'는 무엇을 하고 싶은지 상대방의 의향을 물을 때 쓰는 표현으로 뒤에 나오는 동사가 중요하다. 질문에서는 무엇을 마실 것인지 묻고 있으므로 음료 이름(lemonade)으로 답한 (C)가 정답이다.

8

What will Thomas discuss with his manager?
(A) In his office.
(B) He is leading the discussion group.
(C) He is going to ask for sick leave.

토마스는 부장님과 무엇을 논의할 건가요?
(A) 그의 사무실에서요.
(B) 그는 토론 그룹을 이끌고 있어요.
(C) 그는 병가를 신청하려고 해요.

어휘 discuss with ~와 논의하다   lead 이끌다   discussion 토론, 토의   ask for ~을 요청하다   sick leave 병으로 인한 휴가, 병가
해설 논의할 사항이 무엇인지를 묻고 있으므로 병가를 신청할 것이라고 대답한 (C)가 답변으로 적절하다. 질문에서는 조동사 will을 썼지만 답변은 will 대신 'be going to 동사원형'을 써서 같은 미래 시제로 나타냈다.

9

What do you think of the client's complaint?
(A) It has some validity.
(B) I think that's a good idea.
(C) She is not my client.

그 고객의 불평에 대해 어떻게 생각하세요?
(A) 타당한 면이 있어요.
(B) 좋은 생각 같아요.
(C) 그녀는 저의 고객이 아니에요.

어휘 client 고객   complaint 불평, 불만   validity 타당성, 유효성
해설 'What do you think of ~?'는 상대방의 의견을 물을 때 쓰는 표현이다. 고객의 불평이 '타당성(validity)이 있다'고 의견을 제시한 (A)가 알맞은 응답이다. (B)도 의견을 나타내는 표현이지만, 불평에 대해 좋은 생각이라고 답하는 것은 어색하므로 부적절한 응답이다.

10

What kind of smartphone should I buy?
(A) You must be very smart.
(B) It depends on your personal needs.
(C) I am going to buy a new one next week.

어떤 종류의 스마트폰을 사야 하나요?
(A) 당신은 매우 영리하군요.
(B) 그것은 개인적 필요에 따라 달라요.
(C) 나는 다음 주에 새 것을 사려고 해요.

해설 질문의 요점은 '어떤 종류의 스마트폰을 선택할 것인가'이다. '개인적 필요에 달려있다'는 표현인 (B)가 정답인데, 이처럼 우회적인 답변이 정답인 경우가 많다.

11

What is the retail price of this product?
(A) It is a brand-new product.
(B) It will be sold for 24 dollars.
(C) It is a European style.

이 제품의 소매 가격은 얼마인가요?
(A) 그것은 최신 상품이에요.
(B) 24달러에 팔릴 거예요.
(C) 그것은 유럽 스타일이에요.

어휘 retail price 소매 가격   brand-new 신품의, 아주 새로운   style 스타일, 종류; 방식
해설 what 뒤에 price가 나오므로 금액(24 dollars)으로 답한 (B)가 정답이다.

12

What is the weather forecast for this weekend?
(A) Yes, we are looking forward to it.
(B) It will not last long.
(C) It is likely to snow.

이번 주말의 일기 예보는 어떤가요?
(A) 네, 우리는 그것을 고대하고 있어요.
(B) 오래 지속되지는 않을 거예요.
(C) 눈이 올 것 같아요.

어휘 look forward to 명사 ~을 기대하다   last 지속하다; 계속하다   be likely to V ~할 것 같다
해설 'What is the weather forecast for ~?'는 날씨가 어떨 것 같은지를 묻는 질문이므로 snow(눈이 내리다)라는 날씨로 답한 (C)가 정

답이다.

13

What time did Mr. Jackson leave the office?
(A) He went to the airport.
(B) He left a letter on my desk.
(C) At three o'clock this afternoon.

잭슨 씨는 몇 시에 사무실을 떠났나요?
(A) 그는 공항으로 갔어요.
(B) 그가 제 책상 위에 편지를 놓고 갔어요.
(C) 오늘 오후 3시에요.

어휘 leave 떠나다; 남기다

해설 'What time ~?'은 시간을 묻는 의문문이므로 '3시(three o'clock)'라는 시간으로 답한 (C)가 정답이다.

14

What is the best way to recover the loss?
(A) Try to find it at the lost and found.
(B) Reduce management costs.
(C) Why don't you get some rest?

손실을 만회할 수 있는 최선의 방법은 무엇인가요?
(A) 분실물 센터에서 찾아 보세요.
(B) 관리 비용을 줄이세요.
(C) 조금 쉬는 것이 어떨까요?

어휘 recover 회복하다; (손실을) 벌충하다   loss 손실, 손해; 분실   lost and found 분실물 센터   reduce 줄이다, 감소시키다   management cost 관리 비용   get some rest 휴식을 취하다

해설 손실을 만회할 수 있는 '방법'에 관한 질문이므로, '관리 비용 (management costs)을 줄이라'고 충고하는 (B)가 가장 적절한 답변이다.

15

What does Mr. Davies intend to do after he retires?
(A) He will run a donut shop.
(B) It is not my intention.
(C) He will replace the tire.

데이비스 씨는 퇴직 후에 무엇을 할 생각인가요?
(A) 도넛 판매점을 운영할 거예요.
(B) 제가 의도한 것은 아니에요.
(C) 그는 타이어를 교체할 거예요.

어휘 intend to V ~하려고 의도하다[생각하다]   retire 은퇴하다   run (사업을) 운영하다   intention 의향, 의도   replace 교환하다, 바꾸다; 대신하다

해설 'What does + 주어 + intend to 동사원형'은 미래에 할 일을 묻는 질문으로, 미래 시제로 답해야 한다. 퇴직 후에 무엇을 할 것인지를 묻고 있으므로 가게를 운영할 것이라고 답한 (A)가 적절한 답변이다. (B)의 intension은 질문의 intend의 명사형이지만 내용상 아무런 관계가 없는 표현이다. (C)는 질문의 retire와 발음이 비슷한 tire를 활용한 오답이다.

Unit 06 ㅣ Be동사 / Do / Have로 시작하는 의문문

질문 패턴 분석 　　　　　　　p.130

패턴 1 Check-Up 　　　　　 2 - 117
1 (A) 당신을 돕고 싶어요.　　　 (B) 아니요, 다른 계획이 있어요.
2 (A) 제시간에 갈 거예요.　　　 (B) 고맙지만 됐어요.

패턴 2 Check-Up 　　　　　 2 - 119
1 (A) 네, 나중에 전화할게요.　　 (B) 네, 길 바로 건너편에 있어요.
2 (A) 사과를 사용해서 요리를 할 거예요.
　 (B) 네, 남은 게 조금 있어요.

패턴 3 Check-Up 　　　　　 2 - 121
1 (A) 아니요, 저는 바빠요.　　　 (B) 하루에 세 번요.
2 (A) 네, 지금 일하고 있어요.
　 (B) 네, 하지만 금요일에는 올 거예요.

패턴 4 Check-Up 　　　　　 2 - 123
1 (A) 네, 1층에 있어요.　　　　 (B) 네, 일주일에 한 번요.
2 (A) 아니요. 저는 택시를 탔어요.
　 (B) 아니요, 지연되었어요.

질문 패턴 연습 ❶ 　　　　　p.134

연습 A 　　　　　　　　　　 2 - 124

1 (B) 　　 2 (A) 　　 3 (B)
4 (B) 　　 5 (B) 　　 6 (A)

1
Are you going to watch the show tonight?
(A) I will show you.
(B) I have no time for it.

오늘 밤에 쇼를 보실 건가요?
(A) 제가 알려 드릴게요.
(B) 그럴 시간이 없어요.

2
Do you have Jessica's phone number?
(A) Let me check my diary.
(B) Yes, she called me this morning.

제시카의 전화 번호를 가지고 있나요?
(A) 수첩을 확인해 볼게요.
(B) 네, 오늘 아침에 그녀가 저에게 전화했어요.

3
Is there a gas station around here?
(A) It left five minutes ago.
(B) There is one down the street.

이 근처에 주유소가 있나요?
(A) 5분 전에 떠났어요.
(B) 길 아래에 한 군데 있어요.

4

Is it okay to park in front of the building?
(A) I couldn't <u>find</u> a <u>parking space</u>.
(B) I don't <u>think so.</u>

건물 앞에 주차해도 되나요?
(A) 주차할 공간을 찾지 못했어요.
(B) 안 될 거예요.

5

Are you satisfied with the service you received?
(A) Are you <u>sure</u>?
(B) Yes, I <u>am</u>.

당신이 받은 서비스에 만족하시나요?
(A) 확실한가요?
(B) 네, 만족해요.

6

Did you attend the seminar last week?
(A) Yes, it was <u>very informative.</u>
(B) No, nothing has <u>been done yet</u>.

지난주 세미나에 참석했나요?
(A) 네, 아주 유익했어요.
(B) 아니요, 아직 아무 일도 하지 않았어요.

연습 B ◀)) 2-125

| 1 (B) | 2 (B) | 3 (B) |
| 4 (A) | 5 (A) | 6 (A) |

1

Is there a <u>gas station</u> around here?
(A) It <u>left</u> ten minutes <u>ago</u>.
(B) The <u>nearest one</u> is five miles away.

이 근처에 주유소가 있나요?
(A) 10분 전에 떠났어요.
(B) 가장 가까운 주유소는 5마일 떨어져 있어요.

2

Is it okay to <u>park</u> in <u>front</u> of the building?
(A) Yes, there is a <u>park</u>.
(B) No, it is a <u>no-parking area.</u>

건물 앞에 주차해도 되나요?
(A) 네, 공원이 있어요.
(B) 아니요, 주차 금지 구역이에요.

3

Are you going to <u>watch the show</u> tonight?
(A) I am going to <u>buy a new watch</u>.
(B) I have got <u>something else to do.</u>

오늘 밤에 쇼를 보실 건가요?
(A) 새 시계를 구입할 거예요.
(B) 해야 할 다른 일이 있어요.

4

Are you satisfied <u>with</u> the <u>service</u> you received?
(A) It was <u>not bad.</u>
(B) No, it is not <u>that big</u>.

당신이 받은 서비스에 만족하시나요?
(A) 나쁘지 않았어요.
(B) 아뇨, 그렇게 크지는 않아요.

5

Did you <u>attend the seminar</u> last week?
(A) No, it <u>was canceled.</u>
(B) You have to <u>pay attention to</u> it.

지난주 세미나에 참석했나요?
(A) 아니요, (세미나는) 취소되었어요.
(B) 그것에 주목해야 해요.

6

Do you <u>have</u> Jessica's phone number?
(A) Yes, I <u>do.</u>
(B) No, she <u>called</u> me.

제시카의 전화 번호를 갖고 있나요?
(A) 예, 가지고 있어요.
(B) 아니요, 그녀가 저에게 전화했어요.

질문 패턴 분석 p.135

패턴 5 Check-Up ◀)) 2-127

| 1 (A) 뉴욕으로요. | (B) 금요일까지요. |
| 2 (A) 오늘밤에요. | (B) 제임스 씨일 거예요. |

패턴 6 Check-Up ◀)) 2-129

| 1 (A) 30분 동안요. | (B) 저는 괜찮아요. |
| 2 (A) 제가 문을 열었어요. | (B) 괜찮아요. |

패턴 7 Check-Up ◀)) 2-131

| 1 (A) 하루에 두 번요. | (B) 네, 방금 도착했어요. |
| 2 (A) 아직요. | (B) 아니요, 그것은 저의 것이에요. |

연습 A 　🔊 2 - 132

1 (A)	2 (B)	3 (A)
4 (A)	5 (B)	6 (B)

1

Do you mind if I make a suggestion?
(A) Not at all.
(B) Please mind your step.

제안을 하나 해도 될까요?
(A) 네, 괜찮아요.
(B) 계단을 조심하세요.

2

Has your car been repaired yet?
(A) Yes, I'll take a taxi.
(B) It was fixed today.

당신의 차는 수리됐나요?
(A) 네, 택시를 탈 거예요.
(B) 오늘 고쳤어요.

3

Do you know when the next train is coming?
(A) It is due in 10 minutes.
(B) It is going to Los Angeles.

다음 기차가 언제 오는지 아세요?
(A) 10분 후에 있어요.
(B) 로스엔젤레스로 가요.

4

Have you seen my wallet?
(A) No, I haven't.
(B) Not very many.

저의 지갑을 보셨나요?
(A) 아니요, 못 봤어요.
(B) 아주 많지는 않아요.

5

Do you know who has the copy of the revised schedule?
(A) By tomorrow morning.
(B) I received one yesterday.

수정된 일정표 사본을 누가 가지고 있는지 아세요?
(A) 내일 아침까지요.
(B) 제가 어제 하나 받았어요.

6

Has the report for the meeting been completed yet?
(A) Yes, they left together.

(B) No, not yet.

회의 때 쓸 보고서가 완성됐나요?
(A) 네, 그들은 함께 떠났어요.
(B) 아니요, 아직 안 됐어요.

연습 B 　🔊 2 - 133

1 (B)	2 (A)	3 (A)
4 (B)	5 (B)	6 (A)

1

Has your car been repaired yet?
(A) Yes, I'll take a bus.
(B) Yes, I'll go to the repair shop to pick it up this afternoon.

당신의 차는 수리됐나요?
(A) 네, 버스를 탈 거예요.
(B) 네, 오늘 오후에 차를 찾으러 정비소에 갈 거예요.

2

Do you know when the next train is coming?
(A) It is coming now.
(B) Yes, you can take the next train.

다음 기차가 언제 오는지 아세요?
(A) 지금 오고 있군요.
(B) 네, 다음 기차를 타시면 돼요.

3

Have you seen my wallet?
(A) It's on your desk.
(B) No, I don't have any money.

저의 지갑을 보셨나요?
(A) 당신의 책상 위에 있더군요.
(B) 아니요, 저에게는 돈이 없어요.

4

Do you mind if I make a suggestion?
(A) Yes, you can make it.
(B) No, you are more than welcome.

제안을 하나 해도 될까요?
(A) 네, 당신은 할 수 있어요.
(B) 네, 환영입니다.

5

Has the report for the meeting been completed yet?
(A) I appreciate it.
(B) I am still working on it.

회의 때 쓸 보고서가 완성됐나요?
(A) 감사합니다.
(B) 아직 작성하는 중이에요.

6

Do you know <u>who</u> has the <u>copy</u> of the <u>revised</u> schedule?

(A) It's <u>with</u> Ms. Sanchez.

(B) It's <u>scheduled</u> for <u>Friday</u>.

수정된 일정표 사본을 누가 가지고 있는지 아세요?

(A) 산체스 씨에게 있어요.

(B) 금요일로 예정되어 있어요.

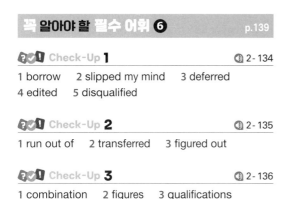

꼭 **알아야 할** 필수 어휘 ❻　　　　p.139

❓✅ Check-Up 1　　　🔊 2-134

1 borrow　　2 slipped my mind　　3 deferred
4 edited　　5 disqualified

❓✅ Check-Up 2　　　🔊 2-135

1 run out of　　2 transferred　　3 figured out

❓✅ Check-Up 3　　　🔊 2-136

1 combination　　2 figures　　3 qualifications
4 normal allowance　　5 quarterly

실전 적용 연습　　　　p.142

🔊 2-137

1 (A)	2 (B)	3 (A)	4 (A)
5 (B)	6 (A)	7 (A)	8 (B)
9 (A)	10 (A)		

1

Has the fax machine we ordered arrived yet?

(A) No, it will take a few more days.

(B) Yes, I faxed it immediately.

주문한 팩스기기는 도착했나요?

(A) 아니요, 며칠 더 걸릴 예정이에요.

(B) 네, 즉시 팩스를 보냈어요.

어휘 fax machine 팩스기기 order 주문하다 fax 팩스를 보내다

해설 팩스기기가 도착했는지 묻는 질문에 부정의 No로 답하며 부연 설명한 (A)가 정답이다. (B)는 '팩스를 보내다'라는 의미의 동사 fax를 사용한 오답이다.

2

Are there any recommendable restaurants nearby?

(A) I will recommend her for the position.

(B) Do you like Thai food?

근처에 추천할 만한 식당이 있나요?

(A) 저는 그녀를 그 자리에 추천할 거예요.

(B) 태국 음식 좋아하세요?

어휘 recommendable 추천할 만한　nearby 근처에　Thai 태국의

해설 식당을 추천해 달라고 했으므로 'Thai food(태국 음식)를 좋아하냐'고 되묻는 (B)가 정답이다.

3

Do you know when he will be back in the office?

(A) He should be here by 2:00 P.M.

(B) He is moving to a new office next week.

그가 언제 사무실로 돌아오는지 아세요?

(A) 그는 오후 2시까지는 돌아와야 해요.

(B) 그는 다음주에 새로운 사무실로 옮겨요.

해설 'Do you know' 뒤에 의문사 when이 나왔으므로 시간을 묻는 질문이다. 구체적인 시간에 대한 정보를 제시하고 있는 (A)가 정답이다.

4

Are you waiting for Mr. Bronson from Washington?

(A) Yes, we are supposed to meet here at three.

(B) Yes, the waiting room is on the second floor.

워싱턴에서 오신 브론슨 씨를 기다리고 계신가요?

(A) 네, 3시에 여기에서 만나기로 했어요.

(B) 네, 대기실은 2층에 있어요.

어휘 wait for ~을 기다리다　be supposed to V ~하기로 되어 있다　waiting room 대기실

해설 Are you 뒤에 나오는 waiting이 질문의 핵심이다. 두 선택지 모두 Yes로 답하고 있으므로 뒤의 내용을 살펴봐야 한다. 3시에 여기에서 만나기로 했다고 말하는 (A)가 질문에 적합한 답변이다. (B)의 waiting room은 '대기실'이라는 뜻으로, 질문에 나오는 waiting과 같은 발음이기 때문에 혼동을 유발하고 있다.

5

Is it going to rain tonight?

(A) Yes, you should prepare for a rainy day.

(B) Let me check the weather forecast.

오늘밤에 비가 올까요?

(A) 네, 만일의 경우에 대비해야 해요.

(B) 일기예보를 확인해 볼게요.

해설 '비가 올 것인가'를 묻는 질문에 대해 '일기예보를 확인하겠다'며 우회적으로 답하고 있는 (B)가 가장 적절한 대답이다.

6

Did you buy this on the subway?

(A) How do you know?

(B) It is at the next stop.

이것을 지하철에서 샀나요?

(A) 어떻게 아세요?

(B) 다음 정류소에 있어요.

해설 Did로 물었지만 Yes나 No로 답하는 대신, '어떻게 알았어요?' 하고 반문해도 대화가 성립한다.

7

Do you mind if I leave the windows open for a while?

(A) Not at all.

(B) Mind your step.

창문을 잠시 열어 두어도 될까요?

(A) 물론이죠.

(B) 조심하세요.

어휘 leave ~한 상태로 놓아두다 for a while 잠시 동안 mind one's step 조심하다

해설 'Do you mind if ~?'에서 mind는 '꺼리다'라는 뜻이므로, 요청을 허락할 때는 부정문으로 답한다. 대표적으로 'Not at all.'을 많이 쓰는데, 이것을 직역하면 상대방이 어떤 행동을 하는 것을 전혀 꺼리지 않는다는 뜻이 된다.

8

Are you acquainted with those people?

(A) Yes, I'd like to come with them.

(B) I have never seen them before.

그 사람들을 잘 아시나요?

(A) 네, 그들과 함께 가고 싶어요.

(B) 예전에 본 적 없는 사람들이에요.

어휘 be acquainted with ~와 안면이 있는, ~을 알고 있는

해설 아는 사람들이냐고 묻는 질문이므로 한 번도 본 적이 없다고 답한 (B)가 적절한 응답이다. 질문의 숙어 'be acquainted with(~와 안면이 있는, ~을 알고 있는)'를 모르면 Yes로 시작하면서 전치사 with가 이어지는 (A)를 답이라고 생각하기 쉽다.

9

Does this store sell computer games?

(A) Please go to the next store.

(B) Yes, this is a very popular game.

이 가게에서 컴퓨터 게임을 파나요?

(A) 옆 상점으로 가보세요.

(B) 네, 매우 인기 있는 게임이죠.

어휘 popular 인기 있는

해설 물건을 찾는 손님에게 물건이 없으니 다른 가게로 가라고 말하는 (A)가 적절한 답변이다.

10

Have you made enough copies for the meeting?

(A) I think I have.

(B) The meeting will start at three.

회의에 쓸 사본을 충분히 만들었나요?

(A) 충분히 만들었다고 생각해요.

(B) 회의는 세 시에 시작할 예정이에요.

어휘 copy 사본; (책의) 부, 권

해설 현재완료 시제인 Have로 묻고 있으므로, have를 써서 답한 (A)가 정답이다. 뒤에 'made ~ meeting'이 생략되었다.

🔊 2- 138

1 (C)	2 (B)	3 (A)	4 (C)
5 (B)	6 (B)	7 (B)	8 (C)
9 (A)	10 (B)	11 (C)	12 (C)
13 (C)	14 (B)	15 (A)	

1

Do you need a ride to the airport?

(A) Yes, you need some rest.

(B) The flight will be delayed.

(C) That would be a big help.

공항까지 태워드릴까요?

(A) 네, 당신은 휴식이 필요해요.

(B) 비행기가 연착될 거예요.

(C) 그렇게 해 주시면 큰 도움이 되겠어요.

어휘 ride 타는 것, 타기 rest 휴식 delay 지연시키다, 연기시키다

해설 차로 바래다주겠다는 상대방의 호의에 대한 대답으로 적절한 것은 (C)이다. (B)는 공항(airport)과 관련된 표현으로 혼동을 유발한 함정이다.

2

Are there any letters for me?

(A) Yes, he did.

(B) I left them on your desk.

(C) At nine o'clock.

저한테 온 편지가 있나요?

(A) 네, 그가 했어요.

(B) 당신 책상 위에 두었어요.

(C) 9시예요.

해설 (B)의 them은 질문에 나온 letters를 의미한다. 상대방에게 온 편지의 위치를 알려주는 (B)가 알맞은 답변이다.

3

Do you mind if I drop in and see you for a minute?

(A) Not at all.

(B) Let's drop it for now.

(C) Please be careful not to drop it.

잠시 들러서 뵐 수 있을까요?

(A) 좋아요.

(B) 이제 그만 하도록 해요.

(C) 떨어뜨리지 않게 조심하세요.

해설 'Do you mind if ~?'는 상대방의 양해/허락를 구하는 질문으로, mind에 '꺼리다'라는 뜻이 있으므로 긍정으로 대답할 때는 No/Not 등으로 답한다. 따라서 '전혀 꺼리지 않는다(Not at all)'고 답한 (A)가 정답이다.

4

Are you going to hire him for the position?
(A) He will be here soon.
(B) You can stay here, too.
(C) It has not been decided yet.

그 자리에 그를 채용할 건가요?
(A) 그가 이곳에 곧 올 거예요.
(B) 당신도 여기 머무르세요.
(C) 아직 결정 나지 않았어요.

어휘 hire 고용하다, 채용하다 position 직위, 자리 stay 머무르다

해설 'Are you going to ~?'는 예정을 묻는 의문문이다. 현재까지 아무 것도 결정되지 않았다고 현재완료 시제로 답한 (C)가 정답이다.

5

Is anyone going to the planning office this afternoon?
(A) No, he didn't.
(B) I am.
(C) That's okay with me.

오늘 오후에 기획부에 갈 사람이 있나요?
(A) 아니요, 그는 하지 않았어요.
(B) 제가 갈 거예요.
(C) 저는 괜찮아요.

해설 현재진행 시제는 가까운 미래의 의미를 나타내기도 하므로 'I am going to the planning office.'에서 뒤의 동사구를 생략한 (B)의 'I am.'이 알맞은 답변이다.

6

Did you leave all the reports on my desk?
(A) Yes, I will leave in an hour.
(B) I still have them with me.
(C) He will come back again soon.

모든 보고서를 제 책상 위에 두었나요?
(A) 네, 한 시간 후에 떠날 거예요.
(B) 아직 제가 갖고 있어요.
(C) 그는 곧 다시 돌아올 거예요.

해설 동사 leave에는 크게 '두다'와 '떠나다'라는 두 가지 의미가 있다. 보고서가 '떠날' 수는 없으므로 질문의 leave는 '두다'의 의미로 쓰였다. 보고서를 아직 자신이 가지고 있다는 답한 (B)가 정답이다. (A)의 leave는 '떠나다'라는 뜻으로 쓰였다.

7

Has the final decision been deferred?
(A) Yes, it was the final decision.
(B) Yes, I was told that.
(C) No, it's not very different.

최종 결정이 연기되었나요?
(A) 네, 그것이 최종 결정이었어요.
(B) 네, 그렇다고 들었어요.
(C) 아니요, 그렇게 많이 다르지는 않아요.

어휘 defer 연기시키다, 미루다 be told 듣다

해설 이미 완료된 과거의 일에 대해서 묻고 있다. 선택지가 모두 Yes와 No로 시작하기 때문에 뒤에 나온 내용이 질문과 부합하는지 따져봐야 한다. 결정이 연기되었다는 사실을 들었다고 답한 (B)가 정답이다.

8

Do you mind if I have a look at the report?
(A) It slipped my mind.
(B) Never mind.
(C) By all means.

그 보고서를 제가 한번 봐도 될까요?
(A) 깜박했네요.
(B) 걱정하지 마세요.
(C) 물론이죠.

어휘 have a look at ~을 한번 살펴보다 slip one's mind 잊어버리다 By all means. 물론이죠.

해설 상대방의 양해/허락을 구하는 질문이다. by all means에는 '꼭, 어떤 일이 있어도'라는 부사구의 의미와 '아무렴, 좋고 말고요'라고 승낙을 나타내는 의미가 있다. by all means의 의미를 모르면 풀기 어려운 문제이다.

9

Is Mr. Gomez still in charge of the sales team?
(A) He was transferred to the main office.
(B) It will be charged quarterly.
(C) Yes, he is qualified for it.

고메즈 씨가 아직도 영업 팀의 책임자인가요?
(A) 그분은 본사로 옮겼어요.
(B) 분기별로 요금이 부과될 거예요.
(C) 네, 그는 자격이 있어요.

어휘 in charge of ~을 책임지고 있는, ~을 담당하고 있는 transfer 이전하다, 옮기다 main office 본사 charge (요금을) 부과하다 quarterly 분기별로 qualified 자격을 갖춘

해설 지금도 영업 팀을 맡고 있냐는 질문에 대해 본사로 옮겼기 때문에 현재는 영업 팀의 책임자가 아니라는 정보를 전달하는 (A)가 가장 적절한 답변이다. (A)는 문장 앞에 부정어인 No가 생략되어 있다고 봐야 한다. 현재 시제로 묻고 있지만 답변의 내용에 따라 과거 시제의 답변이 나올 수 있다. (C)는 Yes로 시작하고, he is가 바로 나오기 때문에 정답이라고 생각하기 쉽지만 뒤이어 나오는 형용사 qualified는 질문과는 연관이 없는 내용이므로 오답이다.

10

Have you decided where to go for your summer holiday?
(A) Yes, I am going to fly out on Saturday.
(B) Yes, I am going to go to Spain.
(C) Yes, you have to be brave and go for it.

여름 휴가를 어디로 갈지 결정했나요?
(A) 네, 토요일 비행기로 출발할 예정이에요.
(B) 네, 스페인을 방문할 예정이에요.
(C) 네, 당신은 용기를 가지고 실행해야 해요.

11

Does this train stop at Cambridge?
(A) Please go to platform number 5.
(B) It takes just 5 minutes on foot.
(C) We will be there in half an hour.

이 기차가 케임브리지에 정차하나요?
(A) 5번 승강장으로 가세요.
(B) 걸어서 5분 거리예요.
(C) 30분 후에 그곳에 도착할 거예요.

어휘 platform 승강장 on foot 도보로, 걸어서

해설 질문의 의미로 보아 기차를 타기 전에 벌어지는 대화이거나 달리고 있는 기차 안에서 일어날 수 있는 대화이다. 따라서 (A)는 적절한 답이 될 수 없으며 정차할 시간을 가르쳐 주는 (C)가 적절한 답변이다. (C)의 there는 Cambridge를 의미한다.

12

Do you have any kind of photo identification?
(A) I will upload the photo on the Web site.
(B) Can you please take a photo of me?
(C) Is my driver's license okay?

사진이 부착된 신분증을 갖고 있나요?
(A) 웹사이트에 사진을 업로드할 거예요.
(B) 저의 사진을 찍어 주시겠어요?
(C) 운전 면허증이면 되나요?

해설 질문의 'photo identification'이 사진이 부착된 신분증이라는 것을 알고 있으면 쉽게 정답을 찾을 수 있다. 선택지의 표현들 중 사진이 부착된 신분증이 될 수 있는 것은 (C)의 운전 면허증뿐이다.

13

Have you finished reading the report I gave you last week?
(A) I have stayed there since last week.
(B) Yes, I called her last week.
(C) I will be done before this weekend.

제가 지난주에 드린 보고서는 다 읽었나요?
(A) 저는 지난주부터 그곳에 머무르고 있어요.
(B) 네, 지난주에 그녀에게 전화했어요.
(C) 이번 주말 전까지 다 읽을 거예요.

어휘 call 전화하다; 부르다 be done 끝내다

해설 보고서를 다 읽었는지 현재완료형을 사용하여 묻고 있다. 다 읽었으면 과거 시제나 현재완료 시제로 답하면 되지만, 다 읽지 못했으면 미래 시점에 끝낼 것이라는 의미를 나타내기 위해서 미래 시제로 질문에 답할 수도 있다.

14

Do you think you can repair this computer right now?
(A) You will find the computer room on the right.

(B) I am not sure. Let me check first.
(C) I should prepare for the exam with my computer.

이 컴퓨터를 지금 바로 고칠 수 있나요?
(A) 컴퓨터실은 오른쪽에 있어요.
(B) 글쎄요. 우선 확인을 해보죠.
(C) 저의 컴퓨터로 시험 준비를 해야 해요.

어휘 repair 수리하다, 고치다 prepare for ~을 준비하다 exam 시험

해설 컴퓨터를 고칠 수 있냐는 질문에 알맞은 답변을 찾으면 된다. (B)의 'I'm not sure.(모르겠습니다)'은 'I don't know.'와 함께 거의 모든 질문의 답변으로 쓰일 수 있는 표현인데, 여기에 부가적으로 컴퓨터를 검사해 보겠다고 덧붙이고 있다.

15

Are there any other questions regarding the new policies?
(A) Can I ask one further question?
(B) There will be no one here until two o'clock.
(C) Sorry. We don't accept cash.

새 규정에 관해 더 질문이 있나요?
(A) 한 가지 더 물어봐도 될까요?
(B) 2시 전까지는 아무도 여기에 없을 거예요.
(C) 죄송하지만, 현금은 받지 않아요.

어휘 regarding ~에 관해서는 policy 규정 further 그 이상의, 한층 더한 accept 받다, 받아들이다 cash 현금

해설 '또 다른 질문(any other questions)'이 있냐고 물었으므로, '질문이 없다'라고 대답하거나 (A)처럼 '한 가지 더 물어도 되냐'고 반응하는 것이 적절하다.

Unit 07 | Can[Could] / Will[Would] / Should로 시작하는 의문문

질문 패턴 분석
p.146

패턴 1 Check-Up
2-143
1 (A) 구내식당에서요.　　　(B) 그리고 싶지만 바쁘군요.
2 (A) 물론이죠, 잠시만요.
　 (B) 당신에게 보고서를 주지 않았어요.

패턴 2 Check-Up
2-145
1 (A) 집에 있을 거예요.　　(B) 그것을 오늘 할 수 있어요.
2 (A) 저는 이 클럽의 회원이에요. (B) 죄송하지만, 모르겠어요.

패턴 3 Check-Up
2-147
1 (A) 네, 그것은 아주 작아요.　(B) 네, 물론이죠.
2 (A) 물론이죠.　　　　　　(B) 알고 싶어요.

연습 A   🔊 2- 148

| 1 (A) | 2 (A) | 3 (A) |
| 4 (A) | 5 (B) | 6 (B) |

1

Can you tell me how many copies of this report you need?

(A) Twenty will be enough.

(B) Before noon.

이 보고서의 사본이 몇 부 필요한지 말해 주시겠어요?

(A) 20부면 충분할 거예요.

(B) 정오 이전에요.

2

Can I buy a ticket for the concert here?

(A) How many tickets do you want?

(B) The ticket is valid for two weeks.

콘서트 티켓을 여기에서 살 수 있나요?

(A) 몇 장 필요하세요?

(B) 이 티켓은 2주일 동안 유효합니다.

3

Could you please turn down the television?

(A) Sure. No problem.

(B) Yes, I turned down his offer.

텔레비전 소리를 줄여 주시겠어요?

(A) 네, 그렇게 할게요.

(B) 네, 그의 제안을 거절했어요.

4

May I sit down here?

(A) Yes, of course.

(B) Here he comes now.

여기 앉아도 될까요?

(A) 물론이죠.

(B) 지금 그가 오고 있네요.

5

Can you give me a ride to the airport?

(A) Sorry. I don't have any.

(B) I'd be glad to.

공항까지 태워주실 수 있어요?

(A) 미안하지만, 가지고 있는 게 없군요.

(B) 기꺼이 태워드리죠.

6

Could you tell me where the conference room is?

(A) The seminar was canceled.

(B) Yes, go straight and then turn left.

회의실이 어디인지 알려주시겠어요?

(A) 세미나는 취소됐어요.

(B) 네, 직진하고 나서 좌회전하세요.

연습 B   🔊 2- 149

| 1 (B) | 2 (A) | 3 (B) |
| 4 (B) | 5 (A) | 6 (B) |

1

May I sit down here?

(A) Sorry, but I am not available right now.

(B) Sorry, but this seat is already taken.

여기 앉아도 될까요?

(A) 미안하지만, 저는 지금 시간이 없어요.

(B) 미안하지만, 이 좌석은 이미 앉을 사람이 있어요.

2

Could you tell me where the conference room is?

(A) It's on the second floor.

(B) The meeting was canceled.

회의실이 어디인지 알려주시겠어요?

(A) 2층에 있어요.

(B) 회의는 취소됐어요.

3

Can you give me a ride to the airport?

(A) I left it at the reception desk.

(B) Sorry. I didn't bring my car.

공항까지 태워 주실 수 있나요?

(A) 안내 데스크에 맡겨 두었어요.

(B) 미안해요. 차를 가지고 오지 않았어요.

4

Can I buy a ticket for the concert here?

(A) Yes, it has been a great success.

(B) I'm sorry, but we're all sold out for tonight.

콘서트 티켓을 여기에서 살 수 있나요?

(A) 네, 대단히 성공적이었어요.

(B) 죄송하지만, 오늘밤 공연은 매진되었어요.

5

Can you tell me how many copies of this report you need?

(A) I am not sure.

(B) Before Tuesday.

이 보고서의 사본이 몇 부 필요한지 알려 주시겠어요?

(A) 잘 모르겠어요.

(B) 화요일 전에요.

48

6

Could you please turn down the television?
(A) I should turn down your offer.
(B) Sorry. I didn't know you were here.

텔레비전 소리를 줄여 주시겠어요?
(A) 당신의 제안을 거절해야 해요.
(B) 미안해요. 당신이 있는 줄 몰랐어요.

질문 패턴 분석
p.150

패턴 4 Check-Up
2-151

1 (A) 네, 그렇게 할게요.　　(B) 제 직업은 재미있어요.

2 (A) 저는 커피를 더 좋아해요.　(B) 네, 넣어 주세요.

패턴 5 Check-Up
2-153

1 (A) 공항 옆이에요.　　　(B) 감사합니다.

2 (A) 회의는 지루했어요.　(B) 괜찮으시다면요.

패턴 6 Check-Up
2-155

1 (A) 그러죠.　　　(B) 금방 고쳐질 거예요.

2 (A) 물론이죠.　　(B) 7층에 있어요.

패턴 7 Check-Up
2-157

1 (A) 네, 그래야 해요.　　(B) 컨벤션 센터에서요.

2 (A) 그는 의사예요.
　(B) 그렇게 해주시면 감사하겠습니다.

질문 패턴 연습 ❷
p.154

연습 A
2-158

| 1 (B) | 2 (B) | 3 (B) |
| 4 (B) | 5 (A) | 6 (A) |

1

Would you tell Michael I need to see him tomorrow?
(A) That's fine with me.
(B) Yes, I will.

마이클에게 내일 내가 그를 만나야 한다고 전해 주시겠어요?
(A) 저는 좋아요.
(B) 네, 그렇게 할게요.

2

Would you like to try on a smaller size?
(A) I will try my best.
(B) I think I should.

더 작은 사이즈를 입어 보시겠어요?
(A) 최선을 다 할게요.
(B) 그래야 할 것 같아요.

3

Will you pick me up after work?
(A) I'd like to know how it works.
(B) I think I can.

퇴근 후에 저를 데리러 와 줄래요?
(A) 그것이 어떻게 작동하는지 알고 싶어요.
(B) 할 수 있을 것 같아요.

4

Would you like me to come on Tuesday?
(A) I will send it to you.
(B) Is that okay for you?

제가 화요일에 오면 될까요?
(A) 그것을 보내드릴게요.
(B) 그날이 괜찮으세요?

5

Should I fill in this form now?
(A) Yes, please.
(B) Let me fill up your glass.

이 양식을 지금 작성해야 하나요?
(A) 네, 그렇게 해주세요.
(B) 당신의 잔을 채워 드릴게요.

6

Would you like another cup of tea?
(A) No, thank you.
(B) I left it on the table.

차 한 잔 더 드실래요?
(A) 아니요, 괜찮아요.
(B) 그것을 테이블 위에 두었어요.

연습 B
2-159

| 1 (A) | 2 (A) | 3 (A) |
| 4 (A) | 5 (B) | 6 (B) |

1

Will you pick me up after work?
(A) Where are you going to be waiting?
(B) I don't know how it works.

퇴근 후에 저를 데리러 와 줄래요?
(A) 어디에서 기다리고 있을 건가요?
(B) 그것이 어떻게 작동하는지 모르겠어요.

2

Should I fill in this form now?
(A) No, you don't have to.
(B) Thank you, but I'd like to sit here.

이 양식을 지금 작성해야 하나요?

(A) 아니요, 그럴 필요는 없어요.
(B) 감사하지만, 저는 여기에 앉을게요.

3

Would you tell Michael I need to see him tomorrow?
(A) I will tell him this afternoon.
(B) You don't need to do anything.

마이클에게 내일 내가 그를 만나야 한다고 전해 주시겠어요?
(A) 오늘 오후에 그에게 전할게요.
(B) 당신은 아무것도 할 필요가 없어요.

4

Would you like another cup of tea?
(A) Yes, please.
(B) I left it on the shelf.

차 한 잔 더 드실래요?
(A) 네, 그러죠.
(B) 그것을 선반 위에 두었어요.

5

Would you like to try on a smaller size?
(A) I always do my best.
(B) Yes, I'd like to.

더 작은 사이즈를 입어 보시겠어요?
(A) 저는 항상 최선을 다해요.
(B) 네, 그러고 싶어요.

6

Would you like me to come on Tuesday?
(A) I will send an e-mail.
(B) Yes, I will wait for you.

제가 화요일에 오면 될까요?
(A) 제가 이메일을 보낼게요.
(B) 네, 기다리고 있을게요.

꼭 알아야 할 필수 어휘 ❼　　　p.155

❓✅❗ Check-Up **1**　　🔊 2-160

1 advertise　　2 drop, off　　3 afford
4 make a reservation　　5 extend

❓✅❗ Check-Up **2**　　🔊 2-161

1 stop by　　2 put off　　3 put, through

❓✅❗ Check-Up **3**　　🔊 2-162

1 refund　　2 on the way back home
3 credit card, debit card　　4 for a second
5 survey

실전 적용 연습　　p.158

🔊 2-163

1 (A)		2 (A)		3 (A)		4 (A)
5 (B)		6 (B)		7 (A)		8 (B)
9 (A)		10 (A)				

1

Would you make a photocopy of this report?
(A) Sure. I will do it right now.
(B) Sorry. This photo is not for sale.

이 보고서를 복사해 주시겠어요?
(A) 네, 지금 바로 해드릴게요.
(B) 죄송하지만, 이 사진은 판매용이 아니에요.

어휘 photocopy 복사　photo 사진　for sale 판매용의, 팔려고 내놓은

해설 'Would you ~?'는 어떤 부탁을 할 때 쓰는 표현이다. 따라서 'Sure.'라고 수락하면서 당장 해주겠다고 말하는 (A)가 적절한 응답이다. 질문에 나온 photocopy가 무슨 뜻인지 잘 모르면 (B)의 photo(사진)을 듣고 두 어휘가 연관된다고 착각할 수 있다.

2

Could we meet a little earlier tomorrow?
(A) Well, I don't think I can.
(B) Where did you meet him?

내일 조금 더 일찍 만날 수 있을까요?
(A) 글쎄요, 그렇게 하지 못할 것 같아요.
(B) 그를 어디서 만났어요?

해설 'Could we ~?'는 상대방에게 무엇을 하자고 공손히 요청할 때 쓴다. 따라서 요청에 대한 거절인 (A)가 적절한 응답이다.

3

Should I wear a tie at the meeting?
(A) I don't think that is necessary.
(B) I have been tied up all week.

그 회의 때 넥타이를 매야 하나요?
(A) 그럴 필요는 없다고 생각해요.
(B) 저는 일주일 내내 바빠요.

해설 should로 시작하는 의문문은 해야 하는 일에 대해 상대방의 확인을 구할 때 쓴다. 넥타이를 착용해야 하는지 상대방에게 확인하는 질문에 대해 그럴 필요는 없다고 자신의 의견을 말한 (A)가 정답이다.

4

Would you like to make a reservation for me?
(A) No problem.
(B) I will take it with me.

저를 대신 예약해 주시겠어요?
(A) 그렇게 할게요.
(B) 제가 가지고 갈게요.

어휘 make a reservation 예약하다

해설 'Would you like to ~?'는 상대방에게 예의를 갖춰 무엇인가를 질문·제안·권유할 때 쓰는 표현이다. 따라서 승낙의 뜻을 나타내는 'No problem.'이 적절한 답변이다.

5

Can you talk to him in person tomorrow?
(A) Yes, you should go in person.
(B) No problem. I need to see him anyway.

내일 당신이 그에게 직접 말씀해 주시겠어요?
(A) 네, 당신이 직접 가야 해요.
(B) 좋아요. 저는 어차피 그를 만나야 해요.

해설 질문의 요점은 '그에게 어떤 말을 해달라'는 것이므로, 수락과 거절을 의미하는 답변을 정답으로 예상해 볼 수 있다. 따라서, 'No problem.'이라는 수락의 표현과 함께 수락의 이유에 대해 설명하고 있는 (B)가 정답이다.

6

Would you like me to take you there?
(A) Let's take a break.
(B) That will be a great help.

제가 그곳까지 데려다 드릴까요?
(A) 잠시 쉬도록 하죠.
(B) 그러면 큰 도움이 될 거예요.

어휘 take a break 쉬다, 휴식을 취하다
해설 'Would you like me to ~?'는 상대방에게 정중히 어떤 제안을 할 때 쓰는 표현이다. 큰 도움이 될 것이라며 고마움을 표시하는 (B)가 정답이다.

7

Can I pay by credit card?
(A) We only accept cash and debit cards.
(B) How is your credit these days?

신용카드로 계산할 수 있나요?
(A) 저희는 현금과 직불카드만 받아요.
(B) 최근 귀하의 신용도는 어떤가요?

어휘 credit card 신용카드 debit card 직불카드, 체크카드 credit 신용, 신뢰
해설 'Can I ~?(~해도 되나요?)'는 상대방의 허락을 구할 때 쓰는 표현이다. (A)는 신용카드는 안 되고 현금과 직불카드만 된다는 의미로서 우회적인 거절이다. 문장 앞에 부정어인 No가 생략되었다.

8

Would you like some dessert?
(A) I will leave it here.
(B) Thank you.

디저트 좀 드시겠어요?
(A) 여기에 두도록 할게요.
(B) 고마워요.

어휘 dessert 디저트, 후식

해설 'Would you like + 명사(구)'는 '명사(구)를 드릴까요?'라고 상대의 의향을 묻는 표현이다. 명사(구)에 음식 이름이 나오면 '(어떤 음식)을 드시겠어요?'라고 음식을 권유하는 표현이 된다. (B)의 '고맙다'라는 응답은 권유에 대한 승낙의 표현이다.

9

May I see the magazine?
(A) Be my guest.
(B) She is not here.

잡지를 봐도 괜찮을까요?
(A) 그러세요.
(B) 그녀는 지금 여기에 없어요.

해설 'May I ~?'는 허락을 구할 때 쓰는 표현이므로 승낙을 나타내는 표현 (A)의 'Be my guest.(그러세요, 좋을 대로 하세요.)'가 정답이다.

10

Will you be able to come to the staff meeting this afternoon?
(A) What time does it start?
(B) Yes, the speech was excellent.

오늘 오후의 직원 회의에 올 수 있나요?
(A) 몇 시에 시작하나요?
(B) 네, 훌륭한 연설이었어요.

어휘 be able to V ~할 수 있다 staff 직원 speech 연설; 말 excellent 훌륭한, 우수한
해설 회의에 참석 가능한지를 묻고 있으므로 Yes나 No로 답할 수도 있고, (A)처럼 회의가 몇 시에 시작하는지를 묻는 질문으로 응답해도 적절한 답변이 된다.

토익 실전 연습   p.159

◀ 2-164

1 (B)	2 (A)	3 (C)	4 (A)
5 (B)	6 (A)	7 (B)	8 (B)
9 (A)	10 (C)	11 (A)	12 (B)
13 (C)	14 (C)	15 (A)	

1

Would you like me to buy some drinks for you?
(A) Sorry. I don't really buy it.
(B) Thank you. That is very kind of you.
(C) Okay. I will bring it later.

마실 것을 사다 드릴까요?
(A) 미안하지만, 저는 그것을 믿지 않아요.
(B) 감사합니다, 정말 친절하시네요.
(C) 좋아요, 나중에 그것을 가져올게요.

해설 'Would you like to ~?'는 무엇을 제안하거나 권유할 때, 또는 초대할 때 상대의 의향을 묻는 표현이다. 마실 것을 사다 주겠다는 내용에 대한 응답으로 적절한 것은 고맙다는 의미인 (B)이다.

2

Can I expect you to be back tomorrow?
(A) I will be here at six.
(B) You did a good job.
(C) At the airport.

내일 돌아오실 거죠?
(A) 6시에 올 거예요.
(B) 일을 잘 하셨네요.
(C) 공항에서요.

어휘 be back 돌아오다

해설 직역하면 상대방이 내일 돌아올 것을 기대해도 되겠느냐는 의미로서, 쉽게 말해 내일 돌아오냐고 묻는 것이다. 따라서 'Yes, I will come back and be here at six tomorrow.'를 줄여서 'I will be here at six.'라고 대답한 (A)가 정답이다.

3

May I call you tomorrow afternoon?
(A) Yes, it will be done by tomorrow.
(B) I am sorry, but you should leave before noon.
(C) Sure, I will be available any time tomorrow.

내일 오후에 전화해도 될까요?
(A) 네, 내일까지는 완성될 거예요.
(B) 미안하지만 당신은 정오 전에 떠나야 해요.
(C) 물론이죠, 내일은 언제든지 저에게 연락이 될 거예요.

해설 'May I ~?'는 상대방의 허락을 구할 때 쓰는 표현이므로, 허락하는 내용인 (C)가 적절한 응답이다.

4

Can you print your name on the delivery form?
(A) Sure, I can.
(B) Okay. Where is your printer?
(C) Sorry. I have not checked it yet.

배송 문서에 성함을 적어 주시겠어요?
(A) 물론이죠.
(B) 좋아요, 프린터는 어디에 있나요?
(C) 미안하지만, 아직 확인하지 않았어요.

해설 서류에 서명을 해달라는 요청이다. 'print'와 'printer'의 발음이 비슷해 혼란이 있을 수 있지만, 질문의 의도를 정확히 파악한다면 (A)가 정답이라는 것을 쉽게 알 수 있다.

5

Will you demonstrate this new machine?
(A) I doubt we can afford that.
(B) Certainly. I will show you how it works.
(C) Do you think it would be any better?

이 새 기계를 시범 작동해 주시겠어요?
(A) 우리에게 그럴 여유가 있을지 모르겠네요.
(B) 물론이죠. 어떻게 작동하는지 보여드릴게요.
(C) 더 나아질 것 같나요?

어휘 demonstrate 시범을 보이다; 증명하다 doubt 의심하다, 수상히 여기다 afford (경제적, 시간적으로) ~할 여유가 있다 Certainly. (대답으로) 물론입니다, 알겠습니다.

해설 'Will you'로 물었으므로 답변의 주어는 「I」나 「we」가 되어야 한다. 'Certainly.'라고 긍정을 나타낸 뒤, 질문의 demonstrate(시범을 보이다)와 비슷한 뜻의 show(~을 보여주다)를 사용하여 부연 설명한 (B)가 정답이다.

6

Would you like some refreshments?
(A) Thank you, but I am on a diet.
(B) Yes, I need some fresh air, too.
(C) No, I didn't go to the party.

간식을 드시겠어요?
(A) 고맙지만 다이어트 중이에요.
(B) 네, 저도 바깥 공기를 좀 쐬야 해요.
(C) 아니요, 저는 그 파티에 가지 않았어요.

어휘 refreshment 가벼운 음식, 다과 on a diet 다이어트 중인 fresh 신선한, 맑은

해설 Would you like 뒤에 먹을거리가 나오면 '~ 좀 드실래요?'라는 뜻이다. 음식을 먹겠느냐는 상대방의 권유를 다이어트 중이라면서 우회적으로 거절하는 (A)가 알맞은 답변이다.

7

Can you tell me where I can claim my baggage?
(A) Yes, you can claim yours.
(B) Please go down the corridor.
(C) It will take an hour.

어디로 가면 저의 짐을 찾을 수 있는지 알려 주시겠어요?
(A) 네, 당신의 짐을 찾을 수 있어요.
(B) 복도를 따라 가세요.
(C) 한 시간 걸릴 거예요.

어휘 claim (one's) baggage (맡긴) 수화물을 찾다 go down (길을) 따라 걷다 corridor 복도

해설 'Can you tell me' 뒤에 나오는 의문사 where가 질문의 핵심이다. 장소를 묻는 Where 의문문이나 다름없으므로 방향을 언급하는 (B)가 정답이다. 질문의 claim (one's) baggage가 '(맡긴) 수화물을 찾다'라는 의미인 것을 모르면, (A)가 Yes로 시작하고 claim이 나오기 때문에 이를 정답이라고 생각할 수도 있다.

8

Would you like me to reserve a room for you?
(A) Yes, the room is very nice.
(B) Thanks, but I can do it myself.
(C) Yes, I reserved a table.

제가 방을 예약해 드릴까요?
(A) 네, 방이 정말 좋군요.
(B) 고맙지만 제가 할 수 있어요.
(C) 네, 자리를 예약했어요.

어휘 reserve 예약하다

해설 'Would you like me to 동사원형 ~?'은 상대방에게 어떤 행위를 해주겠다고 정중하게 제안할 때 쓰는 표현이다. 따라서 고마움을 표현하며 완곡하게 거절하는 (B)가 알맞은 답변이다. (A)와 (C)는 둘 다 Yes로 시작하지만 이어지는 내용이 질문과는 거리가 멀다.

9

Would you like to participate in the survey?
(A) Yes, I'd like to.
(B) No, you wouldn't.
(C) Yes, he does.

조사에 참여하고 싶으세요?
(A) 네, 참여하고 싶어요.
(B) 아니요, 당신은 하지 않을 거예요.
(C) 네, 그가 하고 싶어 해요.

어휘 participate in ~에 참석하다, 참여하다 survey 조사, 여론조사

해설 'Would you like to ~?'로 물었으므로 Yes나 No로 답할 수 있다. 질문의 주어가 you이므로, 답변의 주어는 1인칭인 I 또는 we가 되어야 한다. 정답은 긍정적인 답변을 한 (A)이다.

10

Can you help me move this cabinet to my office?
(A) It will be appreciated.
(B) Let's move the meeting to Thursday.
(C) Do you want to do it right now?

이 캐비닛을 내 사무실로 옮기는 것을 도와 주시겠어요?
(A) 감사합니다.
(B) 회의를 목요일로 옮기도록 해요.
(C) 지금 바로 하기를 원하세요?

어휘 appreciate 인정하다; 감사하다 right now 지금 당장

해설 'Can you ~?'는 상대방에게 허락을 구하거나 요청을 할 때 쓰는 표현이다. 주로 승낙이나 거절의 답변이 오지만 (C)처럼 '지금 바로 하기를 원하는지' 되묻는 응답이 나올 수도 있다. (A)는 요청하는 사람이 해야 할 말에 해당한다.

11

Should we accept their offer?
(A) Do we have any other options?
(B) Please leave the door open.
(C) We should start right now.

그들의 제안을 받아들여야 할까요?
(A) 다른 선택이 있나요?
(B) 문을 열어 두세요.
(C) 지금 당장 출발해야 해요.

어휘 accept an offer 제안을 받아들이다 option (다른) 선택 사항 start 출발하다, 시작하다

해설 'Should we ~?'는 '우리가 ~을 해야 하나요?'라는 의미로, 상대방에게 어떤 일을 해야 하는지 확인하는 차원에서 쓰는 질문이다. 흔히 Yes나 No로 시작하는 승낙/거절의 답변이 나오지만 (A)와 같이 다른 선택이 있냐고 되묻는 질문도 답이 될 수 있다.

12

Will you answer the phone for me?
(A) Where is the answer sheet?
(B) Sure. No problem.
(C) Yes, I need one.

저 대신 전화를 받아 주시겠어요?
(A) 답안지는 어디 있나요?
(B) 네, 그러죠.
(C) 네, 하나 필요해요.

해설 'Will you ~?'는 상대방에게 부탁할 때 쓰는 표현이므로 이에 대한 승낙이나 거절의 표현이 정답이 될 수 있다. (B)의 No problem은 승낙의 뜻을 나타낼 때 쓴다.

13

Can I exchange this suit for a smaller one?
(A) Sorry. He left just a while ago.
(B) Yes, but the exchange rate is too high.
(C) Certainly. What size do you need?

이 옷을 더 작은 치수로 바꿀 수 있을까요?
(A) 안 됐지만, 그는 방금 전에 떠났어요.
(B) 네, 하지만 환율이 너무 높아요.
(C) 물론이죠. 어떤 사이즈가 필요하세요?

어휘 exchange 바꾸다, 교환하다 suit (한 벌의) 옷; 양복 a while ago 조금[방금] 전에 exchange rate 외환시세, 환율 size 사이즈, 치수

해설 치수가 안 맞는 옷을 교환해 달라는 요청이므로, Certainly라는 대답으로 요청을 승낙하며 알맞은 치수를 묻는 (C)가 정답이다.

14

Would you like us to cancel the appointment on Wednesday?
(A) It will not take long.
(B) I'd like to get a refund.
(C) Yes, please.

수요일 약속을 취소할까요?
(A) 오래 걸리지 않을 거예요.
(B) 환불 받고 싶어요.
(C) 네, 그렇게 해주세요.

어휘 cancel 취소하다 take long 오래 걸리다 refund 환불

해설 'Would you like us to ~?'는 상대방에게 어떤 일을 해주겠다고 제안하는 표현이므로, 그 제안을 수락하는 (C)가 알맞은 응답이다.

15

Can you tell me why you didn't take the bus I told you to?
(A) I took a different route.
(B) It took half an hour to get there.
(C) I will call you tomorrow morning.

제가 알려 드린 버스를 타지 않은 이유를 말해 주시겠어요?

(A) 저는 다른 경로로 갔어요.

(B) 그곳까지 가는 데 30분 걸렸어요.

(C) 내일 아침에 전화할게요.

어휘 take a different route 다른 길로 가다, 다른 방법[경로]을 취하다 (route 길, 노선, 항로)   half an hour 30분

해설 간접의문문 형태의 문장으로, Can you tell me 뒤에 나온 why 의문문에 대한 답을 찾아야 한다. 버스를 타지 않은 이유가 될 수 있는 답변은 다른 경로로 갔다고 답한 (A)이다.

PART 3 · 대화문

Unit 01 | Where 의문문 / What 의문문

질문 유형 연습   p.165

Where 의문문   ◎ 3-002

1 (B)	2 (A)	3 (A)	4 (B)

1

> M Hello. Front desk? I'd like to ask for a wake-up call for five o'clock tomorrow morning.
>
> W Yes, we will do that for you. Can you tell me your room number, please?
>
> M 여보세요. 프런트죠? 내일 아침 5시에 모닝콜을 부탁 드려요.
>
> W 네, 그렇게 해드릴게요. 몇 호실이시죠?

어휘 front desk 프런트   wake-up call 모닝콜

화자들은 어디에 있는 것 같은가?

(A) 식당에

(B) 호텔에

해설 대화에 나온 front desk, wake-up call, room number 등은 호텔과 연관된 용어들이다

2

> M Hello. Can I book a table for tonight at around 7:00?
>
> W Yes, you can. Can you please tell me how many people are coming with you?
>
> M 오늘 저녁 7시쯤 테이블 하나를 예약할 수 있나요?
>
> W 네, 가능합니다. 몇 분이 함께 오시는지 말씀해 주시겠어요?

남자는 어디에 전화하고 있는가?

(A) 식당

(B) 공항

해설 남자가 테이블을 예약하겠다고 했고, 응답자는 그 테이블을 사용할 인원 수를 물었으므로 전화를 거는 곳은 식당이라는 것을 알 수 있다.

3

> W Excuse me. I'd like to try this on. Can you tell me where the fitting room is?
>
> M No problem. Follow me, please.

W	실례합니다. 이것을 한 번 입어보고 싶은데요. 탈의실이 어디에 있는지 알려주시겠어요?
M	물론이죠. 저를 따라 오세요.

어휘 Excuse me. 실례합니다.　try on (시험 삼아) 입어보다　fitting room 탈의실

이 대화는 어디에서 일어나는 것 같은가?

(A) 백화점에서

(B) 헬스클럽에

해설 try on은 '(시험 삼아) 입어보다'라는 의미의 숙어이고, fitting room은 '탈의실'이다. 이 두 표현을 통해 옷가게나 백화점의 의류 코너 등 옷을 취급하는 곳에서 일어나는 대화일 것이라고 추측할 수 있다.

4

W	Hi. I'd like to <u>withdraw money</u> from my account.
M	All right. Please fill out this <u>withdrawal</u> slip.
W	안녕하세요. 계좌에서 돈을 인출하려 하는데요.
M	알겠습니다. 이 인출 신청서에 기재해 주세요.

어휘 withdraw 인출하다　account 계좌　withdrawal slip 인출 [출금] 신청서

남자는 어디에서 일할 것 같은가?

(A) 호텔에서

(B) 은행에서

해설 withdraw money는 '돈을 인출하다'라는 표현이다. 보기 중에서 돈을 인출하는 행위와 관련 있는 장소는 은행이다. 이 외에도 account(계좌), withdrawal slip(인출 신청서) 등이 사용된 것을 통해 은행에서 벌어지는 대화라는 것을 알 수 있다.

What 의문문

🔊 3-003

1	(B)	2	(B)	3	(B)	4	(A)

1

M	Excuse me. Can you tell me if there is a <u>cash machine</u> around here?
W	Sure. Do you see the tall building across the street? Go into the building. You will find one <u>on the left side of the entrance.</u>
M	안녕하세요. 이 근처에 현금 인출기가 어디에 있는지 아세요?
W	네, 길 건너편에 있는 높은 건물이 보이시나요? 그 건물에 들어가세요. 입구 왼쪽에 인출기가 있는 것을 보실 수 있을 거예요.

남자가 원하는 것은 무엇인가?

(A) 그는 은행을 찾기를 원한다.

(B) 그는 현금 인출기를 찾기를 원한다.

해설 남자가 찾는 것은 'cash machine' 즉, 현금 인출기이다.

2

W	I bought this smartphone a few days ago, but it <u>does not work</u> properly. Can I get a <u>refund or a replacement</u>?
M	Sure, you can. Can you please tell me what is wrong with it?
W	며칠 전에 이 스마트 폰을 구입했는데, 제대로 작동하지 않아요. 환불이나 교체할 수 있나요?
M	네, 하실 수 있어요. 무엇이 잘못되었는지 말씀해 주시겠어요?

여자는 무엇을 원하는가?

(A) 그녀는 스마트 폰을 구입하기를 원한다.

(B) 그녀는 환불이나 교체를 원한다.

해설 그녀는 며칠 전에 구입한 스마트 폰이 작동하지 않는다고 말한 다음, 환불이나 교체를 원한다고 말했다.

3

M	I'm going to have lunch. Are you coming with me, Rachel?
W	Yes, I'd love to, but could you <u>wait</u> for a few minutes? I have to <u>finish</u> this work first.
M	<u>No problem</u>. Do you like Italian food? I heard that a new Italian restaurant recently <u>opened</u> across the street.
M	점심 먹으러 가려고 해요. 같이 갈래요, 레이첼?
W	좋아요, 기꺼이 갈게요. 그런데 몇 분만 기다려 주겠어요? 이 일을 먼저 끝내야 하거든요.
M	물론이죠. 이탈리아 음식 좋아해요? 최근에 길 건너편에 새로운 이탈리아 식당이 개업을 했다고 들었거든요.

남자는 다음에 무엇을 할 것 같은가?

(A) 이탈리아 식당에 혼자 간다.

(B) 여자가 일을 끝낼 때까지 기다린다.

해설 여자가 '몇 분만 기다려달라고(could you wait for a few minutes)?' 했을 때 '물론이죠(No problem.)'라고 대답한 것으로 보아, 남자는 여자를 기다릴 것이라는 사실을 알 수 있다.

4

W1	The recession is lasting longer than expected.
W2	Yeah, sales this month reached <u>their lowest levels</u> in almost a year.
M	Have you heard our company will <u>cut</u> up to 10% <u>more people</u> by the end of the year?
W1	경기 침체가 예상보다 오래 계속되네요.
W2	그래요, 이번 달 판매량이 일 년 중 거의 최저치로 떨어졌어요.
M	우리 회사가 올해 말까지 인원을 10% 더 감축한다는 소식을 들었나요?

남자는 회사에 관해 무엇을 암시하는가?

(A) 회사는 전에도 인원 감축을 했었다.

(B) 회사는 처음으로 인원을 감축하려고 한다.

해설 남자의 말 중 more라는 단어를 통해 인원 감축이 이번이 처음은 아니라는 사실을 유추할 수 있다.

꼭 알아야 할 **필수 어휘 ❶**　　　p.167

❓✔❗ Check-Up **1**　　　🔊 3-004

1 reservation　2 shuttle bus　3 confirm
4 Front desk, wake-up call　5 locked out of
6 check in　7 check out

❓✔❗ Check-Up **2**　　　🔊 3-005

1 arrange　2 available　3 put, down
4 nonsmoking section, available　5 service, bill

❓✔❗ Check-Up **3**　　　🔊 3-006

1 withdraw　2 deposited, bank account
3 cash a check　4 transfer　5 loan application

❓✔❗ Check-Up **4**　　　🔊 3-007

1 registered mail　2 express mail　3 stamp
4 envelope　5 airmail　6 surface mail

❓✔❗ Check-Up **5**　　　🔊 3-008

1 checkup　2 prescription　3 medication
4 dental appointment　5 painkiller, pharmacy
6 pills

❓✔❗ Check-Up **6**　　　🔊 3-009

1 passport　2 luggage　3 return ticket
4 Gate, boarding

❓✔❗ Check-Up **7**　　　🔊 3-010

1 sales manager　2 promoted　3 be held
4 staff meeting

실전 **적용 연습**　　　p.171

🔊 3-011

1 (B)	2 (A)	3 (B)	4 (C)
5 (B)	6 (C)	7 (A)	8 (C)

[1-2]

> W　Excuse me. Where can I find the fitting room?
> M　There's one on the left behind that counter.
> W　How many dresses can I take to try on at a time?
> M　You can take three at a time.

> W　실례합니다. 탈의실은 어디에 있나요?
> M　저쪽 카운터 뒤 왼편에 있어요.
> W　한 번에 옷을 몇 벌이나 입어 볼 수 있나요?
> M　한 번에 세 벌 입어 보실 수 있어요.

어휘 behind ~뒤에　counter 카운터　try on (시험삼아) 입어 보다　at a time 한 번에, 동시에

1
남자는 어디에서 일할 것 같은가?
(A) 우체국에서
(B) 옷 가게에서
(C) 헬스 클럽에서

해설 대화에 사용된 fitting room이나 dress, try on이라는 표현을 통해 옷 가게나 백화점 의류 코너 등 옷을 취급하는 곳에서 벌어지는 대화라는 것을 알 수 있다.

2
여자는 무엇을 하려 하는가?
(A) 옷을 입어보려고 한다.
(B) 건강을 위해 운동하려고 한다.
(C) 마실 것을 사려고 한다.

해설 '탈의실이 어디인가요(Where can I find the fitting room)?'와 '한번에 몇 벌의 옷을 입어 볼 수 있나요(How many dresses can I take to try on at a time)?'라는 질문을 통해 여자가 옷을 사기 전에 먼저 입어 보려고 한다는 것을 알 수 있다.

[3-4]

> M　These are all I want today. I am going to pay with my credit card.
> W　Thank you, sir. Please insert your card into the card reader and enter your PIN.
> M　Okay… Wait a minute. There is an error sign on the screen. I don't think I entered the wrong PIN.
> W　Don't worry. I need to reset the card reader.
> M　이것들이 오늘 구입하고자 하는 전부예요. 신용카드로 지불할게요.
> W　감사합니다. 카드를 단말기에 넣으신 후 비밀번호를 입력해주세요.
> M　네… 잠깐만요. 화면에 오류 신호가 뜨는군요. 비밀번호는 정확히 입력했는데요.
> W　걱정 마세요. 단말기를 재설정하면 돼요.

어휘 insert 끼워 넣다, 삽입하다　PIN (personal identification number) 비밀번호, 개인 식별 번호

3
이 대화는 어디에서 일어날 것 같은가?
(A) 은행에서
(B) 상점에서
(C) 병원에서

해설 구입한 물건을 신용카드로 지불하겠다고 했으므로 대화가 일어나는 장소는 상점일 것이다.

4

여자는 다음에 무엇을 할 것 같은가?

(A) 남자에게 현금을 지급하게 한다.

(B) 남자에게 비밀번호를 정확히 입력할 것을 요구한다.

(C) 단말기를 재설정한다.

해설 여자는 단말기에 오류가 발생하여 다시 설정하겠다고(reset) 말한다. 따라서 정답은 단말기를 재설정한다는 내용의 (C)이다.

[5-6]

> M Here are my ticket and passport.
>
> W How many pieces of luggage do you have?
>
> M Two. I also have one carry-on bag.
>
> W Your luggage is three kilos over the limit. You have to pay an extra charge.
>
> M 여기 저의 비행기표와 여권이 있습니다.
>
> W 짐은 몇 개 갖고 계시죠?
>
> M 두 개요. 기내용 가방도 하나 있고요.
>
> W 짐이 제한 무게를 3킬로 초과하네요. 추가 요금을 지불하셔야 해요.

어휘 passport 여권 piece 한 개 luggage 짐, 수하물 carry-on bag 기내용 가방 over ~이상 limit 제한 extra charge 추가 요금

5

대화를 하고 있는 곳은 어디일 것 같은가?

(A) 호텔에서

(B) 공항에서

(C) 은행에서

해설 '여기 비행기표와 여권이 있다(Here are my ticket and passport.)'라는 남자의 첫 번째 말에서 공항에서 벌어지고 있는 대화라는 것을 알 수 있다. 이외에도 'carry on-bag(기내용 가방)', 'Your luggage is three kilos over the limit.(짐이 제한 무게를 3킬로 초과한다)' 등의 말이 대화 장소가 공항이라는 것을 보여 준다.

6

남자의 수화물에 관해 여자는 무엇을 암시하는가?

(A) 남자는 표를 취소해야 한다.

(B) 남자는 짐의 일부를 없애야 한다.

(C) 남자는 추가 요금을 지불하면 짐을 가지고 갈 수 있다.

해설 여자는 남자의 가방 무게가 한도를 초과하기 때문에 '추가 요금을 지불해야 한다(You have to pay an extra charge)'고 말한다. 이는 남자가 추가 요금을 지불하면 짐을 가지고 탑승할 수 있다는 의미이다.

[7-8]

> M I'd like to have a double cheeseburger, small French fries, and a hot chocolate.
>
> W I'm sorry. We've run out of hot chocolate today. Would you like to try another drink instead?
>
> M I'll have a coffee then.
>
> W All right. So that's a double cheeseburger, small French fries, and a coffee. Would you like anything else?
>
> M 더블 치즈 버거, 프렌치 프라이 작은 것, 그리고 핫초콜릿 한 잔 주세요.
>
> W 죄송하지만, 핫초콜릿은 다 떨어졌습니다. 다른 음료를 주문하시겠어요?
>
> M 그렇다면 커피로 할게요.
>
> W 알겠습니다. 더블 치즈 버거, 프렌치 프라이 작은 것, 그리고 커피로군요. 더 필요하신 것은 없나요?

어휘 run out of 다 떨어지다 instead 대신에

7

대화가 일어나는 장소는 어디일 것 같은가?

(A) 패스트푸드점

(B) 영화관

(C) 프랑스 식당

해설 식당에서 음식을 주문하는 상황인데, cheeseburger, French fries는 모두 패스트푸드점에서 취급하는 음식이다.

8

무엇이 문제인가?

(A) 남자는 주문한 음식을 기다려야 한다.

(B) 여자가 잘못된 음료를 주었다.

(C) 핫초콜릿이 모두 팔렸다.

해설 남자가 처음 원한 것은 핫초콜릿이었는데 여자가 '핫초콜릿이 다 떨어졌다(We've run out of hot chocolate today.)'고 응답하고 있다.

토익 실전 연습   p.173

◑ 3-013

1 (D)	2 (B)	3 (C)	4 (A)
5 (B)	6 (C)	7 (A)	8 (C)
9 (D)	10 (D)	11 (C)	12 (B)
13 (D)	14 (C)	15 (D)	16 (C)
17 (B)	18 (A)		

[1-3]

W	How is it going so far, Tom?
M	We received a large number of orders on our Web site last night.
W	That's not surprising. Next Wednesday is Valentine's Day. A lot of people want to send presents to their family and friends. We will have a lot of orders until next week.
M	You're probably right. We're going to be really busy this week. We'd better hurry up. The packing will take a lot of time.
W	Yes, we have to pack all the orders and send them to the shipping company before two o'clock. That's the cutoff time for next-day delivery.
W	톰, 현재까지 상황이 어떤가요?
M	어젯밤에 웹사이트로 주문이 많이 들어왔어요.
W	당연한 일이죠. 다음 주 수요일이 발렌타인 데이여서 많은 사람들이 가족과 친구들에게 선물을 보내려 하니까요. 다음 주까지 주문이 많이 들어올 거예요.
M	그 말이 맞는 것 같아요. 이번 주는 정말 바쁘겠는데요. 서둘러야겠어요. 포장하는 데 시간이 많이 걸릴 거예요.
W	그러게요. 2시 전까지 주문 들어온 것을 전부 포장해서 택배 회사에 보내야 해요. 그때가 다음 날 배송이 가능한 마감 시간이에요.

어휘 a large number of 많은, 다수의 order 주문 surprising 놀라운 present 선물 probably 아마도 had better ~하는 게 좋다 hurry up 서두르다 packing 포장 pack 포장하다 shipping company 택배 회사 cutoff time 마감 시간

1
화자들은 어디에서 일하는 것 같은가?
(A) 여행사에서
(B) 식당에서
(C) 보험회사에서
(D) 온라인 쇼핑몰에서

해설 '어젯밤에 우리 웹사이트에 주문이 많이 들어왔다(We received a large number of orders on our Web site last night.)'는 내용과 '주문 들어온 것을 전부 포장하여 택배 회사에 보내야 한다(we have to pack all the orders and send them to the shipping company)'는 내용을 통해, 온라인으로 제품을 판매하는 온라인 쇼핑몰 회사 직원들의 대화라는 것을 유추할 수 있다.

2
자신들의 사업에 관해 여자는 뭐라고 말하는가?
(A) 다른 사무실로 이사갈 것이다.
(B) 주문이 많이 들어올 것이다.
(C) 다음 주에는 가게 문을 닫을 것이다.
(D) 지출을 줄여야 한다.

해설 발렌타인 데이가 가까워짐에 따라 '주문이 많이 들어올 것(We will have a lot of orders until next week.)'이라고 예상하고 있다.

(A)의 사무실을 옮겨야 한다거나, (C)의 다음 주에 가게 문을 닫아야 한다거나, (D)의 지출을 줄여야 한다는 내용은 언급되지 않았다. 대화에 나오는 cutoff time은 '마감 시간'이라는 의미의 표현으로, cutoff(예산, 지출 등을 삭감하다)만 듣고 답을 (D)라고 짐작하지 않도록 주의한다.

3
여자는 무엇을 할 것을 제안하는가?
(A) 발렌타인 데이에 특별 할인을 할 것
(B) 도매업자로부터 더 많은 제품을 주문할 것
(C) 2시 전까지 소포를 전부 택배 회사에 보낼 것
(D) 2시 전까지 주문 들어온 것들을 전부 고객들에게 배송할 것

해설 여자의 마지막 말을 보면 '다음 날 배송될 수 있도록 마감 시간인 2시 전까지 주문 들어온 것을 전부 포장하여 택배 회사에 보내야 한다(we have to pack all the orders and send them to the shipping company before two o'clock. That's the cutoff time for the next-day delivery.)'고 말하고 있다.

[4-6]

M	The manager said that we are having a meeting in five minutes.
W	Okay. Thank you for reminding me. I've just finished my report.
M	By the way, have you heard that Thomas Phillips from the London office has been promoted to general manager in the Marketing Department?
W	Yes, I have. I have also been told that the department is expanding and will hire some new staff members sooner or later.
M	Really? Do you know what field the department will be hiring in? A friend of mine just got a master's degree in modern marketing techniques and is looking for a job.
M	부장님께서 5분 후에 회의를 한다고 하셨어요.
W	알겠어요. 알려줘서 고마워요. 저는 방금 보고서 작성을 마쳤어요.
M	그건 그렇고, 런던 지사에서 온 토마스 필립 씨가 마케팅부의 총괄 책임자로 승진되었다는 소식을 들었나요?
W	네, 들었어요. 게다가 부서를 확장해서 조만간 신입 직원들을 채용할 예정이라는군요.
M	그래요? 그 부서에서 어떤 분야로 채용할 계획인지 아세요? 제 친구 한 명이 얼마 전에 현대 마케팅 기법으로 석사 학위를 취득하고 직장을 찾고 있거든요.

어휘 by the way 그나저나, 그건 그렇고 promote 승진시키다, 진급시키다 general manager 총괄 책임자 be told 듣다 sooner or later 조만간 expand 확장하다 field 분야 master's degree 석사 학위 look for ~을 찾다

4
대화는 어디에서 일어나고 있는 것 같은가?
(A) 사무실에서
(B) 공항에서

(C) 철도역에서

(D) 대학에서

해설 '부장님이 5분 후에 회의를 한다(The manager said that we are having a meeting in five minutes.)'고 했고, 회사의 채용에 관해 이야기를 나누고 있으므로 사무실 안에서 벌어지는 동료 직원 간의 대화일 것이라고 유추할 수 있다.

5

필립스 씨에 관해 화자들은 무엇을 말하고 있는가?

(A) 그는 런던 지사로 전근 갈 것이다.

(B) 그는 승진했다.

(C) 그는 새로 채용된 직원이다.

(D) 그는 현대 마케팅 기법을 공부했다.

해설 '토마스 필립스가 마케팅 부서의 총괄 책임자로 승진했다(Thomas Phillips from the London office has been promoted to general manager in the Marketing Department)'고 말하고 있다. 필립스 씨는 런던 지사에서 옮겨 왔는데, 이는 이미 그가 이 회사에서 일해온 사람이라는 의미이므로 (A)와 (C)는 오답이다. 현대 마케팅 기법을 공부한 사람은 필립스 씨가 아니라 남자의 친구이므로 (D)도 정답이 될 수 없다.

6

마케팅 부서에서 무슨 일이 일어날 것인가?

(A) 본사가 런던으로 옮길 것이다.

(B) 부서가 축소될 것이다.

(C) 새 직원들을 고용할 것이다.

(D) 남자의 친구가 그 부서로 전근 갈 것이다.

해설 '마케팅 부서가 확장되고 조만간 새 직원을 충원할 예정(the department is expanding and will hire some new staff members sooner or later)'이라고 언급하고 있다.

[7-9]

M	Hi, Olivia. I heard you are taking a vacation next week. Where are you going?
W	I am going to Tokyo to visit my friend.
M	That sounds great. How did you meet her?
W	We studied at the same university and became very close. We couldn't see each other after graduation because I started to work here and she returned to Japan. Fortunately, I can have some time off since I completed three financial reports due last week.
M	Now I understand why you were so busy last week. How long are you going to stay there?
W	For two weeks. We plan to travel together and will visit some famous places in Japan.
M	안녕, 올리비아. 당신이 다음 주에 휴가를 떠난다고 들었어요. 어디로 갈 건가요?
W	도쿄에 있는 친구를 방문하려고 해요.
M	멋지군요. 그 친구는 어떻게 만났나요?

W	우리는 대학에서 같이 공부하면서 매우 친해졌어요. 하지만 졸업 후에는 서로 만나지 못했죠. 저는 이곳에 취직했고 그녀는 일본으로 돌아갔어요. 다행히 지난주 마감인 재정 보고서 세 부를 작성했기 때문에 휴가를 얻을 수 있게 되었어요.
M	당신이 왜 지난주에 그처럼 바빴는지 이제야 이해가 가는군요. 그곳에서 얼마나 오랫동안 있을 예정인가요?
W	2주 동안요. 우리는 함께 여행하면서 일본의 유명한 장소들을 방문할 계획이에요.

어휘 take a vacation 휴가를 떠나다   each other 서로 graduation 졸업

7

이 대화는 어디에서 이루어지고 있는 것 같은가?

(A) 사무실에서

(B) 대학 캠퍼스에서

(C) 식당에서

(D) 거리에서

해설 직장 동료들이 휴가에 관한 대화를 나누고 있다. 따라서 대화는 사무실에서 이루어지는 것으로 볼 수 있다.

8

여자는 왜 도쿄로 갈 것인가?

(A) 컨퍼런스에 참석하게 위해

(B) 고객을 만나기 위해

(C) 친구를 방문하기 위해

(D) 옛 동료를 방문하기 위해

해설 대화의 첫 부분에서 여자는 '졸업 후 만나지 못했던 친구를 방문할 것(I am going to Tokyo to visit my friend)'이라고 말했다.

9

여자는 지난주에 무엇을 했는가?

(A) 고객에게 연락을 했다.

(B) 회의를 준비했다.

(C) 도쿄를 여행했다.

(D) 보고서를 작성했다.

해설 대화의 후반부에 여자가 재정 보고서를 작성하느라 바빴다는 내용을 찾아볼 수 있다. 따라서 정답은 (D)이다.

[10-12]

M	Hi. I am interested in the detached house on Prince Street advertised on your Web site. Is the place still available?
W	We have two properties for rent on Prince Street. One has three bedrooms and the other four bedrooms. Which one are you interested in?
M	I am looking for a three-bedroom house. Is it fully furnished?
W	Yes, it comes with a standard furniture pack and white goods, including a washing machine, a tumbler drier, and a dishwasher.

M That's great. Can I book a viewing? I am free this weekend.

W Since we do not work on Sunday, you can only view the house on Saturday. Please tell me what time is good for you.

M 안녕하세요, 귀하의 웹사이트에 광고된 프린스 가의 단독 주택에 관심이 있습니다. 그곳은 여전히 거래 가능한가요?

W 저희는 프린스 가에 두 채의 임대용 주택을 보유하고 있어요. 하나는 침실이 3개이고, 다른 하나는 침실이 4개예요. 어느 집에 관심이 있으신가요?

M 침실이 3개인 집을 찾고 있어요. 가구는 모두 설치되어 있나요?

W 네, 해당 주택은 기본적인 가구 세트와 세탁기, 건조기, 그리고 식기세척기를 포함한 백색 가전제품이 설치되어 있어요.

M 잘 됐군요. 집을 구경할 수 있을까요? 저는 이번 주말에 시간을 낼 수 있어요.

W 저희는 일요일에 근무하지 않기 때문에, 토요일에만 집을 구경하실 수 있어요. 몇 시가 좋을지 말씀해 주세요.

어휘 detached house 단독 주택 available 구입할 수 있는, 이용 가능한 tumbler drier 건조기 standard… pack …의 기본 세트 white goods 백색 가전제품 (냉장고, 세탁기 등의 가전제품)

10

여자는 어디서 일하는 것 같은가?

(A) 호텔에서

(B) 공항에서

(C) 슈퍼마켓에서

(D) 부동산 중개소에서

해설 남자는 광고된 집에 대해 문의하고 있으며, 여자는 이에 대한 정보를 제공하고 있다. 따라서 여자는 부동산 중개소에서 일하고 있음을 알 수 있다.

11

남자는 무엇을 원하는가?

(A) 집을 팔기를 원한다.

(B) 집을 구입하기를 원한다.

(C) 집을 임차하기를 원한다.

(D) 백색 가전제품을 사기를 원한다.

해설 여자가 남자에게 임차할 수 있는 부동산에 대해 설명을 하고 있으므로, 남자가 원하는 것은 'rent(임차)'할 집이다.

12

화자들은 언제 만날 것 같은가?

(A) 금요일에

(B) 토요일에

(C) 일요일에

(D) 월요일에

해설 남자는 '주말에 시간을 낼 수 있다고(I am free this weekend.)' 했고, 이에 대한 응답으로 여자는 '일요일은 근무하지 않아서, 토요일에만 집을 구경할 수 있다고(Since we do not work on Sunday, you can only view the house on Saturday.)' 했다. 그러므로 이들이 만날 수 있는 날은 토요일이다.

[13-15]

M Hi. I'd like to make a reservation for dinner tonight. Do you have a table available for 12 people at seven o'clock?

W Just a minute. Let me check for you. I'm sorry. We don't have anything available. Seven o'clock is the peak time during the dinner rush. So it is difficult to book a table for that number of people. However, I can arrange a table for you at six o'clock if that time works for you.

M Hmm… Six o'clock is fine. I'll tell everyone to go there directly from work.

W Great. I'll put you down for six o'clock. Can you tell me your name, please?

M 오늘 밤에 저녁 식사 예약을 하고 싶은데요. 7시에 12명이 앉을 자리가 있을까요?

W 잠깐만요, 확인해 보겠습니다. 죄송합니다. 빈 자리가 없군요. 7시는 혼잡한 저녁 식사 시간 중에서도 가장 바쁜 때입니다. 그래서 그 정도 인원을 위한 테이블을 예약하기 어렵습니다. 하지만 만약 6시도 괜찮으시다면 그 때는 자리를 마련해 드릴 수 있습니다.

M 음… 6시라면 괜찮겠네요. 모두에게 퇴근하고 곧바로 오라고 말해 놓을게요.

W 알겠습니다. 6시로 예약해 두겠습니다. 성함을 말씀해 주시겠습니까?

어휘 make a reservation 예약하다 peak time 가장 바쁜 시간 dinner (저녁) 식사, 만찬 rush 분주, 혼잡 however 그러나 book 예약하다 directly 곧장 put down for ~의 예약자로서 이름을 적어 두다

13

화자들은 무엇에 관해 이야기하고 있는가?

(A) 호텔 예약

(B) 여행 준비

(C) 상품 주문

(D) 식당 예약

해설 대화의 첫 번째 문장 'I'd like to make a reservation for dinner tonight(오늘 밤에 저녁 식사 예약을 하고 싶다)'에서 대화의 주제가 '식당 예약'임을 알 수 있다. 그 뒤에 이어지는 내용인 '7시에 12명을 위한 테이블이 가능한지', '그 시간에 그 정도 인원이 앉을 테이블은 예약하기 힘들다' 등을 통해 대화의 주제를 더 확실히 알 수 있다.

14

여자는 남자가 무엇을 하도록 제안하는가?

(A) 미리 비용을 지급할 것

(B) 인원을 줄여서 올 것

(C) 한 시간 일찍 올 것

(D) 신용카드를 갖고 올 것

해설 남자는 7시에 식당을 예약하고 싶어 했지만 그 시간에는 이미 자리가 다 차 있었다. 이에 여자는 '6시라도 괜찮다면 그 시간에는 자리

를 마련할 수 있다(I can arrange a table for you at six o'clock)'
라고 말하고 있다.

15

여자는 어떤 정보가 필요한가?

(A) 남자의 직장 주소

(B) 남자의 전화 번호

(C) 남자의 이메일 주소

(D) 남자의 이름

해설 6시에 12명의 자리를 예약하면서, 여자는 '남자의 이름을 알려
달라(Can you tell me your name, please?)'고 요청하고 있다.

[16-18]

> **W1** Have both of you decided when you will go on vacation?
>
> **W2** I'd like to take time off in July. I am planning to visit my parents. How about you, Mike?
>
> **M** I am planning to go on vacation in July, too. Can you tell me about the policy for vacation requests?
>
> **W1** You should submit an application form to the Personnel Department. But the problem is that everyone wants to take time off in July. Who gets time off is determined based on the seniority.
>
> **M** In that case, the chances are not good for me, are they? I think I should reserve it some other time. What do you think about it, Linda?
>
> **W2** Well... you should at least try.
>
> **W1** 두 사람 모두 언제 휴가를 낼지 결정했나요?
>
> **W2** 저는 7월에 휴가를 내려고 해요. 부모님을 방문할 계획이거든요. 마이크, 당신은요?
>
> **M** 저도 7월에 휴가를 가려고 계획 중이에요. 회사의 휴가 신청 규정에 관해 알고 있나요?
>
> **W1** 인사과에 신청서를 제출해야 해요. 하지만 문제는 모두가 7월에 휴가를 가려고 한다는 점이죠. 결정은 근속 연수에 근거해서 내려져요.
>
> **M** 그렇다면 저에게 기회가 오기는 힘들겠군요. 그렇죠? 다음으로 미뤄야겠어요. 어떻게 생각해요, 린다?
>
> **W2** 음… 그래도 시도는 한 번 해봐요.

어휘 vacation request 휴가 신청 submit an application
form to ~에 신청서를 제출하다 the Personnel Department
인사과 based on seniority 근속 연수에 근거하여

16

이 대화는 어디에서 이루어지고 있는 것 같은가?

(A) 공항에서

(B) 약국에서

(C) 사무실에서

(D) 슈퍼마켓에서

해설 직장 동료들 간의 휴가 신청에 관한 대화이다. 따라서 사무실에
서 이루어지고 있을 가능성이 가장 높다.

17

남자에 관해 암시되는 것은 무엇인가?

(A) 그는 상급 관리자이다.

(B) 그는 비교적 신입인 직원이다.

(C) 그는 1년 휴가를 모두 사용했다.

(D) 그는 휴가를 떠나는 것에 큰 흥미가 없다.

해설 휴가 결정이 경력에 따라 이루어진다는 여자1의 말에 남자는 휴
가 기간을 바꿔야겠다고 말한다. 이를 통해 그가 상대적으로 신입 직원
임을 유추할 수 있다.

18

린다는 남자가 무엇을 할 것을 제안하는가?

(A) 신청서를 제출할 것

(B) 목적지를 바꿀 것

(C) 휴가 달을 재조정할 것

(D) 부모님을 방문할 것

해설 대화의 마지막 부분에서 린다는 '그래도 한 번 시도해 보라(you
should at least try)'고 했다. 즉, 가능성이 적더라도 남자가 원하는
기간에 따라 휴가 신청을 해보라는 의미이므로 정답은 (A)이다.

Unit 02 | Who·What 의문문 / When 의문문 / How 의문문

질문 유형 연습 p.179

Who·What 의문문 3- 015

| 1 (A) | 2 (A) | 3 (A) | 4 (B) |

1

> **W** I want to apply for the position of sales manager. Where should I go?
>
> **M** The Personnel Department is on the second floor.
>
> **W** 영업부장 자리에 지원하고 싶습니다. 어디로 가야 하나요?
>
> **M** 인사과는 2층에 있어요.

어휘 apply for 지원하다, 신청하다 sales manager 영업부장

여자는 누구일 것 같은가?

(A) 구직자

(B) 고객

해설 '영업부장 자리에 지원하고 싶다(I want to apply for the
position of sales manager.)'라고 했으므로 여자는 구직자라는 것
을 알 수 있다.

2

W	I have a terrible <u>headache</u>. I couldn't sleep last night.
M	Let me <u>check</u>. You have a high <u>temperature</u>.
W	두통이 너무 심해요. 어젯밤엔 잠을 잘 수가 없었어요.
M	어디 봅시다. 열이 높네요.

어휘 headache 두통   high temperature 고열

남자는 누구일 것 같은가?

(A) 의사

(B) 경비원

해설 여자가 두통이 매우 심하다고 하자, 남자는 여자를 살펴본 뒤 '고열이 있다(You have a high temperature.)'라고 진단을 내리고 있다. 따라서 남자는 의사일 것이다.

3

M	Excuse me. Can I <u>buy a ticket</u> for the airport shuttle bus here?
W	Yes, you can. The ticket price is 7 dollars per person. The airport limousine will be here <u>in a few minutes</u>. So you'd better hurry up.
M	실례합니다. 여기에서 공항 셔틀 버스 티켓을 살 수 있나요?
W	네, 가능해요. 티켓 가격은 일인당 7달러예요. 공항 리무진은 몇 분 후에 도착해요. 그래서, 서두르시는 것이 좋아요.

여자는 누구일 것 같은가?

(A) 매표소 직원

(B) 주차 단속원

해설 남자는 공항 버스표 가격을 물었고 여자는 버스표 가격과 함께 버스가 언제 도착하는지에 대한 정보도 제공한다. 따라서 여자는 매표소 직원일 것이다.

4

M	Excuse me, ma'am. You cannot park here. Please <u>move</u> your car right now or I'll have to <u>give</u> you a <u>ticket</u>.
W	I'm sorry. I'll move to another spot.
M	실례합니다, 부인. 여기에 주차를 하시면 안 됩니다. 지금 당장 차를 이동하지 않으면 딱지를 떼게 됩니다.
W	죄송해요. 다른 곳으로 이동할게요.

어휘 move away 옮기다, 치우다   ticket (교통 위반자에 대한) 딱지   spot 장소, 지점

남자의 직업은 무엇일 것 같은가?

(A) 안전 요원

(B) 경찰관

해설 주차 위반에 대해 경고하며 'I'll have to give you a ticket.(교통 위반 딱지를 떼야 한다)'이라고 했으므로, 남자는 경찰관일 것이다.

When 의문문 / How 의문문　　　　🔊 3-016

1 (B)	2 (A)	3 (A)	4 (A)

1

M	Excuse me. Where can I get a bus to the airport?
W	There is a bus stop just across the street. Take bus number 940. It <u>runs every 30</u> minutes.
M	실례합니다. 공항으로 가는 버스는 어디에서 타죠?
W	길 바로 건너편에 버스 정류장이 있어요. 940번 버스를 타세요. 30분마다 운행합니다.

버스는 얼마나 자주 운행하는가?

(A) 20분마다

(B) 30분마다

해설 940번 버스는 '30분마다 운행한다(It runs every 30 minutes.)'고 말하고 있다.

2

M	I'd like to book a flight to Los Angeles on Saturday.
W	There are two flights on Saturday. One leaves at <u>11:00</u> in the <u>morning</u> and the other at <u>five</u> o'clock in the <u>afternoon</u>.
M	I'll take the <u>morning</u> flight.
M	토요일에 로스앤젤레스행 비행기를 예약하고 싶어요.
W	토요일에는 두 대의 항공편이 있어요. 한 대는 오전 11시에 떠나고 나머지 한 대는 오후 5시에 출발해요.
M	오전 비행기로 할게요.

남자는 몇 시 비행기를 탈 것인가?

(A) 오전 11시에

(B) 오후 5시에

해설 토요일의 LA행 비행기는 오전 11시에 떠나는 것과 오후 5시에 떠나는 비행기가 있는데 남자는 '오전 비행기를 타겠다(I'll take the morning flight.)'고 한다. 따라서 오전 11시 비행기를 탈 것임을 알 수 있다.

3

W	Excuse me. I just <u>missed my train</u> to London. How long do I have to <u>wait for</u> the next one?
M	I'm sorry to hear that, but don't worry. The train to London <u>runs every hour</u>.
W	실례합니다. 방금 런던으로 가는 기차를 놓쳤어요. 다음 기차는 얼마나 기다려야 하나요?
M	그 말을 들으니 안 됐군요. 하지만 걱정 마세요. 런던 행 기차는 매시간마다 운행되니까요.

여자는 다음 기차를 얼마나 기다려야 하는가?
(A) 한 시간
(B) 두 시간

해설 방금 놓친 기차는 매시간 운행된다고 했으므로 기다리는 시간은 한 시간이다.

4

M	I'm going to attend a training workshop for new employees at headquarters in Washington. It is a <u>three</u>-day session starting on <u>Wednesday</u>.
W	When are you going to leave?
M	<u>One day before</u> the workshop. I've already booked my flight.
M	워싱턴 본사에서 열리는 신입사원을 위한 직무 연수회에 참석할 거예요. 수요일에 시작해서 3일간 진행되는 모임이에요.
W	언제 갈 거예요?
M	연수회 하루 전에 출발하려고요. 이미 비행기표도 예약했어요.

남자는 연수회를 위해 언제 출발하는가?
(A) 화요일
(B) 수요일

해설 when으로 묻고 있으므로 날짜, 요일과 관련된 정보를 자세히 듣도록 한다. 연수회는 '수요일부터 시작하고(starting on Wednesday)', 남자는 '워크숍 하루 전에 출발(One day before the workshop.)'하므로 화요일에 떠난다는 것을 알 수 있다.

꼭 알아야 할 필수 어휘 ❷   p.181

❓❗ Check-Up **1**   🔊 3-017
1 personnel manager   2 director   3 job interview
4 position   5 assistant   6 report

❓❗ Check-Up **2**   🔊 3-018
1 costs   2 be back   3 runs
4 How long will it take to   5 waiting for

❓❗ Check-Up **3**   🔊 3-019
1 free   2 available   3 okay for
4 an appointment with   5 start at
6 scheduled for   7 confirmed, attendance
8 copies

❓❗ Check-Up **4**   🔊 3-020
1 away from   2 arrive at   3 starting
4 business trip to

실전 적용 연습   p.183

🔊 3-021

1	(B)	2	(C)	3	(B)	4	(B)
5	(C)	6	(B)	7	(C)	8	(B)

[1-2]

M	Rachel, you have not handed in your market <u>analysis report</u> yet.
W	I'm afraid I am a bit <u>behind</u>. I'm having trouble with the <u>final part</u>.
M	Do you want to <u>discuss it with</u> me?
W	Yes, that would be a great help. Thanks, Steve.
M	레이첼, 시장 분석 보고서를 아직 제출하지 않았군요.
W	조금 늦을 것 같아요. 결말 부분에서 애를 먹고 있어서요.
M	결말 부분에 관해 저하고 함께 논의할래요?
W	네, 그러면 많은 도움이 될 거예요. 고마워요, 스티브.

어휘 analysis report 분석 리포트   a bit 약간   behind 뒤처진   have trouble with ~에 어려움을 겪다   discuss 논의하다

1
남자는 누구일 것 같은가?
(A) 면접관
(B) 동료
(C) 구직자

해설 'you have not handed in your market analysis report yet(아직 시장 분석 보고서를 제출하지 않았다)'라는 말이나 보고서 결말에 관해 '함께 논의하겠는가(Do you want to discuss it with me?)'라고 묻는 것으로 보아, 남자는 여자의 직장 동료일 것이다.

2
남자는 무엇을 하기를 원하는가?
(A) 여자에게 보고서를 다시 쓰게 하려고 한다.
(B) 여자에게 약속을 취소할 것을 요청하려고 한다.
(C) 리포트에 관해 몇 가지 조언을 주려고 한다.

해설 여자에게 '보고서의 결말 부분과 관련해서 함께 논의하기를 원하는지(Do you want to discuss it with me?)' 묻고 있으므로, 남자가 여자의 리포트에 도움을 주고 싶어 한다는 것을 알 수 있다.

[3-4]

W	How many people do you expect to come to the party?
M	I sent invitations to <u>twenty</u> people. I think <u>most of them</u> will come <u>except</u> James. He is <u>visiting</u> his parents in Boston.
W	Have you checked the weather on <u>Saturday</u>?
M	Yes. It is supposed to be warm and sunny.

W 파티에 몇 사람이 올 것으로 예상하나요?

M 초청장을 20명에게 발송했어요. 제임스를 제외하고는 거의 다 올 것 같아요. 제임스는 보스턴에 계신 부모님을 방문하고 있거든요.

W 토요일 날씨는 알아 보셨어요?

M 네, 따뜻하고 맑을 예정이에요.

어휘 invitation (card) 초대장[초청장]　except ~을 제외하고는　visit 방문하다, 찾아 뵙다　weather 날씨　warm 따뜻한　sunny 화창한

3

남자는 몇 명에게 초대장을 보냈는가?

(A) 15명

(B) 20명

(C) 19명

해설 '20명에게 초대장을 보내서 제임스를 제외한 대부분의 사람들이 올 거라고 생각한다(I sent invitations to twenty people. I think most of them will come except James.)'는 내용으로부터 정답이 (B)라는 것을 알 수 있다.

4

파티는 언제 열릴 것 같은가?

(A) 일요일

(B) 토요일

(C) 금요일

해설 여자는 '토요일 날씨를 확인했는지(Have you checked the weather on Saturday?)' 묻고 있다. 그 날이 중요한 날이 아니라면 굳이 날씨를 확인할 필요가 없으므로 파티가 토요일에 열린다는 것을 알 수 있다.

[5-6]

M Good morning, ma'am. How can I help you today?

W Good morning. I want to talk to someone in customer service, please.

M I think I can help you. Can you please tell me what kind of problem you have?

W I bought these wireless earbuds last Friday, but only one side works. I tried to reset them, but there was no difference. So I think they are faulty. Can I get a replacement?

M 안녕하세요, 어떻게 도와 드릴까요?

W 안녕하세요, 고객 서비스 담당 직원과 이야기하고 싶어요.

M 제가 도와드릴 수 있을 것 같군요. 어떤 문제가 있는지 말씀해 주시겠어요?

W 지난 금요일에 이 무선 이어폰을 구입했는데, 하지만 한 쪽 이어폰이 작동하지 않아요. 재설정해보려고 했지만, 소용이 없더군요. 제 생각에는 제품에 결함이 있는 것 같아요. 교체할 수 있을까요?

어휘 wireless 무선의　earbuds 이어폰

5

이 대화는 어디에서 일어나는 것 같은가?

(A) 의류 판매점에서

(B) 인터넷 카페에서

(C) 전자제품 상점에서

해설 구입한 이어폰에 문제가 있어 다른 것으로 교체해달라는 내용이므로 대화가 일어나는 장소는 전자제품 상점이 적합하다.

6

여자는 무엇을 원하는가?

(A) 그녀는 새 제품을 사기를 원한다.

(B) 그녀는 불량품의 교체를 원한다.

(C) 그녀는 불량품에 대한 환불을 원한다.

해설 여자는 작동하지 않는 이어폰의 교체를 원하고 있다.

[7-8]

M What time is the dinner appointment with Mr. Tanaka tonight?

W It is at seven o'clock, Mr. Branson. Your plane is scheduled to leave at 4:00. It will take two hours to arrive at Narita Airport. So you will have an hour to get to the hotel restaurant.

M How long does it take from the airport to the hotel?

W I think it takes about ten minutes by taxi.

M 타나카 씨와의 저녁 약속은 오늘 밤 몇 시인가요?

W 7시예요, 브랜슨 씨. 비행기는 4시에 출발할 예정이에요. 나리타 공항까지 두 시간이 걸려요. 그래서 호텔 레스토랑에 가기까지 한 시간의 여유가 있으실 거예요.

M 공항에서 호텔까지는 얼마나 걸리나요?

W 택시로 10분 정도 걸릴 거예요.

어휘 plane 비행기　arrive 도착하다　get to ~에 도착하다　about 약, ~정도

7

남자는 언제 타나카 씨를 만날 것인가?

(A) 4시에

(B) 6시에

(C) 7시에

해설 '타나카 씨와의 저녁 약속은 7시이다(It is at seven o'clock.)'라고 말하고 있다. 대화에 4, an hour, ten minutes 등 시간과 관련된 숫자가 많이 언급되기 때문에, 헷갈리지 않도록 각각의 시간을 듣고 메모해 두는 것이 필요하다.

8

비행은 얼마나 걸리는가?

(A) 한 시간

(B) 두 시간

(C) 세 시간

해설 '나리타 공항까지 두 시간이 걸린다(It will take two hours to arrive at Narita Airport.)'라고 했으므로 두 시간이 소요된다.

1	(C)	2	(B)	3	(D)	4	(C)
5	(B)	6	(D)	7	(D)	8	(C)
9	(C)	10	(A)	11	(D)	12	(C)
13	(D)	14	(C)	15	(A)	16	(B)
17	(B)	18	(B)					

[1-3]

M　Hi. I'd like to open a business bank account for my company. Who should I talk to?

W　To open a business account, you should talk to the business account manager.

M　Can you tell me when he is available?

W　He usually works in the main office, so he only comes here on Monday and Wednesday from 9:00 A.M. to noon. Do you want me to arrange an appointment for you?

M　Yes, please. I will be here on Wednesday. Is he available at ten o'clock?

W　Yes, he is. I will reserve that time for you.

M　안녕하세요. 우리 회사의 사업용 계좌를 개설하고 싶습니다. 누구와 이야기해야 하나요?

W　사업용 계좌를 개설하기 위해서는 사업용 계좌 담당자와 이야기하셔야 해요.

M　그분께서 언제 시간이 나시는지 알 수 있나요?

W　보통 본사에서 근무하시기 때문에, 이곳에는 월요일과 수요일에만 9시부터 정오까지 계세요. 약속을 잡아 드릴까요?

M　네, 그렇게 해 주세요. 수요일에 올게요. 10시에 그분을 만날 수 있을까요?

W　네, 그래요. 그때로 예약을 해 드릴게요

어휘 open a business bank account 사업용 계좌를 개설하다 company 회사 business account manager 사업용 계좌 관리자 main office 본사 arrange 주선하다. 약속을 잡다

1

남자는 무엇을 하기를 원하는가?

(A) 저녁 식사 예약을 하려고 한다.

(B) 콘서트 티켓을 사려고 한다.

(C) 은행 계좌를 개설하려고 한다.

(D) 사업을 하려고 한다.

해설 대화의 첫 번째 문장에서 남자는 '회사의 사업용 계좌를 개설하고 싶다(I'd like to open a business bank account for my company.)'고 말하고 있다. 사업용 계좌를 개설하겠다는 내용을 (D)의 '사업을 하려고 한다'라고 확대 해석하지 않도록 주의한다.

2

여자는 남자에게 무엇을 제안하는가?

(A) 본사에 갈 것

(B) 약속을 잡을 것

(C) 12시 이후에 다시 올 것

(D) 개인용 계좌를 개설할 것

해설 여자는 남자에게 요청한 업무를 처리하는 담당자와 '만날 약속을 잡을 것인지(Do you want me to arrange an appointment for you?)' 묻고 있으므로, 담당자와 면담 약속을 잡도록 제안하는 것이라고 볼 수 있다.

3

남자는 담당자를 언제 만날 것인가?

(A) 월요일 9시

(B) 월요일 10시

(C) 수요일 9시

(D) 수요일 10시

해설 사업용 계좌 담당자는 월요일과 수요일 9시부터 12까지만 해당 지점에 오는데, 남자는 '수요일 10시에 시간이 되는지(I will be here on Wednesday. Is he available at ten o'clock?)'를 묻고 있다. 여자가 '가능하다(Yes, he is.)'고 대답했으므로 약속 시간은 (D)의 수요일 10시가 된다.

[4-6]

W　How can I help you today?

M　I have been having some pain in my gums since last weekend.

W　Let me take a look. Please sit down and lean back in the chair. Would you open your mouth, please? Thank you. Hmm… You have a gum infection. I will prescribe some antibiotics for you.

M　Thank you. Can you please tell me how long it will take for it to go away?

W　Well… in most cases, it disappears within two weeks, but you should take good care of your teeth and gums. For instance, brush your teeth twice daily and avoid sugary foods and beverages.

M　Thank you. I will keep that in mind.

W　오늘은 어떻게 도와드릴까요?

M　지난 주말부터 잇몸에 통증이 있어요.

W　한 번 검사해보겠습니다. 의자에 앉아 뒤로 기대세요. 입을 벌려 주시겠어요? 감사합니다. 음… 잇몸이 감염되었군요. 항생제를 처방해 드릴게요.

M　감사합니다. 통증이 사라지려면 얼마나 걸릴까요?

W　글쎄요… 대부분의 경우, 2주일 이내에 없어집니다만, 이와 잇몸을 잘 관리하셔야 해요. 예를 들면, 하루에 두 번 양치하시고 당분이 많은 음식이나 음료를 멀리하세요.

M　감사합니다. 기억해 둘게요.

어휘 gum 잇몸 infection 감염 prescribe 처방하다 antibiotics 항생제 sugary 설탕이 많은 beverage 음료

4

여자는 누구인 것 같은가?

(A) 간호사

(B) 외과 의사

(C) 치과 의사

(D) 접수 담당자

해설 여자는 남자의 잇몸 통증에 대한 진단과 처방을 내리고 있다. 따라서 정답은 치과 의사이다.

5

여자에 의하면, 남자의 증상이 사라지는 데 얼마나 걸릴 것인가?

(A) 1주

(B) 2주

(C) 3주

(D) 1개월

해설 여자의 대사 중 'In most cases, it disappears within two weeks…'에서 정답을 찾을 수 있다. 정답은 (B)의 2주이다.

6

남자는 무엇을 할 것 같은가?

(A) 자정까지 잠들지 않는다.

(B) 페퍼민트 사탕을 구입한다.

(C) 설탕이 첨가된 과일 주스를 마신다.

(D) 하루에 두 번 양치한다.

해설 여자는 남자에게 '양치를 하루 두 번씩 하고, 당분이 많은 음식과 음료를 피하라고(brush your teeth twice daily and avoid sugary foods and beverages.)' 조언한다. 따라서 정답은 (D)이다.

[7-9]

W	Hello. How can I help you?
M	I'd like to rent a family car for a week.
W	Do you have any particular model in mind?
M	No, but since I am going on a family camping trip, it should have enough space for our camping equipment and luggage.
W	I see. If you need a car with more room, I recommend this one. It is spacious and comfortable to drive. It has a nice stereo system, and it is also equipped with the latest GPS navigation system.
M	Well, I am not very concerned about the extras. Anyway, what is the daily rate for the car?
W	안녕하세요, 무엇을 도와 드릴까요?
M	일주일 동안 가족용 차를 빌리고 싶어요.
W	생각하고 계신 특정 모델이 있나요?
M	아니요, 하지만 가족 캠핑 여행을 갈 것이기 때문에 캠핑 장비와 짐을 실을 공간이 충분해야 해요.
W	알겠습니다. 많은 공간이 필요하시면 이 차를 추천해 드릴게요. 공간이 넓고 운전하기에도 편해요. 뛰어난 스테레오 시스템과 최신식 내비게이션도 설치되어 있어요.
M	그 이외의 사항들에 대해서는 별로 상관없어요. 아무튼, 차의 대여료는 하루에 얼마인가요?

어휘 rent 빌리다   enough 충분한   space 공간   camping equipment 캠핑용 장비   luggage 짐, 수화물   room 장소; 공간   recommend 추천하다, 권하다   comfortable 편안한   stereo system 스테레오 시스템, 오디오   be equipped with ~을 갖추고 있다   navigation system 내비게이션 시스템   be concerned about ~에 관심을 가지다, ~을 걱정하다   extra 기타의 것   anyway 아무튼   daily 매일의   rate 요금

7

여자는 어떤 업종의 회사에서 일하고 있는 것 같은가?

(A) 호텔

(B) 자동차 판매점

(C) 정비소

(D) 자동차 대여점

해설 남자의 'I'd like to rent a car for a week.(일주일 동안 쓸 차를 빌리고 싶다)'가 정답의 결정적인 단서가 된다. 이 말을 통해 남자는 차를 빌리려는 고객이고 여자는 자동차 대여점 직원이라는 것을 알 수 있다. rent, daily rate라는 단어를 놓치면 (B)의 '자동차 판매점'이라고 생각할 수도 있으므로 주의해서 들어야 한다.

8

남자는 얼마 동안 차를 빌리려 하는가?

(A) 3일

(B) 5일

(C) 1주일

(D) 2주일

해설 남자는 '일주일 동안 차를 빌리고 싶다(I'd like to rent a family car for a week.)'고 언급하고 있다.

9

차에 대한 남자의 주된 관심사는 무엇인가?

(A) 장비

(B) 가격

(C) 공간

(D) 안락함

해설 'it should have enough space(공간이 충분해야 한다)'나 'I am not very concerned about the extras(기타 것들은 크게 개의치 않는다)'라는 말을 통해 남자가 가장 중요하게 생각하는 것이 '공간'이라는 것을 알 수 있다. 맨 마지막에 나오는 'what is the daily rate for the car?(차의 하루 대여료가 얼마인가?)' 때문에 (B)의 '가격'을 선택하지 않도록 주의한다.

[10-12]

M	Excuse me. We've been waiting for half an hour. Can you tell me when our table will be ready?
W	I am trying to arrange a table for you. You reserved a table for three people but came here with six. Unfortunately, all the large tables are occupied at the moment.

M	Sorry about that. The others joined us just after we left the office. But if a table doesn't open up soon, we'll have to go back to the office without eating.
W	Just a moment. We have a large table upstairs ready for you now.
M	실례합니다. 30분을 기다렸는데요. 우리 테이블은 언제 준비되나요?
W	지금 준비해 드리려고 하는 중이에요. 손님께서 세 분 자리를 예약하셨는데, 여섯 분이 오셨어요. 안타깝지만, 현재 큰 테이블들은 모두 자리가 차 있어요.
M	그 점은 미안하게 생각해요. 사무실에서 출발하고 나서 바로 다른 사람들이 합류를 했거든요. 하지만 자리가 빨리 나지 않으면, 식사도 하지 못하고 사무실로 돌아가야 해요.
W	잠시만요. 지금 위층에 있는 큰 테이블이 준비되었어요.

어휘 half an hour 30분 reserve 예약하다 unfortunately 안타깝게도 occupied 사용 중인, 차지한 at the moment 현재 join 합류하다 Just a moment. 잠시만요. open up (자리가) 비다 without ~없이 upstairs 위층에, 2층으로

10
이 대화는 어디에서 일어나고 있는 것 같은가?
(A) 식당에서
(B) 극장에서
(C) 사무실에서
(D) 은행에서

해설 'Can you tell me when our table will be ready? / I am trying to arrange a table for you. / you reserved a table for three people / We have a large table upstairs ready for you now.' 등을 통해 식당에서 일어나는 대화라는 것을 알 수 있다.

11
남자의 그룹에는 몇 명이 있는가?
(A) 두 명
(B) 세 명
(C) 네 명
(D) 여섯 명

해설 '세 명으로 예약을 했는데 온 것은 여섯 명이었다(You reserved a table for three people but came here with six.)'라는 여자의 말을 통해 남자의 그룹에는 여섯 명이 있다는 것을 알 수 있다.

12
점심 식사 후에 남자는 무엇을 할 것 같은가?
(A) 다른 식당에 간다.
(B) 영화를 보러 간다.
(C) 직장으로 돌아간다.
(D) 고객을 만나러 간다.

해설 금방 자리가 나지 않으면 '점심도 못 먹고 사무실로 돌아가야 한다(we'll have to go back to the office without eating)'라는 말을 통해, 점심 시간이 지나면 사무실로 돌아갈 것이라는 사실을 알 수 있다.

[13-15]

W	Hello. I want to make a service appointment for my car. The transmission is not shifting smoothly, and the brakes aren't working properly.
M	Okay, we can take a look at that. We're open from 8:00 A.M. to 5:00 P.M. from Monday to Friday. But we're full this week. We can check your car at nine o'clock on Monday next week. Is that okay for you?
W	Yes, nine o'clock on Monday is fine with me.
M	Great. Can I have your name and the registration number of your car?
W	여보세요. 자동차 정비 예약을 하고 싶은데요. 변속이 매끄럽지 못하고 브레이크도 제대로 작동하지 않아서요.
M	알겠습니다. 점검해 드릴게요. 저희는 월요일부터 금요일 오전 8시부터 오후 5시까지 영업합니다. 하지만 이번 주는 예약이 다 찼어요. 다음 주 월요일 9시에 고객님의 차량을 점검할 수 있겠네요. 괜찮으신가요?
W	네, 월요일 9시면 괜찮아요.
M	잘 됐네요. 성함과 차량 등록번호를 말씀해 주시겠어요?

어휘 transmission 자동차의 변속기 shift (기어를) 바꾸다, 변속하다 smoothly 매끄럽게, 순조롭게 either (부정문에서) ~도 take a look at ~을 보다 registration number 차량 등록번호

13
남자의 직업은 무엇일 것 같은가?
(A) 호텔 접수원
(B) 교통 경찰
(C) 판매원
(D) 자동차 정비사

해설 여자가 전화해서 '차 점검을 위해 예약을 하고 싶다(I want to make a service appointment for my car.)'라고 말하며 차의 문제점을 말하는 것으로 보아 남자는 자동차 정비사일 것이라고 추측할 수 있다. 그 뒤에 나오는 'we can take a look at that(살펴볼게요)'이나 'We can check your car at 9:00 on Monday next week.(다음 주 월요일 9시에 손님 차를 검사할 수 있다)'라는 말에서 남자의 직업이 더욱 확실히 드러난다.

14
여자는 무엇을 원하는가?
(A) 차를 빌리기를 원한다.
(B) 차를 사기를 원한다.
(C) 차를 고치기를 원한다.
(D) 차를 팔기를 원한다.

해설 첫 문장인 'I want to make a service appointment for my car.'를 통해 차량 정비소에서 차를 수리 받고 싶어 한다는 것을 알 수 있다.

15
여자의 예약 일시는 언제인가?
(A) 월요일 오전

(B) 월요일 오후

(C) 금요일 오전

(D) 금요일 오후

해설 다음 주 월요일 9시가 어떠냐고 묻는 남자에게 'nine o'clock on Monday is fine with me(월요일 9시면 괜찮아요.)'라고 대답하고 있다. 따라서 (A) '월요일 오전'에 차 수리를 맡길 것임을 알 수 있다.

[16-18]

W1	Hi. Are you both waiting for a bus?
W2	Yeah, our bus seems to be running late. How long have we been waiting here, Ben?
M	We have been here for at least twenty minutes now. Where are you heading, Martha?
W1	I am going into town.
W2	We are going into town, too. We have an appointment with our clients. How about you, Martha?
W1	I need to buy a suitcase and some traveling requisites. I leave on a business trip to London tomorrow.
M	Oh, I remember you told me that. You are attending a marketing conference there, aren't you? How long are you going to stay there?
W1	For a week. I am coming back next Wednesday.

W1	안녕하세요, 두 사람 모두 버스를 기다리고 있는 중인가요?
W2	그래요, 우리가 탈 버스가 늦는 것 같아요. 우리가 얼마나 기다렸죠, 벤?
M	지금까지 최소한 20분은 기다렸어요. 마사, 당신은 어디로 가나요?
W1	시내로 갈 거에요.
W2	우리도 시내로 갈 거에요. 고객들과 약속이 있거든요. 마사, 당신은요?
W1	저는 여행용 가방과 여행에 필요한 물건들을 사려고 해요. 내일 업무차 런던으로 출장을 가거든요.
M	그래요, 제게 말했던 기억이 나네요. 마케팅 컨퍼런스에 참석하려 가는 것이죠, 그렇죠? 그곳에 얼마나 있을 건가요?
W1	일주일 동안요. 다음 주 수요일에 돌아와요.

어휘 appointment 약속 client 고객 suitcase 여행용 가방 requisites 필요한 물건들

16

대화는 어디에서 이루어지고 있는 것 같은가?

(A) 사무실에서

(B) 거리에서

(C) 식당에서

(D) 컨퍼런스에서

해설 버스 정류소에서 만난 직장 동료들 간의 대화이다. 그러므로 (B) 의 on the street가 정답이다.

17

남자와 여자는 얼마나 버스를 기다렸는가?

(A) 최소한 10분

(B) 20분 이상

(C) 거의 30분

(D) 대략 한 시간

해설 남자의 표현에 의하면 기다린 시간이 '최소한 20분(at least twenty minutes)'이므로 정답은 (B)가 된다.

18

마사는 언제 출장을 가는가?

(A) 오늘

(B) 내일

(C) 가능한 한 빨리

(D) 다음 주 수요일

해설 여자의 말 'I leave on a business trip to London tomorrow.'를 통해 여자가 출장을 가는 날은 (B)의 '내일'임을 알 수 있다.

Unit 03 | Why 의문문 / Why·What 인용문

질문 유형 연습
p.191

Why 의문 / Why·What 인용문 🔊 3-025

1 (B)	2 (B)	3 (A)	4 (A)
5 (B)	6 (A)	7 (B)	8 (B)

1

M	Hello. I'd like to speak to Mr. Johnson.
W	I'm sorry. Mr. Johnson is in a meeting. Would you like to leave a message?
M	여보세요. 존슨 씨와 통화하고 싶은데요.
W	죄송합니다. 존슨 씨는 회의 중이에요. 메시지를 남기시겠어요?

존슨 씨는 왜 남자의 전화를 받을 수 없는가?

(A) 그는 몇 분 전에 사무실을 떠났다.

(B) 그는 회의에 참석 중이다.

해설 '존슨 씨는 회의 중(Mr. Johnson is in a meeting.)'이기 때문에 전화를 받을 수 없다.

2

M	We got stuck in traffic for almost an hour. What is happening up there?
W	There must have been a traffic accident up ahead.

M	우리는 거의 한 시간 동안 교통 체증에 갇혀 있어요. 무슨 일이 일어난 걸까요?
W	앞에서 교통 사고가 난 것이 틀림없어요.

교통 체증은 왜 발생했는가?

(A) 그들이 길을 잘못 들었다.

(B) 도로에서 교통 사고가 났다.

해설 '전방에서 교통 사고가 났음에 틀림없다'는 여자의 대화에서 정답을 찾을 수 있다.

3

M	I heard you requested to reschedule today's meeting. Can you tell me why?
W	We just received some new information. Therefore, we need more time to analyze it before making any decisions at the meeting.
M	오늘 있을 회의 일정을 변경할 것을 요청했다고 들었어요. 이유를 말해 주겠어요?
W	우리는 조금 전 새로운 정보를 입수했어요. 따라서, 회의에서 어떤 결정을 내리기 전에 그 정보를 분석하기 위한 시간이 더 필요해요.

여자는 왜 오늘 회의를 재조정할 것을 원하는가?

(A) 새로운 정보를 분석하기 위해

(B) 긴급한 출장을 가기 위해

해설 여자는 새로운 정보를 분석할 시간이 필요하다고 말하고 있다.

4

M	I may be a little late for the meeting. I have to go to the airport to meet Mr. Chan from Hong Kong.
W	Don't worry. I will tell the CEO where you are.
M	회의에 조금 늦을 수도 있겠어요. 홍콩에서 오는 찬 씨를 만나러 공항에 가야 해서요.
W	걱정 마세요. 사장님께 당신이 어디에 있는지 말씀을 드릴게요.

남자는 왜 회의에 늦을 것인가?

(A) 누군가를 만나야 한다.

(B) 비행기가 연착될 것이다.

해설 남자는 '홍콩에서 오는 찬 씨를 만나러 공항으로 가야 하기 (I have to go to the airport to meet Mr. Chan from Hong Kong.)' 때문에 회의에 늦을 것이다.

5

M	Hello. I ordered a television from your company last week but have still not received it.
W	I'm sorry, sir. Let me check on that for you. Can you tell me your order number, please?

M	여보세요. 지난주에 당신 회사에 텔레비전 한 대를 주문했는데 아직 받지 못했어요.
W	죄송합니다. 제가 확인해 보겠습니다. 주문 번호를 말씀해 주시겠어요?

어휘 order 주문하다 receive 받다 order number 주문 번호

남자는 왜 전화하는가?

(A) 텔레비전을 주문하기 위해

(B) 배송에 관해 문의하기 위해

해설 지난주에 텔레비전을 주문했는데 '아직 받지 못해서(have still not received it)' 확인하기 위해 전화한 것임을 알 수 있다.

6

W	James, I didn't expect to see you on the bus. Where is your car?
M	It's at the service center. I couldn't get it started yesterday.
W	제임스, 버스에서 만날 것이라고는 상상도 못했어요. 차는 어디에 있어요?
M	서비스 센터에 있어요. 어제 시동이 걸리지 않더라고요.

어휘 service center 자동차 서비스 센터 get it started 시동이 걸리다; 시작하다

남자는 왜 버스를 타고 있는가?

(A) 그의 차가 수리 중이다.

(B) 그는 버스 정류소 근처에서 산다.

해설 '자동차가 서비스 센터에 있다(It's at the service center.)'고 했으므로 자동차가 수리 중이어서 버스를 탔다는 것을 알 수 있다.

7

W	We recently spent a lot of money on advertisements for our products, but total sales were down by nearly 20 percent last month. What do you think the problem is?
M	Well… I thought the sales team did their job quite well. I never would have expected such a result.
W	Arrange a meeting with the sales team right now.
W	최근 우리는 제품 광고에 많은 비용을 들였지만 지난달 총 매출이 20퍼센트 가까이 하락했어요. 문제가 뭐라고 생각해요?
M	글쎄요… 영업 팀이 일을 꽤나 잘했다고 생각했는데요. 그런 결과는 전혀 예상하지 못했어요.
W	지금 바로 영업 팀과 회의를 소집하세요.

어휘 recently 최근에 quite 상당히, 꽤

여자는 왜 회의를 소집하려고 하는가?

(A) 영업 팀이 일을 잘 했다.

(B) 매출이 급격히 떨어졌다.

해설 상당한 비용을 들여 제품 광고를 했는데 '지난달 총 매출이 20퍼센트나 하락했기(total sales were down by nearly 20 percent last month)' 때문에 그 원인을 파악하기 위해서이다.

8

W	Jay, can you help me install a program on my new computer?
M	Sorry, but I have to attend a meeting in ten minutes. Can I do that after the meeting? It will not take more than an hour.
W	That's fine. I will wait until you come back. Can I use your computer to check my e-mail while you are away? I am expecting an important message from my client.
M	Be my guest.
W	제이, 저의 새 컴퓨터에 프로그램을 설치해 줄 수 있나요?
M	미안하지만 10분 후에 제가 회의에 참석해야 해요. 회의 후에 하면 안 될까요? 한 시간 이상 걸리지는 않을 거예요.
W	괜찮아요. 당신이 돌아올 때까지 기다리죠. 당신이 자리를 비운 동안 제가 컴퓨터를 써도 괜찮을까요? 메일을 확인하려고요. 고객으로부터 중요한 메시지를 기다리고 있는 중이거든요.
M	네, 그렇게 하세요.

어휘 attend 참석하다 client 고객, 의뢰인

남자는 왜 "Be my guest"라고 말하는가?
(A) 그는 여자를 자신의 손님으로 초대하기를 원한다.
(B) 그는 여자가 자신의 컴퓨터를 사용하는 것을 개의치 않는다.

해설 'Be my guest'는 상대방의 요청이나 부탁을 듣고 긍정적인 답변을 할 때 쓰이는 표현으로, '그렇게 하세요'라는 뜻이다.

꼭 알아야 할 필수 어휘 ❸ p.193

❓✅❗ Check-Up 1 🔊 3-026

1 in a meeting   2 canceled   3 arrange a meeting
4 chair a board meeting   5 make an appointment, keep

❓✅❗ Check-Up 2 🔊 3-027

1 under repair   2 car repair center
3 had, repaired   4 under warranty, charge
5 inspection, maintenance

❓✅❗ Check-Up 3 🔊 3-028

1 placed an order   2 takes, receive, order
3 in stock   4 delivery, drop, off   5 payment

❓✅❗ Check-Up 4 🔊 3-029

1 delayed   2 am stuck   3 ticket   4 speed limit
5 pull over

실전 적용 연습 p.195

🔊 3-030

1 (B)		2 (C)		3 (A)		4 (C)	
5 (B)		6 (C)		7 (B)		8 (B)	

[1-2]

M	My car broke down again this morning, so I had to cancel an appointment with my clients.
W	If you have such frequent trouble with your car, why don't you get a new one?
M	I can't afford to buy one now.
W	You can purchase one in installments. Then you won't have to pay for repairs and maintenance. So in the long run, you will save time and money.
M	You can say that again.
M	오늘 아침에 차가 또 고장 났어요. 그래서 고객과의 약속을 취소해야 했어요.
W	자동차가 그렇게 자주 말썽을 부린다면, 새 차를 구입하는 것이 어때요?
M	그럴 여유가 없어요.
W	할부로 자동차를 구입할 수 있잖아요. 그러면 (새 차를 사면) 수리나 관리하는 비용이 들지 않아요. 그러니 장기적으로는 시간과 비용을 절감하게 되는 거죠.
M	맞는 말이군요.

어휘 purchase… in installments …을 할부로 구입하다 frequent 잦은, 빈번한 maintenance 관리 in the long run 장기적으로 You can say that again. 상대방의 말에 동의할 때 사용하는 표현

1
남자는 왜 약속을 취소했는가?
(A) 기차가 연착해서
(B) 차가 고장 나서
(C) 새 차가 아직 도착하지 않아서

해설 남자는 대화의 첫 부분에서 차가 고장이 나서 약속을 취소시켰다고 말한다.

2
남자가 "You can say that again."이라고 말할 때 그가 의미하는 것은 무엇인가?
(A) 그녀가 말한 것을 듣지 못했다.
(B) 정기적으로 자동차 정비를 받으면 사고를 예방할 수 있다.
(C) 새 차를 구입하는 것이 장기적으로 시간과 돈을 절약하는 것일 수 있다.

해설 'You can say that again'은 여자가 직전에 했던 말인 '장기적으로는 시간과 비용을 절감하게 된다'는 말에 대해 동의하는 의미이다.

M	Clara, are you going to be in the office this afternoon?
W	Yes, I should be. The <u>meeting scheduled</u> for three o'clock today has been <u>canceled</u>. Why are you asking?
M	I'm expecting a call from one of my clients, but I <u>have an appointment</u> with my dentist.
W	Okay, don't worry. I'll <u>handle</u> your call. What do you <u>want me to tell him</u>?
M	클라라, 오늘 오후에 사무실에 있을 건가요?
W	네, 그럴 거예요. 오늘 3시로 예정되어 있던 회의가 취소됐어요. 왜 그러세요?
M	고객 한 분에게서 올 전화를 기다리고 있는데, 치과 진료 예약이 잡혀 있거든요.
W	알겠어요. 걱정 마세요. 제가 전화를 받을게요. 그분에게 전달하고 싶은 말이 있나요?

어휘 be going to + 동사원형 ~할 예정이다   expect 기다리다   dentist 치과의사   handle 처리하다, 다루다

3
여자는 왜 사무실에 있는가?
(A) 그녀가 참석할 회의가 취소되었다.
(B) 자신의 고객으로부터 전화를 기다리고 있다.
(C) 사무실에서 회의가 있다.

해설 오후에 사무실에 있을 것인지를 묻는 남자의 질문에, 여자는 그렇다고 대답한 다음 '3시에 예정되어 있던 회의가 취소되었다고(The meeting scheduled for three o'clock today has been canceled.)' 그 이유를 말했다. 따라서 정답은 (A)이다.

4
여자는 무엇을 알고 싶어 하는가?
(A) 왜 회의가 취소되었는지
(B) 몇 시에 남자가 치과의사를 만나는지
(C) 그녀가 남자의 고객에게 무슨 말을 해야 하는지

해설 대화의 마지막에 여자는 '고객에게 전하고 싶은 말이 있는지(What do you want me to tell him?)'를 묻고 있다. 따라서 여자는 남자의 고객에게 무슨 말을 해야 하는지 알고 싶어 한다.

M	Good afternoon. Can I talk to Mr. Anderson, please?
W	Mr. Anderson is not here at the moment. I'm Jenifer Ross, his <u>assistant</u>. Do you want me to <u>take</u> a <u>message</u> for him?
M	This is Mike Jackson from Mighty Jackson Furniture. We are supposed to <u>deliver</u> a <u>desk</u> to your office this afternoon.
W	Oh, I see. You can come by. I'll call the <u>building manager</u> and tell him to let you <u>in</u>.

M	여보세요. 앤더슨 씨와 통화할 수 있을까요?
W	앤더슨 씨는 지금 자리에 계시지 않습니다. 저는 비서인 제니퍼 로스입니다. 메시지를 전해드릴까요?
M	저는 마이티 잭슨 가구회사의 마이크 잭슨입니다. 오늘 오후에 고객님의 사무실로 책상을 하나 배달해야 하는데요.
W	아, 그러시군요. 오셔도 됩니다. 건물 안으로 들어오실 수 있게 건물 관리인에게 연락해 두겠습니다.

어휘 at the moment 지금   assistant 비서   take a message 메시지를 전하다   be supposed to V ~할 예정이다   come by 잠깐 들르다   building manager 건물 관리인

5
남자는 왜 전화했는가?
(A) 앤더슨 씨와 약속이 있다.
(B) 앤더슨 씨의 사무실에 책상을 배달할 것이다.
(C) 건물 관리인을 만나려고 한다.

해설 남자는 '오늘 오후에 앤더슨 씨의 사무실로 책상을 하나 배달해야 하기(We are supposed to deliver a desk to your office this afternoon.)' 때문에 전화를 하고 있다.

6
여자는 누구에게 전화할 것인가?
(A) 앤더슨 씨
(B) 가구회사
(C) 건물 관리인

해설 마이티 잭슨 가구회사에서 책상 배달을 위해 오는 사람이 '건물 안으로 들어올 수 있도록 건물 관리인에게 연락을 해두겠다(I'll call the building manager to let you in.)'고 여자가 말했다.

M	Have you <u>reserved</u> your <u>flight</u> to London for the international trade conference?
W	Not yet. I am going to do that this afternoon. How about you? Are you going to London on Friday?
M	I should go to Paris one day before the conference. I <u>have a meeting with</u> my client there and will go to London the next morning.
W	That's disappointing. I thought we could travel to London together.
M	We are going to London again for another seminar next month, aren't we? I'll <u>take</u> a <u>rain check</u>.

M	국제 무역 회의에 참석하기 위해 런던행 비행기 좌석을 예약했나요?
W	아직 하지 않았어요. 오늘 오후에 하려고요. 당신은 어떤가요? 금요일에 런던으로 갈 건가요?
M	저는 회의 하루 전에 파리로 가야 해요. 그곳에서 고객과의 미팅이 있거든요. 그리고 다음 날 아침에 런던으로 갈 거예요.

W	실망스럽군요. 우리가 런던까지 함께 갈 수 있을 것이라고 생각 했거든요.
M	다음 달에 다른 세미나로 인해 우리는 런던에 또 다시 가야 해 요, 그렇지 않나요? 그때 함께 가도록 해요.

어휘 reserve one's flight 항공편을 예약하다 take a rain check 다음을 기약하다

7

여자는 왜 실망하는가?

(A) 비행기가 연착했다.

(B) 함께 이동하지 못한다.

(C) 컨퍼런스 일정이 변경되었다.

해설 대화 후반부의 여자의 말, 'I thought we could travel to London together.'에서 정답의 실마리를 찾을 수 있다. 여자는 가정 법을 이용해 현재 상황에 대한 반대의 의미를 나타내고 있으므로 정답 은 (B)이다.

8

남자는 왜 "I'll take a rain check"이라고 말하는가?

(A) 항공료를 수표로 지불할 것이다.

(B) 그들은 다음 달에 함께 런던으로 갈 것이다.

(C) 회의는 비가 오면 취소될 것이다.

해설 다음 달에 런던에서 열리는 세미나에 참석할 예정이므로 그때 함께 출발하자는 말이다.

토익 실전 연습

p.197

🔊 3 - 032

1	(D)	2	(A)	3	(D)	4	(B)
5	(C)	6	(D)	7	(C)	8	(B)
9	(D)	10	(D)	11	(C)	12	(C)
13	(A)	14	(D)	15	(B)	16	(A)
17	(C)	18	(B)						

[1-3]

M	Excuse me. I am here for a job interview. Can you tell me where Mr. Duncan's office is?
W	You must be Mr. James. I can tell you where his office is, but would you first please sign the visitors' book and put on this identification badge?
M	Sure, I'll do that.
W	Thank you, Mr. James. Please go to the 7th floor. Turn left after you get off the elevator, and you'll see the sign for the Personnel Department. Mr. Duncan's office is next to the Personnel Department. He is expecting you.

W	실례합니다. 면접을 보러 왔는데요. 던컨 씨의 사무실이 어디에 있는지 알려주시겠어요?
W	제임스 씨로군요. 제가 사무실 위치를 알려 드릴게요. 하지만 우선, 방명록에 서명을 하시고 이 신분 확인 명찰을 달아 주시 겠어요?
M	물론입니다. 그렇게 할게요.
W	감사합니다. 제임스 씨. 7층으로 가세요. 엘리베이터에서 내린 후 왼쪽으로 돌아 가시면 인사과 표지판이 보일 거예요. 던컨 씨의 사무실은 인사과 옆에 있어요. 당신을 기다리고 계세요.

어휘 must ~임이 분명하다 visitor's book 방명록 put on (명찰을) 달다 identification badge 신분 확인 명찰 sign 표시, 팻말 Personnel Department 인사과 next to ~옆에

1

남자는 왜 건물에 있는가?

(A) 소포를 배달하기 위해

(B) 계약서에 서명하기 위해

(C) 컨퍼런스에 참석하기 위해

(D) 면접을 보기 위해

해설 남자는 '면접을 보러 왔다(I am here for a job interview.)'고 밝히고 있다

2

남자가 요청한 것은 무엇인가?

(A) 사무실 위치

(B) 배달 확인 서명

(C) 면접 일자

(D) 면접관의 이름

해설 '던컨 씨의 사무실이 어디에 있는지 알려 달라(Can you tell me where Mr. Duncan's office is?)'고 하는 것을 보아 면접관의 사 무실 위치를 묻고 있다.

3

여자는 남자에게 무엇을 할 것을 요구하는가?

(A) 신분증을 보여줄 것

(B) 그의 이름을 말해 줄 것

(C) 차에서 내릴 것

(D) 방명록에 서명할 것

해설 사무실 위치를 알려주기에 앞서 '방명록에 서명을 하고 신분 확 인 명찰을 달 것(would you first please sign the visitors' book and put on this identification badge?)'을 요구하고 있다

[4-6]

W	PC Planet. Sharon speaking.
M	Hi. I ordered a copy machine from your store last week but have not received it yet. Can you tell me how much longer I have to wait?
W	Deliveries usually take three days, but on some occasions, they could take a little longer. I will check our order records. Can you tell me your name and order date, please?

M　My name is Jacob Gilbert. I placed the order on August 15.

W　Just a minute, Mr. Gilbert... Here it is. Your order was dispatched from our warehouse last Friday. I think you will receive it by tomorrow at the latest.

W　PC 플래닛의 샤론입니다.

M　안녕하세요, 지난주에 당신의 매장에서 복사기를 한 대 주문했는데 아직 받지 못했어요. 얼마나 기다려야 하는지 말씀해 주실 수 있나요?

W　배송은 보통 사흘 정도 걸리지만 경우에 따라서 조금 더 걸릴 수도 있어요. 주문 기록을 확인해 볼게요. 성함과 주문 날짜를 말씀해 주시겠어요?

M　제 이름은 제이콥 길버트예요. 8월 15일에 주문했고요.

W　잠시만 기다려 주세요, 길버트 씨… 여기 있군요. 귀하의 주문품은 지난 금요일 저희의 창고에서 발송되었어요. 늦어도 내일이면 받아 보실 수 있을 거예요.

어휘 copy machine 복사기　usually 대개, 보통　on some occasions 어떤 경우에는　order record 주문 기록　order date 주문 날짜　at the latest 늦어도

4
남자는 무엇을 주문했는가?
(A) 커피 제조기
(B) 복사기
(C) 녹음기
(D) 팩스기

해설 'I ordered a copy machine from your store last week'에서 '복사기(copy machine)'를 주문했다는 것을 알 수 있다.

5
남자는 왜 전화를 했는가?
(A) 주문하기 위해
(B) 주소를 확인하기 위해
(C) 배송에 관해 문의하기 위해
(D) 가게 위치를 알아내기 위해

해설 지난주에 주문한 복사기가 아직 '도착하지 않았다(have not received it yet)'며, '얼마나 기다려야 하는지(Can you tell me how much longer I have to wait?)' 묻고 있다. 즉 배송에 관해 문의하려고 전화한 것이다.

6
여자는 왜 "Here it is"라고 말하는가?
(A) 그녀는 복사기를 찾았다.
(B) 그녀는 남자에게 커피를 가져다 준다.
(C) 그녀는 남자에게 매장의 창고를 보여 준다.
(D) 그녀는 남자의 주문 기록을 찾았다.

해설 남자의 주문 기록 현황을 확인하기 위해 여자는 그의 이름과 주문 날짜를 물었다. 따라서 'Here it is(여기 있군요)'라는 말은 그것을 찾았다는 뜻이다.

[7-9]

W　Dr. Simon's Health Clinic. How can I help you?

M　Hi. This is James Cornwell. I have an appointment for a health check at 10:00 A.M. tomorrow. Is it possible to reschedule my appointment? Something urgent came up, so I need to leave for a business trip to New York tomorrow morning.

W　Okay, Mr. Cornwell, I will cancel the appointment for you. However, we do not have any vacancies until next Thursday. We have openings at 11:00 A.M. on Thursday and 3:00 P.M. on Friday.

M　Friday is better for me. Please put me down for 3:00 P.M.

W　사이먼 박사의 진료소입니다. 무엇을 도와드릴까요?

M　안녕하세요. 저는 제임스 콘웰입니다. 내일 오전 10시에 건강 검진을 받기로 예약되어 있는데요. 예약을 재조정할 수 있을까요? 급한 일이 생겨서, 내일 아침에 뉴욕으로 출장을 가야 하거든요.

W　알겠습니다, 콘웰 씨. 예약을 취소하겠습니다. 하지만 다음 주 목요일 전까지는 비는 시간이 없네요. 목요일 오전 11시와 금요일 오후 3시에 시간이 비어 있어요.

M　금요일이 더 낫겠네요. 3시로 잡아 주세요.

어휘 health check 건강 검진　urgent 긴급한　come up (일이) 생기다, 일어나다　business trip 출장　cancel 취소하다　vacancy 비어 있음　put somebody down for (~을 위한 명단에 …의 이름을) 올려놓다[등록하다]

7
남자는 왜 여자에게 전화를 하는가?
(A) 비행기표를 예약하기 위해
(B) 호텔 방을 예약하기 위해
(C) 예약을 재조정하기 위해
(D) 사업 미팅을 잡기 위해

해설 'Is it possible to reschedule my appointment?(예약을 재조정할 수 있을까요?)'에서 내일 오전 10시에 잡혀 있던 건강 검진 예약 날짜를 변경하기 위해 전화를 걸고 있음을 알 수 있다.

8
남자는 내일 무엇을 하는가?
(A) 병원을 찾아감
(B) 뉴욕으로 감
(C) 고객과 사업 미팅을 함
(D) 출장에서 돌아옴

해설 예약을 취소하는 이유로 '내일 아침에 뉴욕으로 출장을 가야 한다(I need to leave for a business trip to New York tomorrow morning)'고 말하고 있다.

9
남자는 언제 의사를 만날 것인가?
(A) 내일 오전 10시

(B) 화요일 오후 2시

(C) 목요일 오전 11시

(D) 금요일 오후 3시

해설 남자는 '금요일 3시로 예약을 잡아 달라(Friday is better for me. Please put me down for 3:00 P.M.)'고 말하고 있다.

[10-12]

W	Hello. Hill Hotel reception.
M	Good morning. My name is Jack Thompson. I reserved a single room from Wednesday to Friday this week. I wonder if I can change my reservation. The conference I am going to attend has been rescheduled for next week.
W	Let me check it for you. Can you please tell me your reservation number?
M	My reservation number is W3275.
W	Thank you. Just a minute. W32… 75. Yes, I found it. Mr. Thompson, you reserved a single room from Wednesday the 6th to Friday the 8th. How would you like to change your reservation?
M	Can you move it to a week later? I am going to stay there from Wednesday the 13th to Friday the 15th.
W	No problem… Okay, all done. Is there anything else that I can help you with today?

W	여보세요. 힐 호텔 리셉션입니다.
M	안녕하세요. 제 이름은 잭 톰슨입니다. 이번주 수요일에서 금요일까지 1인실을 예약했는데요. 예약을 변경할 수 있는지 알고 싶습니다. 제가 참석하려는 회의가 다음주로 변경되었거든요.
W	확인해드리겠습니다. 예약 번호를 알고 계신가요?
M	예약 번호는 W3275입니다.
W	감사합니다. 잠시만 기다리세요. W32… 75. 네, 찾았습니다. 톰슨 씨, 6일 수요일부터 8일 금요일까지 예약하셨군요. 예약을 어떻게 변경하고 싶으신가요?
M	일주일 뒤로 옮길 수 있나요? 저는 13일 수요일부터 15일 금요일까지 머무를 거예요.
W	네, 옮길 수 있습니다. 자, 모두 끝났습니다. 도움이 필요한 또 다른 사항이 있나요?

어휘 reservation 예약 attend 참석하다 anything else 그 외의 다른 것

10

남자는 왜 전화했는가?

(A) 회의에 등록하기 위해

(B) 회의 일정을 재조정하기 위해

(C) 호텔 예약을 취소하기 위해

(D) 호텔 예약을 변경하기 위해

해설 남자는 변경된 회의 일정에 맞추기 위해 호텔 예약 날짜를 일주일 뒤로 미루려고 전화했다.

11

남자는 언제 호텔에 도착할 것 같은가?

(A) 6일 수요일에

(B) 8일 금요일에

(C) 13일 수요일에

(D) 15일 금요일에

해설 남자는 변경된 컨퍼런스 일정에 따라 '13일 수요일부터 15일 금요일까지(I am going to stay there from Wednesday the 13th to Friday the 15th.)' 호텔에 투숙하려고 한다. 따라서 남자의 도착일은 13일 수요일이다.

12

여자가 "All done"이라고 말할 때 그녀가 의미하는 것은 무엇인가?

(A) 모든 객실의 예약이 다 찼다.

(B) 그녀는 남자의 예약을 취소시켰다.

(C) 그녀는 남자의 예약을 변경시켰다.

(D) 그녀는 하루 일과를 마쳤다.

해설 인용된 문장은 남자의 호텔 예약 일정을 변경해줄 수 있느냐는 문의에 대한 응답이므로, '예약 일정을 변경시켰다'는 내용의 (C)가 정답이다.

[13-15]

W	Good morning, Mike. You are late this morning.
M	Yes, I am. I had a car accident on my way to the office.
W	A car accident? I know you are a very careful driver. How did it happen?
M	I stopped at an intersection and was waiting for the traffic light to turn green. Then, someone suddenly hit my car from behind.
W	What a disaster! Are you okay? Was anyone hurt?
M	Fortunately, no one was hurt. But there was significant damage to my car. You know, I bought it last month.
W	I can imagine how you feel, but forget about it. It could have been a lot worse.

W	안녕하세요, 마이크. 오늘 아침은 늦었군요.
M	네, 그래요. 사무실로 오던 중에 교통 사고를 당했거든요.
W	교통 사고를 당했다고요? 당신은 매우 조심스럽게 운전을 하잖아요. 어떻게 하다가 사고가 났나요?
M	교차로에서 차를 세우고 신호등이 파란색으로 바뀌기를 기다리고 있었어요. 그런데 갑자기 누가 뒤에서 차를 들이받았어요.
W	저런, 큰일 날 뻔했군요! 괜찮나요? 다친 사람은 없었어요?
M	다행히, 다친 사람은 없었어요. 하지만 차가 많이 부서졌죠. 알다시피 그 차는 제가 지난달에 구입한 거예요.
W	기분은 이해하지만, 잊어버려요. 상황이 더 나빴을 수도 있었잖아요.

어휘 on one's way to ~으로 가던 중에 intersection 교차로 disaster 재해, 재난 significant 의미 있는, 중대한 a lot worse 훨씬 더 나쁜

13
대화는 어디에서 이루어지고 있는가?
(A) 사무실에서
(B) 차고에서
(C) 병원에서
(D) 경찰서에서

해설 아침 출근길에서 발생한 교통 사고에 관해 직장 동료와 이야기하는 상황이다. 대화가 일어나는 장소는 사무실로 보는 것이 가장 적절하다.

14
남자는 왜 아침에 지각했는가?
(A) 아침에 늦잠을 잤다.
(B) 아침에 몸이 좋지 않았다.
(C) 아침에 기차를 놓쳤다.
(D) 아침에 교통 사고가 있었다.

해설 초반부 내용을 통해 남자는 교통 사고 때문에 늦었다는 점을 알 수 있다.

15
여자는 왜 "It could have been a lot worse"라고 말하는가?
(A) 그를 무시하려 한다.
(B) 그를 위로하려 한다.
(C) 그를 질책하려 한다.
(D) 그를 이해하려 한다.

해설 교통 사고를 당한 상황에서, 'It could have been a lot worse(상황이 더 나빴을 수도 있었다. 그래도 그만한 것이 다행이다)'라는 말은 상대를 위로하기 위해 건네는 말이다.

[16-18]

> **W** Greg, have you met James? He was recently transferred from the London office. James, this is Greg. He works in the Planning Department.
> **M1** Hello, Greg. Nice to meet you.
> **M2** Hi, James. Nice to meet you, too. Do you like your life here in Boston?
> **M1** Yes, I do. Everyone in my office is kind and willing to help me. The work facilities are excellent. There are things I miss about London, but it is really nice to be here.
> **M2** Yes, Boston is a great place. I have been in some other places like New York and Los Angeles, but Boston is my favorite. I think it will be yours, too.
> **M1** I'm sure you are right.

> **W** I just remembered something Greg. Didn't you say you want to share your house with another person? James is looking for accommodations.
> **M2** Well, I did, but you missed it by a day.

> **W** 그렉, 제임스를 만난 적이 있나요? 그는 최근 런던 사무소에서 전근해 왔어요. 제임스, 이쪽은 그렉이에요. 그는 기획실에서 일하고 있어요.
> **M1** 안녕하세요, 그렉. 만나서 반가워요.
> **M2** 안녕하세요, 제임스. 저도 만나서 반가워요. 보스턴에서의 생활은 마음에 드시나요?
> **M1** 네, 좋아요. 사무실 동료들도 친절하고 도움을 많이 주려고 하죠. 근무 환경도 우수하고요. 런던 생활이 그리울 때도 있지만, 이곳에서 지내는 것이 정말 좋아요.
> **M2** 그래요, 보스턴은 멋진 곳이죠. 저는 뉴욕과 로스앤젤레스와 같은 다른 곳에도 있었지만, 보스턴을 제일 좋아해요. 당신도 그렇게 될 것이라고 생각해요.
> **M1** 그 말이 맞을 것 같군요.
> **W** 갑자기 기억이 났어요 그렉. 당신이 집을 같이 쓸 사람을 구한다고 하지 않았었나요? 제임스가 숙소를 찾고 있는 중이에요.
> **M2** 음, 그랬었죠. 하지만 하루 차이로 놓쳤군요.

어휘 recently 최근에 transfer 전근하다 be willing to 기꺼이 ~하다 share 공유하다 accommodation 숙소, 서처

16
제임스는 전에 어디에서 일을 했는가?
(A) 런던
(B) 보스턴
(C) 뉴욕
(D) 로스엔젤레스

해설 'He was recently transferred from London office.'라는 여자의 말을 통해서 제임스는 런던에서 근무했다는 사실을 알 수 있다.

17
제임스는 왜 "I'm sure you are right"라고 말하는가?
(A) 그는 런던을 그리워한다.
(B) 근무 시설이 우수하다.
(C) 보스턴은 그가 좋아하는 도시가 될 것이다.
(D) 그는 외국을 많이 여행했다.

해설 'I'm sure you are right'라는 말은 'Boston is my favorite. I think, it will be yours, too'라는 말에 대한 대답이다. 즉 '당신도 보스턴을 좋아하게 될 것'이라는 말에 대해 동의하는 것이므로 정답은 (C)이다.

18
여자는 누구인 것 같은가?
(A) 여행 가이드
(B) 남자들의 동료
(C) 세입자
(D) 부동산 중개인

해설 여자가 남자 둘을 소개해 주고 있는 것으로 보아, 여자는 남자들의 동료일 것이다.

Unit 04 | 시각 정보 의문문

질문 유형 연습

p.204

주문서 / 가격표

🔊 3-034

1 (A)   2 (B)

1

W	How can I help you?
M	I'd like to reserve a single room for June 5 and 6.
W	무엇을 도와드릴까요?
M	6월 5일부터 6일까지 1인실을 예약하려고 합니다.

룸 타입	1박 요금
싱글룸	80달러
더블룸	120달러
스위트룸	250달러

시각 정보를 보시오. 남자는 일일 객실 요금으로 얼마를 지불해야 하는가?

(A) 80달러

(B) 120달러

해설 '1인실(single room)'을 예약한다고 했으므로 $80가 정답이다.

2

M	Hello. I received my order today, but you sent me the wrong size trainers. Can I get a refund if I send them back to you?
W	I apologize for the error. Please send the trainers back to us. We will give you a refund.
M	안녕하세요. 오늘 주문한 물품을 받았습니다. 하지만 사이즈가 잘못된 운동화를 보내셨군요. 반송을 하면 환불을 받을 수 있나요?
W	죄송합니다. 저희에게 다시 보내주세요. 환불해 드리겠습니다.

제품명	개당 가격	수량	총액
테니스 라켓	150달러	1	150달러
테니스 공 (4개)	5달러	3	15달러
운동화 (7사이즈)	45달러	1	45달러

시각 정보를 보시오. 남자가 환불을 받는다면 얼마를 받게 될 것인가?

(A) 15달러

(B) 45달러

해설 운동화의 치수가 잘못되었으므로 환불해야 할 금액은 운동화의 가격인 (B)이다.

지도 / 일정표

🔊 3-035

1 (A)   2 (B)

1

M	Excuse me. Can you tell me where the bank is?
W	Go straight down the street. Turn left at the first corner. The bank is on your right.
M	실례지만 은행이 어디 있는지 아시나요?
W	길을 따라 똑 바로 가세요. 첫 코너에서 왼쪽으로 도세요. 은행은 오른쪽에 있어요.

★ 현재 위치

1   **2**

시각 정보를 보시오. 은행은 어디에 위치해 있는가?

(A) 1

(B) 2

해설 은행은 직진하다가 코너에서 왼쪽으로 돌면 오른쪽에 있으므로 1이 정답이다.

2

M	Hello, Susan. It's me, Julian. I have an appointment with Mr. Kim at 9:00 this morning. Can I move it back by one hour?
W	You have another appointment at 10:00 A.M., but you are free for an hour after that because the staff meeting has been canceled.
M	All right, I will ask him if that time is okay with him.
M	안녕하세요, 수잔. 저예요, 줄리안이에요. 오전 9시에 김 씨와 약속이 있어요. 그 약속을 한 시간 뒤로 미룰 수 있나요?
W	10시에는 다른 약속이 있지만, 직원 회의가 취소되었기 때문에 그 다음 한 시간은 비어 있어요.
M	좋아요, 그에게 그 시간이 괜찮은지 물어볼게요.

오전 9시	김 씨와 회의	정오	점심 식사
오전 10시	타나카 씨와 회의	오후 1시	영업 보고
오전 11시	직원 회의	오후 2시	...

시각 정보를 보시오. 남자는 언제 김 씨를 만날 것인가?

(A) 오전 10시

(B) 오전 11시

해설 직원 회의가 취소되었기 때문에 그 시간이 가능하다고 했다. 따라서 정답은 11시이다.

1 (A)   2 (A)

1

W	When do you want to leave?
M	I have to arrive at my <u>destination</u> before 10:00 A.M. Are there <u>any flights</u> available?
W	언제 출발하기를 원하시나요?
M	목적지에 10시 전까지 도착해야 해요. 이용 가능한 비행기가 있을까요?

항공기 번호	출발	도착
CF214	오전 7시	오전 9시 30분
CF312	오전 8시	오전 10시 30분
CF423	오전 9시	오전 11시 30분

시각 정보를 보시오. 남자는 어느 비행기에 탑승할 것인가?

(A) CF214

(B) CF312

해설 목적지에 10시 전에 도착하려면 9시 30분에 도착하는 CF214 비행기를 타야 한다.

2

M	Did you hear the airport announcement just a minute ago?
W	Yes, I did. Our <u>boarding gate</u> has <u>been changed</u> to 17B.
M	몇 분 전 공항 안내방송을 들었나요?
W	네, 들었어요. 우리 탑승구가 17B로 바뀌었다는군요.

✈ **항공권**		**항공권**
스카이 항공 **BS224** 서울 → 파리 승객명 **톰 존스**		스카이 항공 **BS224** 좌석 **15A**
탑승구 **21C**	출발 **14:25** **5월 7일**	출발 **14:25**

시각 정보를 보시오. 탑승권의 어느 정보가 변경되어야 하는가?

(A) 21C

(B) 15A

해설 대화에서 '탑승구(boarding gate)'라는 표현을 들었다면 정답을 쉽게 찾을 수 있다.

❓✅ Check-Up 1   🔊 3-037

1 Walk along   2 Drive along   3 Turn right
4 straight ahead   5 down, until, on your left
6 Turn left   7 Turn right

❓✅ Check-Up 2   🔊 3-038

1 in front of   2 at the corner of   3 on your right
4 across the street   5 opposite   6 beside
7 behind

❓✅ Check-Up 3   🔊 3-039

1 cancel   2 reschedule   3 make, changes
4 put, off   5 been changed   6 been delayed
7 was scheduled, been delayed   8 was canceled
9 advanced   10 on, short notice

실전 적응 연습   p.209

🔊 3-040

1 (C)	2 (C)	3 (C)	4 (A)
5 (A)	6 (C)	7 (A)	8 (B)

[1-2]

M	Hello, Ms. McCall. I am <u>stuck in traffic</u>. I'm afraid I won't get to the office on time.
W	Is there anything you want me to do?
M	I have a team meeting at nine o'clock this morning. Can you move it back an hour?
W	Just a minute. Let me check your diary. Um... I am afraid that is not possible. You have an appointment with Mr. Clark at ten o'clock.
M	Oh, sorry. I forgot. I'll have to <u>put it off until</u> the afternoon then. What do I have in the afternoon?
W	There is a lunch meeting with the marketing team at noon, and you have a dentist's appointment at 2:00 P.M.
M	Okay, I will cancel my <u>dental appointment</u>.
M	안녕하세요, 맥콜 씨. 차가 막혔어요. 제시간에 사무실에 도착하지 못할 것 같아요.
W	제가 해야 할 일이 있나요?
M	오늘 아침 9시에 팀 회의가 있어요. 한 시간 뒤로 미루어 줄 수 있나요?

W	잠깐만요, 스케줄을 확인해 보죠. 음… 안 될 것 같아요. 10시에는 클락 씨와 약속이 있거든요.
M	아, 미안해요, 깜빡했군요. 그렇다면 회의를 오후로 미루어야겠어요. 오후 일정은 어떻게 되나요?
W	12시에 마케팅 팀과 점심 회의가 있고, 그리고 치과 진료 약속이 2시에 있어요.
M	그렇군요, 치과 약속을 취소할게요.

어휘 get to ~에 도착하다 possible 가능한 dental 치과의

6월 7일

오전 9시	팀 회의
오전 10시	DS 전자의 클락 씨
정오	마케팅 부서와 점심
오후 2시	치과 예약

1
남자는 어디에 있는가?
(A) 사무실에
(B) 회의실에
(C) 도로에

해설 사무실로 가는 중에 차가 막혔다는 것을 알 수 있다. 그러므로 남자는 도로에 있는 상황이다.

2
시각 정보를 보시오. 팀 회의는 언제 열릴 것인가?
(A) 오전 9시
(B) 오전 10시
(C) 오후 2시

해설 치과 진료 약속을 취소하고 그 시간에 팀 회의를 갖겠다고 했으므로 팀 회의 시간은 오후 2시가 될 것이다.

[3-4]

M	Hi, Jennifer. Have you checked how many bottles of lavender perfume we have in stock?
W	Yes, I have. We still have plenty of large- and small-sized bottles in stock, but the medium-sized bottles are all sold out.
M	We have to place an order for that size immediately then. Do you remember how many medium-sized bottles we ordered the last time?
W	We purchased 100 bottles two weeks ago.
M	How many bottles do you think we need this time?
W	I think we can sell a lot more this time, so 250 bottles will be enough.

M	제니퍼, 창고에 라벤더 향수가 얼마나 남아있는지 확인했나요?
W	네, 했어요. 작은 사이즈 병과 큰 사이즈 병은 아직 충분한 물량이 있어요. 하지만 중간 크기의 병은 매진됐어요.
M	그렇다면 즉시 그 사이즈를 주문해야 해요. 지난번에 중간 크기의 병을 몇 개 주문했는지 기억하나요?
W	2주 전에 100개를 구입했어요.
M	이번에는 몇 개나 필요할 거라고 생각해요?
W	이번에는 훨씬 더 많이 판매할 수 있을 것 같아서, 250개면 충분할 것 같아요.

어휘 perfume 향수 in stock 재고가 있는 sold out 다 팔리다, 매진되다 immediately 즉시

**라벤더 향수
중 (50 ml)**

주문 수량	개당 가격
50	15달러
100	14달러
250	12달러
500	10달러

3
화자들은 누구일 것 같은가?
(A) 판매원과 고객
(B) 소매 업자와 공급 업자
(C) 직장 동료

해설 대화 내용은 상품(향수)에 대한 재고 여부, 주문해야 할 크기와 수량에 관한 것 등이다. 따라서 직장 동료 사이에서 일어나는 업무상의 대화라는 것을 알 수 있다.

4
시각 정보를 보시오. 주문한 물품의 개당 가격은 얼마가 될 것인가?
(A) 14달러
(B) 12달러
(C) 10달러

해설 250개를 주문한다고 했으므로, 표에서 해당 가격을 찾으면 12달러이다.

[5-6]

M	Excuse me. Can you tell me how I can get to the city museum?
W	It is in the city center, which is about 5 miles away from here. You have to take a bus to get there.
M	There are several bus stops nearby. Which way should I go?

W	Cross the street, turn left, and... walk past the bus stop in front of you. Go <u>one block farther</u>. Then, you will see another bus stop. Take a bus via the city center at the bus stop and tell the bus driver you are going to City Hall. The museum <u>is opposite</u> City Hall.
M	실례합니다. 시립 박물관에 어떻게 갈 수 있는지 말씀 주시겠어요?
W	박물관은 여기서 약 5마일 떨어진 시내에 있어요. 그곳에 가려면 버스를 타야 해요.
M	근처에 버스 정류장이 여러 곳이 있군요. 어느 쪽으로 가야 하나요?
W	길을 건너서, 좌회전 한 다음, 그리고… 앞에 있는 버스 정류장을 지나가세요. 한 블록을 더 가시면 버스 정류장이 하나 더 있을 거예요. 그 정류장에서 시내를 경유하는 버스를 타시고, 기사님에게 시청에 간다고 말씀하세요. 박물관은 시청 맞은 편에 있어요.

어휘 city museum 시립 박물관 go one block farther 한 블록 더 가다 via city center 시내를 거쳐서, 경유해서

 정류장 1 정류장 2 정류장 3

  ★ 현 위치

5
시각 정보를 보시오. 남자는 어느 버스 정류장으로 가야하는가?
(A) 정류장 1
(B) 정류장 2
(C) 정류장 3

해설 화자들이 서 있는 곳에서 길을 한 번 건너고, 왼쪽으로 돌아 버스 정류장을 하나 지나친 후, 두 번째 버스 정류장이다. 따라서 정답은 (A)이다.

6
시립 박물관은 대화자들이 있는 곳에서 얼마나 멀리 떨어져 있는가?
(A) 2마일
(B) 3마일
(C) 5마일

해설 대화 초반부에서 여자는 시립 박물관이 5마일 떨어진 곳에 있다고 했으므로 정답은 (C)이다.

[7-8]

W	White Swan Inn. Sharon speaking. How can I help you?
M	Hello. I'd like to <u>make a reservation</u> for two nights starting on Tuesday this week.

W	Thank you, sir. I will check for you. That's from the 15th to the 17th. What type of room do you want?
M	Can you tell me what types you have?
W	You can choose a single room, a double room, or a suite. We also have two different types of double rooms: regular doubles and deluxe doubles.
M	I'd like to have a regular double room. Is a room <u>with an ocean view</u> available?
W	Of course. All our double rooms have ocean views.
W	화이트 스완 호텔의 샤론입니다. 무엇을 도와 드릴까요?
M	이번 주 화요일부터 이틀 밤을 예약하고 싶어요.
W	고맙습니다, 고객님. 확인해 드릴게요. 15일부터 17일까지군요. 어떤 방을 원하시나요?
M	어떤 방이 있는지 말씀해 주시겠어요?
W	1인실, 2인실, 그리고 스위트룸 중에서 선택하실 수 있어요. 또한 2인실은 보통실과 특실, 두 가지 유형이 있고요.
M	2인실 보통으로 할게요. 바다 쪽을 향한 방이 있나요?
W	물론이죠. 저희 호텔의 모든 2인실은 바다를 바라보고 있어요.

어휘 make a reservation 예약하다 available 이용 가능한

룸 타입	1박 요금
싱글룸	125달러
레귤러 더블룸	185달러
디럭스 더블룸	225달러
스위트룸	350달러

7
남자는 얼마나 오래 호텔에 머물 예정인가?
(A) 2박
(B) 3박
(C) 4박

해설 남자가 'two nights(2박)'를 예약하고 싶다고 했으므로 (A)가 정답이다.

8
시각 정보를 보시오. 남자는 1박에 얼마를 지불해야 하는가?
(A) 125달러
(B) 185달러
(C) 225달러

해설 남자의 말 중 'a regular double room'이라는 표현을 들었다면 정답을 쉽게 찾을 수 있다.

🔊 3-042

1 (A)	2 (B)	3 (C)	4 (D)
5 (B)	6 (C)	7 (D)	8 (C)
9 (D)	10 (B)	11 (A)	12 (D)
13 (B)	14 (C)	15 (C)	

[1-3]

W	Excuse me. You look lost. May I help you?
M	Oh, yes, thank you very much. I am looking for the Keswick doctor's office. Can you tell me how I can get there?
W	The Keswick doctor's office? It is on the corner of Prince Avenue and Abby Hill Street. We are now on Abby Hill Street. Go straight along this street. Pass City Hall and cross the road. Keep going until you see the art museum. Turn right at the first corner after the museum. You will see the doctor's office. Please remember it is next to the art museum. You can't miss it.
M	How long does it take to get there?
W	It is not very far. I think it will take about 15 minutes on foot.
W	실례지만, 길을 잃은 것처럼 보이는군요. 제가 도와드릴까요?
M	오, 맞아요, 정말 감사합니다. 저는 케스윅 병원을 찾고 있어요. 어떻게 가야 하는지 말씀해 주실 수 있나요?
W	케스윅 병원이라고요? 그곳은 프린스 가와 애비 힐 가의 코너에 있어요. 우리는 지금 애비 힐 가에 있죠. 이 길을 따라 똑바로 가세요. 시청을 지나서 길을 건너세요. 미술관이 나올 때까지 계속 가세요. 미술관을 지나 첫 번째 코너에서 우회전하시면 병원이 보일 거예요. 미술관 바로 옆에 있다는 점을 기억하세요. 바로 보일 거예요.
M	그곳까지 가는데 시간이 얼마나 걸릴까요?
W	그렇게 멀지는 않아요. 걸어서 약 15분 정도 걸릴 거예요.

어휘 doctor's office (소규모) 병원, 의원　next to ~의 옆에
You can't miss it. 놓치지 않을 것이다, 쉽게 눈에 띌 것이다.

1
남자는 어디에 가려고 하는가?
(A) 병원
(B) 박물관
(C) 극장
(D) 교회

해설 'doctor's office'가 '(소규모) 병원'을 의미하므로 정답은 (A)이다.

2
시각 정보를 보시오. 남자가 가려는 장소는 어디에 있는가?
(A) 1
(B) 2
(C) 3
(D) 4

해설 Prince Avenue에 있다고 했으므로 3은 제외된다. art museum을 지나 첫 번째 코너에 있으며 미술관 바로 옆이라고 했으므로 2가 정답이다. 앞 부분의 여자의 설명을 듣지 못했더라도 'Turn right at the first corner after the museum.'이라는 문장만 들어도 정답을 찾을 수 있다.

3
그 장소까지 가는 데 시간이 얼마나 걸리는가?
(A) 5분
(B) 10분
(C) 15분
(D) 20분

해설 여자의 마지막 말 중 'about 15 minutes'라는 표현에서 정답을 찾을 수 있다.

[4-6]

W	How was your flight? It takes about three hours to travel by plane from Hong Kong to Seoul, doesn't it?
M	Yeah, it does normally. However, my plane was delayed for two hours.
W	Delayed for two hours? What was the reason?
M	No planes could take off due to the heavy fog at the airport.
W	That's too bad. You know, bad weather is the most common cause for delayed flights. There is nothing we can do about it. Anyway, I am glad you arrived safe and sound. How long are you going to stay in Seoul?
M	I will stay here for a week.
W	비행은 어땠나요? 홍콩에서 서울까지는 대략 3시간이 걸리죠, 그렇지 않나요?
M	네, 평상시에는 그래요. 하지만 제가 탈 비행기는 두 시간 지연되었어요.
W	두 시간이나 지연되었다고요? 이유가 무엇이었나요?

M	공항에 안개가 짙게 끼어서 어떤 비행기도 이륙할 수 없었어요.	
W	안 됐군요. 아시다시피, 악천후는 항공기 지연의 흔한 원인이죠. 그것에 대해서는 어떻게 할 방법이 없어요. 여하튼, 당신이 무사히 도착해서 기쁘군요. 서울에는 얼마나 있을 예정인가요?	
M	일주일 동안 있을 거예요.	

어휘 normally 보통, 평소에 take off 이륙하다 cause 원인
safe and sound 무사히

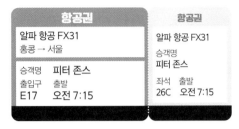

4
항공기는 무엇 때문에 지연되었는가?
(A) 폭설
(B) 강풍
(C) 폭우
(D) 짙은 안개

해설 비행기의 연착 이유를 설명하는 남자의 말 중 'due to the heavy fog'라는 표현을 통해 정답을 찾을 수 있다.

5
시각 정보를 보시오. 비행기는 언제 이륙했는가?
(A) 오전 8시 15분
(B) 오전 9시 15분
(C) 오전 10시 15분
(D) 오전 11시 15분

해설 항공권에 기록된 출발 시간과 남자의 말 중 '2시간 지연되었다 (was delayed for two hours)'는 내용을 통해 정답이 (B)임을 알 수 있다.

6
남자는 서울에서 얼마 동안 지낼 예정인가?
(A) 1일
(B) 3일
(C) 7일
(D) 9일

해설 대화의 마지막 부분에서 남자는 'I will stay here for a week.' 라고 말하고 있으므로 남자의 체류 기간은 1주일, 즉 7일이다.

[7-9]

M	Hello. This is Matt Smith at Joe's Superstore. I received my order today, but there are some items missing.
W	I apologize, Mr. Smith. Can you tell me your invoice number?

M	It's JW875234.
W	Thank you... Can you please tell me which item is missing?
M	I ordered 50 lunchboxes but only received 30 of them.
W	I am terribly sorry, Mr. Smith. We'll send 20 of them to you today. Is there anything else?
M	Yes, there is one more thing. I received one too many of an item. Its item number is PS927. How can I send the extra one back to you?
W	I apologize again, Mr. Smith. I will ask our delivery team to collect it when they bring you the lunchboxes.

M	안녕하세요. 저는 조 슈퍼스토어의 맷 스미스입니다. 오늘 주문품을 받았는데, 몇 가지 품목이 빠져 있더군요.
W	죄송합니다, 스미스 씨. 청구서 번호를 말씀해 주시겠어요?
M	JW875234 입니다.
W	감사합니다… 어느 품목이 없는지 알려 주시겠어요?
M	도시락을 50개 주문했었는데, 30개만 받았어요.
W	정말 죄송합니다, 스미스 씨. 오늘 보내드리겠습니다. 다른 것은 없나요?
M	네, 하나 더 있어요. 한 품목을 너무 많이 받았어요. 그것의 상품 번호는 PS927이에요. 남은 것을 어떻게 반환해야 하나요?
W	다시 한 번 사과를 드립니다, 스미스 씨. 배송팀이 도시락을 가져다 드릴 때 그것을 회수하도록 요청해 놓겠습니다.

어휘 invoice 청구서, 송장 missing 빠져 있는, 누락된 placemat 식탁용 접시 받침

상품 번호	상품	가격
DL224	도시락	15달러
WG434	와인잔 세트	45달러
TS745	티셔츠	24달러
PS927	식탁용 접시 받침 세트	12달러

7
남자는 왜 여자에게 전화하는가?
(A) 주문을 하기 위해
(B) 주문을 취소하기 위해
(C) 청구서 주소를 변경하기 위해
(D) 정확한 수량이 배송되지 않은 것을 알리기 위해

해설 주문한 수량과 배송된 수량이 일치하지 않는다는 내용의 전화 통화이다.

8
여자는 몇 개의 도시락을 보내야 하는가?
(A) 10
(B) 15

(C) 20

(D) 25

해설 'I ordered 50 lunchboxes but only received 30 of them.'이라는 문장에서 남자가 주문한 도시락의 개수는 50개인데, 30개만 받았음을 알 수 있다. 여자는 부족한 개수인 20개를 더 보낸다고 했으므로 정답은 (C)이다.

9

시각 정보를 보시오. 배송팀은 어떤 상품을 회수해야 하는가?

(A) 도시락

(B) 와인잔 세트

(C) 티셔츠

(D) 식탁용 접시 받침 세트

해설 남자가 주문한 것보다 더 많이 받은 상품의 번호는 PS927이다. 시각 정보에서 이에 해당하는 상품은 Placemat Set이므로 정답은 (D)이다.

[10-12]

M	I'd like to buy a round-trip ticket to Miami, Florida.
W	Could you please tell me when you want to leave?
M	I am leaving on Monday. I'd like to take the first flight in the morning.
W	The first flight leaves at 7:00 A.M. It will arrive in Miami at 10:00 A.M. I will reserve a seat for you. When are you coming back to New York?
M	I am planning to come back on Friday and want to take a flight after 7:00 P.M. if one is available.
W	I am sorry, but there are no flights after 7:00 P.M. The last flight from Miami to New York leaves at half past six in the evening.
M	That's fine with me. Please reserve a seat for me.
M	플로리다주 마이애미행 왕복 항공권을 구입하고 싶은데요.
W	언제 출발을 원하시는지 말씀해 주시겠어요?
M	월요일에 출발할 거예요. 아침 첫 비행기를 타고 싶어요.
W	첫 비행기는 오전 7시에 출발해요. 마이애미에는 오전 10시에 도착할 거예요. 제가 좌석을 예약해 드릴게요. 뉴욕으로는 언제 돌아오실 건가요?
M	금요일에 돌아올 계획이고 가능하다면 오후 7시 이후 비행기를 타고 싶어요.
W	죄송하지만 7시 이후에는 비행기편이 없어요. 마이애미에서 뉴욕으로 오는 마지막 비행기는 저녁 6시 30분에 있어요.
M	그 시간이면 괜찮겠네요. 좌석을 예약해 주세요.

어휘 round-trip 왕복의 reserve 예약하다

비행 일정표 (마이애미 → 뉴욕)

항공편	출발	도착
DA322	오전 8:20	오전 11:20
DA415	오전 8:45	오전 11:45
DA364	오후 4:30	오후 7:30
DA432	오후 6:30	오후 9:30

10

여자는 누구인 것 같은가?

(A) 승무원

(B) 여행사 직원

(C) 검표원

(D) 호텔 접수 담당자

해설 항공권 예약과 관련된 대화이므로 정답은 (B) '여행사 직원'이 적절하다.

11

남자는 언제 마이애미에 도착할 예정인가?

(A) 오전 10시

(B) 오전 10시 30분

(C) 오후 10시

(D) 오후 10시 30분

해설 마이애미행 첫 비행기편은 오전 7시에 출발하며 오전 10시에 도착한다고 했으므로 정답은 (A)이다.

12

시각 정보를 보시오. 뉴욕으로 돌아 올 때 남자는 어느 비행기에 탑승할 것인가?

(A) DA322

(B) DA415

(C) DA364

(D) DA432

해설 여자가 마이애미에서 뉴욕으로 가는 마지막 비행기편은 저녁 6시 30분(at half past six in the evening)에 있다고 하자 남자는 이 비행기편을 선택한다. 표에서 6시 30분에 플로리다를 출발하는 비행기편은 DA432임을 알 수 있다.

[13-15]

W	This is a pretty good seminar.
M	Yes, it really is. The speakers are well prepared and have extensive knowledge of their topics.
W	I am especially interested in the leadership session.
M	Do you know who the speaker is?
W	Chris Wilson. He is a famous author and recently published a book on leadership. He will give us lots of information on how to deal with people.

M My interest is in negotiations. I think effective negotiation skills are a key factor in business.

W You are absolutely right. I hope we can learn some tactics and strategies on negotiations. What time does the session begin?

M It was originally scheduled to start at 11:00 A.M. but the speaker, Berry Posner, hasn't arrived yet. His flight was delayed due to bad weather. Keith Monroe will speak on management instead. Berry Posner will give his presentation last.

W 정말 유익한 세미나예요.

M 네, 정말 그래요. 강연자들이 준비도 잘 되어 있고, 주제에 관해 폭넓은 지식을 가지고 있군요.

W 저는 특히 리더쉽 강의에 흥미가 있어요.

M 강연자가 누군지 아세요?

W 크리스 윌슨이에요. 그는 유명한 작가이고 최근에는 리더쉽에 관한 책을 출간했죠. 그분은 사람들을 상대하는 방법에 관한 많은 정보들을 알려 줄 거예요.

M 저는 협상 강의에 관심을 갖고 있어요. 효율적인 협상 기술은 사업에서 중요한 요소라고 생각하거든요.

W 정말로 맞는 말이에요. 우리가 협상에 관한 기술과 전략을 배울 수 있으면 좋겠어요. 그 강의는 언제 시작하나요?

M 원래는 오전 11시에 시작할 예정이었지만 강연자인 베리 포스너가 아직 도착하지 않았어요. 그의 비행기가 악천후 때문에 지연되었죠. 대신 키스 먼로가 경영에 관해 강연을 할 거예요. 베리 포스너는 마지막에 발표를 할 것이고요.

어휘 well prepared 준비가 잘 된   extensive 넓은, 광범위한   author 작가   publish 출판하다, 발간하다   deal with ~을 다루다   negotiation 협상   effective 효과적인   key factor 중요 요소   tactic 전술   strategy 전략   originally 원래

시간	주제	강사
오전 10:00 – 오전 11:00	소셜 미디어	진 모리슨
오전 11:00 – 정오	협상	베리 포스너
오후 1:00 – 오후 2:00	리더쉽	크리스 윌슨
오후 2:00 – 오후 3:00	경영	키스 먼로

13

이 대화는 어디에서 이루어지고 있는 것 같은가?

(A) 파티에서

(B) 세미나에서

(C) 사무실에서

(D) 콘서트에서

해설 여자의 첫 번째 말 'This is a pretty good seminar.'와 이후 내용들을 통해 화자들은 세미나에 참석 중임을 알 수 있다.

14

시각 정보를 보시오. 여자가 흥미를 갖는 강의는 언제 시작하는가?

(A) 오전 10시

(B) 오전 11시

(C) 오후 1시

(D) 오후 2시

해설 여자가 리더쉽 강의에 관심을 가지고 있다고 말했으므로 일정표에서 리더쉽 강의에 관한 정보를 찾도록 한다. 리더쉽 강의는 1시에서 2시까지 진행된다.

15

베리 포스너는 왜 아직 도착하지 않았는가?

(A) 몸이 아프다.

(B) 교통 사고가 있었다.

(C) 비행기가 지연되었다.

(D) 비행기가 취소되었다.

해설 대화 후반의 남자의 말 'His flight was delayed due to bad weather.'에서 날씨 때문에 비행기가 지연되었음을 알 수 있다.

PART 4 담화문

Unit 01 | Where 의문문 / What 의문문

질문 유형 연습
p.222

Where 의문문
🔊 4-002

1 (B)　　2 (B)　　3 (A)　　4 (B)

1

W	May I have your <u>attention</u>, please? We are sorry that the 11:30 train to Chicago will be <u>delayed</u> by approximately 45 minutes. This delay is due to a <u>speed restriction</u> because of ice on the railroad tracks. We apologize for the <u>inconvenience</u> this may cause you.
W	주목해 주시기 바랍니다. 시카고행 11시 30분 열차는 약 45분 늦어질 것입니다. 이 연착의 이유는 철로 위에 덮인 얼음으로 인한 속도 제한 때문입니다. 불편을 드려서 죄송합니다.

안내 방송은 어디에서 이루어지고 있는가?
(A) 공항에서
(B) 기차역에서

해설 기차가 연착된 이유는 '철로 위의 얼음(ice on the railroad tracks)' 때문이라는 내용이 언급되었다. 따라서 방송의 장소는 기차역일 것이다.

2

M	Good evening. The time is 9:00 P.M., and the <u>store is</u> now <u>closed</u>. Please make your final selections at this time and bring them to the front. Thank you for <u>shopping</u> at MNS and have a good night.
M	안녕하세요. 현재 시간은 오후 9시이며 매장은 곧 문을 닫습니다. 이제 마지막으로 쇼핑하실 물건들을 고르셔서 계산대로 가져오시기 바랍니다. MNS에서 구매해 주셔서 감사드리며, 안녕히 가세요.

이 안내방송은 어디에서 이루어지고 있는가?
(A) 도서관에서
(B) 슈퍼마켓에서

해설 'the store is now closed'와 'Thank you for shopping at MNS'를 통해 방송이 들리는 곳이 쇼핑을 할 수 있는 상점이라는 것을 알 수 있다.

3

M	Hello, everybody. <u>Welcome to</u> Copenhagen. My name is Tim Jordan. I am your <u>guide</u> and will accompany you throughout the <u>tour</u>. We will arrive at the <u>hotel</u> in approximately twenty minutes.
M	안녕하세요, 여러분. 코펜하겐에 오신 것을 환영합니다. 제 이름은 팀 조단입니다. 저는 여러분들의 가이드로서 여행 기간 동안 여러분들과 동행할 것입니다. 약 20분 후에 호텔에 도착할 것입니다.

안내 방송은 어디에서 이루어지는 것 같은가?
(A) 관광 버스에서
(B) 비행기에서

해설 방송의 앞 부분에 나오는 'Welcome to Copenhagen.(코펜하겐에 오신 것을 환영합니다)'와 'I am your guide', 'tour' 등을 통해 여행 온 관광객 대상의 방송이라는 것을 알 수 있다. '약 20분 후에 호텔에 도착한다(We will arrive at the hotel in approximately twenty minutes.)'고 했으므로, 관광 버스 안에서 여행 가이드가 하는 안내방송이라는 것을 유추할 수 있다.

4

W	Our <u>guest speaker</u> today is Steve Mitchell. He is the <u>head chef</u> at the Riverside Hotel and has been <u>involved in</u> experimental cooking for 20 years. Mr. Mitchell will be talking about the <u>food revolution</u> in Asia.
W	오늘의 초청 연사는 스티브 미첼입니다. 그는 리버사이드 호텔의 수석 요리사로서 실험적인 요리 분야에 20년 동안 종사해 왔습니다. 미첼 씨는 아시아 음식의 혁신에 대해서 이야기할 것입니다.

어휘 guest speaker 초청 연사　head chef 주방장, 수석 요리사　be involved in ~에 연루되다

연설은 어디에서 이루어지는 것 같은가?
(A) 극장에서
(B) 컨퍼런스에서

해설 'guest speaker', 'will be talking about' 등의 표현을 통해 어떤 주제에 관한 강연[연설]을 하고자 한다는 것을 알 수 있다. '아시아의 음식 혁명'이라는 주제는 학술적인 내용이므로 음식 관련 컨퍼런스[회의]에서 들을 수 있는 내용이다.

What 의문문
🔊 4-003

1 (A)　　2 (B)　　3 (B)　　4 (B)

1

W	The flight has been <u>delayed</u> due to <u>heavy snow</u>. However, the snowstorm is <u>moving away</u>. Our new <u>departure time</u> is 11:00 A.M.

W 비행기가 폭설로 인해 지연되었습니다. 그러나 눈보라가 물러가고 있습니다. 변경된 출발 시간은 오전 11시입니다.

안내 방송의 목적은 무엇인가?
(A) 새 출발 시간을 알리기 위해
(B) 새 도착 시간을 알리기 위해

해설 'the flight has been delayed, new departure time'을 통해 공항에서 지연된 항공편의 새 출발 시간을 알리기 위한 방송이라는 것을 유추할 수 있다.

2

M This is to inform you that our store on Stoneham Avenue is now open. We provide a diverse line of software packages for our customers.

M 현재 우리 매장이 스톤햄 거리에 문을 열었다는 것을 알려드립니다. 우리는 다양한 소프트웨어 패키지 상품을 고객님께 제공합니다.

어휘 diverse 다양한

이 광고는 무슨 종류의 사업에 대한 것인가?
(A) 커피숍
(B) 컴퓨터 샵

해설 software packages라는 표현을 통해 컴퓨터와 연관된 매장이라는 것을 유추할 수 있다.

3

W Thank you for applying for the position of Web designer. We would like to invite you to an interview at our Washington office. Your interview will last for about an hour. Please bring a reference with you when you come.

W 웹 디자이너 직책에 지원하신 것에 감사드립니다. 우리는 여러분을 워싱턴 사무실에서 열리는 면접에 초대합니다. 면접은 약 한 시간 정도 지속될 것입니다. 면접에 참여하실 때 추천서를 한 장 가지고 오시기 바랍니다.

화자는 청자가 무엇을 가지고 올 것을 원하는가?
(A) 이력서
(B) 추천서

해설 담화 마지막 부분의 'bring a reference with you'에서 추천서를 가지고 올 것을 요청했다는 사실을 알 수 있다. 참고로 이력서는 résumé 또는 curriculum vitae (CV)이다.

4

W In the event of an emergency, you will be alerted by an audible signal. You will also hear a public announcement to evacuate the premises. Security guards will direct you.

Please proceed calmly to one of the nearest emergency exits. The exits are located at the south end and the north end of the building. After exiting the building, please assemble in the Daisy Garden, which is located on the east side of the building.

W 비상 사태가 발생하면 여러분은 경보 신호를 듣게 될 것입니다. 또한 건물을 빠져나가라는 안내 방송도 있을 것입니다. 안전 요원들이 여러분들에게 길을 안내할 것입니다. 침착하게 가장 가까운 비상구로 가십시오. 비상구는 건물의 남쪽과 북쪽 끝에 위치해 있습니다. 건물을 빠져나간 후, 데이지 가든에 모이십시오. 데이지 가든은 건물의 동쪽에 위치해 있습니다.

어휘 audible 들리는, 들을 수 있는 evacuate 비우다, 피난하다, 물러서다 premise 건물, 저택, 가택 proceed calmly 침착하게 나아가다 assemble 모이다, 집합하다

화자가 데이지 가든에 대해 암시한 것은 무엇인가?
(A) 관광 명소이다.
(B) 안전 지대이다.

해설 비상 상황이 발생했을 때 대피 장소로 안전하게 이동하는 방법을 알리는 방송이다. 데이지 가든은 건물을 빠져 나와 대피하는 장소이므로 정답은 (B)이다.

꼭 알아야 할 필수 어휘 ❶
p.224

❓✔❗ Check-Up 1 🔊 4-004
1 hold the line   2 hang up   3 message
4 voicemail   5 touchscreen

❓✔❗ Check-Up 2 🔊 4-005
1 deals   2 special discount   3 shopping
4 benefits, expire   5 close   6 opening hours
7 clothing section, reduced

❓✔❗ Check-Up 3 🔊 4-006
1 performance   2 collection, sculptures, artists
3 concert   4 lining up, box office
5 exhibition, contemporary

❓✔❗ Check-Up 4 🔊 4-007
1 enrollment fee   2 sports facilities, tennis courts
3 fitness   4 Membership   5 top-of-the-line, cardio

❓✔❗ Check-Up 5 🔊 4-008
1 moving away   2 thunderstorms   3 snowstorms
4 expect   5 sunny, chilly   6 breeze
7 rained heavily, drizzling   8 windy, foggy
9 scorching heat wave

1 shoulder 2 bumper to bumper 3 flat tire
4 traffic light, red 5 intersection, green

Check-Up 7 〔4-010〕

1 advertising agency 2 targeting
3 product, launched 4 free of charge
5 aired, prime time

실전 적용 연습 p.229

〔4-011〕

| 1 | (A) | 2 | (C) | 3 | (B) | 4 | (B) |
| 5 | (C) | 6 | (C) | 7 | (B) | 8 | (C) |

[1-2]

M Are you interested in learning salsa dance?
Then start dancing at the Academia Salsa
Dance School! Our salsa dance classes
are for fitness and fun! Salsa dancing is an
opportunity for you to get some exercise and
to make friends. Our salsa dance classes are
for people of all ages and abilities. Courses
begin at as little as 25 dollars a month and
there is no enrollment fee. Visit our Web site
for details and lesson schedules today.

M 살사 댄스를 배우는 데 관심이 있으십니까? 그렇다면 아카데
미아 살사 댄스 스쿨에서 춤을 시작하세요! 우리의 살사 댄스
수업은 운동과 재미를 위한 것입니다! 살사 댄스는 여러분들이
운동을 하고 친구들을 사귀는 기회가 될 것입니다. 우리의 살사
댄스 수업은 모든 연령층과 수준에 적합합니다. 강좌는 한 달에
25달러라는 적은 금액부터 시작하며 등록비는 없습니다. 세부
사항과 수업 일정을 알고 싶으시면 오늘 우리 웹사이트를 방문
하십시오.

어휘 fitness 운동, 피트니스 opportunity 기회 make friends
친구를 사귀다 for all ages and abilities 나이와 수준에 상관 없이
모두에게

1
광고의 목적은 무엇인가?
(A) 댄스 강좌를 소개하기 위해
(B) 댄스 경연 대회를 소개하기 위해
(C) 새로 문을 연 피트니스 클럽을 소개하기 위해

해설 'Are you interested in learning salsa dance?', 'start
dancing at the Academia Salsa Dance School', 'Our salsa
dance classes are for people of all ages and abilities' 등이
정답의 단서이다. 담화는 살사 댄스 수업을 소개하며 수업료 등에 대한
정보를 제공하면서 수강생을 모집하는 광고임을 알 수 있다.

2
청취자들은 수업 일정을 어디에서 알 수 있는가?

(A) 팜플렛에서
(B) 게시판에서
(C) 인터넷에서

해설 광고의 마지막 'Visit our Web site for details and lesson
schedules today.'에서 웹사이트를 방문할 것을 권하고 있다.

[3-4]

W Good evening, ladies and gentlemen. This is
a customer information announcement. The
time is 9:50, and the store will be closing in
ten minutes. All remaining customers, please
make your way to our checkout counters to
finalize your purchases. If you have ten items
or fewer, you can use counters 1 and 2. They
are express counters and allow our cashiers to
provide faster service. Thank you for shopping
at All Mart.

W 신사 숙녀 여러분, 안녕하십니까? 고객 안내 방송입니다. 현재
시간은 9시 50분으로, 매장은 10분 후에 문을 닫을 것입니다.
매장에 계신 고객님께서는 구매를 종료하시고 계산대로 향해
주시기 바랍니다. 10개 품목 이하를 구매하신 고객님께서는
1번 카운터와 2번 카운터를 이용하실 수 있습니다. 이 카운터
들은 고속 카운터로서 직원들이 빠른 서비스를 제공해 드릴 것
입니다. 올마트를 이용해 주셔서 감사합니다.

어휘 customer 고객 finalize 마무리를 짓다, 완결하다 purchase
구매

3
이 안내 방송은 어디에서 이루어지고 있는가?
(A) 은행에서
(B) 슈퍼마켓에서
(C) 공항에서

해설 화자는 매장의 폐점 시간을 알리고 있다. 또한 마지막 문장에서
All Mart라는 구체적인 매장명을 밝히고 있기 때문에 정답은 (B)임을
알 수 있다.

4
1번 카운터와 2번 카운터에 관해 무엇을 유추할 수 있는가?
(A) 현금만 사용할 수 있다.
(B) 대기 시간을 줄일 수 있다.
(C) 불량품을 환불할 수 있다.

해설 'They are express counters and allow our cashiers to
provide faster service.'라는 문장을 통해 두 카운터에서는 계산이
빠르게 이루어진다는 점을 알 수 있다.

[5-6]

M Good evening. We have an exciting show for
our listeners today. In fact, I have been eagerly
waiting for this night for a month now. It is a
rare and valuable opportunity to hear Dr. Sara

Finch in person. She is an environmentalist with an international reputation. Today, she will explain how we can save energy in our daily lives. After her speech, we look forward to hearing questions that listeners may call in with.

M 안녕하세요. 오늘은 우리 청취자들을 위해 흥미로운 프로그램을 마련했습니다. 사실, 저는 한 달 동안 오늘 밤을 간절히 기다려 왔습니다. 사라 핀치 박사의 이야기를 직접 들을 수 있는 드물고 소중한 기회입니다. 그녀는 국제적 명성을 지닌 환경학자입니다. 오늘 그녀는 우리가 일상 생활에서 어떻게 에너지를 절약할 수 있는가에 관해 설명할 것입니다. 그녀의 강연 후, 우리는 청취자로부터의 전화로 질문을 받을 것을 기대합니다.

어휘 show (TV나 라디오의) 프로그램 eagerly 간절히, 열망하여 hear someone in person 어떤 사람에게 직접 듣다 rare 드문 valuable 귀중한 environmentalist 환경학자 reputation 명성 international reputation 국제적 명성 save energy 에너지를 절약하다 daily lives 일상 생활 look forward to V-ing ~하기를 학수고대하다 [기대하다] call in with ~하려고 전화를 걸다

5
화자는 어디에 있는 것 같은가?
(A) 서점에
(B) 극장에
(C) 라디오 방송국에

해설 담화 첫 부분에 언급된 'an exciting show와 our listeners', 그리고 마지막의 'we look forward to hearing questions that listeners may call in with'를 통해, 이 담화는 라디오 방송이라는 것을 알 수 있다.

6
화자에 따르면, 강연 후에 어떤 일이 일어날 것인가?
(A) 에너지를 절약할 수 있는 몇 가지 팁이 주어진다.
(B) 자선 기금을 위한 기금 모금 행사가 열린다.
(C) 청취자들이 전화해서 질문한다.

해설 화자의 마지막 말 'we look forward to hearing questions that listeners may call in with'에서 정답을 찾을 수 있다.

[7-8]

W Good morning. This is Susan Park. Extreme heat across the nation is likely to have a significant impact on our daily lives this week and early next week. To that end, the weather center has issued a red flag warning for extreme heat. Currently, the warning covers the southern region, but all areas throughout the country will have above-average temperatures. Today, temperatures are likely to peak at 34°C with warm weather likely to continue this weekend, and temperatures will increase early next week. On Tuesday, temperatures are likely to be above 38°C.

W 안녕하세요. 저는 수잔 박입니다. 전국적인 폭염이 이번 주와 다음 주 우리의 일상에 크게 영향을 미칠 것으로 예상됩니다. 이에 따라 기상청은 폭염주의보를 발표했습니다. 현재 이 주의보의 대상은 남부 지역입니다만, 전국에 걸쳐 기온은 평균보다 높아질 것입니다. 오늘의 최고 온도는 34도로 예상되며 주말까지 더운 날씨는 계속될 것으로 보입니다, 그리고 다음 주 초에는 온도가 더 올라갑니다. 화요일의 온도는 38도를 넘을 것으로 보입니다.

어휘 the weather center 기상청 red-flag warning 폭염주의보 increase 증가하다

7
이 보도의 목적은 무엇인가?
(A) 교통 정보를 알리기 위해
(B) 날씨 정보를 알리기 위해
(C) 주식시장 정보를 알리기 위해

해설 담화의 초반부에서 더운 날씨를 언급한 다음, 폭염 주의보를 알리고 있다.

8
폭염주의보는 어느 지역에 해당되는가?
(A) 동부 지역
(B) 서부 지역
(C) 남부 지역

해설 '폭염 주의보는 현재 남부 지역만 영향을 받는다고(Currently, the warning covers the southern region.)' 언급되어 있다.

토익 실전 연습
p.231

4-013

1 (A)	2 (B)	3 (C)	4 (C)
5 (D)	6 (A)	7 (B)	8 (A)
9 (D)	10 (B)	11 (D)	12 (B)
13 (C)	14 (A)	15 (C)	

[1-3]

M Thank you for visiting Greenville Sports Village. We are open from 6:00 A.M. to 9:30 P.M. on weekdays and from 8:00 A.M. to 9:00 P.M. on weekends. Next week, we are going to do some safety checks and maintenance work. The work will start on October 15 and the last for three days. The swimming pool and the fitness room will be closed for three days. All other facilities, however, will remain open. We apologize for any inconvenience this may cause. Please check our Web site for the revised timetable for the fitness club.

M 그린빌 스포츠 빌리지를 방문해 주셔서 감사합니다. 저희는 평일의 경우 아침 6시부터 밤 9시 30분까지, 주말에는 아침 8시부터 밤 9시까지 개장합니다. 다음 주에는 안전 점검과 보수 공사를 할 예정입니다. 공사는 10월 15일에 시작하여 사흘 동안 계속될 것입니다. 수영장과 체력 단련실은 사흘간 문을 닫습니다. 그러나 다른 시설들은 모두 문을 열 것입니다. 불편을 끼쳐 드려 죄송합니다. 우리 웹사이트에서 피트니스 클럽의 변경된 시간표를 확인해 주시기 바랍니다.

어휘 on weekdays 평일에 on weekends 주말에 safety checks 안전 점검 maintenance work 보수 공사[작업] last 계속하다, 지속하다 facilities 시설, 설비 remain 여전히 ~이다 inconvenience 불편

1

안내 방송은 어디에서 이루어지는 것 같은가?

(A) 스포츠 센터에서
(B) 병원에서
(C) 경기장에서
(D) 박물관에서

해설 Greenville Sports Village라는 이름과 swimming pool, fitness room, fitness club을 통해 스포츠 센터에서 이루어지는 방송임을 알 수 있다.

2

10월 15일에 무슨 일이 있을 예정인가?

(A) 수영장이 다시 개장할 것이다.
(B) 체력 단련실이 문을 닫을 것이다.
(C) 시간표가 바뀔 것이다.
(D) 새 웹사이트가 오픈할 것이다.

해설 'we are going to do some safety checks and maintenance work. The work will start on October 15'을 통해 그 날이 공사가 시작되는 날이라는 것을 알 수 있는데, 바로 뒤에 '수영장과 체력 단련실이 문을 닫는다(The swimming pool and fitness room will be closed)'고 설명하고 있다.

3

청자가 웹사이트에서 찾을 수 있는 정보는 무엇인가?

(A) 위치
(B) 클럽 회비
(C) 시간표
(D) 할인 쿠폰

해설 마지막 문장 'Please check our Web site for the revised timetable for the fitness club.'에서 피트니스 클럽의 시간표를 웹사이트에서 찾을 수 있다는 것을 알 수 있다.

[4-6]

W Ladies and gentlemen, the captain has turned off the fasten seatbelt sign. You may now move around the cabin. However, we recommend that you keep your seatbelts fastened while you're seated. The weather is good with the wind on our side. We are expecting to reach Paris approximately twenty minutes ahead of schedule. In a few moments, the flight attendants will be coming around the cabin to offer you hot and cold drinks as well as a light snack. The in-flight movie will begin about 30 minutes after that. Please sit back, relax, and enjoy the flight.

W 신사 숙녀 여러분, 기장이 안전 벨트 표시등을 껐습니다. 이제는 기내 안에서 이동하셔도 좋습니다. 그러나 자리에 앉아 계실 때는 안전 벨트를 착용해 주시기를 바랍니다. 날씨는 화창하며 바람은 우리가 가는 방향과 같은 방향으로 불고 있습니다. 파리에는 예정보다 20분 정도 일찍 도착할 것으로 예상됩니다. 몇 분 후, 승무원들이 여러분에게 간단한 음식과 따뜻한 음료와 차가운 음료를 제공하기 위해 기내를 돌 것입니다. 그것이 끝난 후 기내 영화는 약 30분 뒤에 상영될 것입니다. 자, 이제 편안히 좌석에 앉아 비행을 즐기십시오.

어휘 fasten seatbelt sign 안전 벨트 표시등 move around 돌아다니다 cabin 기내, 객실 with the wind on our side 바람을 등에 지고 ahead of ~보다 앞에 B as well as A A뿐 아니라 B도 a light snack 간단한 식사, 간식 in-flight movie 기내 상영 영화 sit back (의자에 깊숙이) 앉다; 휴식하다

4

안내 방송은 이루어지고 있는가?

(A) 식당에서
(B) 극장에서
(C) 비행기에서
(D) 기차에서

해설 담화의 내용뿐 아니라 직접적인 단서인 flight attendants(승무원), in-flight movie(기내 영화)를 통해 비행기 안에서 하는 방송임을 알 수 있다.

5

화자는 날씨에 관해 무엇이라 말하는가?

(A) 바깥 날씨가 매우 춥다.
(B) 폭우가 예상된다.
(C) 강풍이 다가오고 있다.
(D) 비행하기 좋은 날씨이다.

해설 'The weather is good with the wind on our side.(날씨는 좋고 바람이 우리가 가는 방향과 같은 방향으로 불고 있다)'라는 문장에서 비행하기에 좋은 날씨라는 것을 알 수 있다.

6

이후에 어떤 일이 일어날 것인가?

(A) 음료가 제공될 것이다.
(B) 음악이 연주될 것이다.
(C) 비행기가 이륙할 것이다.
(D) 안전 벨트 표시등이 켜질 것이다.

해설 '잠시 후 승무원들이 간식과 음료를 제공할 것(In a few moments, the flight attendants will be coming around the cabin to offer you hot and cold drinks as well as a light snack.)'이라는 내용이 나온다. 비행기는 이미 이륙하여 비행하는 도중이며, 기장이 안전 벨트 표시등을 끈 직후에 나온 방송이다.

M Nine people were injured in a car crash between a truck and a school bus on Friday, police said. The school bus was carrying 27 students when it collided with the truck. After the crash, the school bus came off the main road and slid down the hill, hitting a tree. The children on board were on a school trip and were on their way back home. In total, there were nine victims from the bus and the truck. Three adults and six children were taken to a local hospital for treatment. According to hospital officials, they had minor injuries with only a few scrapes and bruises.

M 경찰은 트럭과 학교 버스의 차량 충돌로 9명이 부상을 입었다고 발표했습니다. 트럭과 충돌했을 때, 학교 버스에는 27명의 학생들이 타고 있었습니다. 충돌 후, 학교 버스는 주도로에서 이탈해서 언덕 아래로 미끄러져 나무를 들이받았습니다. 버스에 탑승하고 있던 아이들은 수학여행에서 집으로 돌아오던 중이었습니다. 버스와 트럭에 탄 승객들 중 피해를 입은 사람들의 수는 모두 9명입니다. 성인 3명과 아이들 6명이 치료를 위해 지역 병원으로 이송되었습니다. 병원 관계자에 의하면, 이들은 몇 군데 찰과상이나 멍든 정도의 가벼운 상처만 입었다고 합니다.

어휘 crash 사고, 충돌; 충돌하다 carry 운반하다, 운송하다 collide with ~와 충돌하다 come off ~에서 떨어지다 on their way back home 집으로 돌아 가는 중 victim 희생자 treatment 치료 minor injuries 가벼운 상처 scrape 긁힌 상처, 찰과상 bruise 멍, 타박상

7
무엇에 관한 뉴스인가?
(A) 새 고속도로 공사
(B) 교통사고
(C) 폭우 주의보
(D) 지역 병원 개원

해설 담화는 학교 버스와 트럭이 충돌한 교통사고에 관한 뉴스이다.

8
아이들은 어디로 가고 있었는가?
(A) 집으로
(B) 학교로
(C) 호텔로
(D) 병원으로

해설 화자는 버스에 타고 있던 아이들이 '수학 여행을 마치고 집으로 돌아 가고 있던 중(The children on board… were on their way back home)'이었다고 설명하고 있다. 정답은 (A)이다.

9
화자는 어떤 부가적인 정보를 알려주는가?
(A) 트럭 운전수는 구속되었다.
(B) 버스 운전수는 혼수상태이다.

(C) 수학여행은 아이들에게 위험하다.
(D) 사고에서 심하게 다친 사람은 없다.

해설 담화에서는 모두 찰과상 정도의 가벼운 상처만 입고 더 이상의 검사나 진료가 필요하지 않다고(they had minor injuries with only a few scrapes and bruises) 했다. 따라서 '심하게 다친 사람은 없다'는 내용의 (D)가 정답이다.

M Our company will be opening its own cafeteria, The Hive, next Monday. The Hive is for both employees and visitors. With The Hive, you won't have to leave the building to get a hasty lunch somewhere outside. The menu will feature sandwiches, soups, and hot entrees at reasonable prices. Snacks and hot drinks such as coffee and tea will be also available. The Hive will be open five days a week. Its opening hours will be from 8:00 A.M. to 6:00 P.M. The weekly menu will be posted on the bulletin board near the entrance.

M 우리 회사는 다음 주 월요일에 회사 구내식당인 하이브를 개장할 것입니다. 하이브는 직원과 방문객 모두를 위한 식당입니다. 하이브가 있으므로 여러분들은 회사 밖에서 급하게 점심 식사를 하러 건물 밖으로 나갈 필요가 없을 것입니다. 메뉴는 합리적인 가격의 샌드위치, 수프, 그리고 따뜻한 메인 요리들입니다. 간식은 물론 커피와 차 같은 따뜻한 음료도 구입할 수 있게 될 것입니다. 하이브는 1주일에 5일간 문을 열 것입니다. 영업시간은 오전 8시부터 오후 6시까지입니다. 주간 메뉴는 입구 근처에 있는 게시판에 공고될 것입니다.

어휘 cafeteria 구내 식당, 카페테리아 hasty 급한 entree 앙트레 (식당에서의 주요리) reasonable price 합리적인[적당한] 가격

10
하이브는 무엇인가?
(A) 커피숍
(B) 식당
(C) 정보 센터
(D) 영빈관

해설 첫 번째 문장인 'Our company will be opening its own cafeteria, The Hive, next Monday.'에서 하이브가 회사의 구내식당(cafeteria)이라는 것을 알 수 있다.

11
하이브는 어디에 위치해 있는가?
(A) 쇼핑몰에
(B) 박물관에
(C) 시청에
(D) 회사 건물에

해설 'With The Hive, you won't have to leave the building to get a hasty lunch somewhere outside.'에서 점심 식사를 하기 위해 회사 건물을 나갈 필요가 없다고 했다. 따라서 식당은 회사 건물 내에 위치해 있다는 것을 알 수 있다.

12

이 담화는 누구를 대상으로 하는가?

(A) 관광객

(B) 직원

(C) 학생

(D) 고객

해설 'Our company will be opening its own cafeteria(우리 회사는 구내 식당을 개장할 것이다)'나 'With The Hive, you won't have to leave the building to get a hasty lunch somewhere outside.'를 통해, 담화는 회사의 직원들이 듣는 사내 방송이라는 것을 유추할 수 있다.

[13-15]

> W May I have your attention, please? We have a new member of the board at our meeting today. Some of you may already know him personally because he has worked at our company for almost 25 years. However, since he is new as a board member, I'd like to introduce him formally. Please welcome James Campton. Before joining our firm, Mr. Campton studied management at Boston University. He started working at our company as a marketing assistant after graduation. He was the general manager of our Washington office until last month. I am happy to introduce our new board member, James Campton.
>
> W 주목해 주시겠습니까? 오늘 회의에서 이사회의 새 임원을 한 분 맞이하게 되었습니다. 여러분 중 일부는 이미 이 분을 개인적으로 알고 있을 것입니다. 우리 회사에서 거의 25년 동안 일해 오신 분이니까요. 하지만 새로운 임원이기 때문에, 이 분을 공식적으로 소개해 드리고자 합니다. 제임스 캠프톤을 환영해 주십시오. 캠프톤 씨는 우리 회사에 오시기 전에 보스턴 대학에서 경영학을 공부했습니다. 졸업 후 우리 회사에서 마케팅부 직원으로 근무를 시작했고 지난달까지 우리 워싱턴 지사의 총책임자였습니다. 새 이사회의 임원 제임스 캠프톤을 여러분께 소개하게 되어 기쁩니다.

어휘 board 이사회 personally 개인적으로 formally 공식적으로

13

연설은 어디에서 이루어지는 것 같은가?

(A) 라디오에서

(B) 전화에서

(C) 이사회에서

(D) 백화점에서

해설 'We have a new member of the board at our meeting today.'와 'I am happy to introduce our new board member, James Campton.'을 통해 회사의 이사회에서 언급되고 있는 내용임을 알 수 있다.

14

화자는 주로 무엇을 말하고 있는가?

(A) 새로운 임원

(B) 임원의 은퇴

(C) 신입사원

(D) 새로운 안건

해설 연설의 요지는 다음 두 문장, 'We have a new member of the board at our meeting today.(이사회에 새 임원을 맞이하게 되었습니다)'와 'since he is new as a board member, I'd like to introduce him formally.(하지만 새로운 임원이기 때문에, 이 분을 공식적으로 소개해 드리고자 합니다)'이다. 즉, 연설은 새로운 임원인 제임스 캠프톤을 소개하고 있다.

15

제임스 캠프톤에 관해 언급된 것은 무엇인가?

(A) 졸업 후 다른 회사에서 처음으로 일을 시작했다.

(B) 그는 지난달까지 LA 지사의 총책임자였다.

(C) 25년간 회사에서 일해 왔다.

(D) 텍사스 오스틴 대학에서 MBA 학위를 받았다.

해설 'he has worked in our company for almost 25 years'라는 문장에서 25년간 회사에서 근무했음을 알 수 있다. 그는 졸업 후 바로 현재의 그 회사에 취직했고, 지난달까지 워싱턴 지사의 총책임자였으므로 (A)와 (B)는 오답이다. (D)의 경우 MBA 과정을 이수했다는 내용은 담화에 언급되지 않았으므로 이또한 정답이 될 수 없다.

Unit 02 | Who 의문문 / When 의문문 / How 의문문 (수량·기간·빈도 등)

질문 유형 연습   p.238

Who 의문문   4- 015

1 (A)   2 (B)   3 (B)   4 (B)

1

> W It will be partly cloudy for most of the weekend, but the clouds should move away by Sunday evening. You can expect clear skies on Monday.
>
> W 대부분의 주말 동안 구름이 약간 끼겠습니다만, 이 구름들은 일요일 저녁에 물러나겠습니다. 월요일에는 맑은 날씨를 기대하셔도 좋습니다.

어휘 cloudy 흐린, 구름이 낀

화자는 누구일 것 같은가?

(A) 기상 리포터

(B) 고속도로 기술자

해설 주말 동안의 날씨와 월요일의 예상 날씨를 언급하는 것으로 보아 화자는 기상 리포터임을 유추할 수 있다.

2

M We provide legal advice for the construction sector. Our team has over 30 years of experience and will help you resolve disputes with in-depth expertise.

M 우리는 건설 분야에 법률 서비스를 제공합니다. 우리 팀은 30년 이상의 경력을 보유하고 있으며, 상세한 전문 지식으로 여러분이 분쟁을 해결할 수 있도록 도와드릴 것입니다.

어휘 legal advice 법률 서비스 resolve 해결하다 dispute 논쟁, 불화

이 담화의 대상은 누구인 것 같은가?
(A) 변호사
(B) 고객

해설 화자는 건설 분야의 법률 서비스가 필요한 고객을 확보하기 위해 광고를 하고 있다. 소송이나 법률 문제의 의뢰인을 client라고 한다.

3

W Having a nice lawn at your home is everyone's dream. If you have an out-of-control weed problem, contact us right now. Our specialists will take care of everything. What you need to do is just sit back, relax, and enjoy a cup of tea in your weed-free yard.

W 정원에 멋진 잔디를 기르는 것은 모든 이들의 소망입니다. 만약 여러분들이 통제 불능의 잡초로 문제를 겪고 있다면, 지금 즉시 저희에게 연락해 주세요. 우리 전문인력들이 모든 것을 해결해 드릴 것입니다. 여러분들이 하실 일은 잡초가 사라진 정원에서 의자에 기대 앉아, 편안하게, 한 잔의 차를 즐기는 것입니다.

어휘 out-of-control 통제 불능의 weed 잡초

화자는 누구일 것 같은가?
(A) 식당 주인
(B) 원예 용품점 주인

해설 정원의 잡초를 제거하는 서비스를 광고하는 내용이므로 (B)의 garden center owner가 정답이다.

4

M Do not book a car without first letting us compare prices for you. If you need a quality car at a discount for your trip to New York, then visit one of our nearby locations today!

M 저희가 우선 고객님을 위해 가격을 비교해 보기 전에는 차를 예약하지 마세요. 만약 고객님께서 뉴욕 여행을 위해 할인된 가격의 성능 좋은 차가 필요하시다면 오늘 가까운 곳에 있는 저희 대리점을 방문하세요!

어휘 compare 비교하다

누구를 위한 담화일 것 같은가?
(A) 차를 구입하기를 원하는 사람
(B) 차를 빌리기를 원하는 사람

해설 book이라는 단어는 '예약하다'라는 뜻이다. 즉, 차를 빌리기 위해 예약하는 것이므로 정답은 (B)이다.

When 의문문 / How 의문문 ◀ 4-016

1 (B)   2 (B)   3 (A)   4 (B)

1

W Don't miss out on this opportunity. If you sign up before August 25, you can enjoy the most revolutionary and reliable broadband Internet for $29 a month, and what is more, there is no setup fee.

W 이 기회를 놓치지 마세요. 만약 여러분이 8월 25일 이전에 계약을 하시면, 매달 29달러에 가장 획기적이고 안정적인 고속 데이터 인터넷을 즐기실 수 있습니다. 게다가 설치비는 무료입니다.

인터넷을 사용하려면 고객은 매달 얼마를 지불해야 하는가?
(A) 25달러
(B) 29달러

해설 '… for $29 a month'를 정확하게 들었다면 정답이 (B)라는 것을 쉽게 알 수 있다.

2

M Our representatives are available to answer your questions 24 hours a day from Monday to Friday. They will settle your claims quickly and efficiently.

M 우리 직원들은 고객님들의 질문에 답하기 위해 월요일부터 금요일까지 하루 24시간 대기 중입니다. 그들은 고객님들의 요구를 신속하고 효율적으로 처리해 드릴 것입니다.

어휘 available 이용 가능한

담당 직원들과 언제 연락을 취할 수 있는가?
(A) 매일 24시간
(B) 주말을 제외하고 24시간

해설 통화 가능한 시간이 '월요일에서 금요일까지 24시간(24 hours a day from Monday to Friday)'이므로 정답은 (B)이다.

3

W Last year, 162 graduates took part in divisional training programs. This year, we recruited 108 graduates for our program. We admit a range of graduates who have studied engineering, architecture, finance, and IT.

W 작년에 162명의 졸업생들이 지역 연수 프로그램에 참여했습니다. 올해는 우리 프로그램에 108명의 졸업생을 모집했습니다. 우리는 공학, 건축, 재무, 그리고 IT(정보기술 분야)를 공부한 일련의 졸업생들을 받아들입니다.

어휘 take part in 참가하다 recruit 모집하다

올해 그룹의 연수 프로그램에 참가한 졸업생은 몇 명인가?

(A) 108명

(B) 162명

해설 졸업생의 수가 작년에는 162명이며 올해(this year)는 108명이다.

4

M	Good evening, Matisse customers. This is a customer information announcement. The time is 9:25 and the store will be closing in 5 minutes. Please make your way to the checkout counter and finalize your purchases. Thank you for shopping at Matisse.
M	마티즈 고객님, 안녕하십니까. 고객 안내 방송입니다. 지금 시간은 9시 25분이고, 5분 후에 가게의 영업이 끝납니다. 계산대로 오셔서 구매를 마무리 지어 주시기 바랍니다. 마티즈를 이용해 주셔서 감사합니다.

어휘 finalize 완성하다, 마무리 짓다, 완결시키다 purchase 구매, 구입, 매입

마티즈는 언제 문을 닫는가?

(A) 오후 9시 25분

(B) 오후 9시 30분

해설 9시 25분은 '현재' 시간이며 '5분 후에 상점의 문을 닫는다(the store will be closing in 5 minutes)'고 했으므로 9시 30분이 정답이다.

꼭 알아야 할 필수 어휘 ❷
p.240

❓✅❗ Check-Up 1 🔊 4-017

1 Property Service   2 legal advice, construction
3 experience, gardening industry   4 system

❓✅❗ Check-Up 2 🔊 4-018

1 savings, interest rate   2 interest, balance, account
3 credit history   4 options

실전 적용 연습
p.241

🔊 4-019

1 (C)	2 (B)	3 (B)	4 (A)
5 (B)	6 (C)	7 (B)	8 (A)

[1-2]

M	Ladies and gentlemen, this is your captain speaking. We are presently flying at thirty-eight thousand feet on our flight from Seoul to London. The weather ahead is good, and we

expect to land at Heathrow Airport 30 minutes ahead of schedule. I will talk to you again before we reach our destination. Until then, enjoy your flight.

M	신사 숙녀 여러분, 기장이 말씀드립니다. 우리는 현재 서울에서 런던으로 향하고 있으며 38,000피트 상공을 비행하고 있습니다. 전방의 날씨는 화창하며, 우리는 히스로 공항에 예정된 시간보다 30분 앞당겨 도착할 것으로 예상됩니다. 목적지에 도착하기 전에 다시 한번 방송할 것입니다. 그때까지 비행을 즐기십시오.

어휘 ahead 앞에, 앞선, 미리 ahead of schedule 예정보다 일찍 reach 닿다, 도달하다 destination 목적지

1

화자는 누구인가?

(A) 관광 안내원

(B) 승무원

(C) 항공기 조종사

해설 화자는 자신이 기장(captain)이라고 말한 다음, 항공기의 현재 고도, 날씨, 도착시간을 알리고 있다. 따라서 화자는 항공기 조종사일 것이다.

2

청자들은 공항에 언제 착륙할 것인가?

(A) 예정 시간에 정확하게

(B) 예정보다 빨리

(C) 예정보다 늦게

해설 담화 중반부의 '… land at Heathrow Airport 30 minutes ahead of schedule'이라는 내용을 통해 '예정된 시간 보다 30분 먼저 착륙한다'는 사실을 알 수 있다. 정답은 (B)이다.

[3-4]

M	Hello. This is Michael Ruston from the Total Gym sports club. We are currently offering a special introductory package to new members. This includes a 10-percent discount off the annual fee plus one month's free membership. Hurry because this offer will expire on the 24th of September.
M	안녕하세요, 토탈 짐 스포츠 클럽의 마이클 러스톤입니다. 저희는 현재 신규 회원에게 특별 시작 패키지를 제공하고 있습니다. 여기에는 연회비 10퍼센트 할인에 더해 1개월 무료 회원권이 포함되어 있습니다. 이 혜택은 9월 24일에 종료되니 서두르십시오.

어휘 discount rate 할인율 annual fee 연회비 expire 끝나다, 종료하다

3

연회비 할인율은 얼마인가?

(A) 5퍼센트

(B) 10퍼센트

(C) 15퍼센트

해설 'This includes a 10-percent discount off the annual fee ~'에서 연회비 10퍼센트의 할인 혜택이 특별 시작 패키지에 포함되어 있다는 것을 알 수 있다.

4

시작 패키지 혜택은 언제 끝나는가?

(A) 9월 24일

(B) 10월 24일

(C) 11월 24일

해설 마지막 문장의 'this offer will expire on the 24th of September'에서 이 혜택의 기한이 9월 24일까지임을 알 수 있다.

[5-6]

> W Nordic Hospital is building a new parking garage. The hospital will close the current garage on Monday. The new parking garage is expected to open at the same location in June. Until construction is completed, all visitors are recommended to use the temporary parking lot. It is located on the left side of the main building.
>
> W 노르딕 병원은 새 주차장 건물을 지으려고 합니다. 병원 당국은 현재 사용 중인 주차장 건물을 월요일에 폐쇄할 것입니다. 새 주차장 건물은 같은 위치에서 6월에 문을 열 것으로 예상됩니다. 완공될 때까지 모든 방문객들은 임시 주차장을 사용해주시기 바랍니다. 임시 주차장은 본관 건물의 왼쪽에 있습니다.

어휘 parking garage 실내 주차장, 주차장 건물 current 현행의, 사용 중인 construction 공사 complete 완성하다, 완료하다 recommend 추천하다, 권하다 temporary 임시의 parking lot 주차장 locate 위치하다

5

안내 방송의 청중은 누구일 것 같은가?

(A) 환자들

(B) 방문객들

(C) 공사 인부들

해설 방송 마지막 부분의 'Until construction is completed, all visitors are recommended to use the temporary parking lot. It is located on the left side of the main building'을 통해 방문객들에게 임시 주차장을 사용해줄 것을 당부하는 내용임을 알 수 있다.

6

새 주차장은 언제 개장될 것으로 예상되는가?

(A) 월요일에

(B) 내년에

(C) 6월에

해설 'The new parking garage is expected to open at the same location in June.'을 통해 새 주차장 건물이 6월에 개장된다는 것을 알 수 있다.

[7-8]

> M A construction crew in China completed a 15-story hotel in just six days. Yes, six days. That's how long it took to build the state-of-the-art building. The building is earthquake resistant and completely soundproof. The hotel is located in Changsha, a south-central Chinese city. The foundations were already built, but it's still impressive. Despite the fast speed of construction, no workers were injured.
>
> M 중국의 한 건설 팀이 15층 호텔을 6일만에 완공했습니다. 그렇습니다, 6일입니다. 그것이 최첨단 건물 한 채를 짓는 데 걸린 시간입니다. 그 건물은 내진 설계와 완벽한 방음 처리가 되어 있습니다. 그 호텔은 중국의 중남부 도시인 창사에 위치하고 있습니다. 건물의 토대가 이미 놓여져 있었다고 해도 여전히 놀라울 뿐입니다. 그처럼 빠른 공사 속도에도 불구하고 다친 인부는 아무도 없었습니다.

어휘 construction crew 건설 팀 state of the art 최첨단의 earthquake resistant 지진에 대한 내구성을 가진, 내진 설계된 soundproof 방음의, 방음 장치가 된 foundation (건물의) 토대, 기초 impressive 인상적인 despite ~에도 불구하고 injure 부상을 입게 하다

7

건물은 몇 층인가?

(A) 5층

(B) 15층

(C) 50층

해설 담화의 시작 부분인 'A construction crew in China completed a 15-story hotel in just six days'에서 건물이 15층 높이의 호텔이라는 것을 알 수 있다. story가 '(건물의) 층'을 나타내는 단어라는 것을 알아두자.

8

건물을 완공하는 데 얼마나 걸렸는가?

(A) 6일

(B) 9일

(C) 15일

해설 첫째 문장인 'A construction crew in China completed a 15-story hotel in just six days.'에서 건물을 완공하는 데 걸린 기간은 6일(six days)이라고 했다. 뒤에 'Yes, six days.'라고 한 번 더 반복하고 있다.

토익 실전 연습   p.243

◀ 4-021

1	(D)	2	(B)	3	(C)	4	(A)
5	(C)	6	(B)	7	(C)	8	(B)
9	(C)	10	(B)	11	(A)	12	(C)
13	(B)	14	(B)	15	(D)		

M　We specialize in furniture for your home. We also offer a large selection of office furniture. Our mission is to provide our clients with high-quality products. Choosing the right furniture is tricky. The stylish pieces of furniture we supply to you will not only provide plenty of storage space but also add warmth and elegance to your house. We are proud of our collections and work with some of the best designers in the world. We have been in business since 2000 and have built an excellent reputation for over 20 years. Please visit our showroom today. Our advisers will help you transform your home according to your personality.

M　우리는 여러분의 가정에 필요한 가구를 전문적으로 취급합니다. 우리는 또한 여러분의 사무실 가구도 공급합니다. 우리의 임무는 고객들에게 고품질의 제품을 제공하는 것입니다. 올바른 가구를 선택한다는 것은 까다로운 일입니다. 우리가 제공하는 멋진 가구들은 여러분의 주택에 풍부한 저장 공간을 마련해 줄 뿐만 아니라 온기와 기품까지 더해 드릴 것입니다. 우리는 우리가 보유한 제품에 자부심을 갖고 있으며 다수의 세계적인 유명 디자이너들과 협업하고 있습니다. 우리는 2000년부터 사업을 시작했으며 20년 이상 동안 좋은 평판을 쌓아오고 있습니다. 오늘 우리 전시장을 방문해주세요. 우리 상담자들이 여러분의 가정을 여러분의 취향에 맞게 변화시킬 수 있게 도움을 드릴 것입니다.

어휘　high-quality 고품질의, 고급의　tricky 힘든, 까다로운　stylish 멋진, 유행에 맞는　warmth 온기, 따뜻함　elegance 기품, 우아함　reputation 명성, 평판

1
화자는 누구인가?
(A) 보석상
(B) 자동차 판매인
(C) 부동산 중개인
(D) 가구 판매인

해설　담화는 고객들에게 어떤 종류의 가구를 공급해주는가에 대한 내용이다. 따라서 화자는 가구를 판매하는 상인이다.

2
화자는 얼마 동안 이 사업을 해왔는가?
(A) 1990년부터
(B) 2000년부터
(C) 2010년부터
(D) 2020년부터

해설　정답을 찾을 수 있는 문장은 'We have been in business since 2000.'이다. 즉, 2000년부터 가구 사업을 지속하고 있다는 것을 알 수 있다.

3
청자들은 전시장에서 무엇을 볼 수 있는가?
(A) 주방용품
(B) 그림 그리는 붓
(C) 식탁 세트
(D) 탁상용 컴퓨터

해설　가정용 가구와 사무실용 가구를 판매하는 곳이므로 정답은 (C)이다.

[4-6]

W　Before we begin our interview, I'd like to explain a few things briefly. One of the two finalists, Bryan Williams, has worked in the London office of the JVC Company for five years. The other finalist, Catherine Howard, is from Chicago. She has worked in the Chicago office of the Philips Company for four years. You can see the work experience and academic backgrounds of the candidates on their résumés. During the interview, please write each candidate's responses to your questions and take notes of your impressions. After the interview, we will meet again in the boardroom for a discussion and then make our final decision.

W　면접을 실시하기 전에, 몇 가지 사항을 간략히 설명하고자 합니다. 두 명의 최종 면접자 중, 브라이언 윌리엄스는 JVC의 런던 지사에서 5년 동안 근무했습니다. 다른 최종 면접자인 캐서린 하워드는 시카고 출신입니다. 그녀는 필립스의 시카고 지사에서 4년간 근무했습니다. 지원자들의 경력과 학력은 이력서에서 보실 수 있습니다. 면접 중에 여러분의 질문에 대한 각 지원자의 대답을 적으시고 여러분이 받은 인상도 기록해 주시기 바랍니다. 면접 후에 우리는 회의실에서 다시 만나 논의를 한 후 최종 결정을 내릴 것입니다.

어휘　briefly 짧게, 간략히　finalist 마지막 경쟁자, 결승까지 올라온 사람　work experience 경력　academic background 학력　résumé 이력서　candidate 후보자, 지원자　response 대답, 반응　take notes 기록하다, 적어두다　impression 인상　boardroom 회의실　final decision 최종 결정

4
화자는 누구일 것 같은가?
(A) 면접관
(B) 면접자
(C) 기자
(D) 애널리스트 [분석가]

해설　'Before we begin our interview ∼'에서 면접을 시작하기 전 상황이라는 것을 짐작할 수 있다. 마지막 문장인 'we will meet again in the boardroom for a discussion and then make our final decision(면접 후에 우리는 회의실에서 다시 만나 논의를 한 후 최종 결정을 내릴 것입니다)'을 보면 화자도 면접관 중 한 명이라는 것을 알 수 있다.

5

담화의 목적은 무엇인가?

(A) 신임 부장을 소개하는 것

(B) 면접 결과를 논의하는 것

(C) 채용 절차에 관해 세부 지침을 전달하는 것

(D) 이사회의 결과를 알리는 것

해설 'During the interview, please write each candidate's responses to your questions and take notes of your impressions.(면접 중에 여러분의 질문에 대한 각 지원자의 대답을 적으시고 여러분이 받은 인상도 기록해 주시기 바랍니다.)'에서 면접관들에게 면접 시 세부 지침을 전달하고 있으며, 마지막 문장에서 논의 후에 채용에 대한 최종 결정을 할 것임을 설명하고 있다.

6

캐서린 하워드는 시카고 지사에서 얼마나 오래 근무했는가?

(A) 3년

(B) 4년

(C) 5년

(D) 6년

해설 'She has worked in the Chicago office of the Philips Company for four years.'를 통해 시카고 지사에서 4년간 근무했다는 것을 알 수 있다.

[7-9]

M First of all, I am very proud to tell you that there was a 7-percent increase in our sales last quarter. Considering that our goal this year is a 15-percent increase, we are very close to meeting the figure. Such a result could not have been achieved without all the hard work you put in. I'd like to thank all of you. Today, we will discuss some new strategies to increase our sales further. We have a special guest here. He is the sales manager in our L.A. office. He achieved an incredible 25-percent sales increase last year. Let me introduce Hale Moore.

M 우선, 저는 지난 분기에 우리의 매출이 7퍼센트 증가했다는 것을 여러분들에게 알려드리게 되어 매우 자랑스럽습니다. 올해 우리의 목표가 15퍼센트 증가라는 것을 고려하면 우리는 그 수치에 매우 가깝게 다가선 것이죠. 그러한 결과는 여러분의 노고가 없었다면 이룰 수 없었을 것입니다. 여러분 모두에게 감사드립니다. 오늘 우리는 매출을 더 증가시킬 수 있는 몇 가지 새로운 전략에 관해 논의할 것입니다. 이 자리에 특별한 손님을 모셨습니다. 그는 우리 회사 LA 지사의 영업부장입니다. 그는 지난해 25퍼센트라는 엄청난 매출 증가를 달성했습니다. 헤일 무어를 소개합니다.

어휘 last 지난 quarter 분기 considering ~을 고려하면 goal 목표 close to ~에 근접한, 가까운 meet 만족시키다, 충족시키다 could not have p.p. ~였을[했을] 리가 없다 achieve 달성하다 put in 넣다 strategy 전략 increase 증가시키다 further 한층 더 incredible 믿을 수 없는, 엄청난

7

담화의 대상은 누구일 것 같은가?

(A) 구직자

(B) 고객

(C) 직원

(D) 방문객

해설 'Such a result could not have been achieved without all the hard work you put in. I'd like to thank all of you. Today, we will discuss some new strategies to increase our sales further.'에서 매출 신장에 대해 직원들의 노고를 치하하고, 초청 연사를 불러 새로운 매출 신장 전략에 관해 논의하면서 직원들에게 더욱 동기를 부여하고자 한다는 것을 알 수 있다.

8

화자는 올해 매출을 얼마까지 신장시키고자 계획하고 있는가?

(A) 7퍼센트

(B) 15퍼센트

(C) 20퍼센트

(D) 25퍼센트

해설 'Considering that our aim this year is a 15-percent increase(올해 우리의 목표가 15퍼센트 증가라는 것을 고려하면)'에서 매출 목표가 (전년 대비) 15퍼센트 증가라는 것을 알 수 있다.

9

헤일 무어는 누구일 것 같은가?

(A) 면접 받는 사람

(B) 호텔 숙박객

(C) 초청 연사

(D) 지점장

해설 헤일 무어의 상세한 개인 정보를 공개하기 전에 'Today, we will discuss some new strategies to increase our sales further. We have a special guest here.'라고 말한다. 이 설명을 통해 헤일 무어는 직원들에게 매출을 신장시키기 위한 몇 가지 새 전략에 관해 연설할 초청 연사라는 것을 알 수 있다. 그는 LA 지사의 영업부장(sales manager)이지 지점장은 아니므로 (D)는 오답이다.

[10-12]

W The more you save, the more interest you get! You can open an account with as little as 100 dollars. After that, you can deposit money whenever it suits you and take out money whenever you need it as long as you keep at least $100 in your account. The more your savings build up, the higher the interest rate, and we will add all the interest to the balance of your account once a year. Applying by phone or online is easy.

W 저축을 더 많이 하면 할수록 더 많은 이자를 받게 됩니다! 100달러라는 적은 돈으로 당신의 은행 계좌를 개설할 수 있습니다. 그 후에는, 형편이 되실 때 언제든 돈을 예금할 수 있으며, 당신의 계좌에 최소한 100달러가 남아있다면 필요할 때 언제든지

돈을 찾을 수 있습니다. 저금액이 쌓여 갈수록 이자율이 올라갑니다. 그리고 우리는 일년에 한 번씩 이자 전액을 당신의 계좌에 넣어 드립니다. 신청은 전화나 온라인으로 쉽게 하실 수 있습니다.

어휘 the 비교급, the 비교급 ~할수록 더 …하다 interest 이자 open an account 계좌를 개설하다 deposit 예금하다 suit (형편이) 좋다 take out money 인출하다 build up 축적되다 add all the interest to the balance 잔고에 이자 전액을 더하다

10
어떤 종류의 사업이 광고되는가?
(A) 슈퍼마켓
(B) 은행
(C) 보험 회사
(D) 통신 회사

해설 interest(이자), open an account(계좌를 개설하다), savings(저금), add all the interest to the balance(잔고에 이자 전액을 더하다) 등의 표현을 통해 은행에서 만든 광고임을 알 수 있다.

11
계좌를 개설하려면 얼마가 필요한가?
(A) 100달러
(B) 150달러
(C) 175달러
(D) 200달러

해설 'You can open an account with as little as 100 dollars.'에서 계좌를 개설하기 위해 필요한 금액이 최소 100달러임을 알 수 있다.

12
얼마나 자주 이자 소득을 받게 되는가?
(A) 매달
(B) 분기별로
(C) 매년
(D) 계약 만기 때

해설 'we will add all the interest to the balance of your account once a year.'에서 알 수 있는 것처럼 이자는 '1년에 한 번(once a year)' 지불되므로 (C)의 annually(매년)가 정답이다.

[13-15]

M Welcome to Greenstone Wildlife Park. Greenstone is a wilderness filled with both natural wonders and potential hazards. For your safety, we ask you to observe the park regulations. The first thing to remember is that you must not approach any wildlife, especially mothers with young. Each year, a number of park visitors are injured by wildlife because they approach animals too closely. You must

stay at least 100 yards away from bears and wolves and at least 25 yards away from other large animals such as sheep, deer, and coyotes.

M 그린스톤 야생 동물 공원에 오신 것을 환영합니다. 그린스톤은 자연의 경이로움과 잠재적인 위험이 가득한 황야입니다. 안전을 위하여 공원의 규정을 준수해 주시기를 부탁 드립니다. 가장 먼저 기억해야 할 것은 야생 동물들, 특히 어린 새끼들과 함께 있는 어미들에게 가까이 다가가서는 안 된다는 점입니다. 매년 상당수의 공원 방문객들이 야생 동물들에게 너무 가까이 다가가서 부상을 입고 있습니다. 곰과 늑대로부터는 최소 1000야드, 그리고 양이나 사슴, 코요테 같은 다른 큰 동물들로부터는 최소 25야드의 거리를 유지하셔야 합니다.

어휘 wildlife 야생 동물[생물] wonders 경이로운 것들 wilderness 황야, 황무지 be filled with ~으로 가득 차다 potential 잠재적인 hazard 위험, 위험 요소 safety 안전 observe the regulations 규칙을 준수하다 especially 특히 approach 다가가다

13
담화의 청자는 누구일 것 같은가?
(A) 생물학자
(B) 관광객
(C) 사육사
(D) 공원 직원

해설 그린스톤 야생 동물 공원을 방문한 사람들에게 주의해야 할 사항들을 알려주는 안내방송이다. 따라서 이 담화는 일반 관광객 대상으로 하고 있다.

14
화자는 야생 동물들에 관해 무엇을 암시하는가?
(A) 번창하는
(B) 위험한
(C) 다양한
(D) 역동적인

해설 화자는 해마다 많은 방문객들이 야생 동물들에 의해 부상을 입고 있으며, 이들과는 항상 충분한 거리를 유지해야 한다는 주의를 주고 있다. 즉 화자는 야생 동물의 잠재적 위험성을 상기시키고 있는 것이다.

15
청자들은 곰과의 거리를 얼마만큼 유지해야 하는가?
(A) 250야드
(B) 500야드
(C) 750야드
(D) 1000야드

해설 'You must stay at least 100 yards away from bears ~'에서 곰과의 거리는 1000야드를 유지해야 한다는 것을 알 수 있다.

Unit 03 ｜ Why 의문문 /
Why·What 인용문 /
How 의문문 (방법)

질문 유형 연습   p.249

Why **의문문** / Why·What **인용문** /   🔊 4-023
How **의문문 (방법)**

1 (A)	2 (B)	3 (A)	4 (B)
5 (A)	6 (A)	7 (B)	8 (B)

1

> M Hello, Ms. Jonson. This is Mathew Arnold from Arnold Electronics. We noticed that your shipping address is incomplete. Please call me back as soon as possible to provide me with your full address.
>
> M 안녕하세요, 존슨 씨. 아놀드 전자의 매튜 아놀드입니다. 우리는 고객님의 배송 주소가 불완전하다는 것을 알게 되었습니다. 가능한 한 빨리 전화를 주셔서 완전한 주소를 알려주시기 바랍니다.

회자는 왜 전화를 하고 있는가?
(A) 고객의 주소를 알기 위해
(B) 고객의 주문을 확인하기 위해

해설 배송 주소가 정확하지 않기 때문에 '정확한 주소를 알려 달라고(Please call me back as soon as possible to provide me with your full address.)' 말하고 있다.

2

> M Ladies and gentlemen, this store will be closing in 10 minutes. Please complete your purchases and make your way to the cashier's desk. Thank you for shopping with us. We hope to see you again.
>
> M 신사 숙녀 여러분, 저희 매장은 10분 후 영업을 종료합니다. 구매를 마치고 계산대로 가시기 바랍니다. 저희 매장을 이용해 주셔서 감사합니다. 다시 뵙기를 바랍니다.

화자는 왜 방송을 하는가?
(A) 고객들이 다시 방문할 것을 권하기 위해
(B) 매장 영업의 종료를 알리기 위해

해설 담화는 상점이 곧 영업을 종료한다는 것을 알리는 방송이다.

3

> M Thank you, Mr. Robinson, for your wonderful introduction. Have I really been here for 25 years? That sounds like a long time. It is hard to believe this day has finally come. This is the last time I'll be addressing you as the

president of this company. I have enjoyed my time here, and I know we have done some great things.

> M 멋진 소개를 해 주셔서 감사합니다, 로빈슨 씨. 제가 정말 25년을 근무했나요? 정말 긴 세월인 것처럼 들리는군요. 마침내 오늘이 왔다는 것을 믿기가 어렵네요. 이번이 회사 사장으로서 여러분들에게 연설을 하는 마지막 시간입니다. 이 회사에서 보낸 시간은 즐거웠으며 우리가 많은 일들을 해냈다는 사실을 저는 알고 있습니다.

어휘 address 연설하다

남자가 말한 "Have I really been for 25 years"는 어떤 의미인가?
(A) 세월이 정말 빠르다.
(B) 계산이 잘못되었다.

해설 담화의 유형은 퇴직 인사말이다. 전후 문맥의 의미를 이해해야 정답을 찾을 수 있는데, 인용된 문장에 이어지는 'That sounds like a long time.'과 'It is hard to believe this day has finally come'과 연결시켜서 그 의미를 파악해야 한다. 즉 어느새 25년이라는 긴 세월이 지나서 드디어 오늘 화자가 은퇴하는 날이 되었다는 의미이므로 정답은 (A)이다.

4

> W If you are looking for information on flights, hotels, and renting cars, visit our Web site. We also have information on over 2,000 cities, towns, and villages across Europe.
>
> W 만약 비행편, 호텔 및 차 임대에 관한 정보를 찾고 계시다면 저희 웹사이트를 방문하세요. 저희는 또한 유럽 전역에 걸쳐 2,000군데 이상의 도시와 마을, 동네에 관한 정보를 갖고 있습니다.

청자는 어떻게 정보를 구할 수 있는가?
(A) 전화로
(B) 인터넷으로

해설 비행편, 호텔 등에 대한 정보를 얻고자 하는 사람은 '회사의 웹사이트를 방문하라고(~ visit our Web site)' 말하고 있다.

5

> M We are starting our summer sale at 9:00 A.M. on Monday. You will find discounted rates on items ranging from fashion to furniture throughout the store. All women's clothes are being sold at 30 percent off their regular prices. This sale lasts until Sunday.
>
> M 저희 가게는 월요일 오전 9시에 여름 세일을 시작합니다. 여러분께서는 패션부터 가구에 이르기까지 매장 전체에서 할인된 가격을 받으실 겁니다. 여성복은 모두 정가보다 30퍼센트 할인된 가격에 판매됩니다. 이번 세일은 일요일까지 계속됩니다.

어휘 discounted rate 할인율 off 할인하여, 공제하여

화자는 왜 이 방송을 하는가?

(A) 할인 판매를 알리기 위해

(B) 개장 시간을 알리기 위해

해설 방송의 첫 문장인 'We are starting our summer sale at 9:00 A.M. on Monday.'를 통해 가게의 여름 세일에 대한 홍보 방송이라는 것을 유추할 수 있다.

6

W	Attention, please! A car in the south side of the building is blocking the <u>emergency exit</u>. The car is a blue SUV with the license plate number GE72 KTY. We need the owner to <u>move the vehicle</u> immediately. Ladies and gentlemen, please respect the <u>no-parking signs</u> posted in emergency zones. These zones are to be kept <u>open</u> for emergency vehicles at all times.
W	주목해 주세요. 건물 남쪽 구역에서 차량 한 대가 비상구를 막고 있습니다. 해당 차량은 청색 SUV로 차량 등록 번호는 GE72 KTY입니다. 소유주께서는 즉시 차량을 이동하여 주시기 바랍니다. 신사 숙녀 여러분, 비상 구역에 게시된 주차 금지 표지판을 준수해 주시기 바랍니다. 이 구역은 긴급 구조 차량들을 위해 항상 개방되어 있어야 합니다.

화자는 왜 이 방송을 하는가?

(A) 불법 주차된 차를 옮기기 위해

(B) 비상시 대처 방법을 알리기 위해

해설 비상 출구를 막고 있는 차주에게 차를 이동해 줄 것을 요청하는 방송이다.

7

M	Due to heavy rain in New South Wales, Australia, Australia Post has announced that all <u>deliveries</u> to impacted areas will be <u>delayed</u>. The UK Post Office also announced that <u>severe</u> weather conditions will <u>affect</u> <u>deliveries</u> to London and other areas.
M	호주의 뉴 사우스 웨일즈 주에 내린 폭우 때문에 호주 우체국은 영향권에 있는 지역의 배송이 모두 지연될 것이라고 발표했습니다. 영국 우체국 또한 악천후가 런던과 다른 지역들의 배송에 영향을 미칠 것이라고 발표했습니다.

어휘 severe weather conditions 악천후 affect 영향을 끼치다

왜 이 발표를 하는가?

(A) 날씨를 알려주기 위해

(B) 배송의 지연을 알리기 위해

해설 heavy rain(폭우), severe weather conditions(악천후)라는 날씨 관련 표현 때문에 일기 예보라고 생각할 수도 있지만, 발표의 핵심은 '그런 날씨 때문에 배송이 지연될 것(~ all deliveries to impacted areas will be delayed. / ~ will affect deliveries to London and other areas.)'이라는 사실이다.

8

W	We are closing our store due to snow concerns and power outages. It is a precautionary step to <u>ensure</u> the <u>safety</u> of our customers and staff. We have called specialists and structural engineers to <u>remove</u> the <u>snow</u> from the <u>roof</u>. The store will reopen to the public on Wednesday.
W	우리는 폭설에 대한 우려와 정전 때문에 매장을 닫고자 합니다. 이는 고객님들과 직원들의 안전을 지키기 위한 예방 조치입니다. 우리는 지붕에서 눈을 치우기 위해 전문가들과 구조기술자들을 불렀습니다. 매장은 수요일에 일반 고객들에게 다시 문을 열 것입니다.

어휘 ensure 안전하게 하다, 지키다 safety 안전 roof 지붕

화자는 왜 전문가들을 불렀는가?

(A) 전기 점검을 위해

(B) 눈을 치우기 위해

해설 'We have called in specialists and structural engineers to remove the snow load from the roof.'에서 지붕에 쌓인 눈을 치우기 위해 전문가들을 불렀다는 것을 알 수 있다.

꼭 알아야 할 필수 어휘 ❸ p.251

❓✅❗ Check-Up 1 🔊 4-024

1 sale   2 off their regular prices   3 reopen
4 special price   5 customer satisfaction

❓✅❗ Check-Up 2 🔊 4-025

1 park, vehicles, designated area   2 remove, towed
3 parking, fire lanes   4 emergency vehicles
5 parking garage

❓✅❗ Check-Up 3 🔊 4-026

1 rent, deposit   2 furnished   3 property
4 on the outskirts

❓✅❗ Check-Up 4 🔊 4-027

1 retirement, department head   2 leave of absence
3 shareholders'   4 résumé

❓✅❗ Check-Up 5 🔊 4-028

1 premium, in full, installments   2 policy
3 renew   4 coverage   5 no-claim history
6 claim, insurance policy   7 no-claim bonus, reduction

🔊 4-029

1 (B)	2 (C)	3 (B)	4 (C)
5 (A)	6 (A)	7 (C)	8 (A)

[1-2]

W　Hello, Mr. Hopkins. This is Emily Brown from Insight Legal Services. I heard you want to change our meeting on Wednesday from eleven to two o'clock. Unfortunately, that time does not work for me. I have another appointment at that time. Is four o'clock okay for you? If not, we should move it to Monday morning next week. Please call me, and let me know what works best for you.

W　안녕하세요, 홉킨스 씨. 인사이트 법률 상담소의 에밀리 브라운입니다. 저는 귀하가 우리의 수요일 약속을 11시에서 2시로 변경하기를 원하신다고 들었습니다. 안타깝지만 그때는 제가 시간이 안 됩니다. 그때 다른 약속이 있거든요. 4시는 어떠신가요? 만약 안 되신다면 다음 주 월요일 오전으로 약속을 옮겨야 합니다. 언제가 가장 좋으신지 제게 전화로 알려주시기 바랍니다.

어휘　unfortunately 안타깝게도, 애석하게도　work for someone 누구에게 맞다, 적합하다

1
화자가 전화한 이유는 무엇인가?
(A) 법률적인 조언을 해주기 위해
(B) 약속을 조정하기 위해
(C) 회의 일정을 알려주기 위해

해설　'work for someone'이라는 표현은 '누구에게 맞다, 적합하다'라는 의미이다. '~ that time does not work for me'와 'I have another appointment at that time.' 등의 내용으로 미루어 보아 약속 시간을 재조정하기 위해 전화했다는 것을 알 수 있다.

2
화자는 청자에게 무엇을 해달라고 제안하는가?
(A) 여자의 사무실을 방문할 것
(B) 여자의 비서에게 문의할 것
(C) 여자에게 전화를 걸 것

해설　마지막 문장 'Please call me and let me know ~'에서 정답을 찾을 수 있다.

[3-4]

M　Attention, passengers. Swissair Flight 726 for Los Angeles scheduled to depart at 2:45 P.M. has been delayed. Once again Flight 726 for Los Angeles at 2:45 P.M. has been delayed. The new departure time is scheduled for 5:15 P.M. We will be boarding premium class and business passengers at 4:35 P.M. Economy

passengers will be boarding at 4:45 P.M. The gate will be closed at 5:00 P.M., 15 minutes before departure time. We apologize for any inconvenience caused and thank you for your cooperation.

M　승객 여러분께 알립니다. 오후 2시 45분 출발 예정인 로스엔젤레스행 스위스에어 726기가 지연되었습니다. 다시 한 번 알립니다. 오후 2시 45분 로스엔젤레스행 726기가 지연되었습니다. 변경된 출발 시간은 오후 5시 15분으로 예정되어 있습니다. 특등석과 비즈니스석 승객 분들은 오후 4시 35분에 탑승하고, 이코노미석 승객분들은 오후 4시 45분에 탑승하시게 됩니다. 탑승구는 출발 15분 전인 오후 5시에 닫힐 것입니다. 불편을 끼쳐드려 죄송하며, 협력에 감사 드립니다.

어휘　attention 주목, 주의　schedule (흔히 수동형으로) 예정하다　depart 출발하다　board 탑승하다　premium class 특등석　gate (공항의) 탑승구　apologize 사과하다, 사죄하다　inconvenience 불편　cause 발생하다, 일어나다　cooperation 협력, 협동

3
화자가 방송을 하는 이유는 무엇인가?
(A) 승객들을 두 그룹으로 나누기 위해
(B) 승객들에게 변경된 출발 시간을 알려 주기 위해
(C) 726기에 탑승할 비즈니스석의 한 승객을 찾기 위해

해설　'Swissair Flight 726 for Los Angeles scheduled to depart at 2:45 P.M. has been delayed.'와 'The new departure time ~' 등을 통해 비행기의 출발 시간이 지연되어 변경된 출발 시간을 안내하기 위한 방송임을 알 수 있다.

4
예상 출발 시간은 언제인가?
(A) 오후 4시 30분
(B) 오후 4시 45분
(C) 오후 5시 15분

해설　'The new departure time is scheduled for 5:15 P.M.'을 정확하게 청취하면 변경된 출발 시간이 5시 15분이라는 것을 알 수 있다. 4시 35분과 4시 45분은 각 좌석의 승객들이 탑승할 수 있는 시간이다. 이런 문제는 헷갈리지 않도록 나오는 시간을 잘 메모해 두어야 한다.

[5-6]

W　Good morning, ladies and gentlemen. Thank you for visiting Shop-N-Save. In our meat department, we have a special price on large size free-range chickens: $2.99 each. That's half off the normal price. We also have a wide range of beef on sale for $3.99 per kilogram, which gives you 30-percent savings. In our dairy section, all butter and cheese are 25-percent off their regular prices. You will also find a variety of other great deals throughout the store. Thank you for shopping at Shop-N-Save.

W　신사 숙녀 여러분, 안녕하세요. 샵 앤 세이브를 방문해주셔서 감사합니다. 육류 코너에서는 자연 방목한 큰 사이즈의 닭고기를 한 마리당 특별 할인 가격인 2.99달러에 판매하고 있습니다. 이는 정상가의 반값입니다. 또한 저희는 다양한 종류의 쇠고기를 킬로그램당 3.99달러에 세일하고 있는데, 이것은 고객님의 돈을 30퍼센트 절약하게 하는 가격입니다. 유제품 코너에서는 모든 버터와 치즈를 정상가격에서 25퍼센트 할인해서 판매하고 있습니다. 그 외에도 매장 전체에서 다양한 가격 할인 혜택을 발견하실 수 있을 것입니다. 샵 앤 세이브에서 쇼핑해주셔서 감사합니다.

어휘 free-range 방목의, 놓아 기르는　chicken 닭고기, 닭　half 절반　off ~에서 할인하여[빼서]　normal 규격대로의, 표준의　a wide range of 다양한　beef 쇠고기　on sale 세일 중인, 특매하는　saving 절약　dairy 유제품의, 우유의; 낙농업　regular 정규의, 보통의　variety 다양(성), 가지각색

5

화자가 방송을 하는 이유는 무엇인가?

(A) 고객들에게 할인 판매에 관해 알려 주기 위해
(B) 고객들에게 개장 시간을 알려 주기 위해
(C) 고객들에게 신상품을 알려 주기 위해

해설 'a special price on ~', '~ half off the normal price', '~ which gives you 30 percent savings, other great deals' 등을 통해 특별 할인 판매에 관한 안내 방송임을 알 수 있다.

6

자연 방목한 닭고기를 사는 데 얼마를 내야 하는가?

(A) 2.99달러
(B) 3.99달러
(C) 5.99달러

해설 방송의 앞 부분에서 나온 'we have a special price on large size free-range chickens: $2.99 each'를 놓치지 말고 들어야 한다.

[7-8]

M　Hello. You have reached the voicemail of Neil Johnson. I am sorry I am unable to answer your call right now. I am currently out of the office on a business trip and will return on May 25. Please leave a message with your name and phone number after the beep. I will get back to you as soon as I return. If your inquiry is urgent, please contact my assistant, Emily Stacey, at 914-251-3457 extension 1221. If your call is regarding a recent order, please contact the Customer Service Department at 914-251-3451. It is open from Monday through Friday from 9:00 A.M. to 5:00 P.M. Thank you for calling.

M　안녕하세요. 닐 존슨의 음성 메일입니다. 죄송하지만 저는 지금 전화를 받을 수 없습니다. 저는 현재 출장 중이며 5월 25일에 돌아옵니다. 삐 소리가 난 후 귀하의 성함과 전화번호와 함께 메시지를 남기십시요. 제가 돌아오는 즉시 연락 드리겠습니다. 만약 긴급한 사항이라면, 저의 조수인 에밀리 스테이시에게 연락하십시오. 전화번호는 914-251-3457이며 내선번호 1221입니다. 만약 최근의 주문에 관한 문의라면, 고객센터에 연락하십시오. 전화는 914-251-3451입니다. 고객센터는 월요일에서 금요일까지 오전 9시부터 오후 5시까지 근무합니다. 전화해 주셔서 감사합니다.

어휘 business travel 업무상의 여행　extension 내선번호　regarding ~에 관하여

7

화자는 왜 전화를 받을 수 없는가?

(A) 그는 병가 중이다.
(B) 그는 휴가 중이다.
(C) 그는 출장 중이다.

해설 담화의 초반부에서 화자는 출장 중이라고 했다. 정답은 (C)이다.

8

에밀리 스테이시는 누구인가?

(A) 화자의 조수
(B) 화자의 직속 상관
(C) 화자의 고객

해설 급한 용무일 경우 조수인 에밀리에게 연락하라고(please contact my assistant, Emily Stacey) 했다. 따라서 에밀리는 화자의 조수임을 알 수 있다.

토익 실전 연습　　p.256

🔊 4-031

1 (D)	2 (C)	3 (A)	4 (B)
5 (C)	6 (D)	7 (D)	8 (C)
9 (D)	10 (A)	11 (B)	12 (D)
13 (C)	14 (A)	15 (D)	

[1-3]

W　Hello, Michael Thomas. This is Anna Dale from B&Q Home Improvement. Thank you for ordering the bathroom suite from us. We are ready to deliver the order to your house. However, we noticed that the shipping address we have on file for you is incomplete. Please call me back as soon as possible and let me know your complete address. My number here is (01) 234-777-3333. Again, this is Anna Dale. I will be working in my office until 5 o'clock today. Thank you.

W 안녕하세요, 마이클 토마스 씨. 저는 B&G 주택 개조의 안나 대일입니다. 저희 회사에서 욕조 세트를 주문해주셔서 감사합니다. 우리는 댁으로 주문 상품을 배송할 준비가 되어 있습니다. 그러나 우리는 보관한 서류에 있는 귀하의 배송주소가 불완전하다는 것을 발견했습니다. 가능한 한 빨리 전화를 주셔서 완전한 주소를 알려주시기 바랍니다. 이곳의 전화번호는 (01) 234-777-3333이며, 다시 한 번 말씀 드리지만 저의 이름은 안나 대일입니다. 저는 오늘 5시까지 사무실에 있을 것입니다. 감사합니다.

어휘 home improvement 주택 개조, 집 수리 suite (물건의) 한 벌 shipping address 배송 주소 incomplete 미완성의, 불완전한

1
화자는 누구일 것 같은가?
(A) 아나운서
(B) 배달원
(C) 가정부
(D) 영업직원

해설 'This is Anna Dale from B&Q Home Improvement.', 'Thank you for ordering the bathroom suite from us.'를 통해 여자는 B&G 주택 개조라는 회사에서 일하는 직원이라는 것을 알 수 있다. 그리고 고객의 주문 관련 사항을 처리하는 것으로 보아 영업부나 고객 서비스 팀의 직원이라고 짐작할 수 있다.

2
화자는 왜 메시지를 남겼는가?
(A) 고객의 주문이 완료되지 않았다.
(B) 아직 돈이 지불되지 않았다.
(C) 고객의 주소가 부정확하다.
(D) 배송이 지연되었다.

해설 'the shipping address we have on file for you is incomplete'에서 배송 주소가 불완전하기 때문에 전화했다는 것을 알 수 있다.

3
청자는 화자에게 어떻게 연락을 취할 것인가?
(A) 전화로
(B) 직접 방문
(C) 이메일로
(D) 팩스로

해설 'Please call me back as soon as possible and let us know your complete address.'에서 여자는 자신에게 전화를 걸어 달라고 요청하고 있다.

[4-6]

W Good morning, Mr. Spencer. This is Jennifer Thomson from the Phoenix Center. I am calling you to describe a special offer for this season. This offer is only for our members. You can purchase five tickets for any performance for just 75 dollars. Tickets for concerts this season cost 25 dollars each. Thanks to this special, you can purchase five tickets for the price of three. This is a limited-time offer and will expire on October 1. If you are interested, please call the box office to order your tickets.

W 안녕하세요, 스펜서 씨. 저는 피닉스 센터의 제니퍼 톰슨입니다. 저는 이번 시즌에 저희가 제공하는 특별한 혜택을 소개해 드리고자 전화를 드립니다. 이번 혜택은 회원들에게만 제공됩니다. 고객님은 어느 공연이든지 5장의 표를 단 75달러에 구입하실 수 있습니다. 이번 시즌의 콘서트 표 값은 공연 당 25달러입니다. 이번 특별 혜택으로, 3장의 가격으로 5장의 표를 구입하실 수 있습니다. 이것은 제한된 기간 동안 제공되는 혜택으로서 10월 1일에 종료됩니다. 만약 관심이 있으면 매표소로 전화하여 표를 구입하시기 바랍니다.

어휘 special offer for this season 이번 시즌의 특별 혜택 purchase 구입하다, 구매하다 limited-time offer 제한된 기간 동안의 제공 expire 종료하다 box office 매표소

4
화자는 어디에서 일할 것 같은가?
(A) 박물관에서
(B) 콘서트 홀에서
(C) 영화관에서
(D) 여행사에서

해설 '~ for any performance for just 75 dollars'와 'Tickets for concerts this season cost 25 dollars each'라는 문장을 놓치면 선택지 (B)와 (C)가 혼동되어 정답을 찾기 어렵게 된다. '콘서트 표 값(tickets for concerts)'이라는 내용을 통해서 화자가 근무하는 곳은 콘서트 홀이라고 유추할 수 있다.

5
여자는 왜 전화를 하는가?
(A) 티켓을 예매하기 위해
(B) 예약을 확인하기 위해
(C) 특별 할인 혜택을 알려주기 위해
(D) 약속을 재조정하기 위해

해설 담화 앞 부분의 'I am calling you to describe a special offer for this season.'이라는 부분에서 특별 할인 혜택을 알려주기 위해 전화를 한다는 표현이 나와 있다.

6
청자는 어떻게 예약을 할 수 있는가?
(A) 웹사이트를 방문해서
(B) 센터를 방문해서
(C) 편지를 보내서
(D) 전화를 해서

해설 담화의 마지막 부분 'If you are interested, please call the box office to get your tickets.'에서, 전화로 표를 살 수 있다고 말하고 있다.

[7-9]

W Welcome to the Chamomile Art Museum. This is an important announcement for visitors. Beginning on July 5, we will be closed for renovations. The renovation work includes expanding the museum's public spaces and upgrading the exhibition facilities. We plan to finish the work by the end of July and reopen on August 1. The museum shop will also be closed until the renovations are complete. August 1 is the museum's twenty-fifth anniversary. On that day, the renovated Chamomile Art Museum will celebrate its anniversary with a new appearance and upgraded facilities. Upcoming events will be posted on the bulletin board. If you need any further information, please ask at the reception desk.

W 카모마일 미술관에 오신 것을 환영합니다. 방문객들을 위한 중요한 공지 사항입니다. 7월 5일을 시작으로 우리는 보수를 위해 휴관합니다. 보수공사는 미술관의 공공장소를 확장하고 전시설비를 개선시키는 것이 포함됩니다. 우리는 이 공사를 7월 말에 끝낼 계획이며 8월 1일 다시 문을 열 것입니다. 미술관 매점 또한 보수 공사가 끝날 때까지 문을 닫습니다. 8월 1일은 미술관의 25주년 개장 기념일입니다. 그날 새롭게 단장한 카모마일 미술관은 새로운 모습과 개선된 시설과 함께 개장 기념일을 축하할 것입니다. 앞으로 있을 행사는 게시판에 공고가 붙을 것입니다. 만약 더 필요한 정보가 있다면 접수처에 문의하시기 바랍니다.

[어휘] renovation 개조, 보수, 개선 public space 공공 장소 anniversary 기념일 upcoming event 앞으로 있을 행사 bulletin board 게시판 reception desk 접수처, 프런트

7

화자는 왜 방송을 하는가?
(A) 단체 관광을 조직하기 위해
(B) 새 전시회를 개최하기 위해
(C) 새 매점의 개장을 알리기 위해
(D) 미술관의 일시적 폐관을 알리기 위해

[해설] 박물관 보수 공사를 위해 일정 기간 동안 문을 닫는다는 것을 알리는(we will be closed for renovations) 방송이라고 언급되어 있다. 정답은 (D)이다.

8

미술관은 언제 처음 개장했는가?
(A) 10년 전
(B) 20년 전
(C) 25년 전
(D) 30년 전

[해설] 8월 1일 25주년을 기념한다고 했으므로 미술관의 역사는 25년임을 알 수 있다.

9

방문객은 어떤 방법으로 더 많은 정보를 구할 수 있는가?
(A) 전화로 문의해서
(B) 인터넷을 검색해서
(C) 공연에 참석해서
(D) 접수처에 문의해서

[해설] 담화의 마지막 문장에서 정답을 찾을 수 있다. 'If you need any further information, please ask at the reception desk' 라는 부분에서 정보가 더 필요한 사람은 접수처에 문의하라고 안내하고 있다.

[10-12]

M Everyone has had the flu, especially in the winter season. COVID-19 symptoms are similar to colds and flu, but it sounds like something else, something worse. It is a highly contagious infection and is potentially deadly. However, it isn't dramatically new. It is an infection caused by a virus. We can prevent it in the same way we can prevent the common flu. Continue your normal hygienic practices: Wash your hands frequently with soap and water. Always wear a mask when you are indoors. Avoid touching your face, nose, and mouth too frequently with your hands. Stay away from people who are sick. If you get sick, please stay at home so that you don't pass it on to anyone else. This has been a community service announcement.

M 누구나, 특히 겨울에는, 독감에 걸릴 수 있습니다. 코로나 19 증상은 감기나 독감과 비슷하지만, 이것은 다른 것으로, 더 나쁜 것으로 들립니다. 이 질병은 전염성이 매우 강하며 치명적일 수 있습니다. 그러나 이것은 그렇게 새로운 질병은 아닙니다. 그것은 바이러스에 의해 발생하는 감염입니다. 우리는 그것을 일반 감기를 예방하는 것과 같은 방법으로 예방할 수 있습니다. 평상시와 같은 위생 조치를 실시해 주십시오. 비누와 물로 손을 자주 씻으십시오. 실내에서는 항상 마스크를 착용하세요. 얼굴, 코, 그리고 입을 너무 자주 손으로 만지지 마십시오. 아픈 사람으로부터 멀리 떨어지십시오. 만약 당신이 이 병에 걸렸다면, 집에 머무르면서 다른 사람에게 옮기지 않도록 하십시오. 지금까지 주민 봉사 단체에서 말씀을 드렸습니다.

[어휘] COVID-19 코로나 19 contagious 전염되기 쉬운, 옮기 쉬운 infection 감염 deadly 치명적인 precaution 예방, 사전 대책 cough 기침 sneeze 재채기 common flu 일반 감기 hygienic 위생적인, 청결한 community service 지역 봉사, 주민 봉사

10

이 방송은 누구를 대상으로 하는 것 같은가?
(A) 지역 주민
(B) 대학생
(C) 회사 직원
(D) 관광객

해설 코로나 19의 예방과 대책에 관한 안내방송이다. 마지막 문장인 'This has been a community service announcement.'를 통해 방송의 대상이 지역 주민임을 알 수 있다.

11

화자가 말한 "It isn't dramatically new"는 어떤 의미인가?

(A) 같은 방법으로 치료할 수 없다.

(B) 같은 방법으로 예방할 수 있다.

(C) 오래 전부터 존재해 왔다.

(D) 크게 변하지 않았다.

해설 정답을 찾기 위해서는 인용문의 문맥상 의미를 파악해야 한다. 정답에 대한 단서는 'We can prevent it in the same way we can prevent the common flu.'에서 찾을 수 있는데, 이는 코로나 19가 일반 감기를 예방하는 것과 같은 방법으로 예방할 수 있다는 의미이다. 계속해서 감기를 예방하는 구체적인 방법에 관한 설명이 이어지고 있으므로 정답은 (B)임을 다시 한 번 확인할 수 있다.

12

만약 감염되었다면 화자는 무엇을 권하는가?

(A) 주민 센터를 방문할 것

(B) 손을 자주 씻을 것

(C) 구급차를 부를 것

(D) 외출하지 말 것

해설 화자는 감염되었을 경우 다른 사람들에게 전파되지 않도록 집안에 머물 것을 당부하고 있다.

[13-15]

> M   This is Steven Hendricks with your Cool FM traffic update. Highway 12 is flowing smoothly again now. The cars involved in an earlier accident have been moved to the shoulder. Traffic on Highway 9 is bumper to bumper since work crews are repaving part of the roadway. Cars on 5th and State streets near the city center are moving slowly because the traffic lights at the intersection are not working properly. This is Steven Hendricks with your Cool FM traffic update. Check back for more updates every 30 minutes.
>
> M   Cool FM 최신 교통정보를 진행하는 스티븐 헨드릭스입니다. 12번 고속도로는 이제 다시 원활한 흐름을 보이고 있습니다. 앞서 발생한 사고에 연루된 차들은 갓길로 옮겨졌습니다. 9번 고속도로에서는 차량들이 꼬리를 물고 있는데, 차도 일부에서 인부들이 도로 재포장 공사를 하고 있기 때문입니다. 도심 인근의 5번가와 스테이트 스트리트에 있는 차들은 교차로의 신호등이 제대로 작동하지 않아서 천천히 움직이고 있습니다. 저는 Cool FM 최신 교통정보의 스티븐 헨드릭스입니다. 30분마다 더 많은 최신 정보를 확인하세요.

어휘 highway 고속도로   smoothly 원활하게   shoulder (도로의) 갓길   bumper to bumper 줄지어 있는, 꼬리를 물고 선, 정체된   work crew 작업반, 작업 인부   repave 다시 포장하다   roadway 차도   traffic light 교통 신호, 신호등   properly 적절히, 올바르게

13

이 보도의 목적은 무엇인가?

(A) 교통 사고를 알리기 위해

(B) 이전 보도의 실수를 정정하기 위해

(C) 운전자들에게 교통 상황을 알리기 위해

(D) 교통 신호등의 고장을 보도하기 위해

해설 방송 맨 처음의 'This is Steven Hendricks with your Cool FM traffic update.'와 맨 마지막의 'Check back for more updates every 30 minutes.'를 통해서 이 방송이 30분마다 도로 사정과 교통 정보를 알려주는 방송임을 알 수 있다.

14

9번 고속도로에서는 어떤 일이 일어나고 있는가?

(A) 도로 보수 공사가 진행되고 있다.

(B) 출구가 폐쇄되었다.

(C) 도로가 정리되었다.

(D) 교통 흐름이 순조롭다.

해설 '고속도로 일부에서 재포장 공사를 하고 있기 때문에 차들이 정체되어 있다(Traffic on Highway 9 is bumper to bumper since work crews are repaving part of the roadway.)'고 방송하고 있다.

15

도심 근처의 차들은 왜 천천히 운직이는가?

(A) 사고가 있었다.

(B) 사람들이 도로에서 공사하고 있다.

(C) 러시아워이다.

(D) 교통 신호등이 고장 났다.

해설 'Cars on 5th and State streets near the city center are moving slowly because traffic lights at the intersection are not working properly.'에서 교통 신호등 고장 때문에 차들이 천천히 가고 있다고 방송하고 있다.

Unit **04** ㅣ 시각 정보 의문문

질문 유형 연습   p.262

시간표 / 일정   🔊 4-033

1   (A)   2   (A)   3   (A)

1

> M   May I have your <u>attention</u>, please? We are <u>having some problems</u> installing the presentation equipment in the seminar room. Therefore, the leadership skills seminar will start 30 minutes <u>later than the scheduled time</u>.
>
> M   안내 말씀드립니다. 세미나실에 발표 장비를 설치하는 과정에서 약간의 문제가 발생했습니다. 따라서 리더십 기술에 관한 세미나는 예정시간보다 30분 늦게 시작합니다.

시간	주제	강사
오후 1시 – 오후 3시	리더쉽 기술	벤 존슨

시각 정보를 보시오. 리더쉽 기술에 관한 세미나는 언제 시작하는가?

(A) 오후 1시 30분에

(B) 오후 2시 30분에

해설 예정보다 30분 늦게 시작한다고 했으므로 1시 30분이 정답이다.

2

W	There is a change in the speech order. Brian Smith has to leave early, so he will speak first.
W	강연 순서가 변경되었습니다. 브라이언 스미스는 일찍 떠나야 해서, 그가 먼저 강연을 할 것입니다.

오후 1시 – 1시 50분	마케팅	존 댈리
오후 2시 – 2시 50분	금융	브라이언 스미스

시각 정보를 보시오. 브라이언 스미스의 강연은 언제 시작하는가?

(A) 오후 1시

(B) 오후 2시

해설 두 사람의 강연 순서가 바뀌어서 브라이언 스미스가 먼저 강의를 한다고 했다.

3

M	There is a change in the speech order. Paul Clinton has not arrived yet. His plane has been delayed due to unforeseen circumstances. Sara Bell will speak first instead of him.
M	강연 순서가 변경되었습니다. 폴 클린턴이 아직 도착하지 않았습니다. 그가 탑승한 비행기가 예상하지 못한 상황으로 지연되고 있습니다. 사라 벨이 그를 대신해서 먼저 강연을 시작할 것입니다.

오전 9시 – 오전 10시	계획 수립	폴 클린턴
오전 10시 – 오전 11시	판매 촉진	앨런 맷
오전 11시 – 정오	소셜 미디어	사라 벨

시각 정보를 보시오. 사라 벨은 언제 강연을 시작하는가?

(A) 오전 9시

(B) 오전 11시

해설 폴 클린턴 대신 사라 벨이 먼저 강연을 시작한다고 했으므로 그녀의 강연 시간은 9시부터 10시까지이다.

탑승권 / 지도 🔊 4-034

1 (B)   2 (B)

1

W	We recommend that you arrive at the airport at least 2 hours before your scheduled departure time so that you have enough time to check in.
W	출국 수속을 밟을 충분한 시간을 가질 수 있도록, 출발 예정 시간보다 최소 2시간 전에 공항에 도착하실 것을 권해 드립니다.

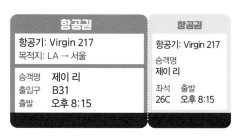

시각 정보를 보시오. 청자는 언제 공항에 도착해야 하는가?

(A) 오후 5시 15분 이전에

(B) 오후 6시 15분 이전에

해설 항공 티켓에서 '출발 시간'이 8시 15분으로 적혀 있으므로 그보다 두 시간 전인 6시 15분까지 공항에 도착해야 한다.

2

M	Road repair work will start next Monday on High Avenue. It is expected to take six weeks to complete. During this period, Oak Street will be temporarily closed. Therefore, eastbound traffic must take a detour onto Pine Street.
M	하이 가의 도로 보수 공사가 다음 주 월요일부터 시작됩니다. 완공까지 6주가 걸릴 것으로 예상됩니다. 이 기간 동안은 오크 가는 잠정적으로 폐쇄됩니다. 그러므로 동쪽으로 이동하는 차량들은 파인 가로 우회해야 합니다.

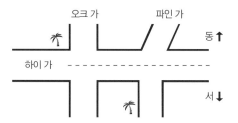

시각 정보를 보시오. 청자들이 동쪽으로 이동하기를 원한다면 어느 길로 가야 하는가?

(A) 오크 가

(B) 파인 가

해설 오크 가가 잠정적으로 폐쇄되었으므로 동쪽으로 이동하는 차량은 파인 가로 우회해야 한다고 말했다.

그래프

4-035

1 (B)　　2 (A)

1

M	Slow sales continued for several months. However, we have been recovering from the slump rapidly after we started improving the quality of our products. This accomplishment is due to your hard work and professionalism. Well done and thank you for all the hard work.
M	판매 부진이 수 개월 동안 계속되었습니다. 그러나, 우리가 제품의 품질을 개선하기 시작한 후 침체기에서 빠르게 회복하고 있습니다. 이러한 업적은 여러분들의 노력과 전문성 덕분이었습니다. 수고하셨습니다. 그리고 여러분들의 노력에 감사드립니다.

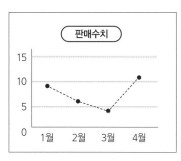

시각 정보를 보시오. 이 회사가 제품의 품질을 개선하기 시작한 것은 언제 인가?

(A) 2월

(B) 3월

[해설] 품질 개선 이후 판매가 급격하게 증가했다. 도표에 의하면 판매가 증가하기 시작한 달은 3월이다.

2

W	A consumer group recently conducted a survey to find out what kinds of movies people like. The results are shown on the graph. We can see which types of movies are the most liked and which are the least liked. According to the graph, the largest number of people like romance movies while the fewest like science-fiction movies.
W	한 소비자 단체가 사람들이 어떤 종류의 영화를 좋아하는지 알아 보기 위해 조사를 실시했습니다. 그 결과는 도표에 나타나 있는데, 도표에서는 어떤 유형의 영화가 가장 선호되고, 어떤 영화가 가장 선호되지 않는지를 알 수 있습니다. 도표에 의하면, 로맨스 영화를 좋아하는 사람들의 수가 가장 많고, 공상 과학 영화를 좋아하는 사람들의 수가 가장 적습니다.

시각 정보를 보시오. 어느 것이 로맨스 영화인가?

(A) 3

(B) 4

[해설] 담화에 의하면 로맨스 영화의 관객이 가장 많다고 했으므로 가장 긴 그래프가 정답이다.

꼭 알아야 할 필수 어휘 ❹

p.265

❓✅❗ Check-Up **1**

4-036

1 increasing　　2 improve　　3 remain unchanged

4 hit a record high　　5 decreasing

❓✅❗ Check-Up **2**

4-037

1 gradually　　2 steadily　　3 upward

4 downward　　5 slightly

❓✅❗ Check-Up **3**

4-038

1 fluctuations　　2 peak　　3 steep rise　　4 decline

5 chart　　6 graph　　7 diagram, majority

8 vertical axis, horizontal axis　　9 trend

10 proportion

실전 적용 연습

p.267

4-039

1 (C)	2 (B)	3 (A)	4 (C)
5 (A)	6 (B)		

[1-2]

W	Hello, everyone. Please look at the graph. It shows the sales figures at our store between 2016 and 2022. Until 2019, the number moved downward, which means that there was a gradual decrease in sales. The nation's economy experienced a serious recession in these years. If we take a closer look, we can see that the sales figures in 2017 moved downward and remained unchanged in 2018. However, the situation gradually improved in 2020, and our sales increased accordingly. The increase continued until 2021, but there was a steep fall in 2022. Now, let's talk about the year when we had the highest sales figures.

W 안녕하세요, 여러분. 그래프를 보시기 바랍니다. 이 그래프는 2016년에서 2022년까지 우리 매장의 매출 수치를 나타냅니다. 2019년까지는 수치들이 아래로 움직이는데, 이는 매출이 점점 줄어들었다는 것을 의미합니다. 이 기간 동안은 국내 경기가 심각한 불황을 겪고 있었습니다. 보다 더 자세히 살펴보면, 2017년에 매출이 하락했고 2018년에는 변동이 없었습니다. 그러나 2020년에 상황이 점차 개선되었고, 이에 따라 매출도 증가했습니다. 이러한 증가는 2021년까지 계속되었으나, 2022년에는 급격한 하락세를 나타냈습니다. 자, 이제 수치가 가장 높았던 해에 대해 논의해 보도록 합시다.

어휘 sales figures 판매 수치 flat 평평한, 기복이 없는 steep fall 가파른 하강 peak 꼭대기, 절정, 정점

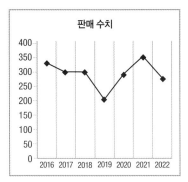

1

시각 정보를 보시오. 화자는 어느 해에 관해 논의하고자 하는가?

(A) 2019년

(B) 2020년

(C) 2021년

해설 화자는 매출이 가장 높았던 해에 관해 논의하고자 한다. 도표에 의하면 매출이 가장 높았던 해는 2021년이다.

2

담화에 의하면, 2020년에 무슨 일이 일어났는가?

(A) 경기 침체가 지속되었다.

(B) 경제 상황이 호전되었다.

(C) 경기 침체에도 불구하고 판매가 늘어났다.

해설 'the situation gradually improved in 2020(경기가 2020년부터 점차 좋아졌다)'을 이해했다면 정답을 찾을 수 있다. (C)의 경우, 판매가 증가한 것은 맞지만, '경기 침체에도 불구하고'라는 표현 때문에 (C)는 정답이 될 수 없다.

[3-4]

M Ladies and gentlemen, this is your captain speaking. I'd like to welcome you on board. Our flying time today will be 13 hours and 20 minutes. While you get comfortable in your seats, please make sure that all carry-on baggage fits either in one of the overhead compartments or under the seat in front of you.

Unfortunately, we will have a slight delay due to a technical problem. Our ground crew is working to get it solved as soon as possible. We expect that our plane will take off one hour later than its scheduled time. We apologize for any inconvenience caused.

M 신사 숙녀 여러분, 저는 이 비행기의 기장입니다. 탑승하신 것을 환영합니다. 우리 비행시간은 13시간 20분이 될 것입니다. 여러분들의 좌석에 편안히 착석하시는 동안, 모든 기내 휴대용 수하물을 머리 위의 짐칸이나 앞 좌석 아래에 두었는지 확인하십시오. 안타깝지만, 기술적인 문제 때문에 약간의 지연이 있을 것입니다. 지상 근무원들이 가능한 한 빨리 이 문제를 해결하기 위해 애쓰고 있습니다. 우리는 비행기 이륙 시간이 예정보다 한 시간 늦어질 것으로 예상합니다. 불편을 끼쳐드려 죄송합니다. 즐거운 비행이 되십시오.

어휘 flying time 비행 시간 get comfortable 편안하게 있다 overhead compartment 짐칸 (머리 위에 있는) slight delay 약간의 지연 ground crew 지상 근무원

항공권 ✈

알파 항공 FLIGHT 377

승객명 매튜 시먼

출발 서울 / 도착 암스테르담

탑승구 G27

출발 시간 오전 11:15

3

비행기는 왜 지연되고 있는가?

(A) 기술적 문제로 인해

(B) 강풍으로 인해

(C) 폭설로 인해

해설 화자는 기술적인 문제로 인해 이륙이 지연되고 있다고 안내하고 있다.

4

시각 정보를 보시오. 비행기는 언제 이륙할 것으로 예상되는가?

(A) 오전 10 시 15 분

(B) 오전 11 시 15 분

(C) 오후 12 시 15 분

해설 예정된 출발시간보다 한 시간 늦을 것으로 예상된다고 했다. 항공권에 기록된 출발시간은 11시 15분이므로 출발 예상 시간은 12시 15분이 된다.

[5-6]

M Welcome to the training seminar. We are delighted to host this training course. We hope that all of you will benefit from being here. This training course is designed to allow you to acquire skills and competence in the

IT sector. Before we get started, I'd like to tell you a few things you need to keep in mind. Each session will last for 50 minutes. The presenter will speak for 30 minutes, and you will have 20 minutes to respond and to have a discussion. Between sessions, there will be a break for 10 minutes, and… there is a change in the speaking order. Nick Byron has to leave early, so he will speak before Michael Lloyd.

M 연수 세미나에 오신 것을 환영합니다. 저희는 연수 과정을 유치하게 되어 기쁘게 생각합니다. 이곳에 참석하신 모든 분들께서 혜택을 받으시기를 바랍니다. 저희 연수 과정은 IT 분야에서 필요한 기술과 능력을 여러분들께서 획득하실 수 있도록 기획되어 있습니다. 연수를 시작하기에 앞서, 여러분들께서 염두에 두셔야 할 몇 가지 사항을 말씀드리겠습니다. 각 강의 시간은 50분입니다. 발표자의 강연이 30분이고 응답과 토론 시간이 20분입니다. 각 강의 사이에는 10분간의 휴식 시간이 있으며… 강의 순서에 한 가지 변경 사항이 있습니다. 닉 바이런이 일찍 자리를 떠나야 하기 때문에, 그가 마이클 로이드보다 먼저 강연을 할 것입니다.

어휘 host (행사를) 주체하다 keep in mind 명심하다, 염두에 두다 presenter 진행자, 발표자

IT 교육 세미나

시간	주제	강사
오전 11:00 – 11:50	네트워킹	존 로스
정오 – 오후 1:00	점심 식사	
오후 1:00 – 1:50	프로그래밍	마이클 로이드
오후 2:00 – 2:50	데이터 관리	닉 바이런

5
각 강연에서 강연자는 얼마나 오래 동안 강의할 것인가?
(A) 30분
(B) 50분
(C) 60분
해설 강연 시간이 50분인데, 이는 30분 강의와 20분 토론으로 구성된다고 말한다.

6
시각 정보를 보시오. 닉 바이런의 강연은 언제 시작하는가?
(A) 오전 11시
(B) 오후 1시
(C) 오후 2시
해설 닉 바이런이 마이클 로이드 보다 먼저 강연을 한다고 했으므로 1시가 정답이다.

🔊 4-041

1 (A)	2 (B)	3 (A)	4 (C)
5 (D)	6 (A)	7 (C)	8 (C)
9 (A)	10 (B)	11 (C)	12 (D)

[1-3]

M The graph shows how a group of people get to work. The total number of people participating in the survey was 155. Of them, 75 people get to work by bus, and 50 people go by car. 20 people get to work by bike, and only 10 people go on foot. Therefore, 30 more people travel by car than by bike. 10 more people get to work by bike than by walking to work. According to the graph, the largest number of people travel by bus while the fewest walk to work. Can I keep talking about the group with the fewest people continuously?

M 이 도표는 한 그룹의 사람들이 어떻게 출근하는지를 보여 줍니다. 조사에 참여한 사람들의 수는 총 155명이었습니다. 이들 중에서 75명이 버스로 출근을 하고, 50명은 자동차로 출근합니다. 20명은 자전거로 출근하며 단 10명만이 걸어서 출근을 합니다. 그러므로 자동차로 출근하는 사람이 자전거를 이용하는 사람보다 30명 더 많습니다. 자전거로 출근하는 사람들의 수는 걸어서 출근하는 사람들 보다 10명이 더 많습니다. 도표에 의하면, 가장 많은 수의 사람들은 버스로 이동하며, 가장 적은 수의 사람들은 걸어서 출근을 합니다. 인원이 가장 적은 그룹에 관해 계속해서 이야기해 볼까요?

어휘 participate in 참가하다 survey (설문) 조사 by bus 버스로 by bike 자전거로 on foot 걸어서 the most common 가장 일반적인, 가장 보편적인 the least common 가장 흔하지 않은

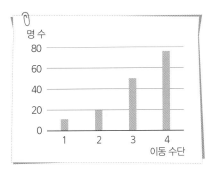

1
조사의 대상은 누구인가?
(A) 직장인
(B) 노인
(C) 여성
(D) 학생

해설 담화 중 'a group of people get to work', 또는 'commuting to work' 등의 표현을 통해 이 조사가 출퇴근을 하는 직장인들을 대상으로 이루어진 조사라는 것을 알 수 있다.

2

조사에 참가한 인원 수는 몇 명인가?

(A) 150명

(B) 155명

(C) 160명

(D) 165명

해설 담화의 초반부에 조사에 참가한 인원은 155명이라고 언급되어 있다.

3

시각 정보를 보시오. 화자는 어느 그룹에 관해 이야기하기를 원하는가?

(A) 1

(B) 2

(C) 3

(D) 4

해설 가장 수가 적은 그룹에 관해 이야기하자고 했으므로 1번이 정답이 된다.

[4-6]

> W A development project has started. When completed, it will considerably ease congestion in the city. The scheme has been tipped to help motorists traveling to Castle Mall and the city center. Work will be done at three of the junctions along Greenwood Way. The project includes major street improvements such as installing new traffic signals at the intersection between Hill Road and Park Avenue. The work will reduce travel times to the city center and make the roads safer for pedestrians and cyclists. Bus-only lanes will be introduced from Wane Road to Prince Avenue to reduce travel times during commuting hours. During the period of road construction, motorists traveling north on Park Avenue and Prince Avenue are recommended to make a detour on Wales Street.
>
> W 개발 사업이 시작되었습니다. 완공되면, 도시 전역의 교통 체증이 상당히 완화될 것입니다. 이 계획은 캐슬 쇼핑몰과 시내 중심가 주변의 운전자들에게 도움을 줄 것으로 예상됩니다. 공사는 그린우드 가에 있는 세 개의 교차로에서 행해질 것입니다. 이 계획에는 힐 로와 파크 가의 교차로에 새 신호등을 설치하는 등, 중심가 개선 공사가 포함되어 있습니다. 이 공사는 시내 중심가에 이르는 교통 시간을 단축시키고, 보행자와 자전거 운전자들에게 보다 더 안전한 도로를 제공해 줄 것입니다. 출퇴근

시간에는 운전 시간을 줄이기 위해 웨인 로와 프린스 가까지 버스 전용 차선이 도입될 것입니다. 도로 공사가 진행되는 동안, 파크 가와 프린스 가를 이용하여 북쪽으로 이동하는 운전자들은 웨일즈 가로 우회하실 것을 권해 드립니다.

어휘 development project 개발 사업 congestion 교통 체증 motorist 운전자 traffic signal 교통 신호등 commuting hours 출퇴근 시간

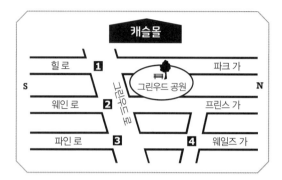

4

담화에 따르면, 개발 공사의 목적은 무엇인가?

(A) 놀이 공원을 짓기 위해

(B) 새로운 쇼핑 센터를 짓기 위해

(C) 교통을 원활하게 하기 위해

(D) 로터리를 신호등으로 바꾸기 위해

해설 담화에서 언급된 'ease congestion across the city'라는 내용을 통해 개발 공사의 목적은 '교통을 원활하게 하기 위한 것'임을 알 수 있다.

5

청자들이 북쪽으로 가려고 한다면 어떤 길로 가야 하는가?

(A) 힐 로

(B) 파크 가

(C) 프린스 가

(D) 웨일즈 가

해설 'motorists traveling north on Park Avenue and Prince Avenue are recommended to make a detour on Wales Street'를 통해, 공사 기간 중 북쪽으로 이동하는 운전자들은 Wales Street로 우회할 것이 권장되고 있다.

6

시각 정보를 보시오. 어떤 교차로에 새 신호등이 설치될 것인가?

(A) 1

(B) 2

(C) 3

(D) 4

해설 'installing new traffic signals at the intersection between Hill Road and Park Avenue'라는 언급을 통해, 새로운 신호등은 힐 로와 파크 가 사이에 설치될 것이라는 점을 알 수 있다. 지도에서 이러한 조건에 부합되는 위치는 1이다.

W Your attention, please. Passengers on Flight AB203 to Munich departing at 2:25 P.M., please take a look at your boarding passes. Your departure gate has been changed from B12 to B25. In addition, there will be a slight delay due to the inclement weather. The deicing crew is removing ice and snow from the wings. Therefore, your flight is expected to depart at 3:25. I will repeat this message again. Passengers on Flight AB203 to Munich, your departure gate has been changed to B25, and your flight has also been delayed by one hour. Your new departure time is now 3:25. Please be at the boarding gate at least 20 minutes before departure. We apologize for the inconvenience.

W 주목해 주십시오. 오후 2시 25에 출발하는 뮌헨행 AB203편의 승객분들께서는 탑승권을 확인해 주시기 바랍니다. 여러분의 탑승구는 B12에서 B25로 변경되었습니다. 또한 악천후로 인해 출발이 약간 지연될 것입니다. 얼음 제거반이 비행기 날개의 얼음과 눈을 제거하고 있습니다. 따라서 여러분의 항공기는 3시 25분에 출발할 것으로 예상됩니다. 다시 한 번 반복합니다. 뮌헨행 AB203편 승객 여러분, 여러분들의 탑승구가 B25로 변경되었으며 출발 시간은 한 시간 정도 지연되었습니다. 변경된 출발 시간은 3시 25분입니다. 늦어도 출발 시간 20분전까지는 탑승구로 오시기 바랍니다. 불편을 끼쳐 드려서 죄송합니다.

어휘 take look at ~을 보다 in addition 게다가, 또한 slight 약간의, 조금의 inclement 좋지 못한, 굳은 deice 제빙하다 inconvenience 불편

항공권 ✈

항공편	목적지
AB203	뉴욕 JFK 공항 → 뮌헨
승객명	**출입구**
제레미 헌트	B12
출발 시간	**탑승 구역**
12월 15일 14:25	A3

7

청자들은 누구일 것 같은가?

(A) 승무원들

(B) 조종사들

(C) 승객들

(D) 공항 직원들

해설 담화 초반부에서 승객들에게 항공권을 확인하라는 내용이 있고, 이어서 항공기 지연으로 인한 탑승구의 변경 사항을 알리는 내용이 이어지고 있으므로, 정답은 (C)이다.

8

시각 정보를 보시오. 더 이상 올바르지 않은 정보는 무엇인가?

(A) AB203

(B) Jeremy Hunt

(C) B12

(D) A3

해설 안내 방송에 따르면 탑승구가 B12에서 B25로 변경되었고, 출발 시간이 1시간 지연되었다. 보기 중에서 둘 중 하나의 정보는 탑승구 정보인 (C)이다.

9

비행기는 얼마나 지연되었는가?

(A) 1시간

(B) 1시간 30분

(C) 두 시간

(D) 두 시간 30분

해설 안내 방송에서 출발 시간이 1시간 지연되었다고 했으므로 정답은 (A)이다.

W Good morning. My name is Kate Hilton. I am a career advisor in the Department of Employment. Our purpose here is to provide information on employment opportunities for new and prospective university graduates. The first seminar will start at 10:00 A.M. with Joe Anderson. He will talk about career evaluation and help you know more about yourself before you make any career decisions. With Jerry Lee, you will learn how to improve your interview skills. The last speaker, Albert Johnson, will provide you with information on the latest trends and issues in the job market. Due to the nature of the subject, he needs to go into some more detail, so his session will be extended by an hour so that he can answer all the questions raised.

W 안녕하세요. 저는 케이트 힐튼이며 고용부의 취업 상담 직원입니다. 이번 세미나의 목적은 신규 대학 졸업생들과 졸업 예정자들에게 취업 기회에 대한 폭넓은 정보를 제공하기 위한 것입니다. 첫 세미나는 오전 10시에 조 앤더슨과 함께 시작합니다. 그는 경력 평가에 관해 강의하며 여러분들이 진로를 결정하기 전에 자신에 관해 잘 알 수 있도록 도움을 줄 것입니다. 제리 리와 함께, 여러분들은 어떻게 인터뷰 기술을 향상시킬 것인지를 배울 것입니다. 마지막 강연자인 앨버트 존슨은 고용 시장의 최근 동향과 이슈에 대한 정보를 여러분들에게 제공할 것입니다. 주제의 성격상, 그는 보다 더 세부적인 사항을 다루어야 하며 또 제기되는 모든 질문에 답하기 위해 시간을 한 시간 더 연장합니다.

어휘 prospective university graduate 대학 졸업 예정자 evaluation 평가 go into some more detail 더 세부적으로 다루다, 더 상세히 다루다

시간	강사	세미나실
오전 10:00 – 10:50	조 앤더슨	B202
오전 11:00 – 11:50	케이트 영	B208
오후 1:00 – 1:50	제리 리	C312
오후 2:00 – 2:50	앨버트 존슨	C318

10

청자는 누구일 것 같은가?

(A) 대학 신입생

(B) 대학 졸업 예정자

(C) 신입 사원

(D) 퇴직자

해설 사회자는 세미나 소개 첫 부분에서 '세미나의 목적은 졸업자 및 졸업 예정자들을 위한 취업 정보를 제공하는 것'이라고 설명하고 있다.

11

제리 리는 그의 세미나에서 무엇에 관해 발표할 것인가?

(A) 자신에게 맞는 직업 선택하기

(B) 인상적인 이력서 작성하기

(C) 인터뷰 기술 향상시키기

(D) 고용 시장의 최근 동향 파악하기

해설 '제리 리와 함께 인터뷰 기술을 향상시킬 수 있는 방법을 배우게 될 것이라고(With Jerry lee, you will learn how to improve your interview skills.)' 했다. 정답은 (C)이다.

12

시각 정보를 보시오. 앨버트 존슨의 세미나는 언제 끝날 것인가?

(A) 오전 11 시 50 분

(B) 오후 1 시 50 분

(C) 오후 2 시 50 분

(D) 오후 3 시 50 분

해설 주제를 더 상세히 다루고 질문에 답하기 위해 한 시간을 더 연장한다고 했으므로 Time Table에 기록된 시간 2:50 P.M.에 한 시간을 더해야 한다. 따라서 정답은 (D)의 3:50 P.M.이다.

맨처음 토익

최신개정판

입문편

LC

정답 및 해설

- 토익 LC의 핵심을 단기간에 학습할 수 있습니다.
- 토익에 꼭 필요한 어휘들이 꼼꼼하게 정리되어 있습니다.
- 꼭 알아야 하는 표현들이 문제를 풀면서 저절로 외워집니다.
- 최신 경향의 연습 문제를 통해 토익에 대한 적응력을 높일 수 있습니다.